슬기로운
코딩생활

CO SPACES EDU
코스페이시스

헬로소프트 이재우 지음

생능북스

※ 초판 1쇄와 초판 2쇄의 차이 비교

코스페이시스 기능이 업데이트되면서 오브젝트가 카메라 위치로 이동하면 좌표가 틀어지는 현상이 발생하여 다음 페이지를 수정하였습니다.

> 204, 211, 214, 215, 216, 222, 229, 239, 240, 241, 243페이지

슬기로운 코딩생활

코스페이시스

초판 1쇄 발행 2023년 2월 15일
초판 2쇄 발행 2023년 8월 22일

지은이 | 이재우
펴낸이 | 김승기
펴낸곳 | ㈜생능출판사 / 주소 경기도 파주시 광인사길 143
브랜드 | 생능북스
출판사 등록일 | 2005년 1월 21일 / 신고번호 제406-2005-000002호
대표전화 | (031) 955-0761 / 팩스 (031) 955-0768
홈페이지 | www.booksr.co.kr

책임편집 | 유제훈 / 편집 신성민, 이종무 디자인 | 유준범(표지), 강민철(본문)
영업 | 최복락, 김민수, 심수경, 차종필, 송성환, 최태웅, 김민정
마케팅 | 백수정, 명하나

ISBN 979-11-92932-01-9 13000
값 24,000원

- 생능북스는 ㈜생능출판사의 단행본 브랜드입니다.
- 이 책의 저작권은 ㈜생능출판사와 지은이에게 있습니다. 무단 복제 및 전재를 금합니다.
- 잘못된 책은 구입한 서점에서 교환해 드립니다.

머리말

학교 수업에 스크래치가 도입된 지 12년, 엔트리가 도입된 지 7년이 넘었습니다. 이제는 교실에서 새로운 코딩 교육이 필요한 시점입니다. 코스페이시스를 이용하면 우리도 간단한 작업으로 멋진 3차원 그래픽을 가진 현실감 있는 작품을 제작할 수 있습니다. 또 만들어진 작품은 컴퓨터뿐만 아니라 스마트폰에서 3D, VR, AR 등의 최신 기술로 경험할 수 있습니다.

코스페이시스는 교육용 블록코딩 플랫폼 중에서 전세계적으로 최고의 품질을 가지고 있지만, 지금까지는 국내 총판이 없어서 학교에서 사용하기 어려웠습니다. 드디어 작년 말부터 헬로소프트가 코스페이시스 공식 리셀러로서 학교용 라이선스와 학생용 이용권을 판매하면서 학교에서도 쉽게 코스페이시스를 교육할 수 있게 되었습니다.

코스페이시스 수업은 학생들에게 더욱 재미있고 더욱 유익한 코딩 경험을 제공하며 선생님도 수준 높은 그래픽과 다양한 기능으로 수업의 즐거움을 느끼게 해 줍니다. 많은 학생이 세계 최고 수준의 코딩 교육 플랫폼을 이용하면서 한국이 디지털 강국으로 나아가는 데 도움이 되길 바랍니다.

저자 드림

시작하기 전에

이 책의 구성	10
코스페이시스 소개	12
프로 체험판 활성화하기	21
프로 라이선스 키 구매하기	22
프로 라이선스 키 등록하기	24
학급 만들기	28
예제 작품으로 과제 만들기	30
적은 사용자 수로 많은 학생과 수업하기	34

PART 01
코딩 없이 3D 작품 만들기

CHAPTER 01
봄, 여름, 가을, 겨울 ········· 42

1. 코스페이시스 접속하기 — 43
2. 코스페이시스 가입하기 — 43
3. 갤러리 체험하기 — 47
4. 새로운 코스페이스 만들기 — 50
5. 편집 화면 조작하기 — 51
6. 배경 수정하기 — 53
7. 오브젝트 배치하기 — 54
8. 장면 추가하기 — 57
9. 코스페이스 저장하기 — 61
10. 자유롭게 꾸미기 — 62

CHAPTER 02
디저트 만들기 ········· 64

1. 오브젝트 흰색 팝업창 살펴보기 — 65
2. 회전 모드 살펴보기 — 67
3. 이동 모드 살펴보기 — 68
4. 드래그해서 올리기 — 69
5. 드래그해서 크기 바꾸기 — 70
6. 격자에 맞추기 — 71
7. 아이템에 붙이기 — 72
8. 오브젝트 복제하기 — 73
9. 자유롭게 꾸미기 — 74

CHAPTER 03
해상 전투 ········· 75

1. 오브젝트 검은색 팝업창 살펴보기 — 76
2. 오브젝트 이름 바꾸기 — 76
3. 속성창의 코드 버튼 살펴보기 — 78
4. 오브젝트에 말풍선 만들기 — 79
5. 속성창의 물리 버튼 살펴보기 — 80
6. 속성창의 이동 버튼 살펴보기 — 80
7. 오브젝트 애니메이션 바꾸기 — 81
8. 오브젝트의 색상 바꾸기 — 82
9. 다른 오브젝트에 붙이기 — 83

CHAPTER 04
동물원 꾸미기 ········· 85

1. 자연스러운 동물 추가하기 — 86
2. 동물 물 그릇 만들기 — 88
3. 배경 음악 넣기 — 90

CHAPTER 05
바다 꾸미기 ········· 95

1. 바다 동물 추가하기 — 96
2. 정어리 떼 1,000마리 만들기 — 97
3. 헤엄치는 카메라 만들기 — 104

CHAPTER 06
미술관 전시회 ········· 106

1. 이미지 웹 검색하기 — 107
2. 움직이는 GIF 이미지 추가하기 — 110
3. 작품 이름표 만들기 — 111

CHAPTER 07
포켓몬 숨바꼭질 ········· 113

1. 틴커캐드 가입하기 — 114
2. 3D 모델 찾아 다운로드하기 — 118
3. 코스페이스에 3D 모델 업로드하기 — 121

CHAPTER 08
자연재해 체험장 ········· 126

1. 화재 체험장 만들기 — 127
2. 홍수 체험장 만들기 — 130
3. 지진 체험장 만들기 — 136
4. 가뭄 체험장 만들기 — 139

PART 02
코딩으로 3D 게임 만들기

CHAPTER 09
파쿠르 점프 맵 게임 ········· 146
1. 처음 시작할 때 사용법과 스토리 설명하기 147
2. 도착지점에 닿으면 게임 클리어 안내 후 다음 레벨 이동 151
3. 바닥에 닿으면 게임 오버 안내 후 재시작하기 154
4. 꾸미기 (디자인) 157

CHAPTER 10
방탈출 퀴즈 게임 ········· 159
1. 이미지 팝업창으로 게임 소개하기 160
2. 퀴즈창으로 난센스 퀴즈 만들기 164
3. 정답이면 방문 열어 주기 169
4. 나머지 문제 만들기 171

CHAPTER 11
보물 찾기 게임 ········· 176
1. 캐릭터로 게임 소개하기 177
2. 보물 클릭하면 팝업창 나타내기 180
3. 보물을 다 찾으면 엔딩 장면으로 이동하기 185
4. 환경 꾸미고 보물 숨기기 188

CHAPTER 12
숨은 그림 찾기 게임 ········· 190
1. 360도 이미지 장면 살펴보기 191
2. 오브젝트 숨기기 193
3. 장면을 시작하면 찾을 물건 소개하기 194
4. 오브젝트 클릭하면 다음 장면으로 가기 195
5. 인터넷에서 360도 이미지 다운로드하기 198
6. 두 번째 장면 꾸미기 201

CHAPTER 13
100마리 늑대 잡기 게임 ········· 204
1. 총과 점수판 만들기 205
2. 총알 발사하기 210
3. 늑대 100마리 복제하기 217
4. 늑대가 총알에 맞으면 죽는 효과 만들기 222
5. 남은 늑대 수를 화면에 표시하기 225
6. 100마리 다 잡으면 게임 클리어하기 227

CHAPTER 14
볼링 게임 ········· 231
1. 재질로 볼링장 꾸미기 232
2. [스페이스바] 눌러 공 굴리기 235
3. [A], [D]키로 공 위치 바꾸기 236
4. [W], [S]키로 던지는 속도 바꾸기 238
5. [Q], [E]키로 공에 회전 주기 239
6. 카메라가 공 따라가기 241

CHAPTER 15
무한 달리기 게임 ········· 244
1. 캐릭터 발판 만들기 245
2. 발판에 캐릭터, 카메라 붙이기 249
3. 도착지점에 도착하면 게임 클리어 253
4. 절벽에서 떨어지면 게임 오버 255
5. 전체 절벽 완성하기 257

CHAPTER 16
운석 피하기 자동차 게임 ········· 260
1. 3인칭 자동차 움직이기 261
2. 게임 시작하고 끝내기 266
3. 떨어지는 운석과 그림자 만들기 269
4. 경기장 트랙 완성하기 278

PART 03
머지 큐브로 홀로그램 만들기

머지 큐브란? 284

CHAPTER 17
머지 큐브 보물섬 287

1. 간단한 머지 큐브 작품 만들기   288
2. 스마트폰에서 작품 실행하기   289
3. 머지 큐브 속성창 다루기   293
4. 머지 큐브 안에 보물섬 꾸미기   296

CHAPTER 18
머지 큐브 수수께끼 298

1. 출제할 문제(정답) 선택하기   299
2. 주제와 정답 글자판 만들기   301
3. 캐릭터 배치하고 꾸미기   303
4. 문제(장면) 추가하기   304

CHAPTER 19
머지 큐브 디펜스 게임 307

1. 성과 몬스터 배치하기   308
2. 몬스터 복제하고 움직이기   311
3. 성에 몬스터가 닿으면 체력 깎기   316
4. 몬스터 클릭해서 삭제하기   318
5. 게임 클리어 만들기   319

CHAPTER 20
머지 큐브 태양계 324

1. 태양과 행성 배치하기   325
2. 공전 경로 배치하기   329
3. 코딩으로 행성 공전시키기   335
4. 달 공전시키기   338

PART 04
카드보드로 VR 체험하기

카드보드란? 346

CHAPTER 21
VR 상어 체험 350

1. 상어를 카메라에 붙이기   351
2. 게임 시작하면 게임 설명하기   354
3. 바라보는 방향으로 계속 전진하기   356
4. 물고기에 닿으면 잡아먹고 점수 올리기   357
5. 3마리 잡아먹으면 게임 끝내기   361

CHAPTER 22
VR 틀린 그림 찾기 365

1. 같은 그림, 틀린 그림 선정하기   366
2. 같은 그림 500개 복제하기   368
3. 틀린 그림 5개 복제하기   371
4. 같은 그림 클릭하면 삭제하기   374
5. 틀린 그림 찾으면 점수 올리기   376
6. 틀린 그림 5개 찾으면 게임 종료하기   377

CHAPTER 23
VR 공룡 탐험 381

1. 지점 클릭해서 이동하기   382
2. 공룡 시대 작품 꾸미기   384
3. 효과음(mp3) 넣기   384
4. 상호작용 만들기   390

CHAPTER 24
VR 롤러코스터 393

1. 롤러코스터 트랙 만들기   394
2. 롤러코스터 경로 만들기   401
3. 속도 바꾸며 카트 움직이기   407
4. 주변 환경 꾸미고 VR로 감상하기   408

시작하기 전에

실습을 시작하기에 앞서 이 책을 구성을 살펴보고 코스페이시스에 대해 소개하겠습니다. 또한 코스페이시스를 처음 해 보는 학교 선생님 및 학생들을 위해 프로 체험판을 활성화하고 유료 라이선스 키를 구매한 후 활성화하는 과정도 살펴보고자 합니다.

이 책의 구성

이 책은 일반 독자들이 혼자 코스페이시스(CoSpaces)를 이용해 다양한 작품을 제작하고, 학교 등 교육기관의 선생님들이 코스페이시스 수업을 쉽게 진행할 수 있도록 구성했습니다. 각 장당 수업 시간은 30분~60분 정도 걸리며, 선생님의 역량 및 학생들의 자유 작품 제작 활동에 따라 달라집니다. 지난 3년간 코스페이시스 수업을 진행하면서 학생들이 가장 재미있어 하는 주제 및 형식의 작품을 선정하여 총 24개 장으로 구성했습니다.

각 장은 앞부분에 핵심 학습 내용이 수록되어 있으며, 장 순서대로 난도가 점점 올라갑니다. 장 초반에는 코딩 없이 디자인만으로 8개의 작품을 제작하며, 이후 코딩 블록을 사용하여 8개의 게임을 제작합니다. 또한 머지 큐브(Merge Cube)를 이용한 AR(증강 현실) 작품과 구글 카드보드를 이용한 VR(가상 현실) 작품도 4개씩 제작하여 다양한 수업이 가능합니다.

각 장에는 템플릿과 완성된 예제 파일이 제공됩니다. 선생님은 템플릿을 이용해 학생들에게 과제를 생성할 수 있으며, 학생은 완성작 예시를 참고해 자유롭게 작품을 창작할 수 있습니다.

파트	장	학습 주제	준비물
1. 코딩 없이 3D 작품 만들기	1. 봄, 여름, 가을, 겨울	기본 사용법	학급 코드
	2. 디저트 만들기	오브젝트 변형	
	3. 해상 전투	오브젝트 속성	
	4. 동물원 꾸미기	애니메이션, 배경 음악	구글 계정
	5. 바다 꾸미기	대량 복제	
	6. 미술관 전시회	이미지 웹 검색	
	7. 포켓몬 숨바꼭질	3D 모델 임포트	틴커캐드 계정
	8. 자연재해 체험장	특수 효과	
2. 코딩으로 3D 게임 만들기	9. 파쿠르 점프 맵 게임	충돌	
	10. 방탈출 퀴즈 게임	퀴즈창	
	11. 보물 찾기 게임	변수	
	12. 숨은 그림 찾기 게임	360도 이미지	360도 이미지
	13. 100마리 늑대 잡기 게임	함수	
	14. 볼링 게임	물리	
	15. 무한 달리기 게임	중력	
	16. 운석 피하기 자동차 게임	복제	
3. 머지 큐브로 홀로그램 만들기	17. 머지 큐브 보물섬	머지 큐브	머지 큐브 애드온, 머지 큐브, 스마트폰
	18. 머지 큐브 수수께끼	게시판	
	19. 머지 큐브 디펜스 게임	체력	
	20. 머지 큐브 태양계	공전	
4. 카드보드로 VR 체험하기	21. VR 상어 체험	카드보드	카드보드 2.0, 스마트폰
	22. VR 틀린 그림 찾기	360도 장면	
	23. VR 공룡 탐험	지점 이동	
	24. VR 롤러코스터	트랙 제작	

코스페이시스 소개

학생들이 정말 미치도록 좋아하는, "코스페이시스 3D 블록코딩 교육 플랫폼"을 소개합니다.

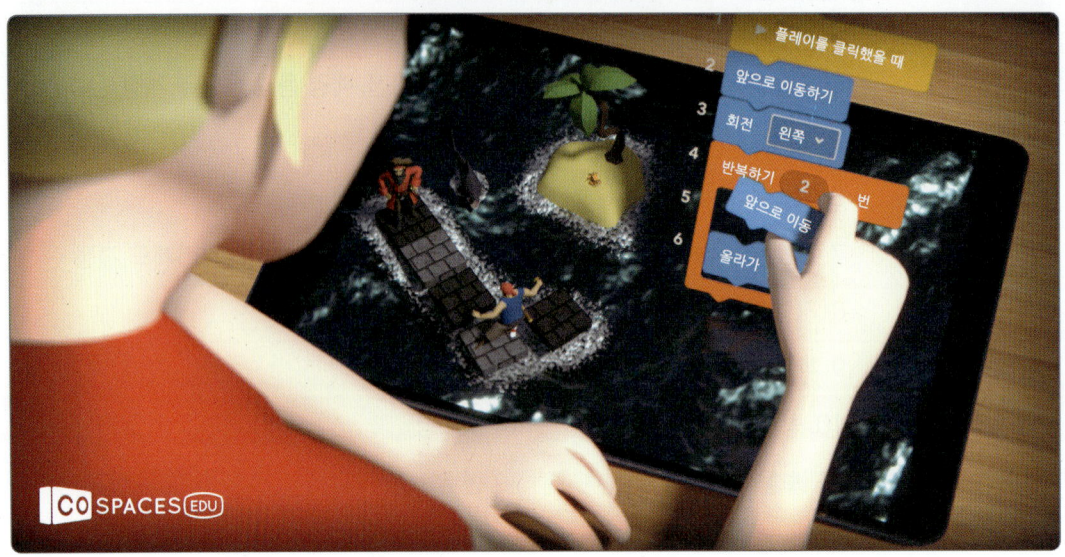

코딩 수업으로 가장 많이 가르치는 엔트리와 스크래치, 혹시 이렇게 느껴본 적 있나요?
"몇 년 동안 2D 작품만 가르치다 보니 재미가 없어요."
"3D 작품 만드는 툴은 학생들이 너무 어려워 해요."
"작품 하나 만들려면 알려줘야 할 게 너무 많아요."
"학생들 작품을 확인하려면 교실을 계속 돌아다녀야 해요."
엔트리와 스크래치로 수업을 계속 하다 보면, 자연스럽게 생기는 문제점이 있습니다. 몇 년 동안 똑같은 도구로 가르치다 보니 학생들도 수업에 흥미가 생기지 않고, 요즘 나오는 게임은 대부분 3D인데 2D 작품만 만드니 아이들 눈높이를 맞추지 못하며, 스마트폰 화면보다 더 작은 공간에서 작품을 만드니 창의적인 작품을 기대하기 힘듭니다. 무조건 코딩을 해야 작동하기 때문에 주어진 코딩을 끝내지 않으면 플레이조차 할 수 없습니다.

그래서 선생님들을 위해 준비했습니다. 이런 문제점들을 모두 해결해 주는 '3D 블록 코딩 교육 플랫폼' 코스페이시스를 소개합니다. 같은 시간동안 작품 활동을 해도 어떤 차이가 있는지 확인해 보세요!

엔트리 화면

코스페이시스 화면

두 화면 모두 장면 디자인만 하고 코딩은 하지 않은 모습입니다. 두 화면이 모두 '토끼와 거북이' 스토리를 표현했지만 확실한 차이가 느껴지나요? 게다가 코스페이시스는 화면만 디자인해도 말풍선, 애니메이션, 물리 기능이 작동하기 때문에 플레이해서 장면 속에서 뛰어 놀 수 있습니다. 코스페이시스는 넓은 3차원 공간에 다양한 3D 오브젝트를 넣어서 고해상도의 창의적인 3D 작품을 만들 수 있는 것이 가장 큰 특징입니다.

지금부터 코스페이시스는 도대체 어떤 점들이 다른지 하나씩 구체적으로 살펴보겠습니다.

01. 초등학생도 쉽게 느껴지는 화면 구성

깔끔한 화면 구성에 패널을 펼치고 접는 방식으로, 학생들 시야만큼 넓은 화면에서 장면 디자인이 가능합니다.

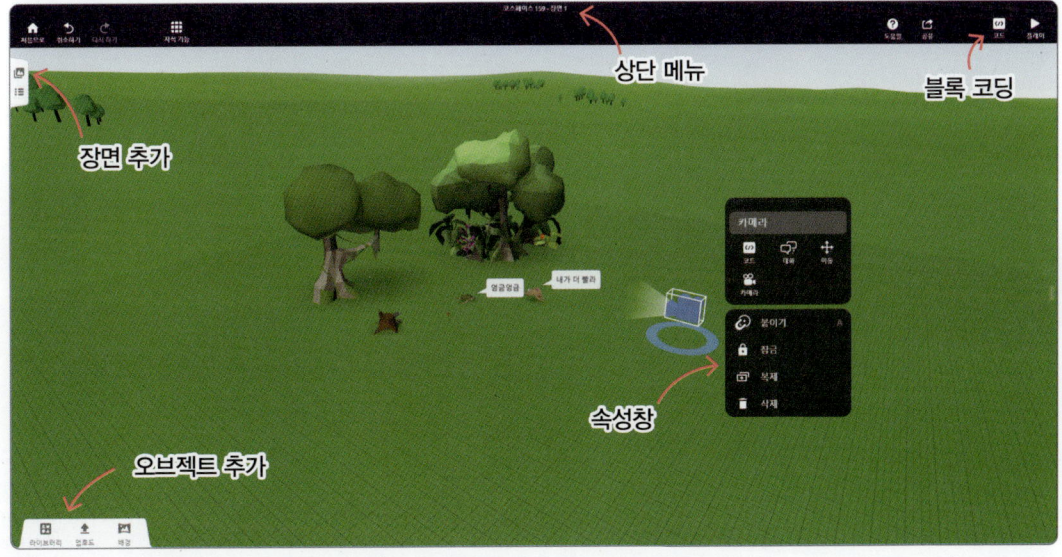

사이드바 패널에서 항목을 선택해서 장면 안으로 드래그하는 방식으로 매우 간단하게 장면과 오브젝트를 추가할 수 있습니다.

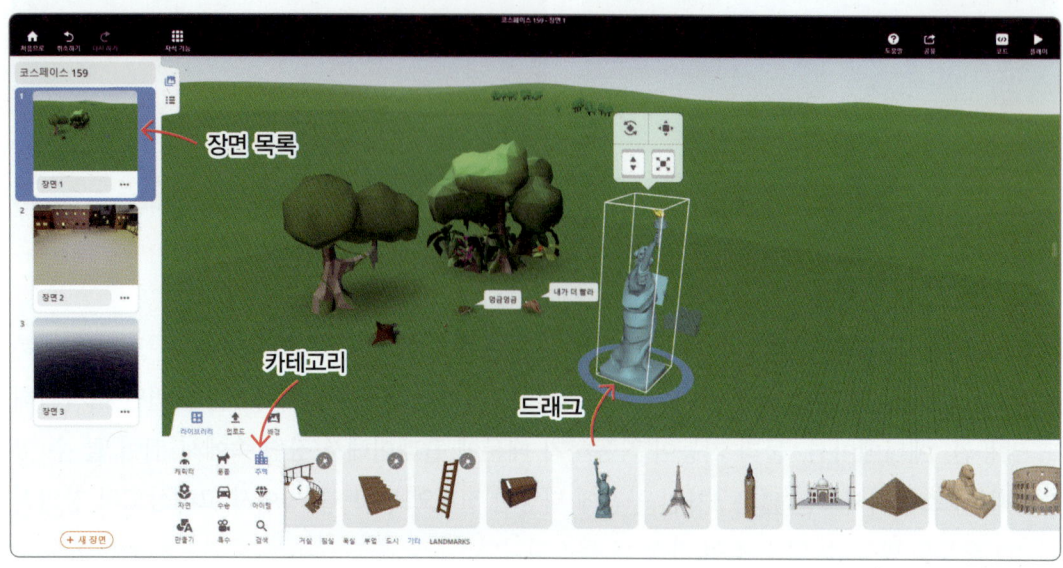

3차원 화면에서 오브젝트를 이동, 회전하거나 크기를 변경할 수 있으며, 속성창에서 말풍선, 애니메이션, 물리 엔진을 작동시킬 수 있습니다.

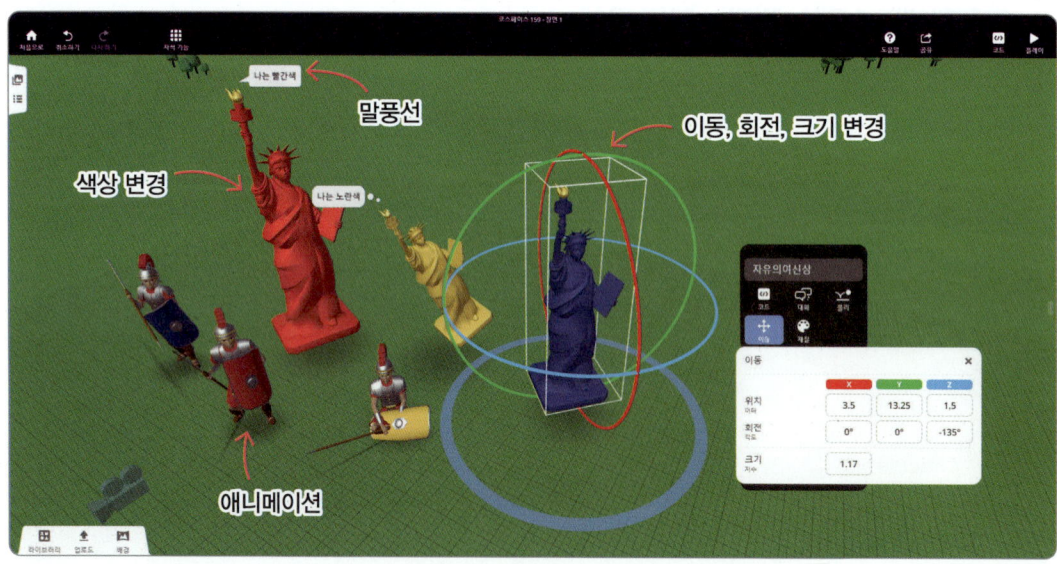

또한 기본적인 플레이어 조작 기능이 구현되어 있기 때문에, 방향키와 마우스를 이용해서 장면 속을 탐색(걷기, 비행)할 수 있습니다.

02. 엔트리의 모든 기능을 담고 있는 블록 코딩

엔트리와 비슷한 블록 코딩 언어인 '코블록스', '파이썬', '타입스크립트'로 코딩할 수 있습니다.

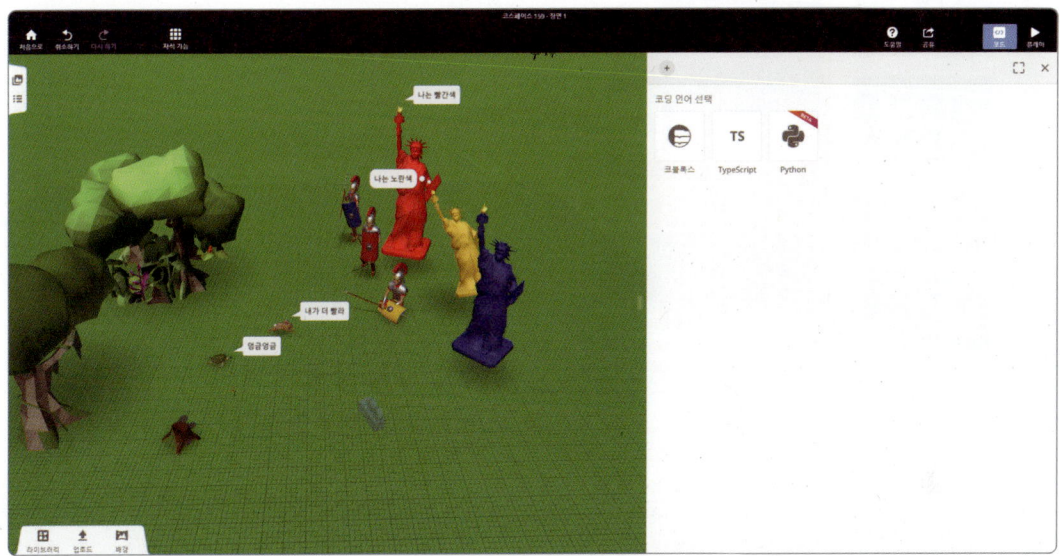

오른쪽 [코드] 패널을 원하는 크기만큼 연 후에 장면을 보면서 코딩 작업을 할 수 있습니다.

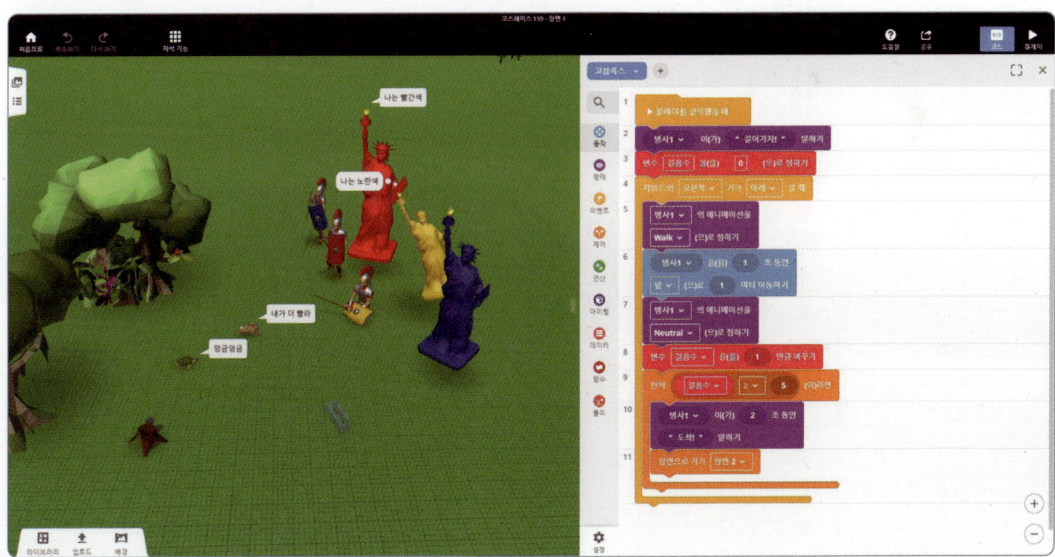

코블록스 언어는 엔트리, 스크래치처럼 명령어 블록을 끼워 맞추어 오브젝트를 작동시킵니다.

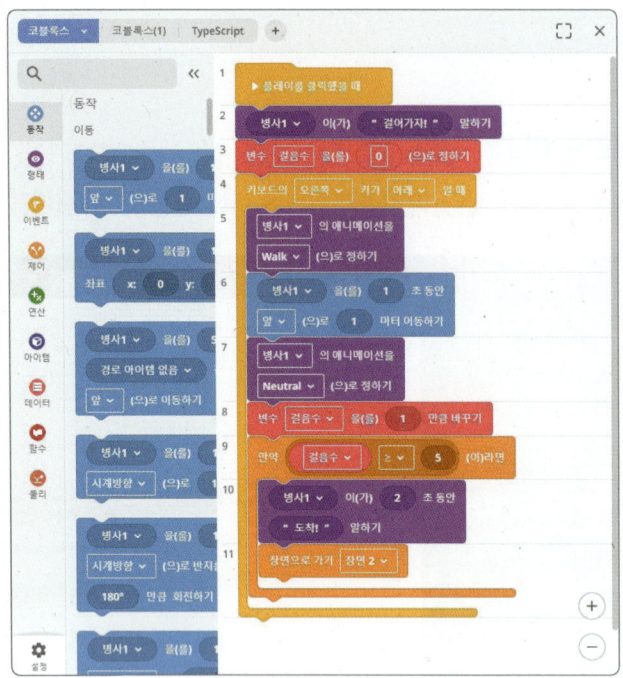

다음은 엔트리, 코스페이시스, 스크래치의 코딩 블록 카테고리를 유사한 것끼리 연결한 것입니다.

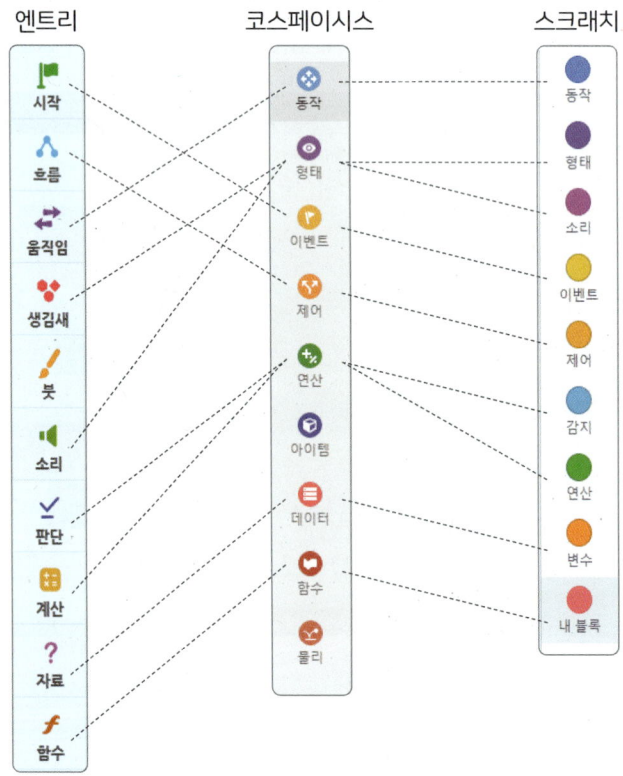

3가지 프로그램의 코딩 블록은 90% 이상 동일하기 때문에, 처음 접하는 학생들도 쉽게 배울 수 있습니다. 코스페이시스에는 엔트리의 [붓] 카테고리가 없는 대신, 오브젝트 찾기, 계층화, 그룹화 등을 다루는 [아이템] 카테고리와 중력, 탄성, 마찰, 힘을 다루는 [물리] 카테고리가 있습니다. 물리 기능을 사용하면 도미노, 볼링 게임, 물리 실험과 같은 다양한 시뮬레이션을 제작할 수 있습니다. 코딩 없이 물리 기능만 활성화해도 중력이 작동합니다.

03. 5+1 방식으로 즐기는 콘텐츠 경험

코스페이시스에서 한번 만든 3D 작품은 5가지 방식으로 자유롭게 즐길 수 있습니다. 우선 PC의 웹 브라우저(크롬, 엣지 등)에서 고해상도의 전체 화면으로 플레이할 수 있습니다.

웹 브라우저 화면

태블릿, 스마트폰에서는 3D 모드, 자이로센서 모드, VR 모드, AR 모드 등으로 작품의 콘텐츠를 즐길 수 있습니다.

3D 모드

자이로센서 모드

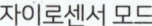
VR 모드

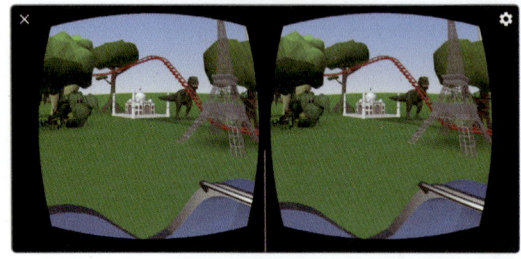
AR 모드

만약 머지 큐브 애드온을 함께 구입하면, 추가로 머지 큐브 AR 모드 작품을 만들고 플레이할 수 있습니다.

04. 선생님을 위한 학급, 학생, 과제 관리

엔트리와 비슷한 학급 관리 기능을 가지고 있습니다. 특히 협업 기능으로 여러 학생이 동시에 하나의 과제를 편집할 수 있습니다. 선생님은 학급을 무제한으로 만들 수 있습니다. 학급에 함께 생성되는 학급 코드로 학생들을 초대할 수 있습니다.

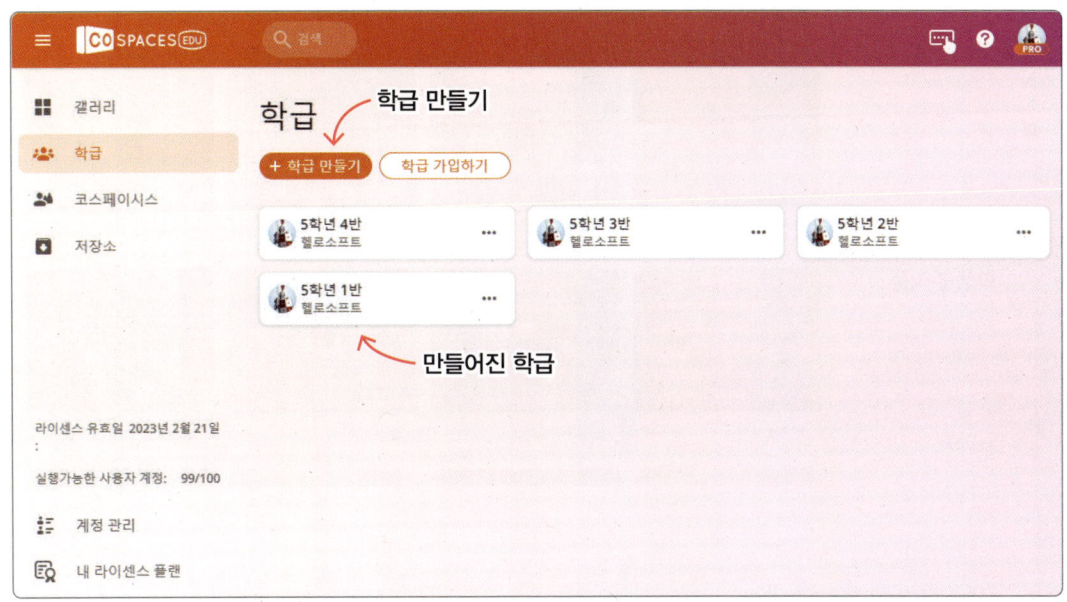

학급마다 학생들을 관리(추가, 삭제, 비번 변경 등)하고, 개인별 과제 또는 그룹별 협동 과제를 만들어 줄 수 있습니다.

코스페이시스만의 특장점인 '클라우드 협업 기능'은 동시에 여러 플랫폼에서 여러 학생이 같은 작품을 편집할 수 있게 합니다.

05. 강의 자료와 질문/답변

만약 코스페이시스를 사용하다가 궁금한 점이 있거나 해결하고 싶은 문제점이 있다면, 네이버 '코스페이시스 사용자 카페(https://cafe.naver.com/cospaces)'를 이용해 보세요. 라이선스 구매, 선생님을 위한 강의 자료부터 코딩 방법에 대한 질문/답변까지 많은 정보를 얻을 수 있습니다.

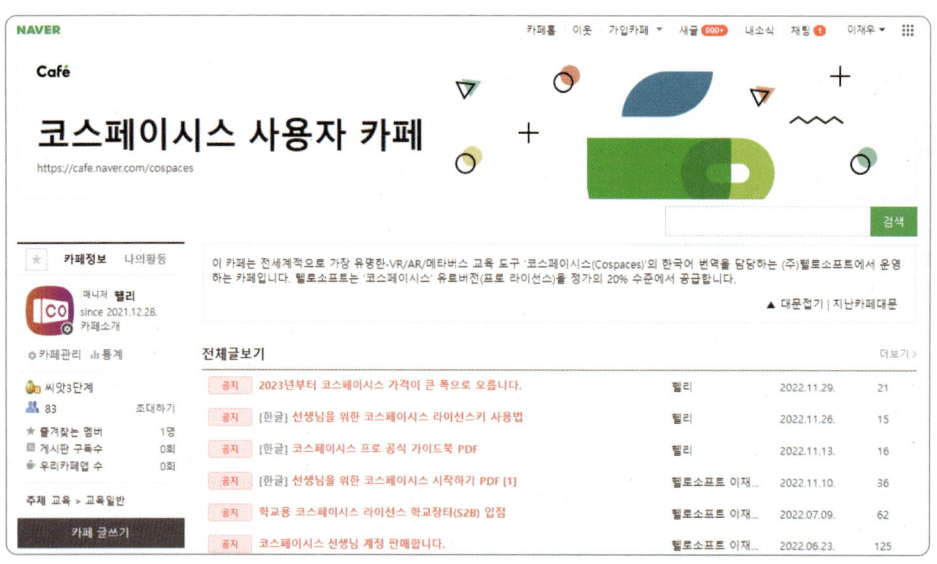

프로 체험판 활성화하기

코스페이시스는 스크래치, 엔트리 등의 무료 프로그램과 달리 기본이 유료입니다. 코스페이시스는 무료 버전(베이직 플랜)과 유료 버전(프로 플랜)으로 사용할 수 있지만 무료 버전은 제약 사항이 많아서 원하는 작품을 만드는 것이 거의 불가능합니다.

코스페이시스는 1개월 무료 체험판을 제공하기 때문에 한 달 동안은 프로 버전을 자유롭게 사용할 수 있습니다. 이메일 계정 하나당 신청할 수 있는 체험판으로 최대 100명이 한 달 동안 무료로 프로 버전을 사용할 수 있습니다. 체험판 코드는 'coshellosoft' 입니다.

선생님은 체험판을 이용해서 1개월, 100명 이내의 단기 특강을 진행할 수 있습니다. 이메일 주소 1개마다 한 달 동안 체험판을 이용할 수 있습니다. 때문에 한 달마다 이메일 계정을 새롭게 만들어 체험판을 신청한다면 계속 수업을 할 수 있습니다. 하지만 체험판은 작품을 '갤러리에 공유'가 불가능하고 번거롭게 매달 이메일을 생성해야 하는 단점이 있습니다.

프로 라이선스 키 구매하기

코스페이시스를 정식으로 사용하려면 프로 버전 유료 라이선스를 구매해야 합니다. 라이선스는 코스페이시스의 독일 본사에서 유로화 또는 달러화로 구매할 수 있습니다. 달러화 결제가 힘든 학교에서는 국내 총판업체인 헬로소프트에서 원화로 결제할 수 있습니다.

또한 학생들은 학교나 기타 교육기관에서 코스페이시스 수업을 듣고 난 이후 추가로 집에서 코스페이시스를 즐기기 위해서 '학생용 라이선스'가 필요합니다. '학교용 라이선스' 및 '학생용 라이선스'는 국내 유일의 코스페이시스 리셀러인 ㈜헬로소프트에서 판매하고 있습니다. 네이버 쇼핑 및 학교장터에서 '코스페이시스 라이선스'를 검색하면 상품이 나타납니다.

네이버 쇼핑몰

학교장터

학교용 프로 라이선스 키는 사용자 수에 따라 가격이 달라집니다. 사용자 수는 동시에 코스페이시스에 접속하는 학생 수를 의미합니다. 30유저를 구매하실 경우, 학생 30명이 동시에 접속해서 작품을 제작할 수 있습니다. 사용자 수는 학교 예산에 맞추어 2가지 방식으로 구매할 수 있습니다. 헬로소프트에서는 학생용 이용권을 독자가 직접 구매할 때보다 훨씬 저렴한 70% 할인된 가격에 판매하고 있습니다.

01. 전체 학생 수만큼 구매

1년 동안 수업을 받는 모든 학생 수만큼 구매합니다.

1반 27명, 2반 26명, 3반 25명인 경우 78명이므로 80유저 구매.

모든 학생들이 1년간 언제 어디서나(집에서도) 코스페이시스에 접속할 수 있습니다.

02. 동시 접속자 수만큼 구매

한 수업에 동시에 접속하는 최대 학생 수만큼 구매합니다.

1반 27명, 2반 26명, 3반 25명인 경우 동시 접속자 수가 최대 27명이므로 30유저 구매.

30유저 라이선스 키를 이용해서 여러 반을 돌려가며 수업이 가능합니다.

수업 시작 전에 선생님이 '계정 관리' 메뉴에서 코스페이시스에 접속할 30명의 학생을 선택해서 '라이선스 플랜에 다시 추가'해줘야 합니다.

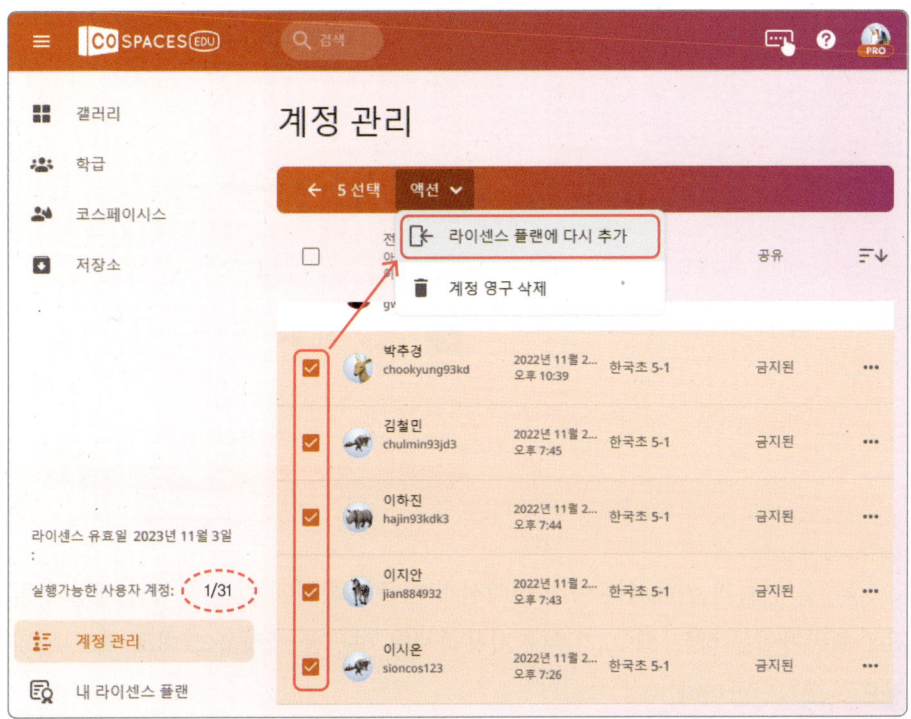

라이선스 기간은 라이선스 키 발급일로부터 1년입니다. 라이선스 기간이 끝난 후에도 학생들이 만들거나 공개한 작품(과제, 자유 작품)은 그대로 유지됩니다. 라이선스 키는 구매 후 2일 이내에 입력한 이메일로 발송됩니다. 기존에 라이선스 키가 있다면 갱신할 수도 있고, 새로운 라이선스 키를 등록해서 다시 시작할 수도 있습니다.

㈜헬로소프트는 독일 CoSpaces Edu 플랫폼의 국내 유일 정식 라이선스 리셀러 업체이며, 코스페이시스의 한국어 번역을 담당하고 있습니다.

라이선스 키 구입 문의
전화: 0505-300-0245(문자 가능)
메일: hellosoft@naver.com
상담: 평일 09:00~18:00

헬로소프트 Hellosoft

프로 라이선스 키 등록하기

학교장터, 네이버 쇼핑몰, 전자세금계산서 처리 등으로 ㈜헬로소프트에서 코스페이시스 라이선스를 구매하면 2일 이내에 이메일로 라이선스 키가 발송됩니다.

새로운 라이선스 플랜을 만들기 위해서는 아직 라이선스 키를 등록하지 않은 선생님 계정이 필요합니다. 신규로 회원가입을 해도 되고 기존에 사용하시던 선생님 계정을 그대로 써도 됩니다. 선생님 계정으로 로그인합니다.

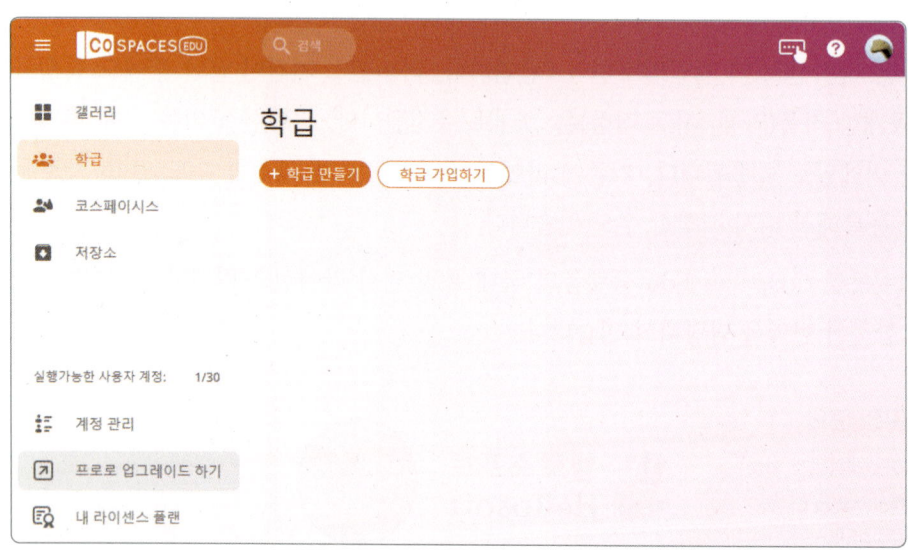

만약 다른 라이선스 키를 등록한 상태라면, 우선 기존 라이선스 플랜에서 탈퇴한 후에 새로운 라이선스 키를 등록할 수 있습니다. 탈퇴하려면 계정 관리 화면의 [**선생님**] 탭에서 […] 버튼을 클릭하고 [**라이선스 플랜 떠나기**]를 선택하세요.

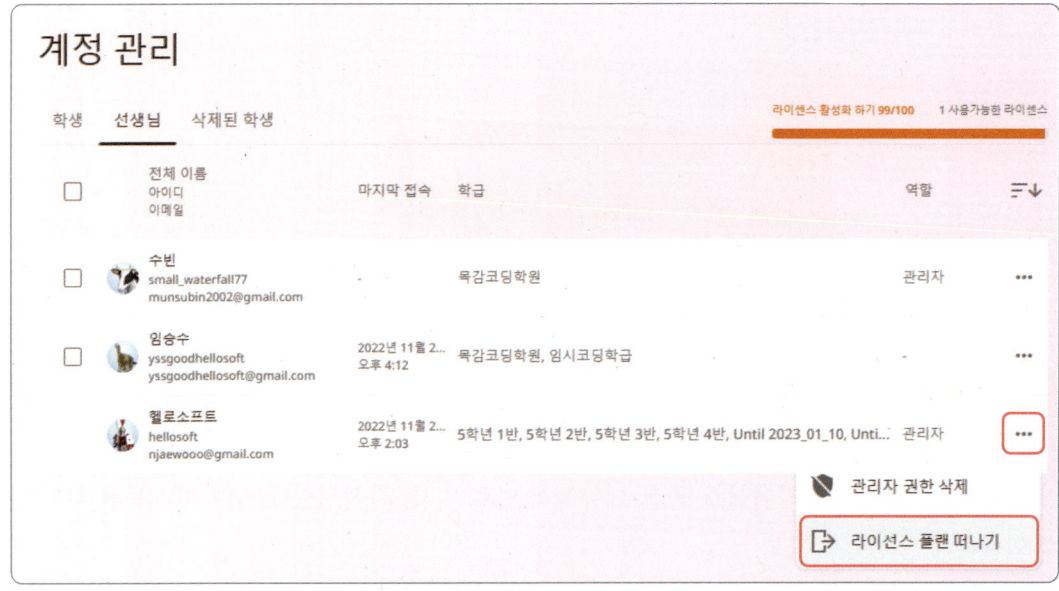

화면 왼쪽 하단의 [**프로로 업그레이드 하기**]를 선택한 뒤 [**라이선스 플랜 가입**]을 클릭합니다.

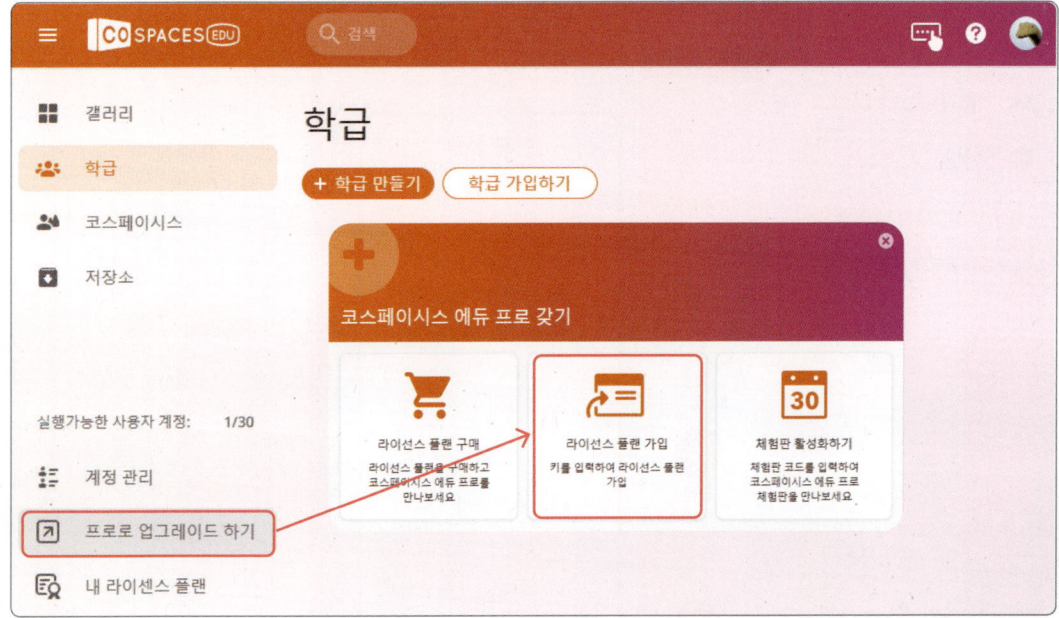

만약 [프로로 업그레이드 하기] 메뉴가 없다면 이미 다른 라이선스 키를 등록한 상태입니다. 우선 다른 라이선스 플랜에서 탈퇴한 후에 새로운 키를 입력해 주세요.

팝업창에 발급받은 24자리 라이선스 키를 입력해 주세요.

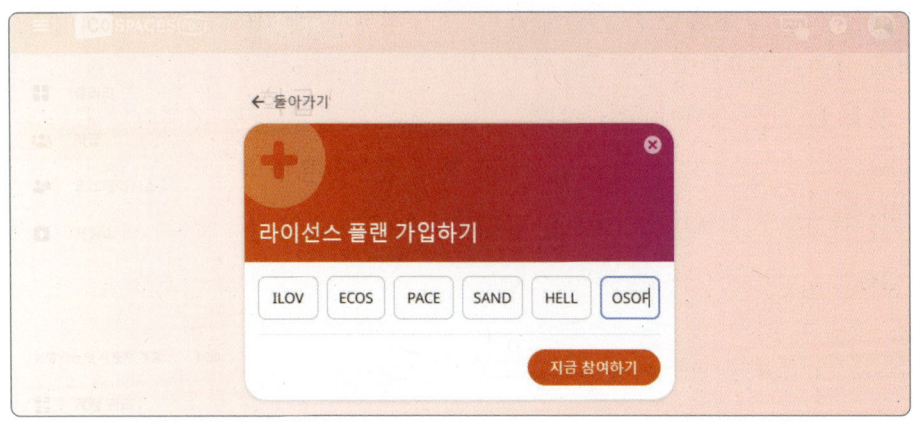

키 등록이 완료되면 '내 라이선스 플랜' 메뉴에서 만료 일자, 좌석 수, 애드온 여부 등을 확인할 수 있습니다.

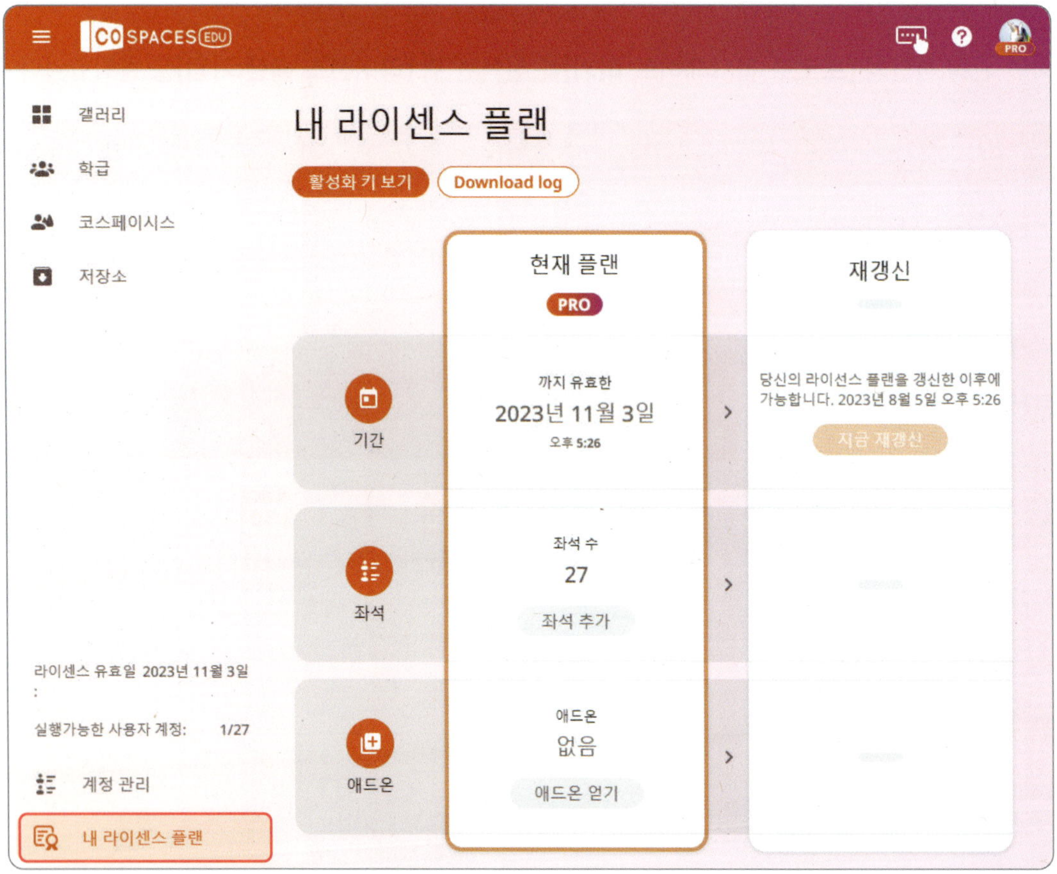

가장 처음에 라이선스 키를 등록한 선생님 계정이 자동으로 '관리자' 역할이 됩니다. 이후로 키를 등록한 계정은 '선생님' 역할이 됩니다. 관리자는 '선생님' 역할의 계정을 '관리자' 역할로 지정할 수 있습니다.

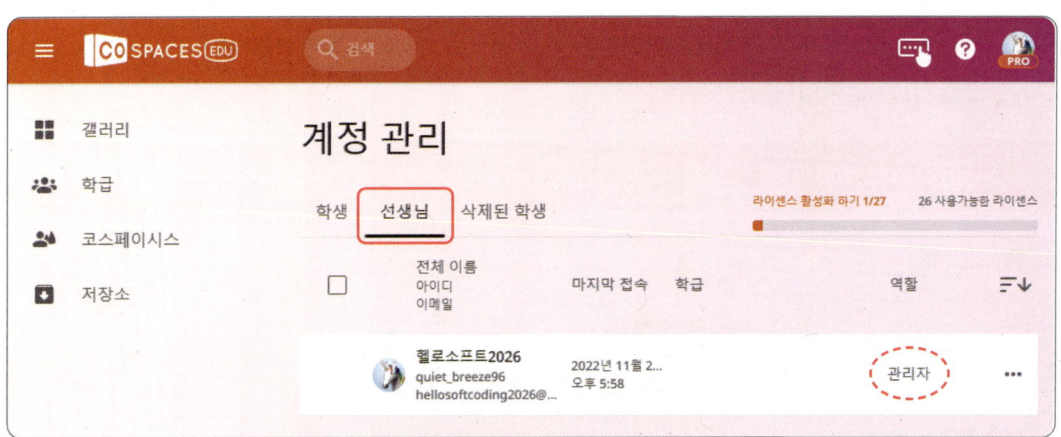

학급 만들기

내 라이선스 플랜에 학생을 초대하기 위해서는 우선 학급을 만들어야 합니다.

학급 메뉴에서 [**+ 학급 만들기**]를 클릭하고, 나타나는 팝업창에서 학급 이름을 입력합니다. [**지금 만들기**]를 클릭합니다.

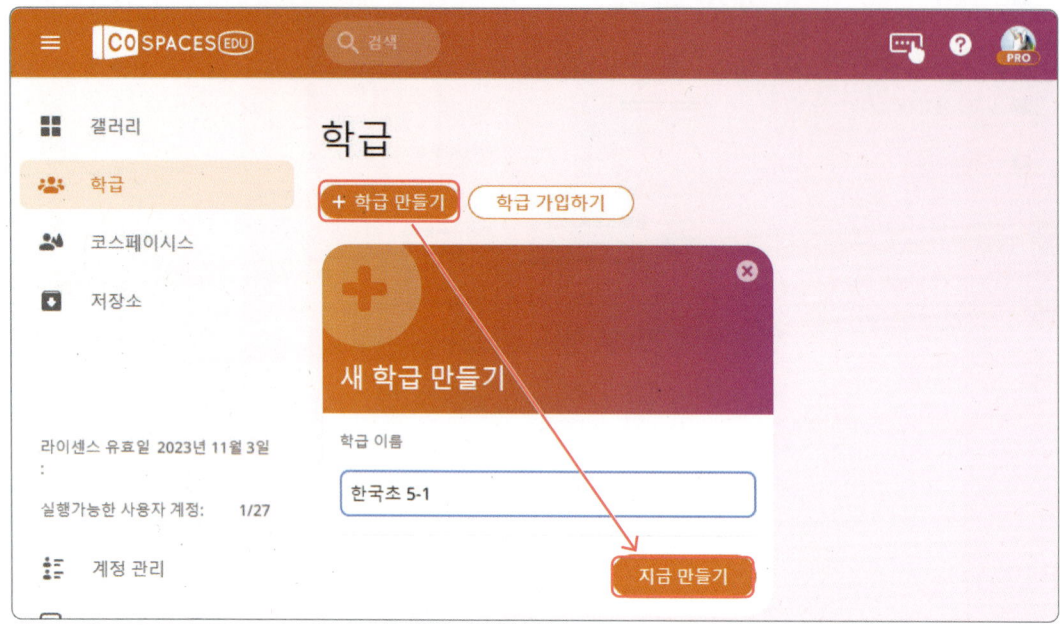

학급이 만들어지면 자동으로 학급 코드가 함께 생성됩니다. 학급 코드는 회원 가입 시 학생 계정을 만들 때도 사용할 수 있고, 이미 만들어진 학생 계정을 라이선스 플랜에 초대할 때도 사용할 수 있습니다.

다음과 같이 학급이 만들어집니다. 학급은 개수 제한 없이 만들 수 있습니다. 만들어진 학급을 클릭하면 학급 관리 화면으로 이동합니다.

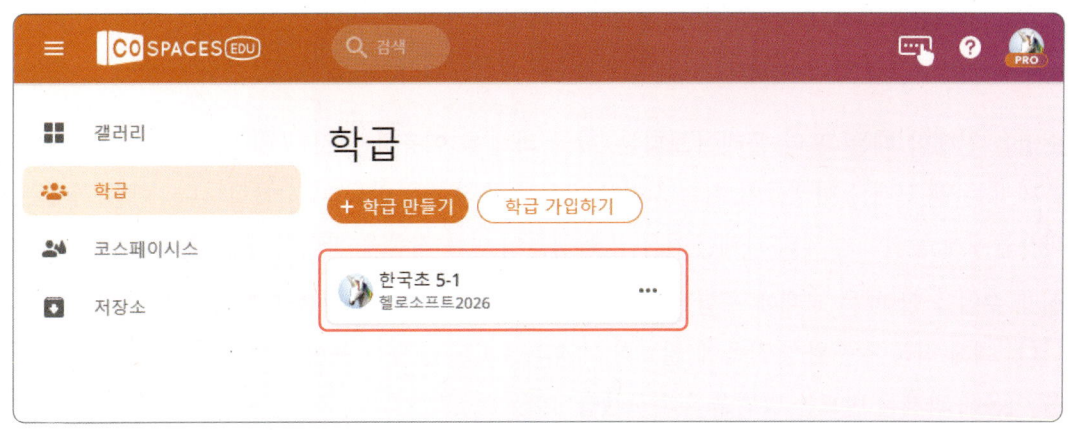

학급 관리 화면에서 과제, 학생, 선생님을 관리할 수 있습니다. 우선 과제를 만들어서 학생들에게 지정해 줄 수 있습니다. 학급에 학생을 초대하거나 관리할 수 있습니다. 학급을 공동으로 관리하는 (보조)교사를 추가할 수 있습니다.

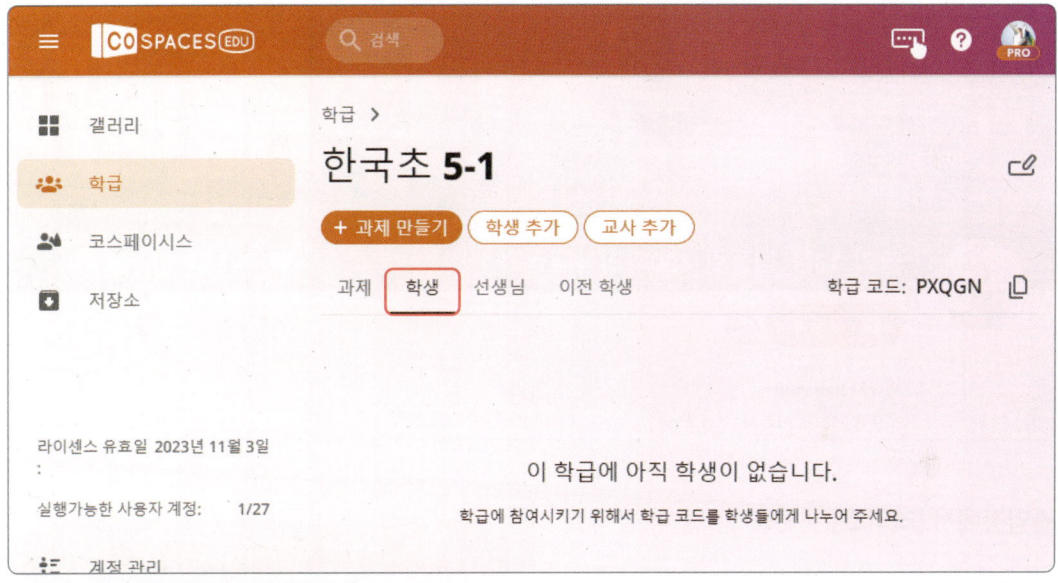

이제 학급에 학생들을 초대해야 합니다. 학급 코드를 학생들에게 알려줍니다. 학생들이 코스페이시스가 처음이라면 학생 계정으로 회원가입을 해야 합니다.

학급코드를 이용해서 '학생 계정'을 만드는 방법은 1장(41쪽)에 나와 있습니다.

예제 작품으로 과제 만들기

수업을 진행할 때는 '프리 플레이'보다는 '학급 과제'를 이용하는 것이 훨씬 편리합니다. '프리 플레이'는 말 그대로 학생들이 쉬는 시간에 자유롭게 작품을 만들 때 사용합니다. '학급 과제'는 학생들에게 동일한 주제의 과제를 내주고 학생들이 만든 작품을 관리할 수 있습니다.

실제 수업을 할 때는 교재에 포함된 예제 작품을 이용해서 완성 작품을 제작하는 경우가 많습니다. 예제 작품에는 완성 작품에 필요한 배경과 3D 모델 등이 포함되어 있습니다. 예제 작품을 이용해 과제를 만드는 방법을 살펴보겠습니다.

예제 작품은 모두 '리믹스 가능'으로 공유되어 있습니다. 우선 예제 작품을 리믹스하여 **[코스페이시스]** 메뉴에 복제본을 만든 후 이것으로 과제를 만들게 됩니다. 우선 링크 또는 갤러리를 통해서 예제 작품을 엽니다. 조회수 왼쪽에 있는 **[리믹스]** 버튼을 클릭합니다. 코스페이시스에 로그인하지 않은 상태에서는 **[리믹스]** 버튼이 나타나지 않습니다.

팝업창에서 **[리믹스]** 버튼을 한 번 더 클릭합니다.

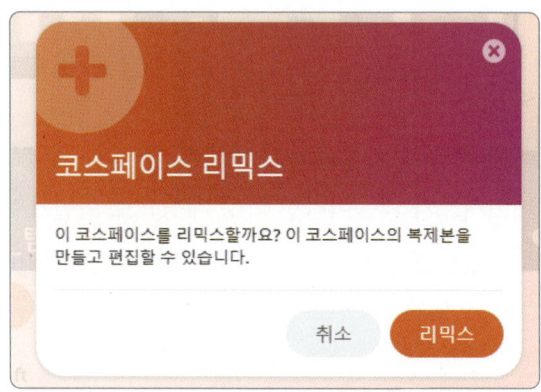

복제본이 생성되고 자동으로 편집 화면이 나타납니다. [처음으로] 버튼을 클릭한 후 [코스페이시스] 메뉴로 이동합니다.

복제본에서 […] 버튼을 클릭한 후 나타나는 팝업창에서 [과제로 사용하기] 메뉴를 클릭합니다.

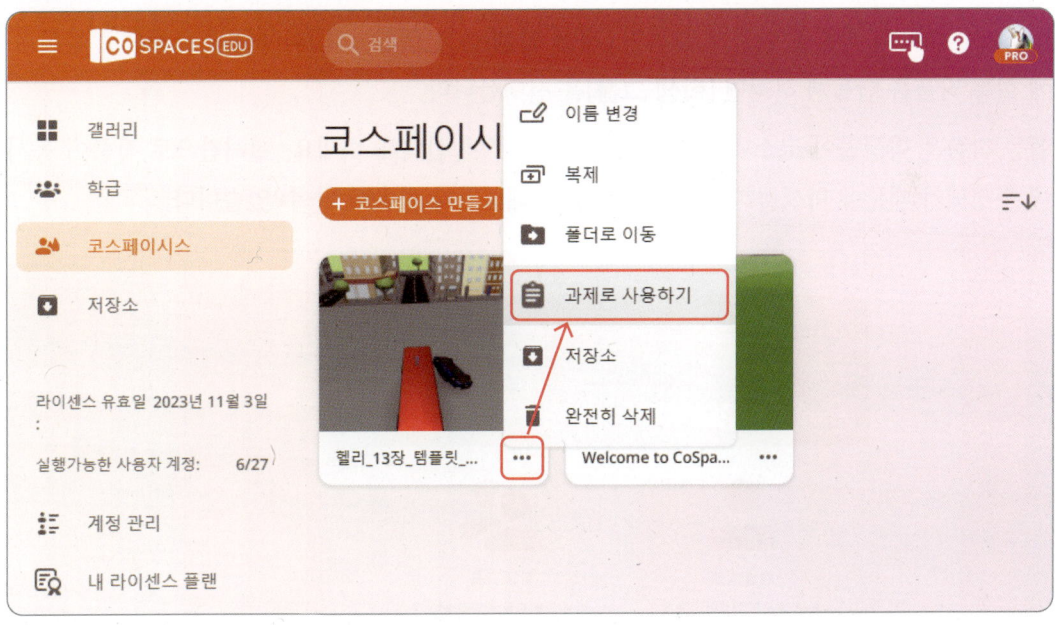

'새 과제 만들기' 팝업창이 나타납니다. 학급과 장면 유형, 제목, 설명글을 입력하고 [계속] 버튼을 클릭합니다.

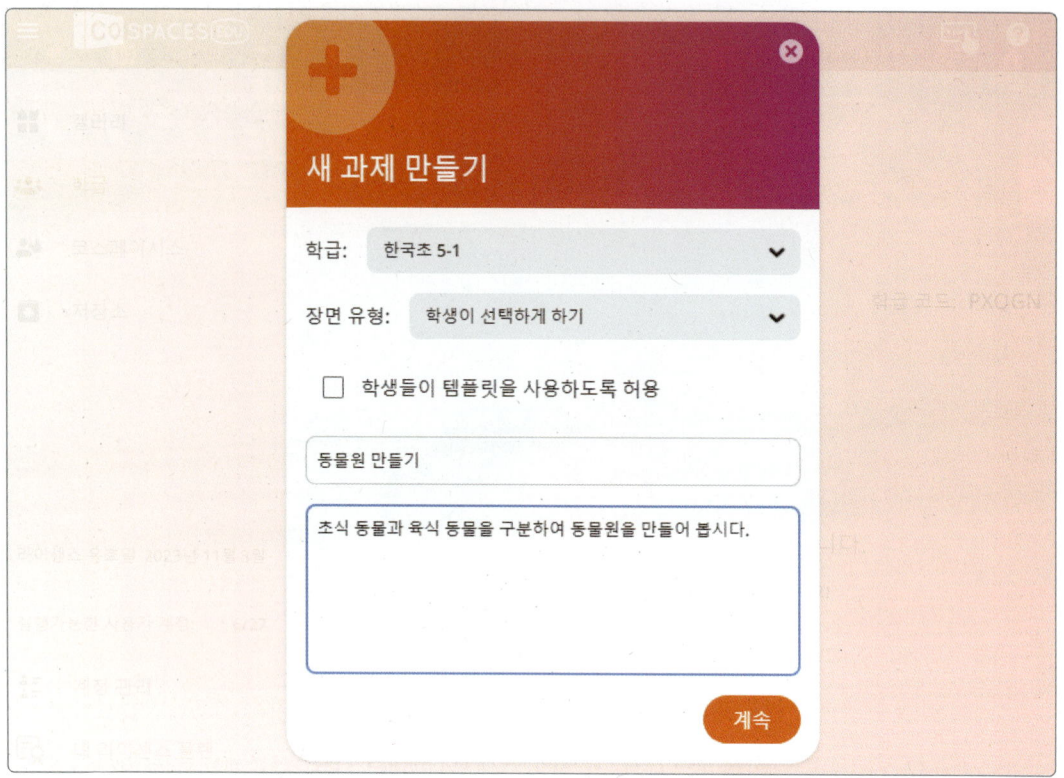

학생마다 하나의 작품을 만들게 하려면 [개별 학생]을 선택합니다. 학생들을 그룹으로 묶은 후에 협동 작품을 만들게 하려면 [학생 그룹]을 선택합니다.

협동 작품은 학생들이 코스페이시스에 익숙해진 후에 선택해 주세요. 실시간으로 작품이 동시에 수정되기 때문에 학생들끼리 서로 작업을 방해하거나 싸움이 날 수 있습니다.

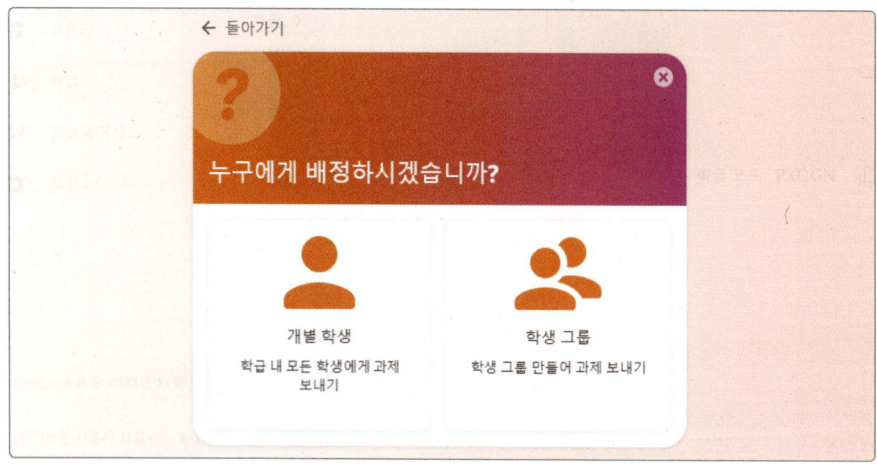

과제를 만들고 나면 다음과 같이 똑같은 템플릿을 가지고 있는 과제가 만들어집니다. 여기에서 선생님은 학생들이 만드는 작품을 한눈에 볼 수 있습니다. 또한 작품을 클릭하면 선생님도 실시간으로 작품을 수정할 수 있습니다.

이 기능 덕분에 학생들 자리에 가지 않고도, 선생님 컴퓨터에서 모든 학생들의 작업 진행 상태를 확인하고 필요에 따라 적절한 도움을 줄 수 있습니다.

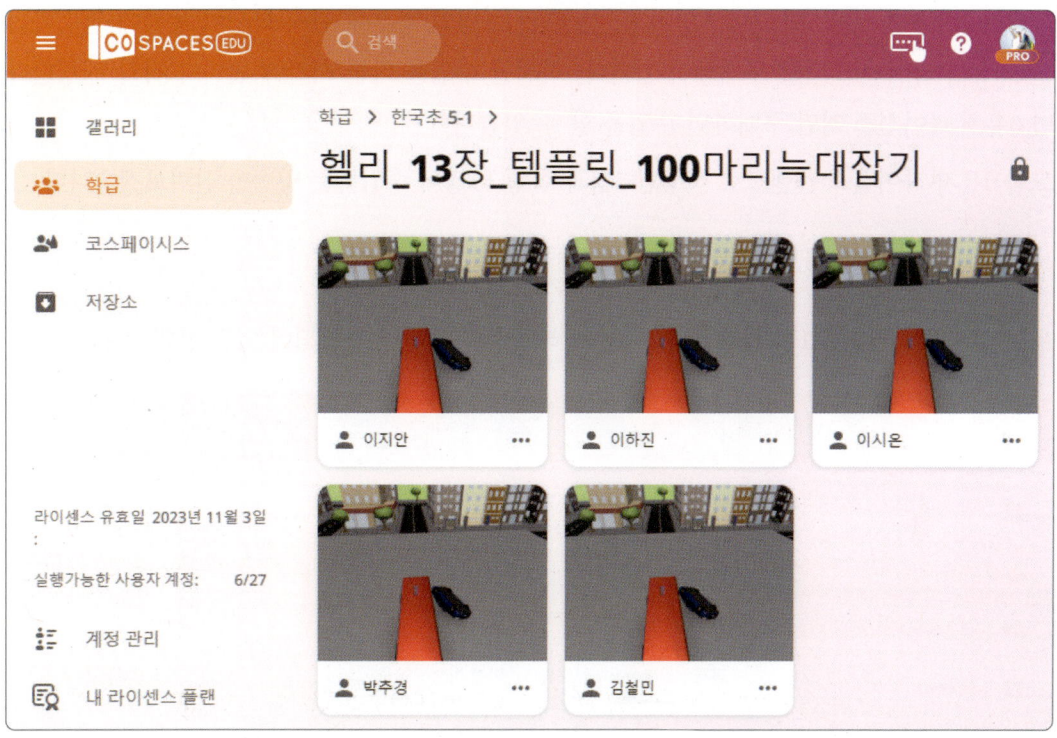

적은 사용자 수로 많은 학생과 수업하기

라이선스 플랜의 사용자 수(좌석 수)는 동시에 코스페이시스에 접속할 수 있는 동시 접속자 수의 개념입니다. 때문에 수업 시간이 다르다면 여러 반이 하나의 라이선스 플랜을 돌아가며 수업할 수 있습니다.

학생이 1반 5명, 2반 5명, 3반 5명이고, 선생님이 1명인 경우에 전체 학생이 동시에 접속하려면 16유저 라이선스 키를 구매해야 합니다. 하지만 수업을 다른 시간에 반마다 각각 진행한다면 6유저 라이선스 키만 구매하면 수업을 할 수 있습니다.

그럼 6유저 라이선스 플랜으로 선생님 1명과 학생 15명이 수업하는 방법을 살펴보겠습니다.

우선 선생님 1명과 5-1반 학생 5명이 6유저 라이선스 플랜에 가입되어 있는 상태입니다.

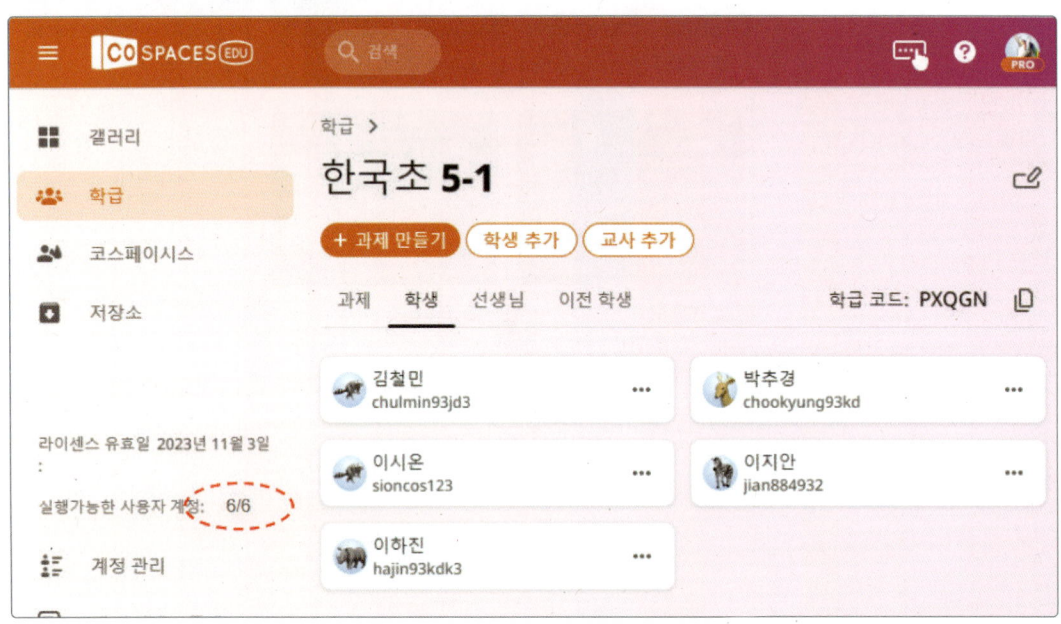

이제 5-2반 학생들 5명을 초대해야 하기 때문에, 현재 학생 5명은 잠시 라이선스 플랜에서 제거하겠습니다.

[계정 관리] → [학생] 탭에서 현재 가입되어 있는 5명의 학생을 모두 선택한 후에 [액션] → [라이선스로부터 제거하기]를 클릭합니다.

'라이선스로부터 제거하기' 팝업창이 나타나면 항목을 모두 체크한 후 [삭제하기] 버튼을 클릭합니다. 학생을 라이선스 플랜에서 삭제하더라도 학생이 제작한 모든 과제와 프리 플레이의 자유 작품은 그대로 남아 있습니다.

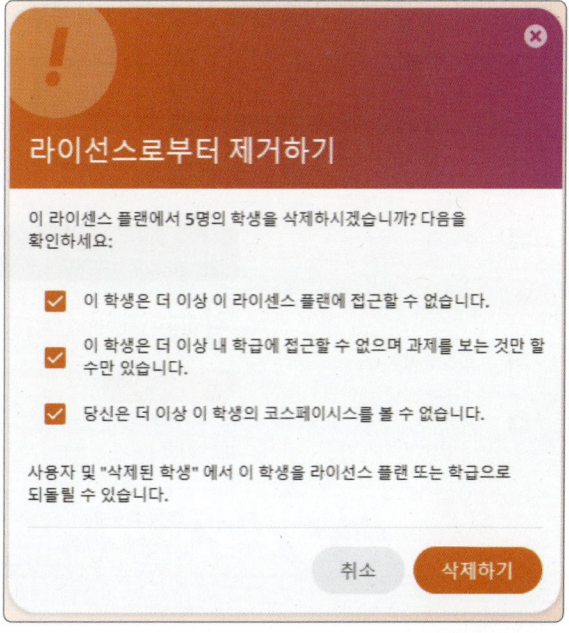

그러면 5명의 학생들이 라이선스 플랜에서 제거되어 **[삭제된 학생]** 탭에 표시됩니다. 그리고 '실행가능한 사용자 계정'은 5개가 늘어나게 됩니다.

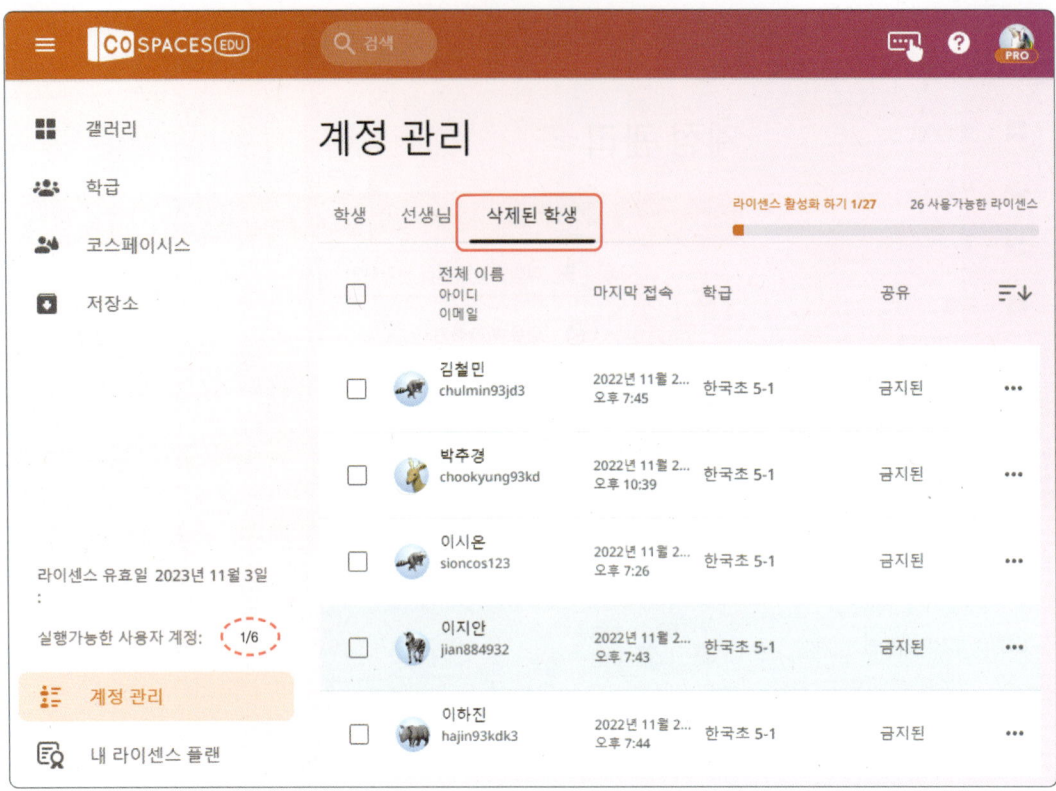

아래는 라이선스 플랜에서 삭제된 학생이 코스페이시스에 로그인하면 나타나는 화면입니다. '귀하는 더 이상 프로 사용자가 아닙니다. 선생님께 문의하세요.'라는 문구가 표시됩니다. 기존에 만들었던 과제와 프리 플레이 작품은 모두 '읽기 전용'으로 바뀌어 보는 것만 가능합니다.

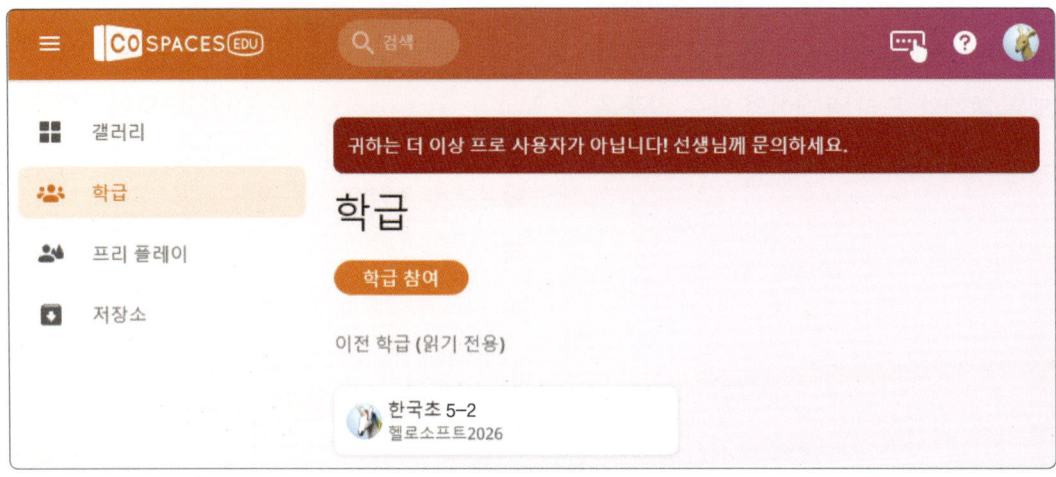

이제 5-2반 학생 5명을 라이선스 플랜에 초대하겠습니다. 새로운 5-2 학급을 생성합니다.

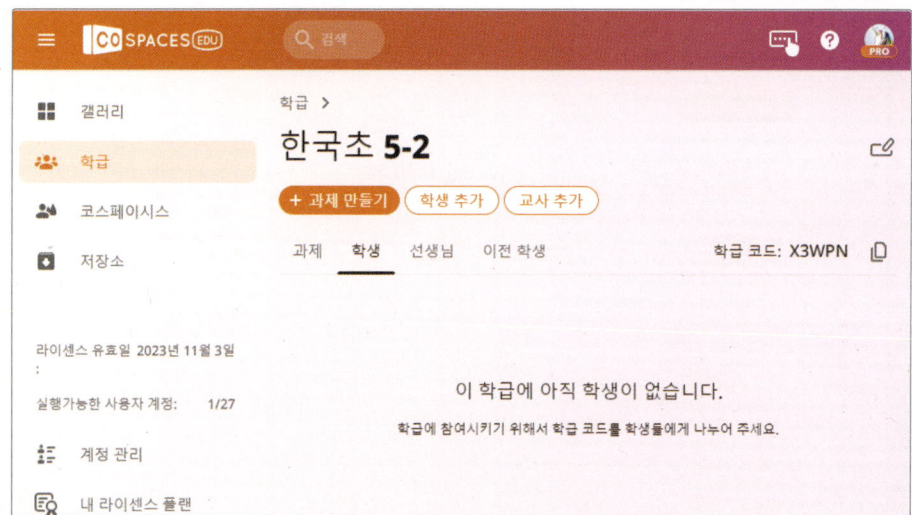

학급 코드를 이용해서 학생 5명을 라이선스 플랜에 초대합니다. '실행가능한 사용자 계정'은 다시 6/6으로 가득차게 됩니다. 5-2반 학생들도 과제를 이용해서 수업을 진행합니다.

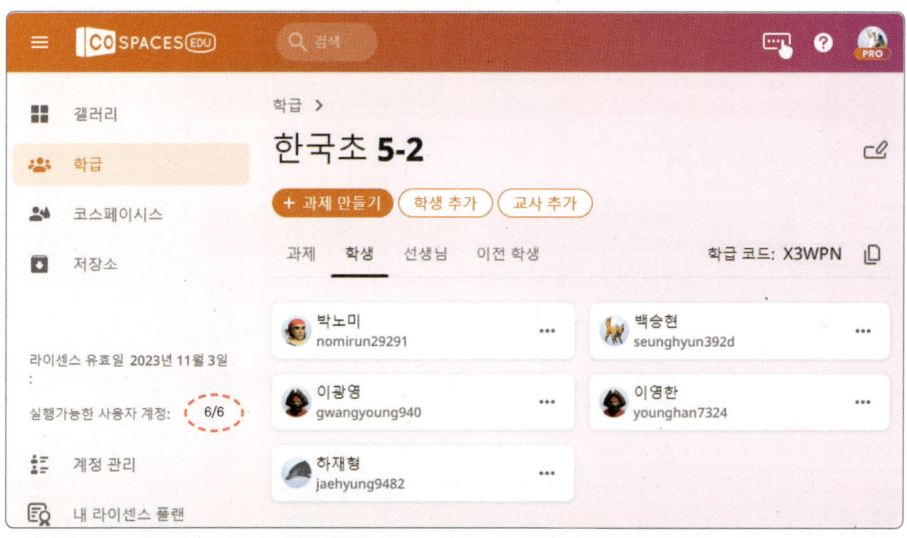

5-3반 학생 5명을 라이선스 플랜에 추가하는 방법도 동일합니다.

01. [계정 관리]에서 5-2반 학생 5명을 모두 선택한 후 **[라이선스로부터 제거하기]**를 실행합니다.

02. '한국초 5-3' 학급을 만듭니다.

03. 학급 코드를 이용해서 새로운 학생 5명을 라이선스 플랜에 초대합니다.

04. 수업을 진행합니다.

이제 다시 5-1반 학생 5명이 수업을 받겠습니다. 우선 현재 접속이 허용되어 있는 5-3반 학생 5명을 선택하고 [라이선스로부터 제거하기]를 실행합니다. 다음으로 [계정 관리] → [삭제된 학생] 탭에서 접속을 허용할 5-1반 학생 5명을 선택한 후 [액션] → [라이선스 플랜에 다시 추가]를 실행합니다.

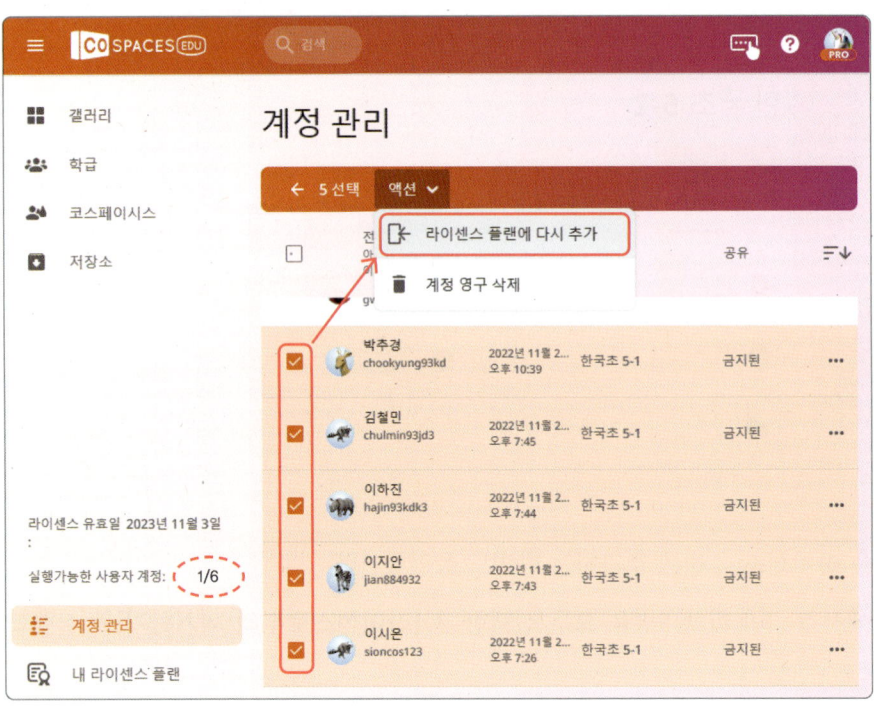

[계정 관리] → [학생] 탭에 5명의 학생이 다시 나타나고, 5-1반 학생들과 수업을 진행할 수 있습니다.

같은 방식으로 수업을 시작하기 전에 다음 과정을 거칩니다.

01. 기존에 접속이 허용된, [학생] 탭에 있는 학생들을 모두 라이선스에서 제거합니다.

02. [삭제된 학생] 탭에 있는 학생들 중에서 이제부터 수업을 진행할 학생들을 선택한 후 라이선스 플랜에 다시 추가합니다.

[학생] 탭에 있는 학생들은 집에서도 코스페이시스에 접속하여 작품을 제작할 수 있습니다.

PART 01

코딩 없이 3D 작품 만들기

파트 1에서는 코딩을 사용하지 않고 3D 모델을 배치하고 속성을 변경하는 작업만으로 멋진 가상 현실(VR) 콘텐츠를 제작합니다. 코드가 들어가지 않지만 가상 현실 안에서 자유롭게 이동하면서 3D 콘텐츠를 디자인하는 기본적인 방법을 배웁니다. 코스페이시스는 외부 이미지, 3D 모델, 음악 등을 업로드해서 작품을 제작할 수 있습니다. 만든 작품은 컴퓨터에서 3D로 실행할 수 있으며, 스마트폰 앱으로 VR, AR 형식으로 감상할 수 있습니다.

각 장에는 공유 기능을 통해 예제 템플릿이 제공되며, 리믹스 기능을 이용해서 자신의 프로젝트로 복제한 후 편집할 수 있습니다. 책의 내용을 따라서 만드는 데는 30분 정도 시간이 걸리며 이후 창의적으로 작품을 꾸미는 데 약 30분이 추가될 수 있습니다.

Chapter 01 봄, 여름, 가을, 겨울

템플릿: https://edu.cospaces.io/RSR-VDT
완성작: https://edu.cospaces.io/EPL-NYT

1장에서는 코스페이시스 사이트에 접속해서 학생 계정으로 가입하고, 공개되어 있는 갤러리 작품을 체험합니다. 그리고 빈 프로젝트를 생성하고 간단한 작품을 제작하면서 프로그램의 기본 구성과 마우스 사용법 등을 배웁니다.

학습 목표

1. 코스페이시스 접속하기
2. 코스페이시스 가입하기
3. 갤러리 체험하기
4. 새로운 코스페이스 만들기
5. 편집 화면 조작하기
6. 배경 수정하기
7. 오브젝트 배치하기
8. 장면 추가하기
9. 코스페이스 저장하기
10. 자유롭게 꾸미기

STEP 1. 코스페이시스 접속하기

01. 코스페이시스는 컴퓨터에 프로그램을 설치할 필요 없이 웹사이트에 접속하여 바로 작품을 제작하고 감상할 수 있습니다. 코스페이시스 웹사이트는 구글 크롬북을 포함한 모든 컴퓨터에서 작동합니다. 웹 브라우저는 구글 크롬, 파이어폭스, 사파리 최신 버전을 사용하는 것이 좋습니다. 또한 iOS, 안드로이드, Microsoft용 CoSpaces Edu 모바일 앱을 이용해서 스마트폰이나 태블릿에서 작품을 실행하거나 수정할 수 있습니다.

컴퓨터 또는 노트북을 켠 후 웹 브라우저를 실행합니다. 구글 또는 네이버 사이트에서 '코스페이시스'를 검색합니다. 상위 검색 결과에 'CoSpaces Edu for kid-friendly' 사이트(https://cospaces.io/edu)를 클릭해 접속합니다.

STEP 2. 코스페이시스 가입하기

02. 웹사이트의 첫 번째 페이지는 영어로 되어 있습니다. 다음 페이지부터는 모두 한국어로 번역되어 있으니 굳이 웹 브라우저의 번역 기능을 쓸 필요는 없습니다. 화면 오른쪽 상단의 [Register](등록) 버튼을 클릭합니다.

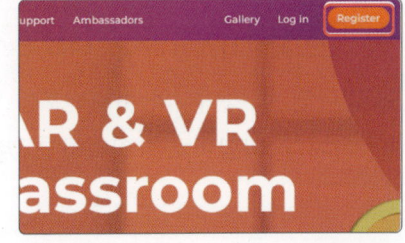

03. [학생] 버튼을 클릭합니다.

04. 선생님이 미리 알려준 학급 코드(알파벳과 숫자로 이루어진 5자리 코드)를 입력한 후 [계속하기] 버튼을 클릭합니다. 만약 알파벳이 입력되지 않는다면 키보드가 한글로 설정되어 있어 그렇습니다. 키보드의 한/영 키를 눌러서 영어로 설정한 후 입력해 주세요. 만약 학급 코드를 알지 못한다면 선생님께 문의하세요. 학급 코드는 선생님 계정으로 만들 수 있습니다.

05. 코스페이시스는 구글, 애플 등의 사용자 계정으로 가입할 수 있습니다. 만약 사용자 계정이 없다면 새 아이디와 비밀번호를 입력하여 코스페이시스 자체 계정을 만들 수 있습니다. 이름, 아이디, 비밀번호를 입력하고 [계정 만들기] 버튼을 클릭합니다.

06. 만약 다른 사람이 이미 가입한 아이디라면 다음과 같이 메시지가 나타납니다. 다른 아이디를 입력해 주세요.

> 이 아이디는 이미 등록되어 있습니다. 다른 아이디를 입력해 주세요

07. 비밀번호는 다음과 같은 조건이 있습니다. 8 글자 이상으로 문자와 숫자를 모두 포함해야 하며, 일반적인 배열의 비밀번호를 입력하면 안 되고, 이름이나 아이디를 그대로 사용할 수 없으며, 단어나 기호를 반복할 수 없습니다.

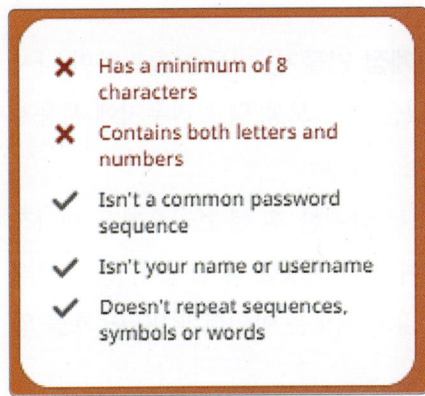

08. 회원가입 및 로그인을 완료하면 다음과 같은 팝업창이 나타납니다. 스마트폰 앱을 설치하는 방법을 안내하는데 그냥 [×] 버튼을 클릭해서 닫으면 됩니다.

09. 다음과 같이 화면에 '내 학급' 화면이 나타나면 회원가입과 로그인이 완료된 것입니다.

10. 간혹 구글 등의 사용자 계정으로 회원가입을 할 때 [계정 만들기] 버튼을 클릭하면 다시 새 계정 만들기 페이지로 되돌아 가는 문제가 발생할 수 있습니다. 보통 웹 브라우저에 사용자 계정 기록이 남아 있는 경우에 이런 일이 생길 수 있습니다.

이럴 때는 웹 브라우저의 설정에서 쿠키와 같은 기록을 모두 삭제한 후 웹 브라우저를 재시작합니다. 그런 다음 코스페이시스 웹사이트에 다시 접속하여 가입 신청을 해 봅니다. 만약 그래도 가입이 진행되지 않을 경우 사용자 계정으로 가입하지 않고 새로운 아이디와 비밀번호를 입력하여 자체 계정으로 가입하면 됩니다.

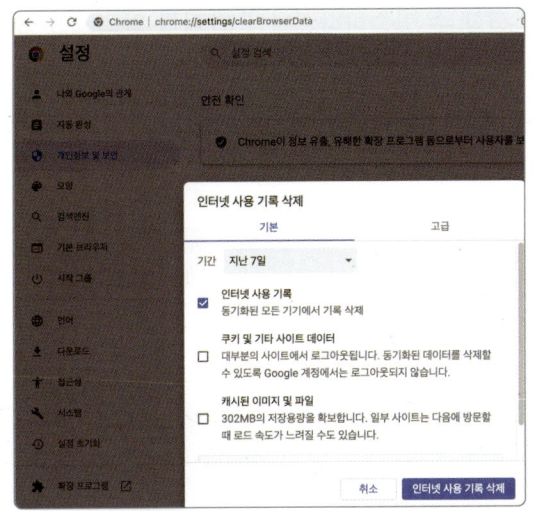 

11. 회원가입이 완료되어 '내 학급' 화면이 나타나면 오른쪽 상단의 프로필 아이콘을 클릭해 봅니다. 내 이름과 아이디를 확인할 수 있고 계정을 설정하거나 로그아웃할 수 있습니다.

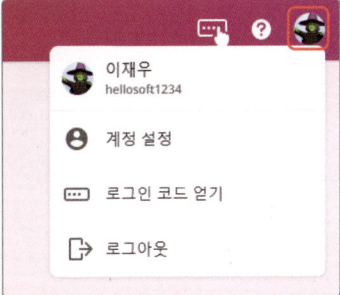

STEP 3. 갤러리 체험하기

12. 화면 왼쪽에 메뉴가 있습니다. **[갤러리]** 메뉴를 클릭하면 다른 사람들이 만든 작품들을 감상할 수 있습니다. 갤러리 첫 화면에는 현재 가장 인기 있는 작품이 표시됩니다. 대부분이 영어로 되어 있지만 플레이하는 데는 문제가 없습니다.

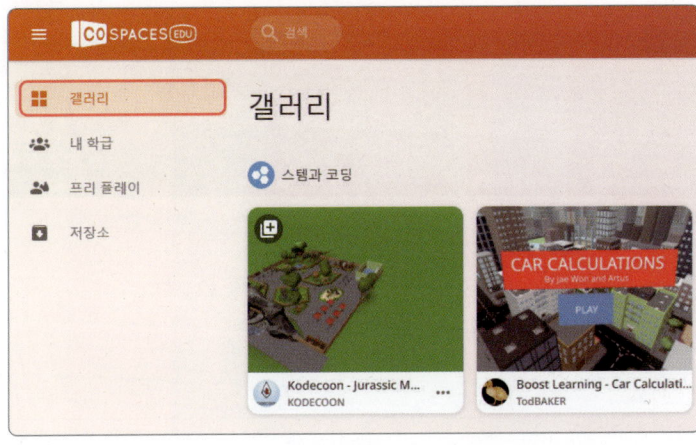

13. 화면 상단 검색창을 이용해서 작품 이름을 검색할 수 있습니다. '게임' 단어를 검색하면 국내 학생들이 만든 다양한 작품을 감상할 수 있습니다. 영어로 만들어진 작품도 많은데, 코스페이시스 이용자의 99%가 영어 사용자이기 때문에 조회수를 늘리려고 일부러 영어를 사용하는 경우가 많습니다.

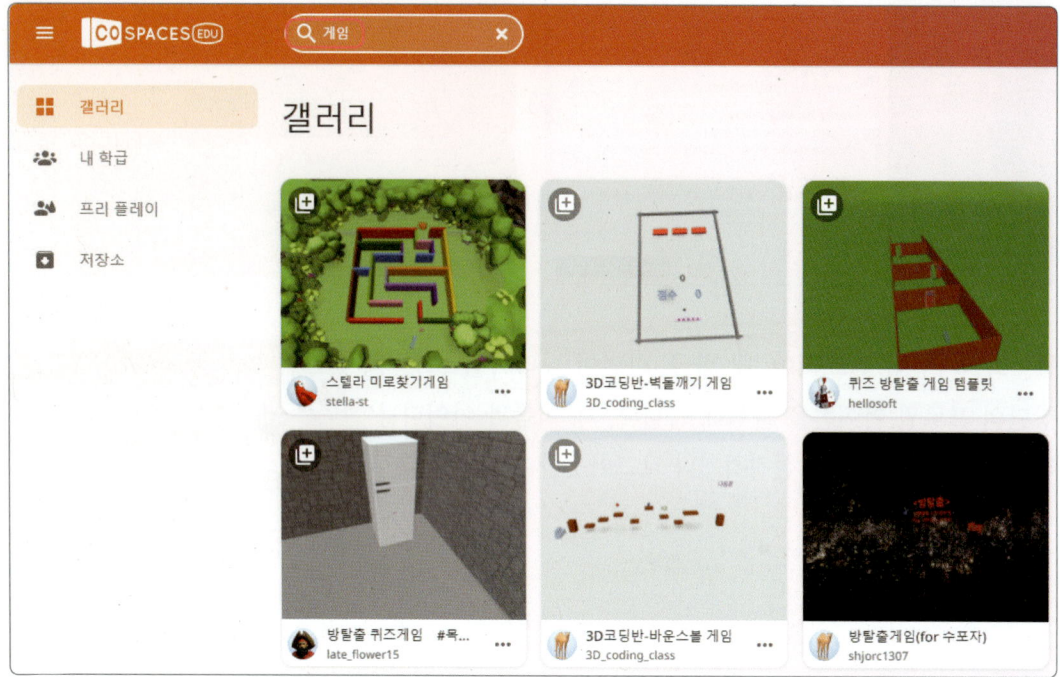

14. 원하는 작품을 클릭하면 소개 페이지가 나타납니다. 소개 페이지에서 작품의 제목, 설명, 리믹스 횟수, 조회수 등을 볼 수 있습니다. [플레이] 버튼을 클릭하여 작품을 실행합니다.

15. 작품이 실행됩니다.

16. 코스페이시스에서 캐릭터를 조작하는 기본적인 방법은 다음과 같습니다.

– W, A, S, D 또는 방향키(↑, ↓, ←, →): 캐릭터 이동

– 스페이스바: 캐릭터 점프

– 마우스 왼쪽 버튼 드래그: 화면 회전

17. 화면 왼쪽 상단의 ←(뒤로 가기) 버튼을 클릭하면 작품 실행을 멈추고 다시 소개 페이지로 되돌아갑니다. ↻(새로고침) 버튼을 클릭하면 작품을 처음부터 다시 시작합니다.

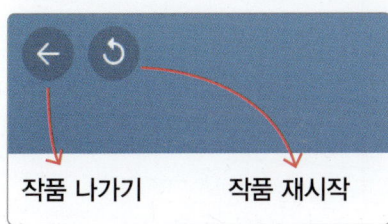

이제 갤러리에 있는 다양한 작품을 체험해 봅시다. 갤러리에 있는 작품들의 다양한 기능은 여러분이 직접 구현할 수 있습니다. 만약 작품 소개 페이지에 **[리믹스]** 버튼이 있다면 해당 작품을 여러분의 작품으로 복제하고, 내부의 디자인과 코드를 모두 살펴보고 수정할 수 있습니다.

STEP 4. 새로운 코스페이스 만들기

18. 갤러리에서 다양한 작품을 체험해 보았다면 이제 직접 간단한 작품을 만들어 보겠습니다. 코스페이시스 화면에서 왼쪽 메뉴 중에 **[프리 플레이]**를 클릭합니다. 프리 플레이에서 여러분들은 자유롭게 작품을 만들 수 있습니다. **[+ 코스페이스 만들기]** 버튼을 클릭합니다.

19. 팝업창으로 다양한 템플릿이 나타납니다. 첫 번째 **[Empty scene]**(비어 있는 장면)을 클릭합니다.

20. 다음과 같은 편집 화면이 나타납니다. 유니티(Unity), 언리얼(Unreal) 등의 게임 엔진이나 로블록스 스튜디오(Roblox Studio) 같은 3D 게임 제작 툴은 사용법이 비슷하므로 미리 배워 놓으면 좋습니다.

STEP 5. 편집 화면 조작하기

21. 3D 작품을 적절하게 편집하기 위해서는 우선 화면을 조작하는 방법을 배워야 합니다. 화면을 조작하는 방법은 크게 3가지로 화면 회전, 확대/축소, 중심점 이동입니다.

우선 마우스 왼쪽 버튼으로 바닥을 드래그하면 화면이 회전합니다. 화면 가운데 있는 카메라 아이콘을 중심으로 화면이 회전하는 것을 볼 수 있습니다.

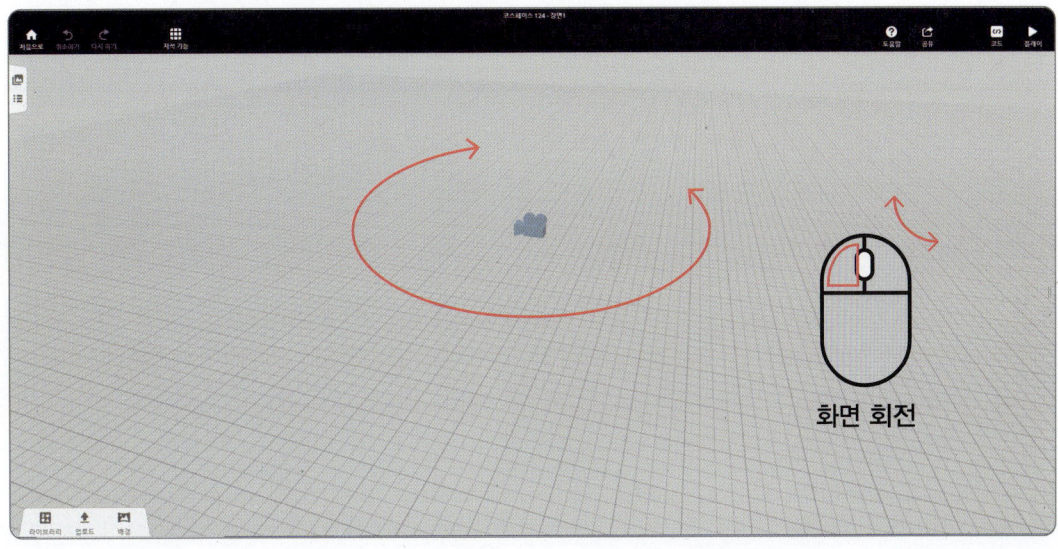

22. 다음으로 마우스 휠을 위아래로 스크롤하면 화면이 확대/축소됩니다. 카메라 아이콘의 크기는 고정되어 있어서 변하지 않지만 바둑판 모양의 배경 크기가 변하는 것을 볼 수 있습니다.

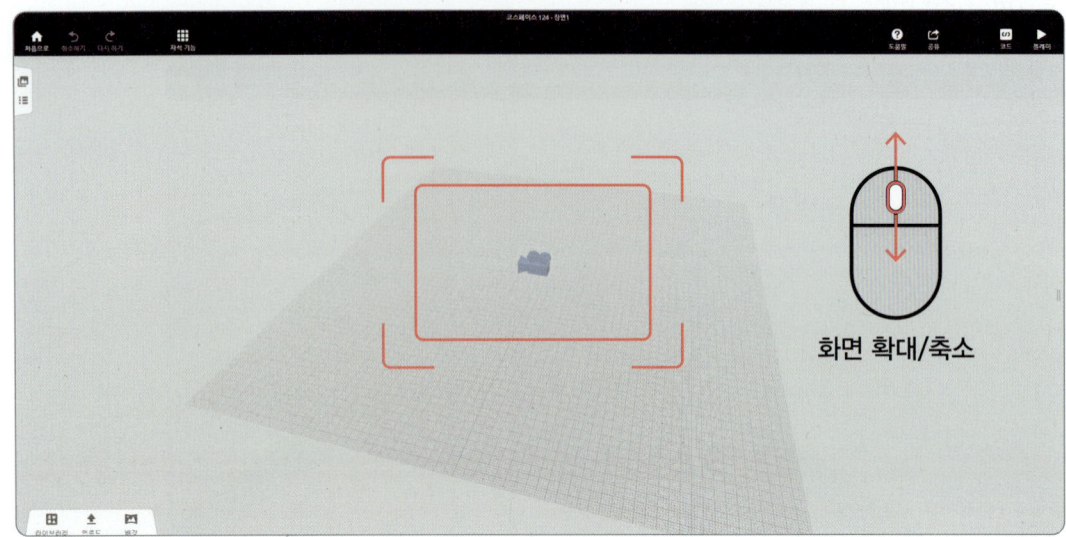

23. 마지막으로 키보드의 [스페이스바]를 누른 상태에서 마우스 왼쪽 버튼으로 바닥을 드래그하면 화면의 중심점을 이동시킬 수 있습니다. 섬세한 디자인을 위해서 화면 중심점 이동은 필수이므로 충분히 연습합니다.

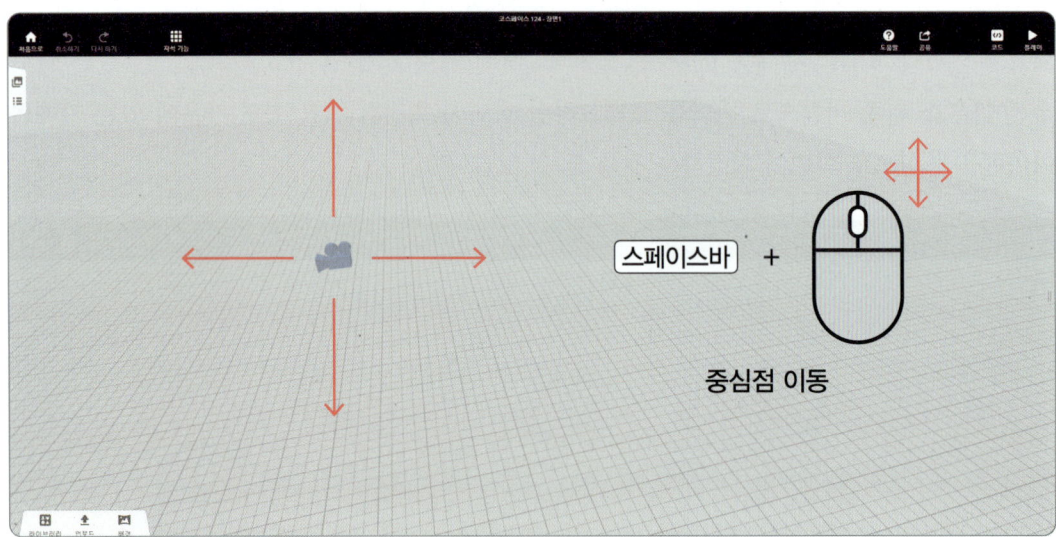

STEP 6. 배경 수정하기

24. 이제 배경을 바꾸어 보겠습니다. 화면 왼쪽 하단의 **[배경]** 아이콘을 클릭한 후 **[수정]** 버튼을 클릭합니다.

25. 이번 프로젝트는 봄, 여름, 가을, 겨울의 사계절을 나타내고자 합니다. 먼저 봄을 나타내는 배경을 선택하여 클릭합니다. 선택한 배경은 언제든지 다시 변경할 수 있습니다.

26. 장면을 둘러싸고 있는 배경이 변경됩니다.

STEP 7. 오브젝트 배치하기

27. 이제 봄과 어울리는 나무를 배치해 보겠습니다. 화면 왼쪽 하단의 [**라이브러리**] 아이콘을 클릭합니다. [**캐릭터**], [**동물**], [**주택**], [**자연**] 등의 카테고리를 선택하면 다양한 3D 모델이 나타납니다.

28. [**자연**] 카테고리를 클릭합니다. 나무, 꽃 등의 자연과 관련된 3D 모델이 나타납니다. 목록 위에서 마우스 휠을 스크롤하면 목록이 자동으로 옆으로 스크롤됩니다.

29. 첫 번째에 있는 나무 밑동을 마우스로 드래그해서 카메라 앞에 배치합니다.

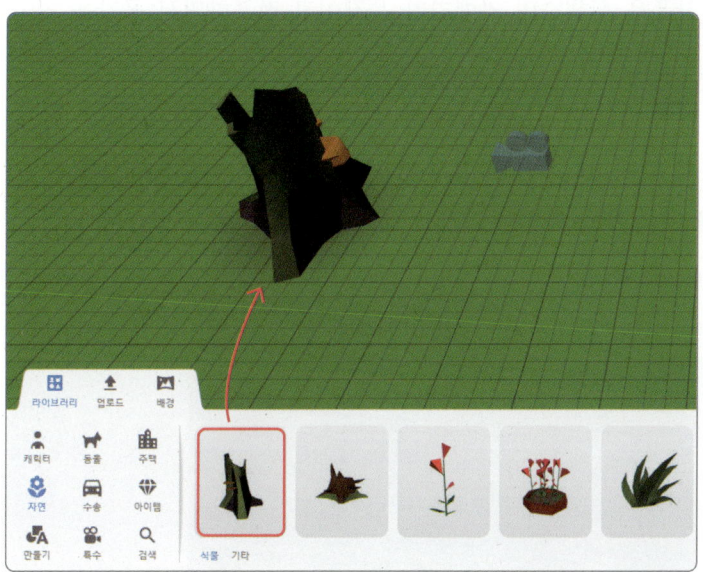

30. 카메라를 클릭하면 카메라가 바라보는 방향이 표시됩니다. 카메라가 바라보는 방향 앞에 나무 밑동을 배치합니다.

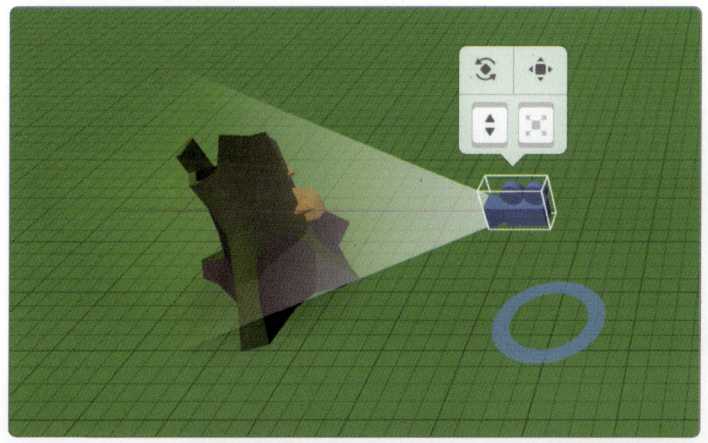

31. 바로 작품을 실행해 보겠습니다. 화면 오른쪽 상단에 **[플레이]** 버튼을 클릭합니다.

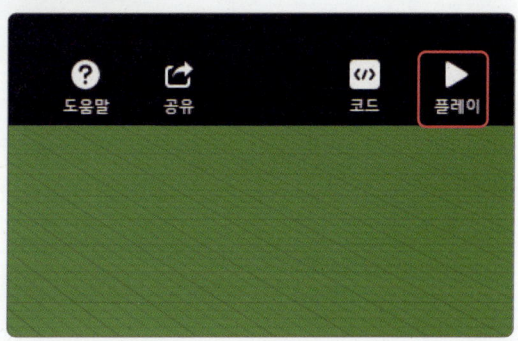

32. 플레이어 앞에 나무 밑동이 보이는 걸 확인할 수 있습니다. 즉, 작품을 플레이하면 플레이어가 곧 카메라가 됩니다. 실제 작품을 실행하면 카메라가 움직이고 점프하면서 공간을 돌아다니는 것입니다.

별도로 코딩을 하지 않아도 카메라의 기본적인 움직임이 설정되어 있습니다. W, A, S, D 또는 방향키(↑, ↓, ←, →)를 이용해서 카메라를 움직일 수 있고, 스페이스바를 이용해서 점프할 수 있습니다. 또 마우스 왼쪽 버튼을 누른 채로 화면을 드래그해서 몸을 회전할 수 있습니다.

33. 점프를 이용해서 한번 나무 밑동 위에 올라가 보세요. 나무 밑동 안쪽을 볼 수 있습니다.

34. 장면에는 제한 없이 오브젝트를 배치할 수 있습니다. [자연] 카테고리에 있는 다양한 오브젝트를 장면 안에 넣어서 봄을 나타내 보세요.

STEP 8. 장면 추가하기

35. 하나의 코스페이스 작품은 여러 개의 장면으로 구성됩니다. 장면은 서로 다른 배경을 가질 수 있습니다. 장면을 추가해 보겠습니다. 화면 왼쪽 상단에 **[처음으로]** 버튼 아래에 있는 액자 모양 아이콘을 클릭합니다.

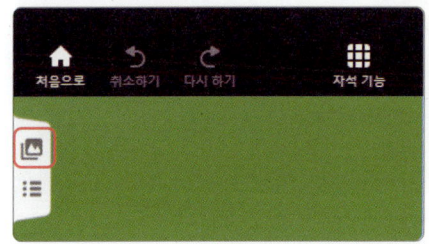

36. 왼쪽 사이드바가 나타나며 이 코스페이스의 이름과 장면 목록이 나타납니다. 다음 그림에서 '코스페이스 124'가 코스페이스 이름이며, '장면1'은 이 장면의 이름입니다.

37. 텍스트 상자를 클릭해서 코스페이스의 이름을 '봄여름가을겨울'로, 장면 이름을 '봄'으로 수정합니다. 글자를 입력한 후 Enter를 누르면 수정이 완료됩니다.

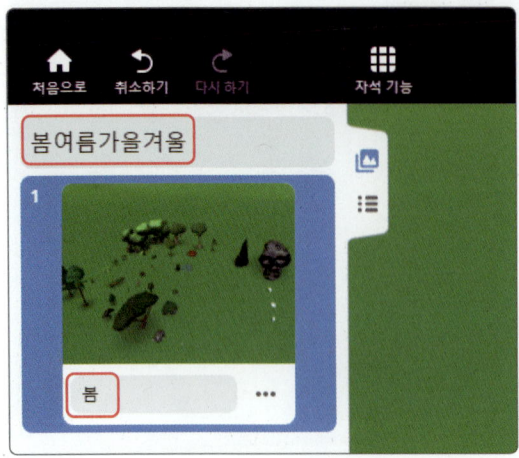

38. 이제 새로운 장면을 추가하기 위해서 화면 왼쪽 하단의 [새 장면] 버튼을 클릭합니다.

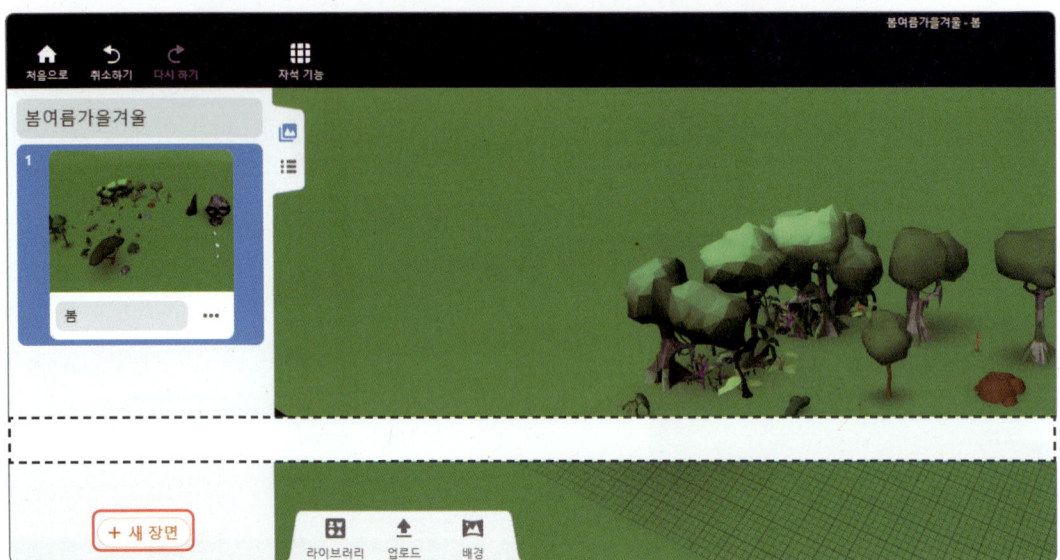

39. 장면 선택 팝업창이 나타납니다. 첫 번째 장면과 마찬가지로 첫 번째 [Empty scene]을 선택합니다.

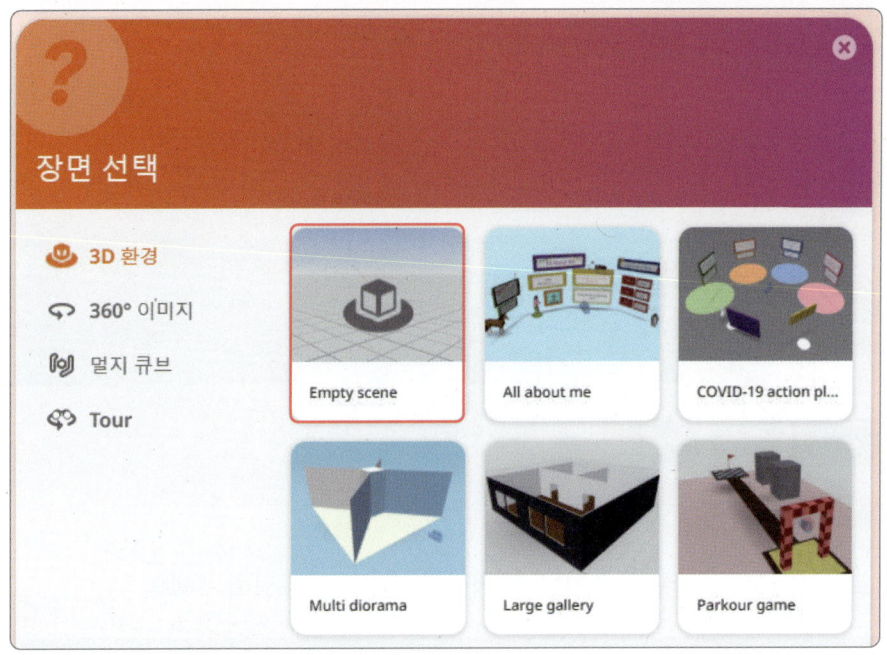

40. 새로운 장면이 추가되었습니다. 왼쪽 사이드바에서 새로 추가된 장면의 이름을 '여름'으로 수정합니다.

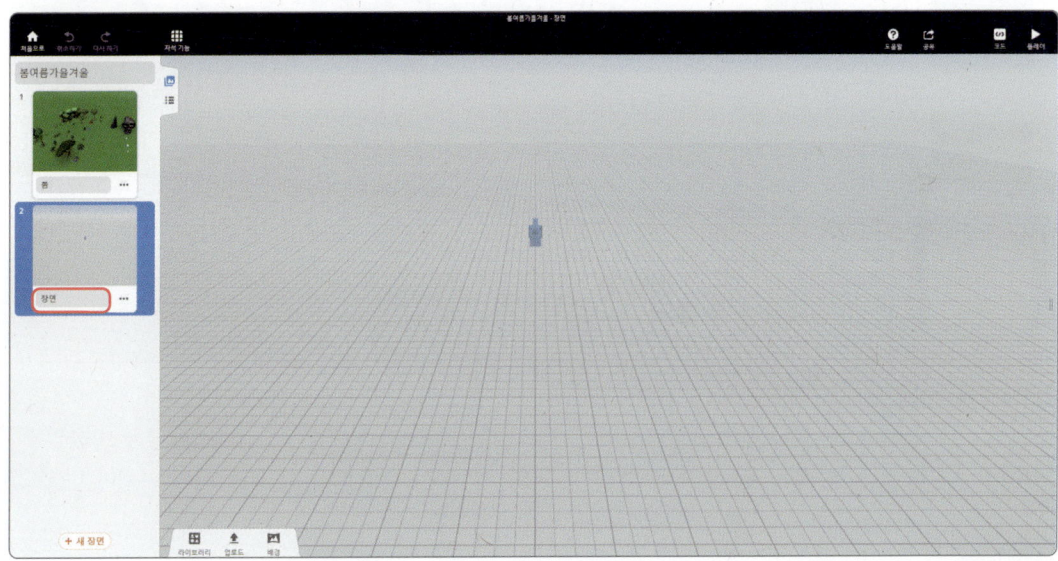

41. [배경] 아이콘을 클릭해서 여름에 어울리는 바다 배경으로 수정합니다.

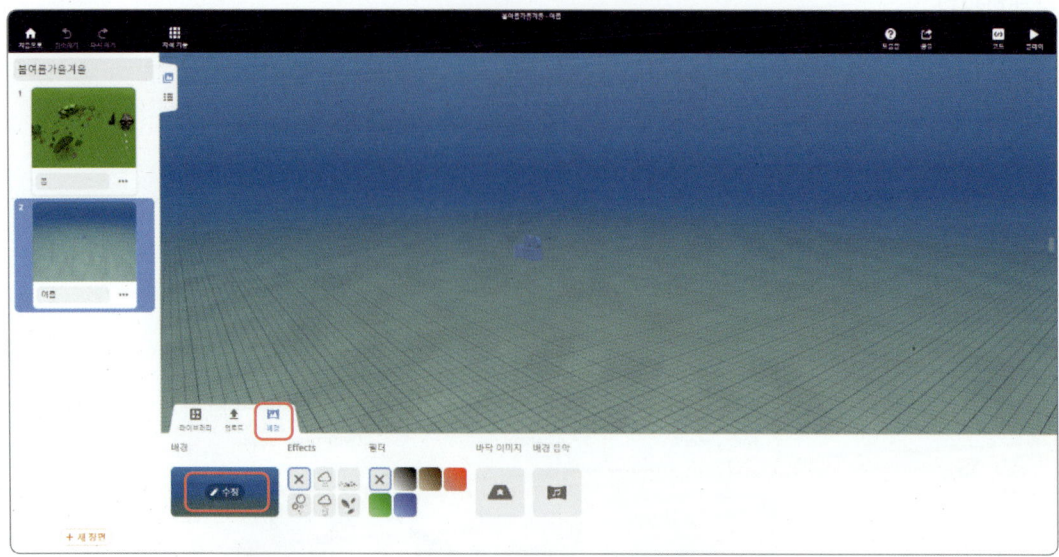

42. 같은 방식으로 '가을', '겨울' 장면을 추가한 후 적절한 배경으로 수정해 주세요.

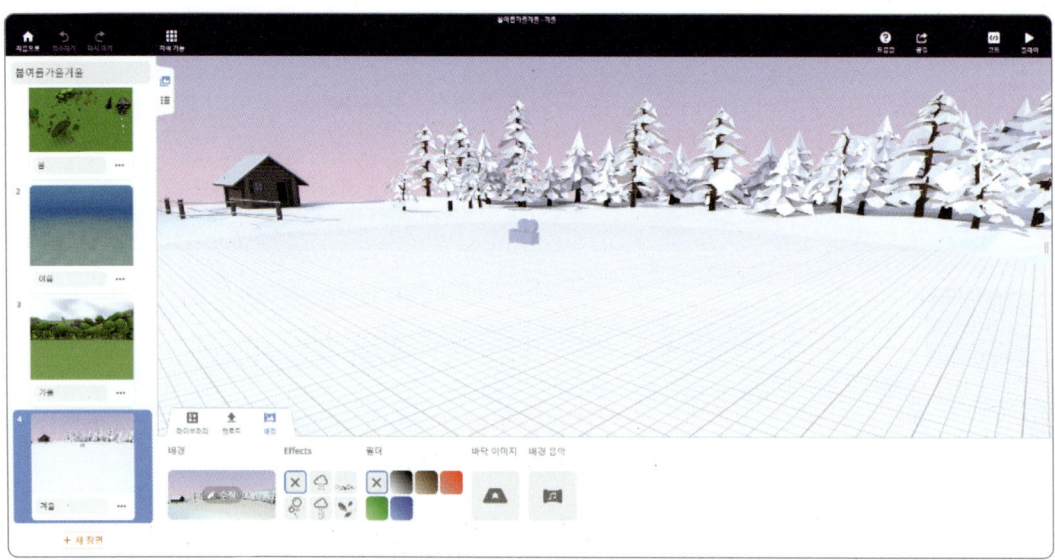

43. [플레이] 버튼을 클릭해서 작품을 실행해 봅니다. 화면 하단 중간에 장면 번호가 나타납니다. 왼쪽, 오른쪽 화살표를 클릭해서 원하는 장면으로 이동할 수 있습니다.

STEP 9. 코스페이스 저장하기

44. 코스페이시스에서 만들어진 작품은 따로 저장하지 않아도 실시간으로 저장됩니다. 다만 확실하게 저장하고 싶다면 밖으로 나갔다가 다시 들어오면 됩니다.

화면 왼쪽 상단에 **[처음으로]** 버튼을 클릭합니다.

45. 프리 플레이 화면으로 빠져나오게 됩니다. 방금 만든 '봄여름가을겨울' 작품이 저장되어 있습니다. 다시 작품을 클릭하면 편집 화면으로 들어가게 됩니다.

STEP 10. 자유롭게 꾸미기

46. 우리는 아직 여름, 가을, 겨울 장면을 꾸미지 못했습니다. 각각의 장면에 들어가서 계절에 어울리는 장면을 만들어 보세요. 그러면서 각각의 카테고리에 어떤 3D 모델 오브젝트가 있는지 찾아보면 좋습니다. 다음과 같이 꾸밀 수 있습니다.

봄 예시

여름 예시

가을 예시

겨울 예시

> **꿀팁** **나무 색상 변경하기**
>
> 가을 또는 겨울 풍경을 나타내기 위해서는 나뭇잎의 색상을 변경해 주면 좋습니다. 나무 오브젝트를 마우스 오른쪽 버튼으로 클릭한 후 [재질]을 클릭하면 팝업창이 나타납니다. 색상을 선택하면 나뭇잎의 색상이 변경됩니다. 가을 단풍 느낌을 주려면 빨간색, 노란색 등으로 변경해 주고, 겨울 눈 느낌을 주려면 흰색으로 변경하면 됩니다.

Chapter 02 디저트 만들기

템플릿: https://edu.cospaces.io/BGY-DUP
완성작: https://edu.cospaces.io/ZLX-RGM

2장에서는 오브젝트의 이동, 회전, 위로 올리기, 크기 변경 방법에 대해 자세히 살펴보겠습니다. 그리고 이런 기능을 조합해서 멋진 디저트를 만들어 보겠습니다. 또한 코스페이시스 기본 라이브러리에서 제공되는 오브젝트로는 멋진 디저트를 디자인하자니 종류가 부족합니다. 그래서 예제 파일에 추가적인 3D 모델이 담겨 있으니 활용해 보세요.

학습 목표

1. 오브젝트 흰색 팝업창 살펴보기
2. 회전 모드 살펴보기
3. 이동 모드 살펴보기
4. 드래그해서 올리기
5. 드래그해서 크기 바꾸기
6. 격자에 맞추기
7. 아이템에 붙이기
8. 오브젝트 복제하기
9. 자유롭게 꾸미기

STEP 1. 오브젝트 흰색 팝업창 살펴보기

01. 예제 작품(템플릿)을 열면 흰색 판에 여러 가지 디저트 재료가 놓여 있습니다.

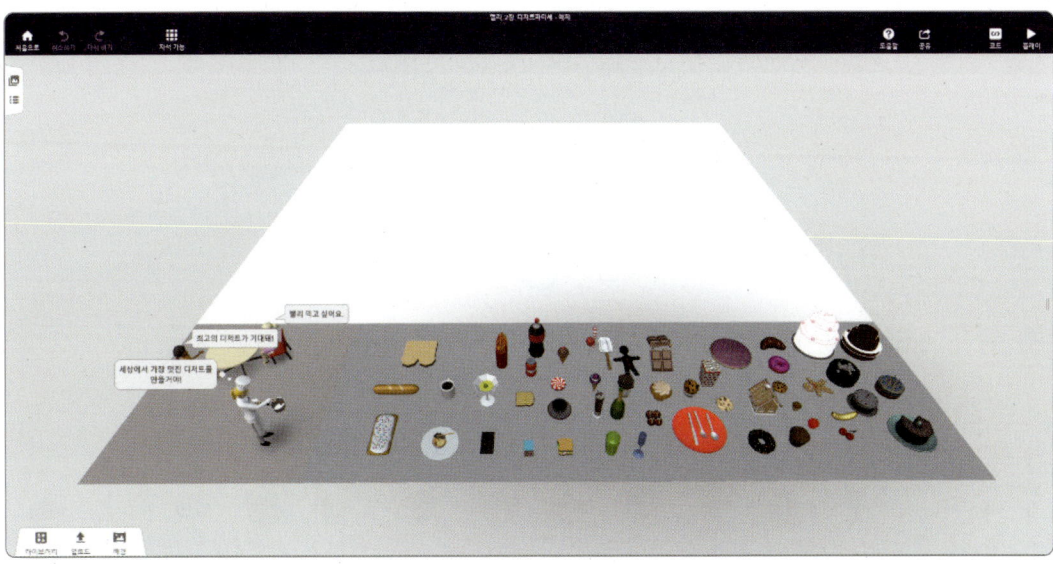

02. 장면 구석에 보면 멋진 디저트를 기다리는 손님과 한쪽에서 디저트를 만드는 파티셰를 볼 수 있습니다. 우리는 이 파티셰를 도와 최고의 디저트를 만들어 보겠습니다.

Chapter 02 | 디저트 만들기　65

03. 우선 과자집을 하나 만들고 그 위에 음식을 배치해 보겠습니다. 왼쪽 하단의 **[라이브러리]** 버튼을 클릭하고 **[아이템]** 카테고리를 선택합니다. 다시 하단의 세부 카테고리 중에서 **[음식]**을 클릭하면 17번째에 과자집이 있습니다. 과자집을 장면 한가운데로 드래그 앤 드롭하여 추가합니다.

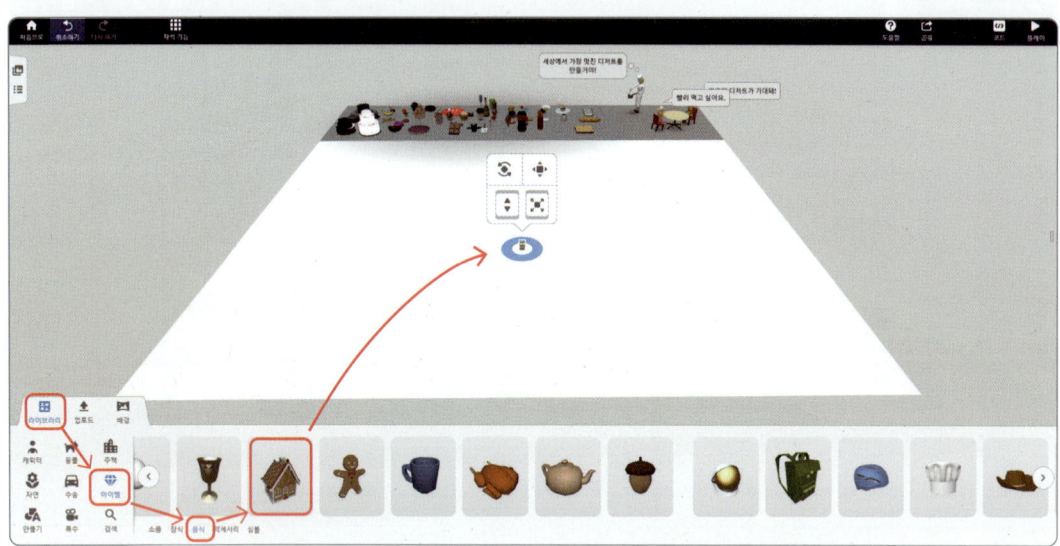

04. 그런데 과자집이 아주 작습니다. 디자인하기 편하도록 크기를 변경하겠습니다.

장면 안에 있는 오브젝트를 마우스 왼쪽 버튼으로 클릭하면 흰색 팝업창이 나타납니다. 반대로 오브젝트를 마우스 오른쪽 버튼으로 클릭하면 검은색 팝업창이 나타납니다.

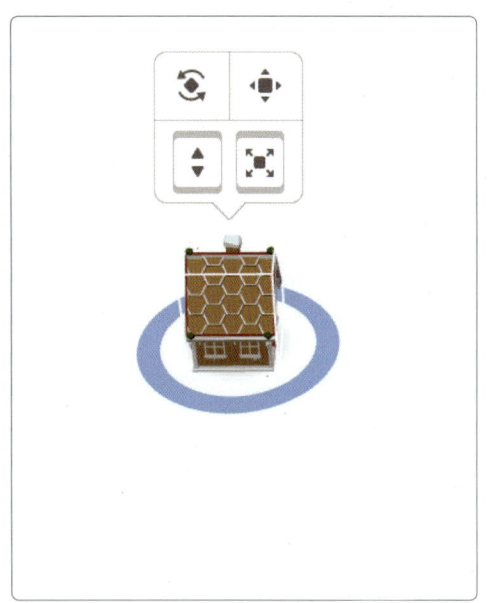

마우스 왼쪽 버튼을 클릭하면 나타나는 흰색 팝업창 　마우스 오른쪽 버튼을 클릭하면 나타나는 검은색 팝업창

이번 시간에는 흰색 팝업창만 사용합니다. 검은색 팝업창은 다음 시간에 사용해 보겠습니다.

STEP 2. 회전 모드 살펴보기

05. 흰색 팝업창에 첫 번째 버튼은 회전 모드입니다. **[회전 모드]** 버튼을 한 번 클릭하면 버튼이 파란색으로 변하고 회전 모드가 활성화됩니다. 버튼을 다시 한번 클릭하면 버튼이 흰색으로 변하고 회전 모드가 꺼집니다.

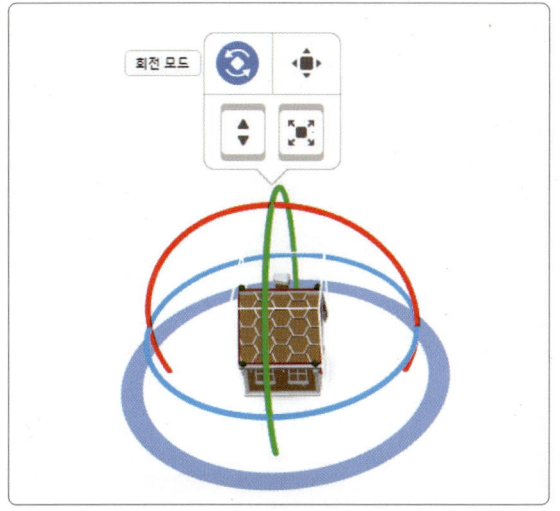

버튼을 클릭해서 회전 모드를 활성화할 때   버튼을 한 번 더 클릭해서 회전 모드를 비활성화할 때

06. 회전 모드가 켜진 상태에서는 빨간색, 초록색, 파란색 원이 나타납니다. 이것을 전문용어로 '기즈모'(Gizmo)라고 부르며, 개발자가 쉽게 오브젝트를 조작할 수 있도록 도와줍니다. 원을 마우스 왼쪽 버튼으로 잡고 드래그하면 해당 방향으로 오브젝트가 회전합니다.

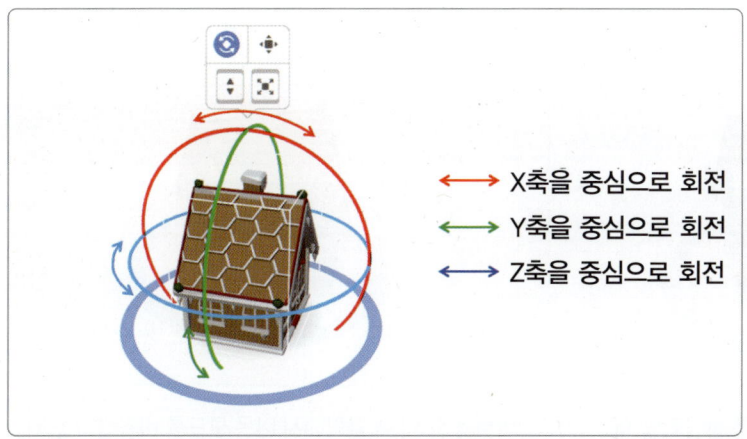

> **꿀팁** **기즈모의 사용**
>
> 기즈모(Gizmo)는 얼핏 일본어로 생각하기 쉽지만 영어에서 유래된 단어입니다. 우리말로 번역하자면 '그런 거', '거시기' 정도로 이름이 뚜렷하지 않은 잡다한 것을 가리키는 단어입니다.
> 코스페이시스뿐만 아니라 3D 모델링 프로그램(3ds 맥스 등)이나 게임 엔진(유니티, 언리얼), 코딩 툴(엔트리 등)에도 이 기즈모가 있습니다. 기즈모는 개발자에게 다양한 정보를 주거나 선택된 항목을 쉽게 변형(이동, 회전, 크기 변경)할 수 있도록 도와줍니다.
> 특히 오브젝트를 변형시키는 기즈모는 X, Y, Z의 3가지 축을 각각의 색상으로 나타냅니다. 빛의 삼원색인 빨간색, 초록색, 파란색을 줄여서 'RGB'라고 부르는데, 이것이 순서대로 X, Y, Z축에 해당합니다. 여러분은 'XYZ = RGB'로 외우면 되겠습니다.
>
> | 축 | 색상 | 이동 | 회전 |
> |---|---|---|---|
> | X | Red | X축 방향으로 이동 | X축을 중심으로 회전 |
> | Y | Green | Y축 방향으로 이동 | Y축을 중심으로 회전 |
> | Z | Blue | Z축 방향으로 이동 | Z축을 중심으로 회전 |

STEP 3. 이동 모드 살펴보기

07. 흰색 팝업창의 두 번째 버튼은 **[이동 모드]**입니다. 한 번 클릭하면 이동 모드가 활성화되고, 한 번 더 클릭하면 비활성화됩니다.

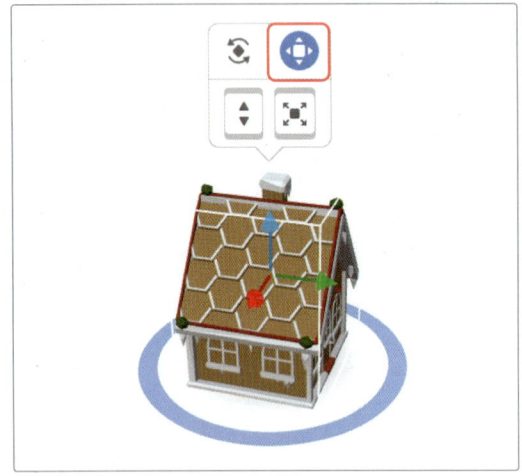

버튼을 한 번 클릭해서 이동 모드를 활성화할 때

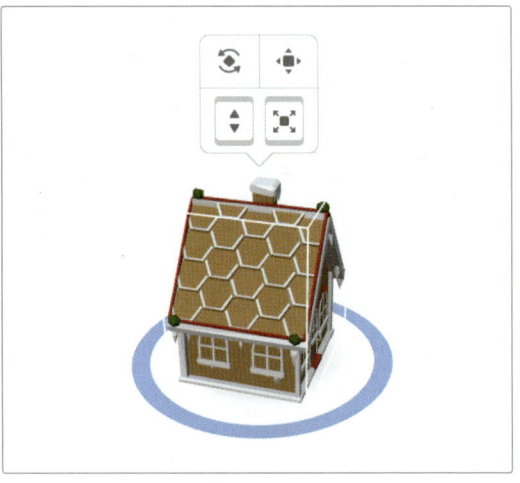

버튼을 한 번 더 클릭해서 이동 모드를 비활성화할 때

08. 회전 모드가 켜진 상태에서는 3가지 화살표가 나타납니다. 각각의 화살표는 X, Y, Z축 방향으로 이동을 나타냅니다. 이 상태에서 하나의 화살표를 마우스 왼쪽 버튼으로 드래그하면 해당 축 방향으로 오브젝트를 앞 또는 뒤로 이동시킬 수 있습니다.

예를 들어 초록색 화살표를 화살표 방향으로 드래그하면 오브젝트가 이동하며 Y축 좌푯값이 증가합니다. 반대로 화살표 반대 방향으로 드래그하면 Y축 좌푯값이 감소합니다.

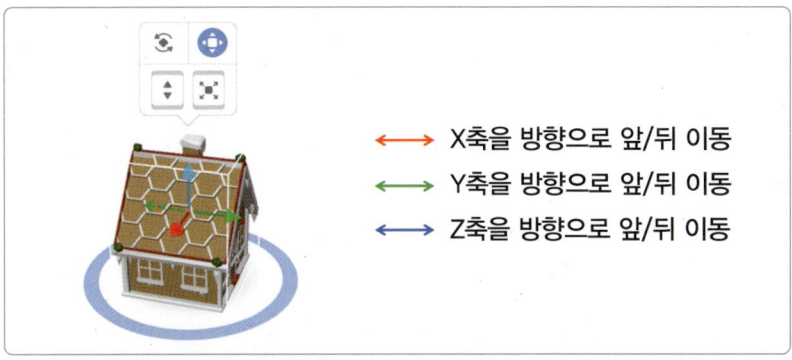

STEP 4. 드래그해서 올리기

09. 흰색 팝업창의 세 번째 버튼은 **[드래그해서 올리기]**입니다. 사실 이건 버튼이 아니라 아이콘에 더 가깝습니다. 이 아이콘 자체를 마우스 왼쪽 버튼으로 드래그해서 올리면 오브젝트가 위쪽으로 올라갑니다. 반대로 이 아이콘을 마우스로 드래그해서 내리면 오브젝트도 함께 내려갑니다. **[드래그해서 올리기]** 버튼을 이용해서 오브젝트를 최대 40미터까지 올릴 수 있으며, 땅 아래로는 내릴 수 없습니다.

> **꿀팁** **이동 모드의 Z축 이동과 드래그해서 올리기의 차이점**
>
> 드래그해서 올리기 기능과 이동 모드에서 Z축 방향으로 이동하는 방법이 유사합니다. 하지만 자세히 살펴보면 두 기능은 차이가 있습니다.
>
> 이동 모드 상태에서 파란색 화살표(Z축)를 드래그해서 오브젝트를 이동시키면 로컬(오브젝트) 기준으로 이동합니다. 만약 오브젝트가 X축 또는 Y축 방향으로 회전되어 있으면 Z축은 수직이 아닌 다른 방향을 가리킵니다. 이 상태에서 Z축 방향으로 이동시키면 그쪽 방향으로 이동하게 됩니다.
>
> 반면에 드래그해서 올리기 기능은 월드(장면)를 기준으로 위로 올라갑니다. 오브젝트가 회전되어 있는 상태에서도 이 기능을 사용하면 무조건 수직으로 오브젝트가 올라갑니다. 이렇게 두 기능에 차이가 있기 때문에 작동 방식을 잘 이해하고 사용하면 됩니다.
>
>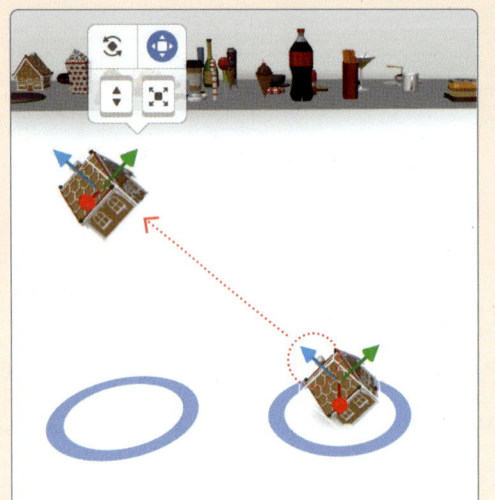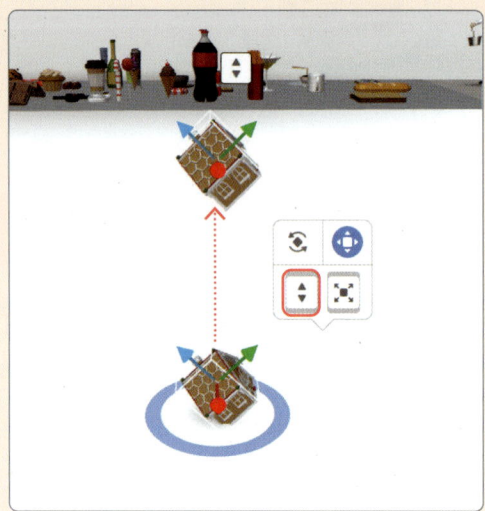
>
> 이동 모드에서 Z축 방향 드래그했을 때 　　드래그해서 올리기 기능을 썼을 때
> Z축 방향으로 이동　　　　　　　　　　　　무조건 수직으로 이동

STEP 5. 드래그해서 크기 바꾸기

10. 흰색 팝업창의 마지막 버튼은 [**드래그해서 크기 바꾸기**] 입니다. 이 아이콘 자체를 마우스로 드래그해서 위로 올리거나 아래로 내리면 오브젝트의 크기를 바꿀 수 있습니다. 일반적인 라이브러리 오브젝트는 한쪽 방향으로만 크기를 변경할 수 없고, X, Y, Z축 모두가 동시에 커지거나 작아집니다. 즉, 정비율로만 크기를 변경할 수 있습니다.

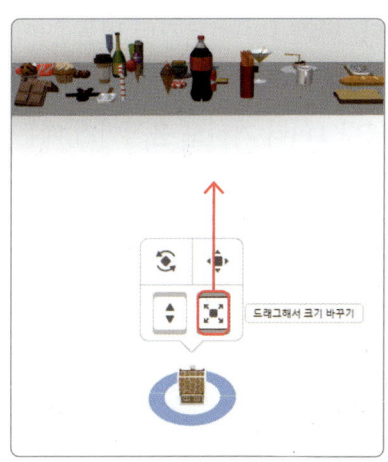 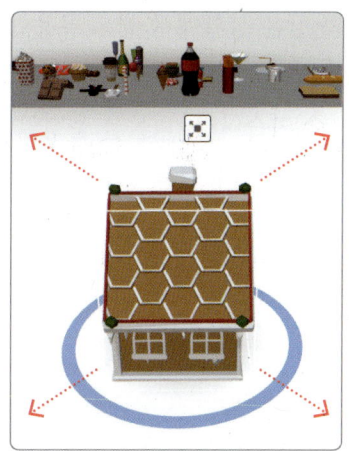

STEP 6. 격자에 맞추기

11. 오브젝트를 이동, 회전하거나 크기를 변경할 때 일정한 간격으로 변경되는 것을 볼 수 있습니다. 이것은 [**자석 기능**] 중에 [**격자에 맞추기**] 기능이 활성화되어 있기 때문입니다. [**격자에 맞추기**]는 옆에 체크상자를 클릭해서 활성화하거나 다시 비활성화할 수 있습니다.

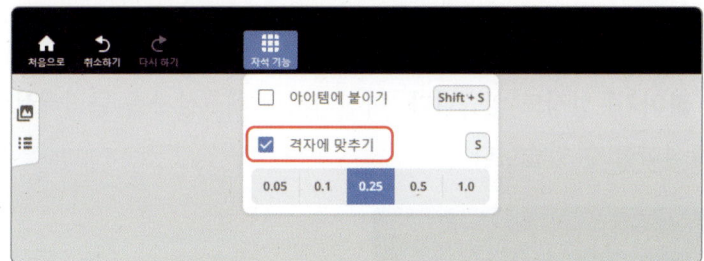

12. [**격자에 맞추기**]가 비활성화되어 있다면 오브젝트를 변형할 때 움직인 만큼 자유롭게 변형됩니다. 하지만 [**격자에 맞추기**]가 활성화되어 있다면 오브젝트를 변형할 때 다음과 같은 간격으로 변화합니다.

격자 간격	이동 단위	회전 단위	크기 변경 단위
0.05	5cm	22.5°	0.07배
0.1	10cm	22.5°	0.14배
0.25	25cm	22.5°	0.28배
0.5	50cm	22.5°	0.56배
1.0	1m	22.5°	1.12배

13. [격자에 맞추기]는 다음과 같은 상황에서 매우 유용합니다. 만약 1미터 크기의 벽돌을 이용해서 성을 쌓는다면, 격자 간격을 1.0으로, 즉 1미터로 설정해 놓으면 아주 쉽게 1미터 간격으로 벽돌을 이동시켜 배치할 수 있습니다. 벽돌을 움직일 때마다 1미터 거리로 움직이기 때문에 간격을 신경 쓸 필요가 없어서 빠르게 성을 쌓을 수 있습니다.

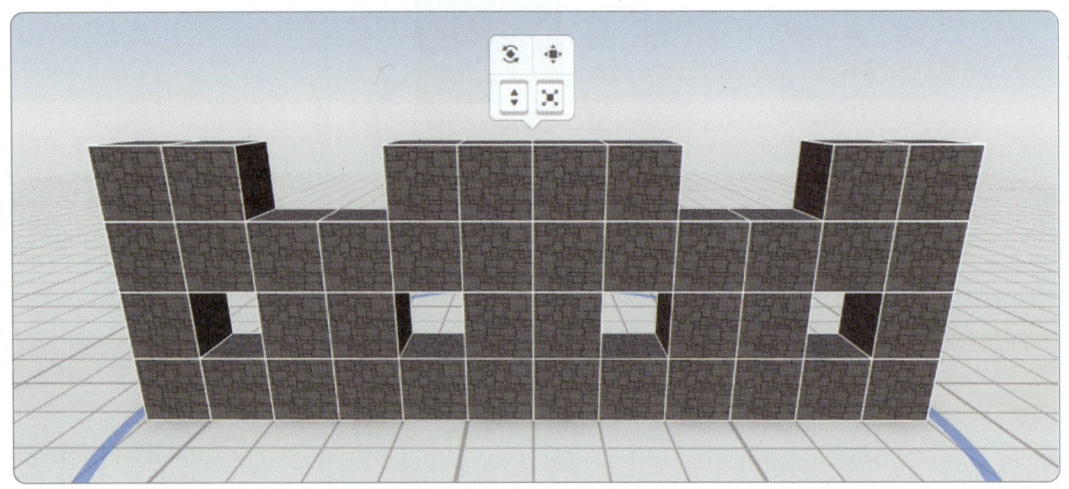

STEP 7. 아이템에 붙이기

14. [자석 기능]에는 [아이템에 붙이기] 설정도 있습니다. 마찬가지로 체크상자를 클릭해서 활성화하거나 다시 클릭해서 비활성화할 수 있습니다.

15. [아이템에 붙이기]를 활성화하면 기본 모드에서 오브젝트를 이동시킬 때 만약 다른 오브젝트와 겹칠 때 그 오브젝트의 표면에 새 오브젝트의 아랫면을 붙여서 배치합니다. 따라서 장식을 만들 때 좀 더 수월하게 작업할 수 있습니다.

하지만 [아이템에 붙이기]가 활성화되어 있지 않다면 이동할 때 오브젝트끼리 서로 겹치더라도 겹친 그대로 새 오브젝트를 배치합니다. 만약 오브젝트의 표면에 배치하고 싶을 때는 이동 모드와 회전 모드를 이용해서 수동으로 위치를 옮겨야 합니다.

[아이템에 붙이기]가 켜져 있을 때
다른 오브젝트 표면에 달라붙는다.

[아이템에 붙이기]가 꺼져 있을 때
다른 오브젝트와 겹쳐진다.

STEP 8. 오브젝트 복제하기

16. 디저트를 만들다 보면 하나의 장식을 여러 개 사용해야 할 때가 있습니다. 이때는 하나의 오브젝트를 복제해서 사용해야 하는데 단축키를 이용하면 아주 쉽게 오브젝트를 복제할 수 있습니다.

우선 키보드의 Alt 를 누른 상태에서 마우스로 복제할 오브젝트를 드래그해서 이동시키면, 기존의 오브젝트는 그대로 있고 새 오브젝트가 하나 더 생겨나서 이동하게 됩니다.

17. 만약 오브젝트가 잘못 복제되었다면, 오브젝트 위에서 마우스 오른쪽 버튼을 클릭한 후 나타나는 검은색 팝업창에서 **[삭제]** 버튼을 클릭해 장면에서 삭제할 수 있습니다.

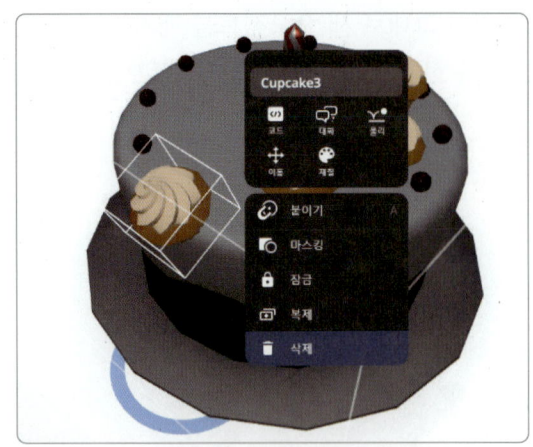

STEP 9. 자유롭게 꾸미기

18. 지금까지 오브젝트를 변형(이동, 회전, 크기 변경)하는 모든 방법을 살펴보았습니다. 이제 여러분이 주어진 오브젝트를 이용해서 자유롭게 멋진 디저트를 만들면 됩니다. 코스페이스의 다양한 완성 작품 예시를 보면서 창의적인 작품을 만들어 봅시다!

Chapter 03 해상 전투

템플릿: https://edu.cospaces.io/XFF-WQE
완성작: https://edu.cospaces.io/ADP-NUJ

3장에서는 오브젝트의 다양한 속성에 대해 살펴보겠습니다. 오브젝트의 속성에는 이름, 코블록스 사용 여부, 말하기, 물리, 애니메이션 등이 있습니다. 그리고 이런 기능을 사용하여 멋진 해상 전투 장면을 만들어 보겠습니다.

학습 목표

1. 오브젝트 검은색 팝업창 살펴보기
2. 오브젝트 이름 바꾸기
3. 속성창의 코드 버튼 살펴보기
4. 오브젝트에 말풍선 만들기
5. 속성창의 물리 버튼 살펴보기
6. 속성창의 이동 버튼 살펴보기
7. 오브젝트 애니메이션 바꾸기
8. 오브젝트의 색상 바꾸기
9. 다른 오브젝트에 붙이기

STEP 1. 오브젝트 검은색 팝업창 살펴보기

01. 예제 코스페이스를 열면 바다 위에 두 척의 배가 대치하고 있는 모습이 보입니다. 이제부터 이 장면을 꾸며 보겠습니다. 우선 왼쪽 배 오브젝트 위에서 마우스 오른쪽 버튼을 클릭하면 검은색 팝업창이 나타납니다. 검은색 팝업창은 오브젝트의 여러 가지 속성을 나타냅니다.

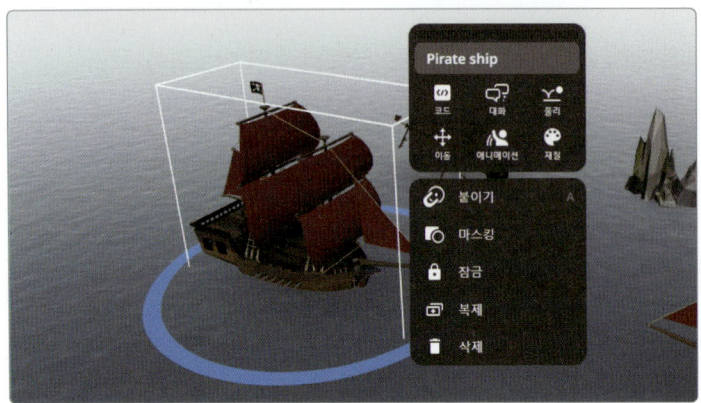

STEP 2. 오브젝트 이름 바꾸기

02. 검은색 팝업창의 맨 위에 오브젝트의 이름이 있습니다. 현재는 'Pirate ship'(해적선)인데 이 글자를 클릭해서 이름을 '블랙샤크 호'로 바꾸어 줍니다. 같은 방식으로 오른쪽에 있는 배를 비롯한 여러 오브젝트의 이름을 다음과 같이 설정해 줍니다.

블랙샤크 호 / 딥블루 호 / 보물상자

난파선 / 앵무새 / 카메라

현재 이 장면에 있는 오브젝트는 약 20개 정도입니다. 나중에 코딩할 때는 어떤 오브젝트를 움직일지, 또 어떤 오브젝트에 반응할 것인지 확실하게 정하는 것이 중요합니다. 만약 이름이 명확하지 않다면 코딩을 하면서 오브젝트의 이름을 일일이 다시 확인하는 불필요한 작업이 생길 수 있습니다. 그러므로 코딩하기 전에 미리 오브젝트의 이름을 명확하게 설정해 주는 것이 중요합니다.

> **꿀팁** **오브젝트 목록창 보기**
>
> 편집 화면의 왼쪽 상단에는 '오브젝트 목록창' 아이콘이 있습니다. 이 아이콘을 클릭하면 왼쪽에 오브젝트 목록창이 나타납니다. 다시 한번 더 아이콘을 클릭하면 목록창이 사라집니다.
>
>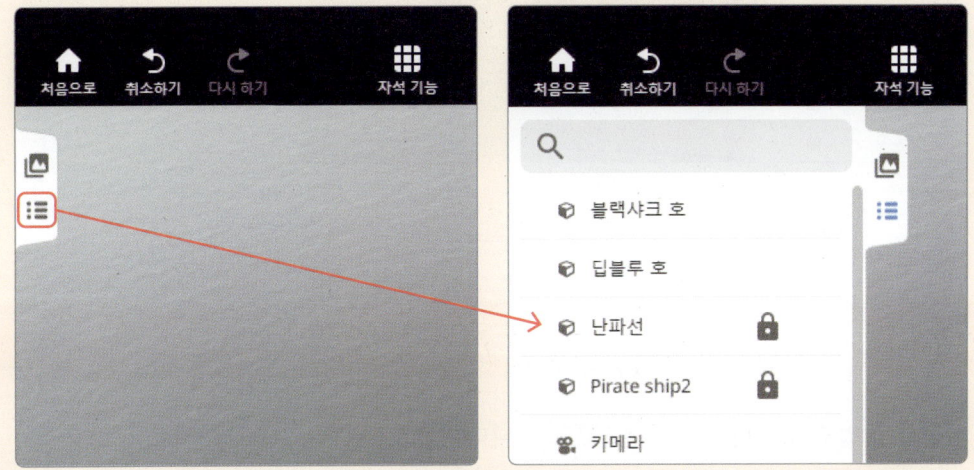
>
> 이 목록창에는 장면에 포함된 모든 오브젝트가 표시됩니다. 오브젝트 이름을 더블 클릭하면 해당 오브젝트가 화면 한가운데 보여집니다.
>
>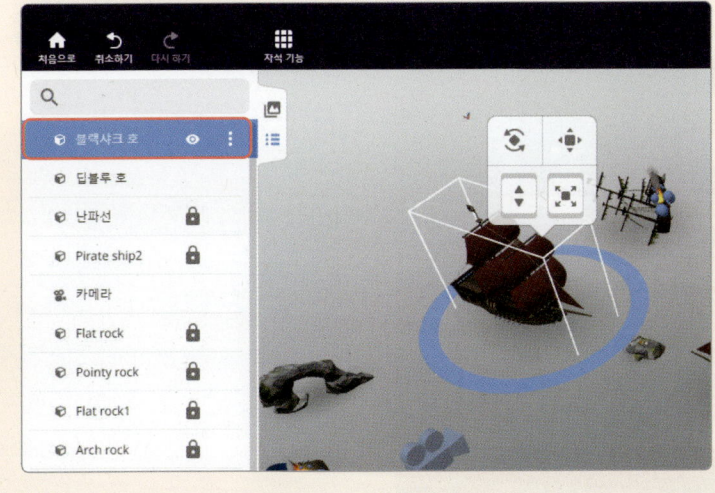

또한 오브젝트 이름 위에서 마우스 오른쪽 버튼을 클릭하면 검은색 팝업창이 나타나고 여기서 해당 오브젝트의 다양한 속성을 변경할 수 있습니다.

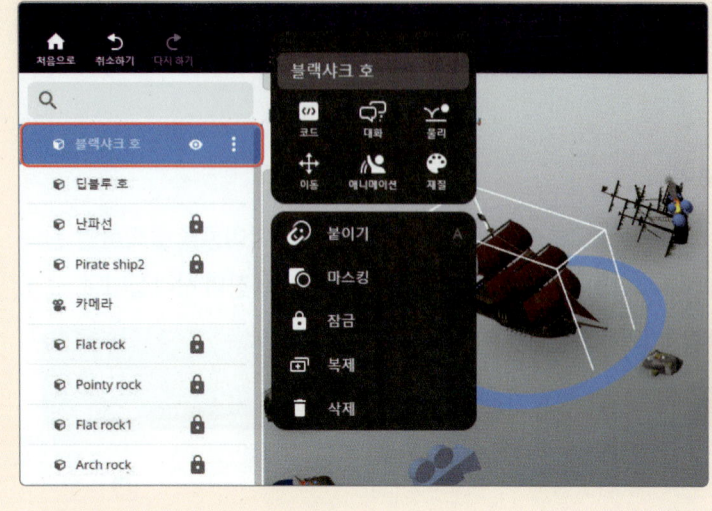

STEP 3. 속성창의 코드 버튼 살펴보기

03. 검은색 팝업창의 그다음 버튼은 [코드]입니다. [코드] 버튼은 이 오브젝트를 코딩에서 사용할 것인지 여부를 설정합니다. 스크래치나 엔트리와 다르게 코스페이시스는 장면에 있는 모든 오브젝트를 코딩에 사용하는 것이 아니라, [코블록스에서 사용]에 체크된 오브젝트만 코딩에서 사용하게 됩니다.

STEP 4. 오브젝트에 말풍선 만들기

04. 다음 버튼은 **[대화]** 버튼입니다. **[대화]** 버튼은 캐릭터가 말풍선 형태로 말을 할 수 있도록 합니다.

'대화'를 사용하기 위해서 블랙샤크 호 위에 캐릭터를 하나 배치하겠습니다. 하단 메뉴 **[라이브러리]** 에서 **[캐릭터]** 를 선택하면 **[Pirate Captain]**(해적 선장)이 있습니다. 마우스로 드래그해서 배 위에 배치하고, 적절하게 회전시켜 배의 앞쪽을 바라보도록 합니다.

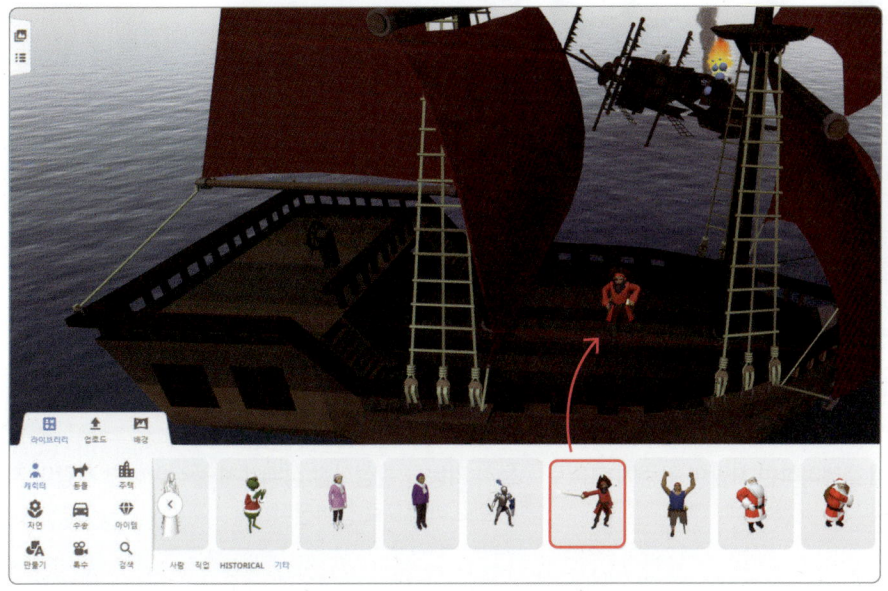

05. 해적 선장의 검은색 팝업창에서 **[대화]** 버튼을 클릭한 후 나타나는 텍스트 상자에 '저 보물은 내꺼야!'라고 입력합니다. 팝업창을 닫으면 말풍선이 생기는 걸 볼 수 있습니다.

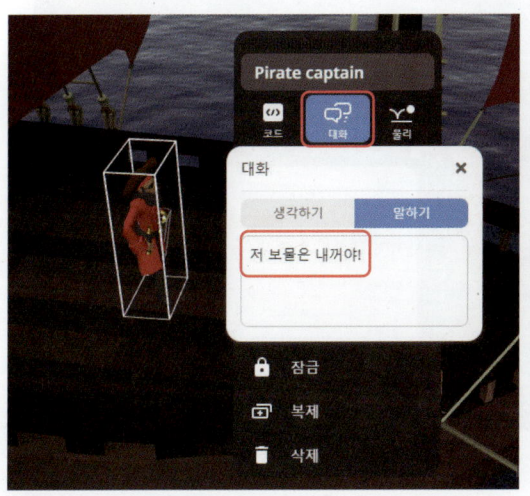 

STEP 5. 속성창의 물리 버튼 살펴보기

06. 검은색 팝업창의 다음 버튼은 **[물리]** 버튼입니다. 물리 버튼은 오브젝트에 중력, 마찰력, 탄성 등을 추가할 수 있습니다. 예를 들어 대포를 쏘았을 때 대포알이 하늘로 날아갔다가 다시 땅에 떨어지게 하려면 이 물리 기능을 활성화해야 합니다. 물리 기능은 14장과 15장에서 상세하게 다룹니다.

물리 기능이 없을 때 플레이하면 사람이 공중에 그대로 떠 있다. 물리 기능을 활성화한 상태에서 플레이하면 사람이 자동으로 바닥으로 떨어진다.

STEP 6. 속성창의 이동 버튼 살펴보기

07. 다음은 **[이동]** 버튼입니다. 이동 버튼은 오브젝트의 현재 배치를 확인하고 설정할 수 있습니다. 이동 팝업창에서 오브젝트의 위치(X, Y, Z축), 오브젝트의 회전값(X, Y, Z축), 오브젝트의 확대/축소 비율을 확인할 수 있습니다. 또 수치를 직접 입력해서 오브젝트의 배치를 바꿀 수 있습니다.

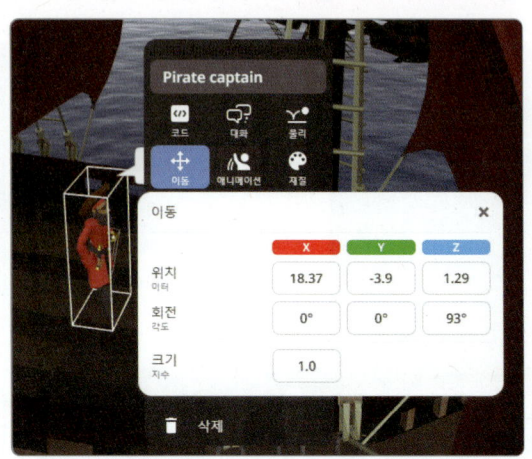

STEP 7. 오브젝트 애니메이션 바꾸기

08. 코스페이시스에 있는 다양한 오브젝트는 각각의 애니메이션을 가지고 있습니다. 여러 가지 동작을 가진 사람과 동물뿐만 아니라 여러 가구에도 문이 열리고 닫히는 것과 같은 애니메이션이 있습니다. 해적 선장의 [애니메이션] 버튼을 클릭하면 애니메이션 목록이 나타납니다. [Threaten](위협하기) 애니메이션을 선택합니다.

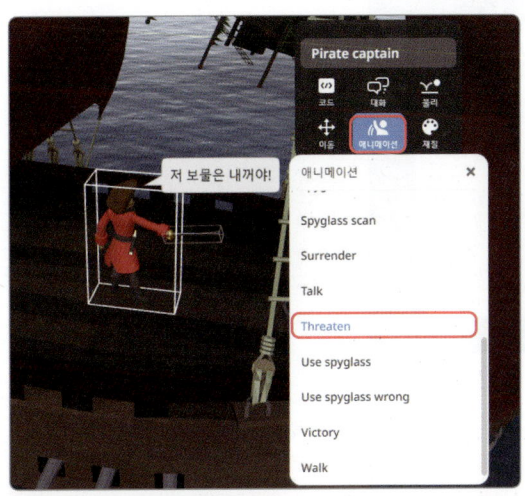

09. 애니메이션을 선택할 때는 동작을 미리 보는 것이 중요한데 검은색 팝업창에 가려서 동작이 잘 보이지 않는 경우가 있습니다. 이럴 때는 검은색 팝업창을 드래그해서 미리 오브젝트에서 멀리 이동시켜 놓을 수 있습니다.

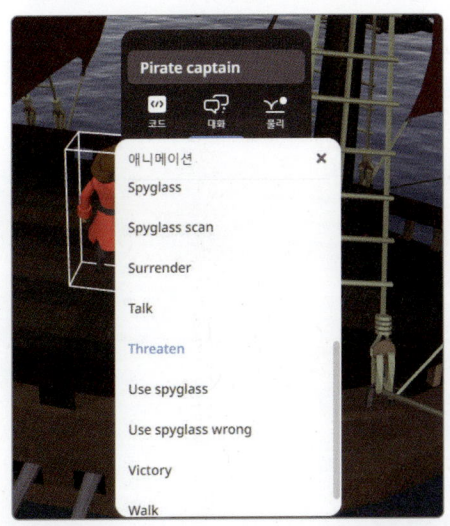

검은색 팝업창을 옮기지 않은 경우 캐릭터의 애니메이션 동작이 가려진다.

검은색 팝업창을 옮기면 캐릭터의 애니메이션 동작이 잘 확인된다.

10. 같은 방식으로 '보물상자' 오브젝트의 애니메이션을 [Half Open](절반만 열림)으로 설정합니다. 애니메이션은 캐릭터마다 또 물건마다 모두 별도의 애니메이션이 제공됩니다.

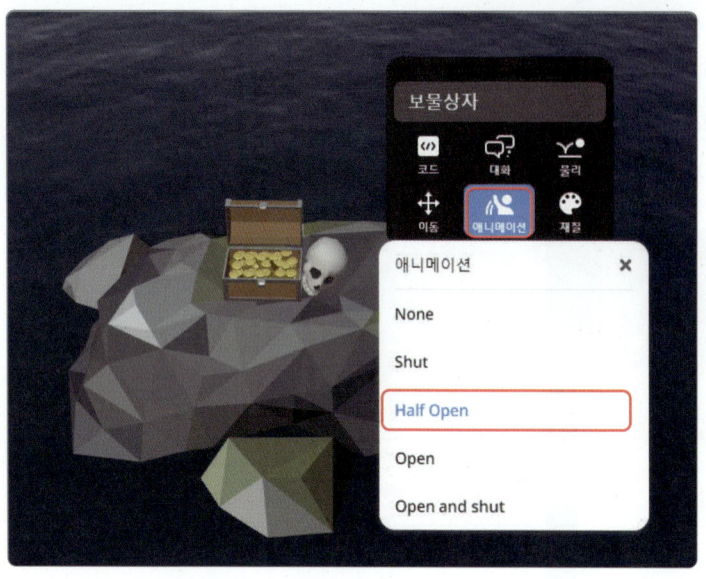

STEP 8. 오브젝트의 색상 바꾸기

11. [재질] 버튼은 오브젝트의 재질이나 색상을 바꿀 수 있습니다. '블랙샤크 호'의 이름을 따서 배의 색상을 검은색으로 바꾸어 줍니다. 색상을 변경하면 배 몸체의 색상은 바뀌지 않고 돛(바람을 받는 천)의 색상만 바뀌는 것을 볼 수 있습니다.

12. 같은 방식으로 '해적 선장' 오브젝트의 색상도 바꿔 주겠습니다. 사람 캐릭터의 경우에는 여러 가지 색상을 각각 따로 설정할 수 있습니다. [Beard](턱수염)은 갈색으로, [Coat](외투)는 회색, [Hat](모자)는 검은색, [Skin](피부)은 밝은 색으로 바꿔 주면 다음과 같은 모습을 하게 됩니다.

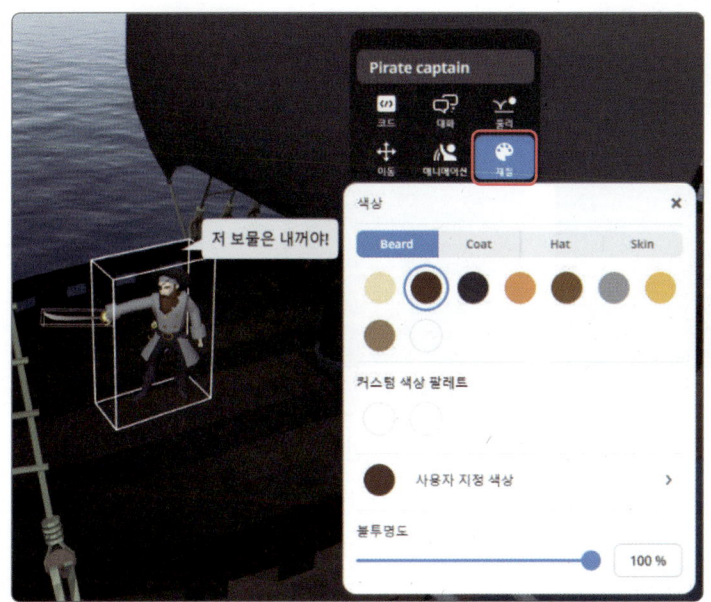

STEP 9. 다른 오브젝트에 붙이기

13. 다음으로 검은색 팝업창 하단에 [붙이기] 메뉴가 있습니다. 붙이기 기능은 오브젝트를 다른 오브젝트에 붙여서 따라다니게 만드는 기능입니다. 예를 들어 '칼'을 해적의 '오른쪽 손'에 붙이면 해적이 팔을 움직일 때 칼도 함께 붙어서 움직입니다. 또는 '여자아이'를 '자전거'에 붙여서 작동시키기도 합니다.

해적이 철퇴를 들고 공격하는 애니메이션을 만들어 보겠습니다. [라이브러리]의 [캐릭터] 카테고리에서 [Pirate mate](해적 선원)를 배 위에 추가하고, [아이템] 카테고리에서 [Morning star](철퇴) 오브젝트를 추가합니다.

14. '철퇴' 오브젝트의 검은색 팝업창에서 **[붙이기]** 메뉴를 클릭합니다. 그러면 오브젝트 붙이기가 가능한 위치가 하늘색 공으로 표시됩니다. 이 중에서 해적 선원의 **[HandL]**(왼쪽 손)에 해당하는 하늘색 공을 클릭합니다.

 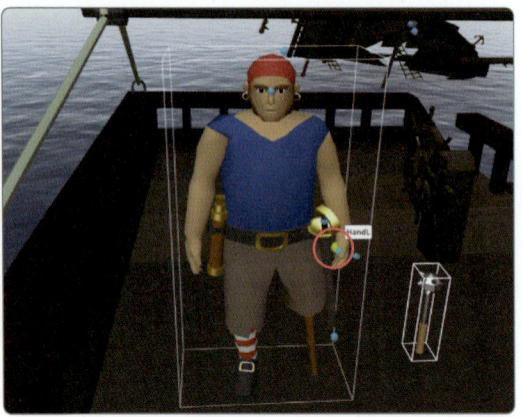

15. 자동으로 철퇴가 왼쪽 손에 붙습니다. 이 상태에서 해적 선원의 애니메이션을 바꾸어 주면 왼쪽 손에 철퇴를 쥔 채로 동작을 취하는 것을 볼 수 있습니다.

이제 오브젝트 속성창의 대부분 기능을 한 번씩 살펴보았습니다. 지금부터는 배운 내용을 바탕으로 멋진 해상 전투 장면을 만들어 보세요.

Chapter 04 동물원 꾸미기

템플릿: https://edu.cospaces.io/BHL-TDV
완성작: https://edu.cospaces.io/MHV-UUM

4장에서는 지금까지 배운 내용을 이용해서 자연스러운 동물을 이용해서 동물원을 꾸며 보고, 배경 음악을 넣어서 더욱 실감나는 작품을 만들어 보겠습니다.

학습 목표
1. 자연스러운 동물 추가하기
2. 동물 물 그릇 만들기
3. 배경 음악 넣기

STEP 1. 자연스러운 동물 추가하기

01. 예제 파일을 열어 보면 6개의 동물 우리가 보입니다. 각 우리에 동물을 넣어서 동물원을 만들어 주겠습니다.

02. 우선 카메라 앞에 우리에 토끼를 넣겠습니다. [라이브러리] → [동물] 카테고리에서 '토끼' 오브젝트를 드래그하여 약 10마리를 장면에 넣어 줍니다.

토끼가 모두 같은 모습으로 있으니 부자연스럽습니다. 회전 및 크기 변경을 이용해서 토끼를 자연스럽게 배치합니다.

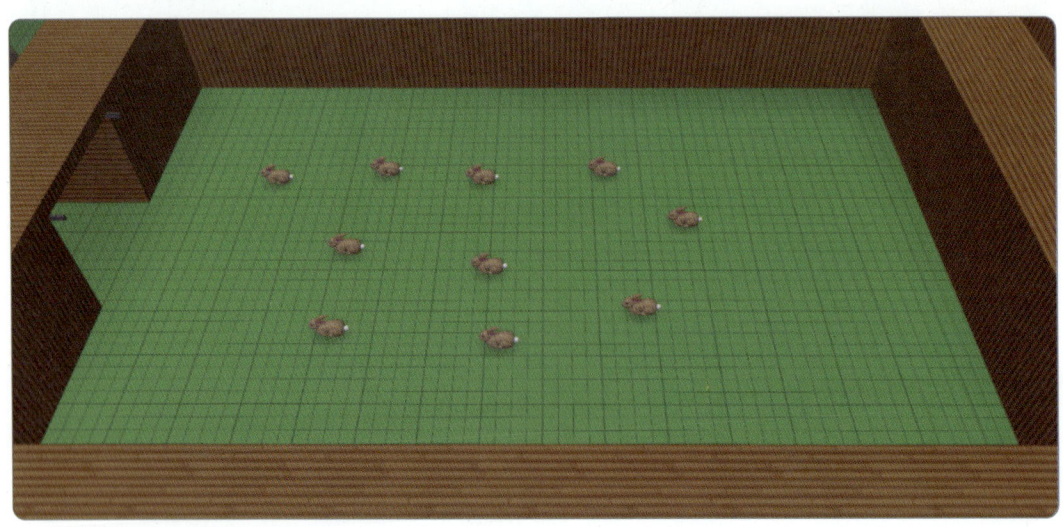

03. 다음으로 애니메이션을 이용해서 토끼를 꾸며 주겠습니다. '토끼' 오브젝트는 먹기(Eat), 앉기(Sit), 씻기(Clean), 잠자기(Sleep) 등의 8가지 동작을 가지고 있습니다. 애니메이션을 지정한 후 플레이를 해야 동작을 확인할 수 있습니다.

04. 다음으로 '재질'을 이용해서 토끼의 털 색상을 다르게 만들어 줍니다. 기본 색상뿐만 아니라 '사용자 지정 색상'을 이용해서 상세한 색상을 지정해 줄 수 있습니다.

05. 토끼 우리에 아무것도 없으니 허전합니다. **[자연]** 카테고리에서 나무, 풀, 돌과 같은 오브젝트를 적절히 추가합니다.

STEP 2. 동물 물 그릇 만들기

06. 토끼가 목이 마를 수 있으니 우리 안에 물통을 추가하려고 하는데 기본 오브젝트에는 물이 없습니다. 그래서 물통은 만들기 오브젝트를 이용해서 제작해 보겠습니다.

우선 **[라이브러리]**의 **[아이템]** 카테고리에서 **[Shallow bowl]**(얕은 그릇)을 추가하고, 크기를 약간 크게 만든 후 나무와 같은 느낌이 들도록 색상을 갈색으로 변경합니다.

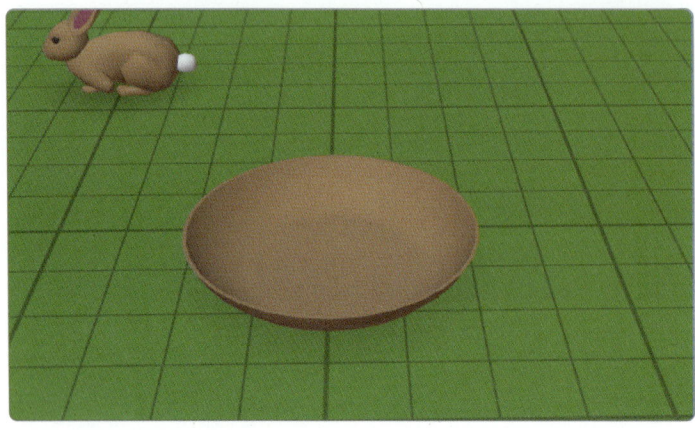

07. 이제 안에 물을 만들어야 하는데, 물은 **[만들기]** 카테고리에 두 번째 **[원]**(Circle)을 이용해서 만듭니다. 원을 적절하게 옮긴 후 위로 올려서 그릇 안에 물이 있는 것처럼 만드세요.

08. 이때 미세한 조정을 위해서 **[자석 기능]**에서 **[격자에 맞추기]**의 체크를 해제하는 것이 좋습니다.

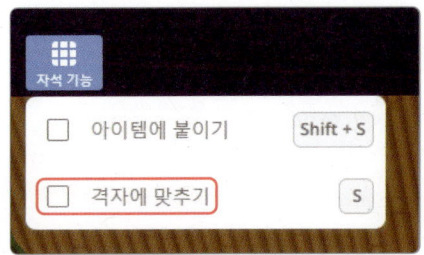

09. 여기에 **[자연]** 카테고리에 있는 **[네잎 클로버]**(Clover)를 하나 띄워 주면 물 그릇이 완성됩니다.

이제 첫 번째 우리를 토끼 농장으로 만들었습니다. 같은 방식으로 나머지 5개 우리를 재미있게 꾸며보세요. 지금까지 배웠던 내용을 모두 활용해 보세요.

STEP 3. 배경 음악 넣기

10. 영화 또는 게임에 사용되는 배경 음악(BGM)은 작품의 분위기와 완성도에 큰 영향을 미칩니다. 우리가 만드는 작품도 배경 음악을 넣으면 귀로 듣는 재미를 추가할 수 있습니다.

컴퓨터에 저장되어 있는 배경 음악을 코스페이시스에 넣는 것은 생각보다 간단합니다. 오히려 그 이전에 인터넷에서 적절한 배경 음악을 찾아 컴퓨터에 다운로드하는 작업이 더 어렵습니다.

우리는 이번에 저작권 문제가 없는 무료 배경 음악을 다운로드하기 위해서 '유튜브 오디오 보관함'을 사용하겠습니다. 유튜브 오디오 보관함은 구글에서 유튜브 크리에이터들을 위해서 무료로 제공하는 배경 음악 사이트입니다. 이 사이트를 이용하기 위해서는 구글 계정이 필요합니다.

우선 코스페이시스 창은 그대로 둔 채 웹 브라우저 상단의 [+] 버튼을 눌러 새 탭을 띄웁니다. 그리고 구글 검색창에서 'youtube audio library'를 검색합니다. 첫 번째 검색 결과의 [Audio Library – YouTube]에 들어갑니다.

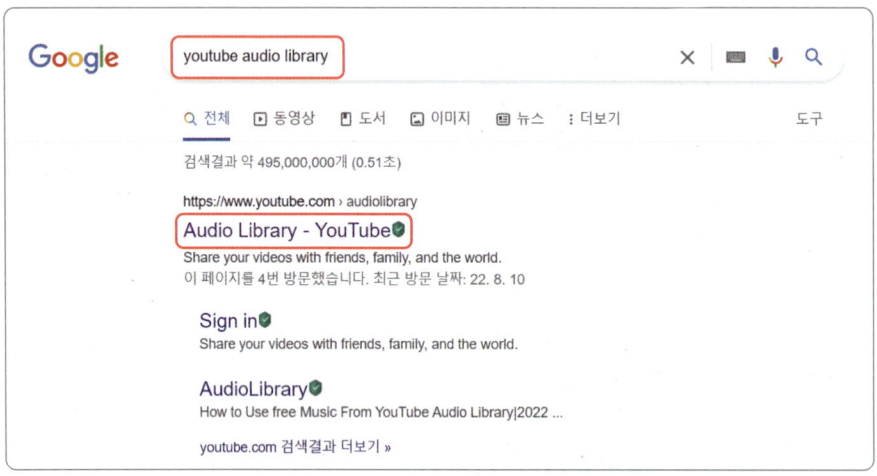

11. 구글 로그인 창이 나타나면 아이디와 비밀번호를 입력하여 로그인합니다. 처음 로그인하면 '내 프로필' 팝업창이 나타납니다. [채널 만들기] 버튼을 클릭합니다. 이것은 유튜브 채널을 만드는 것이지만 영상을 업로드하지 않으면 아무 의미가 없으니 안심하고 만들면 됩니다.

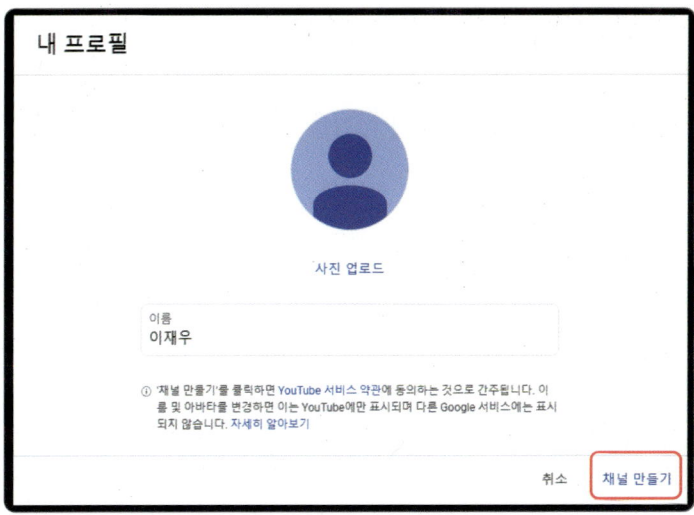

12. 오디오 보관함에 들어가면 무료 배경 음악 목록이 나타나는데 이 목록은 수시로 업데이트 됩니다. 원고를 집필한 시점에 노래 개수는 약 1,700개입니다.

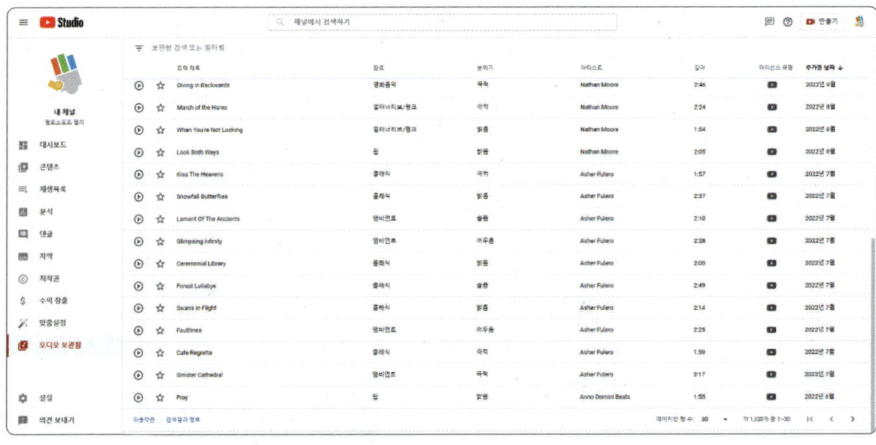

13. 트랙 제목(음악 제목) 왼쪽에 [**플레이**] 아이콘을 클릭하면 노래가 재생됩니다. 다시 버튼을 누르면 일시정지됩니다. 이 방법으로 노래를 하나씩 들어볼 수 있습니다.

14. 그런데 1,700개의 노래를 한 번씩 들어 보려면 많은 시간이 걸립니다. 그래서 필터링(조건 검색)이 필요합니다. '보관함 검색 또는 필터링' 영역을 클릭한 후 '분위기' 또는 '장르'를 클릭합니다. 나타나는 팝업창에서 원하는 항목에 체크한 후 **[적용]** 버튼을 클릭하면 해당하는 노래만 표시되어 노래를 찾는 수고를 덜어 줍니다.

15. 마음에 드는 노래를 찾았다면 화면 맨 오른쪽에 **[오프라인 저장]**을 클릭합니다. 컴퓨터에 음악 파일(mp3)이 다운로드됩니다.

16. 이제 컴퓨터에 다운로드한 음악 파일을 코스페이스에 업로드하면 됩니다. 코스페이시스로 돌아와서 왼쪽 하단의 **[배경]** 버튼을 클릭합니다. 그런 다음 맨 오른쪽 '배경 음악' 아래 버튼을 클릭합니다.

17. '파일 열기' 창이 나타납니다. 왼쪽에서 '내 PC' 아래에 '다운로드' 폴더를 선택합니다. 오늘 날짜에 음악 파일이 하나 있을 겁니다. 음악 파일을 선택하고 **[열기]** 버튼을 클릭합니다.

만약 음악 파일을 찾을 수 없다면, 아마도 음악 파일을 다른 폴더에 다운로드한 것입니다. 이런 경우에는 왼쪽에서 '즐겨찾기', '바탕 화면', '문서' 등의 폴더를 하나씩 클릭하면서 음악 파일을 찾아보세요.

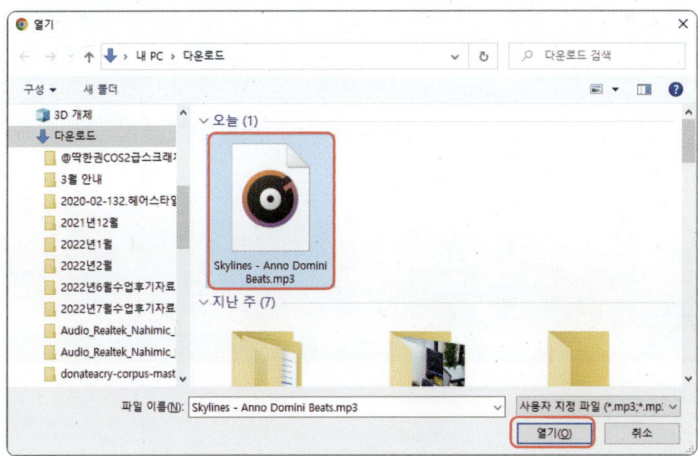

18. 음악 파일을 선택하면 뱅글뱅글 돌아가는 아이콘이 표시되며 파일이 코스페이스 작품에 업로드됩니다. 약 5~10초 시간이 걸립니다. 업로드가 완료되면 아이콘이 파형으로 바뀝니다. 파형 아이콘을 클릭하면 배경 음악을 변경, 삭제하거나 무한 반복되도록 설정할 수 있습니다.

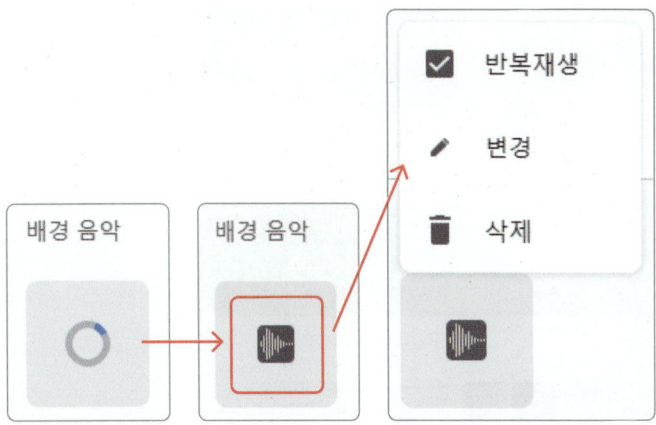

19. 배경 음악은 작품을 플레이할 때만 나타납니다. **[플레이]** 버튼을 눌러서 작품을 실행하면 배경 음악이 재생됩니다. 만약 배경 음악이 나오지 않을 경우에는 컴퓨터 스피커의 볼륨이 켜져 있는지 확인하고, 화면 오른쪽 상단에 아이콘이 음소거 상태가 아닌지 확인해 주세요.

Chapter 05 바다 꾸미기

템플릿: https://edu.cospaces.io/UAN-QRM
완성작: https://edu.cospaces.io/DTS-FUN

5장에서는 오브젝트를 대량으로 복제하는 방법을 배워 보겠습니다. 다양한 해양 동물과 함께 1,000마리의 정어리 떼를 만들어 바닷속 세상을 꾸며보겠습니다. 그리고 카메라 설정을 이용해 바닷속을 헤엄쳐 보겠습니다.

학습 목표

1. 바다 동물 추가하기
2. 정어리 떼 1,000마리 만들기
3. 헤엄치는 카메라 만들기

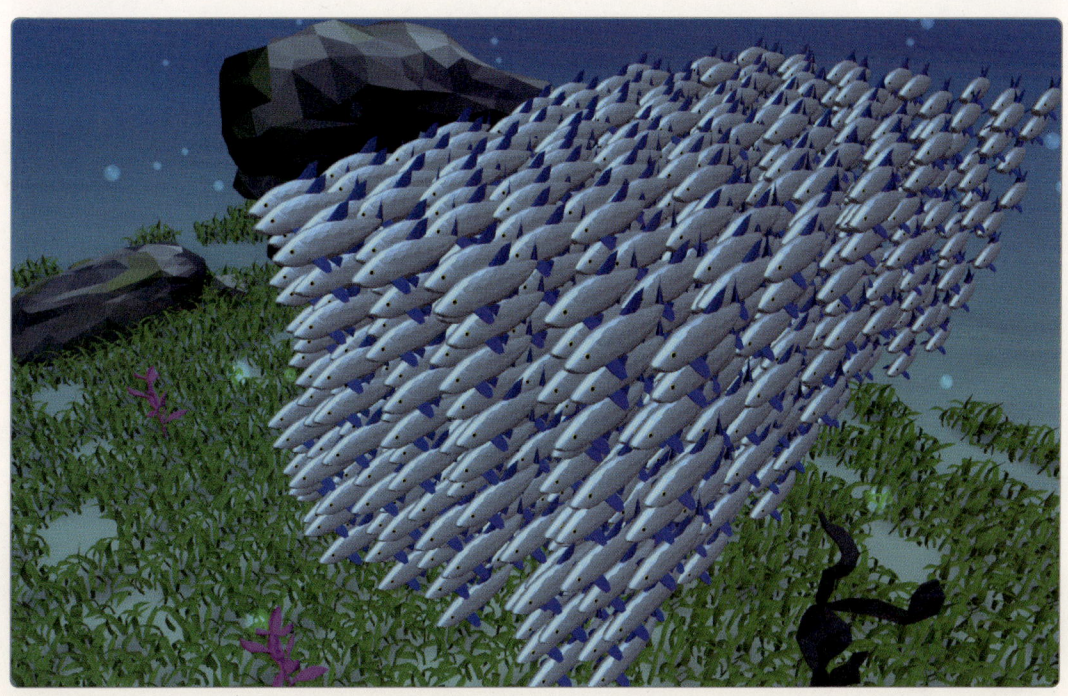

STEP 1. 바다 동물 추가하기

01. 예제 작품을 열면 깊은 바닷속 환경이 보입니다. 바닥에는 많은 해초가 심어져 있는데, 화면을 회전할 때 해초를 클릭하면 화면 회전이 되지 않습니다. 화면을 회전시키고 싶을 때는 돌을 잡고 회전시키면 됩니다.

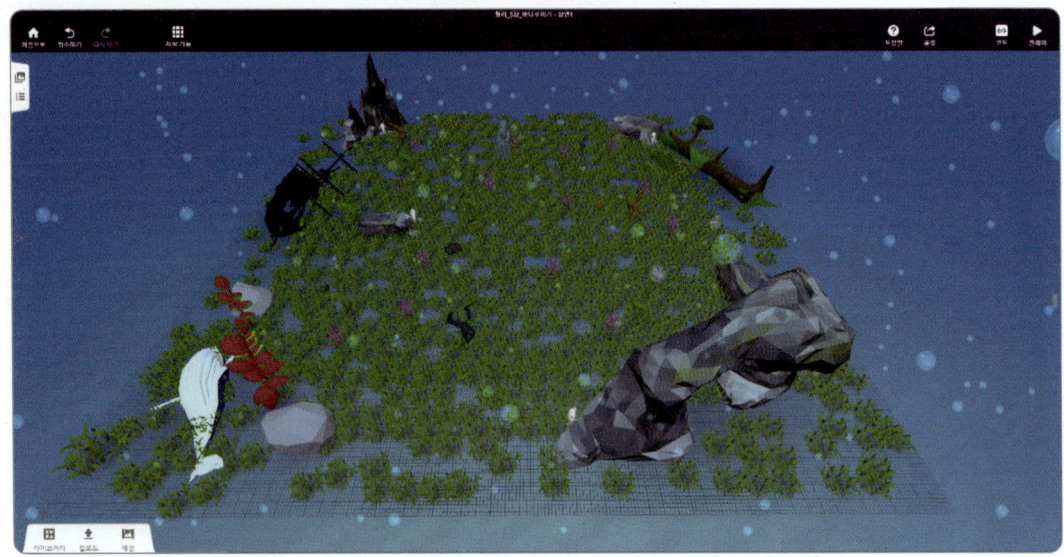

02. 코스페이시스에는 다양한 해양 동물이 있습니다. [라이브러리] → [동물] → [물] 카테고리를 선택해서 다양한 동물들을 바닷속에 배치합니다.

03. 라이브러리에서 제공하는 동물 오브젝트는 저마다의 애니메이션을 가지고 있습니다. 속성창의 **[애니메이션]** 메뉴에서 적당한 동작을 골라 선택해 줍니다.

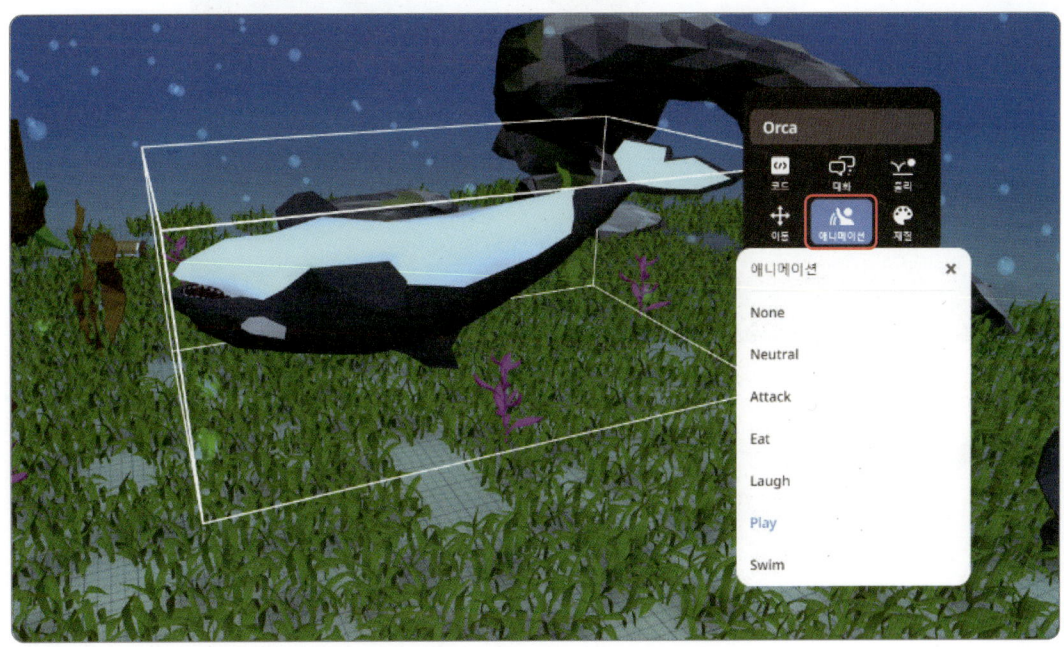

STEP 2. 정어리 떼 1,000마리 만들기

04. 여러분은 정어리 떼를 본 적이 있나요? 정어리는 자신을 보호하기 위해서 수천 마리가 떼를 지어 함께 다니는 물고기입니다. 이번에는 1,000마리의 정어리 떼를 만들어 보겠습니다.

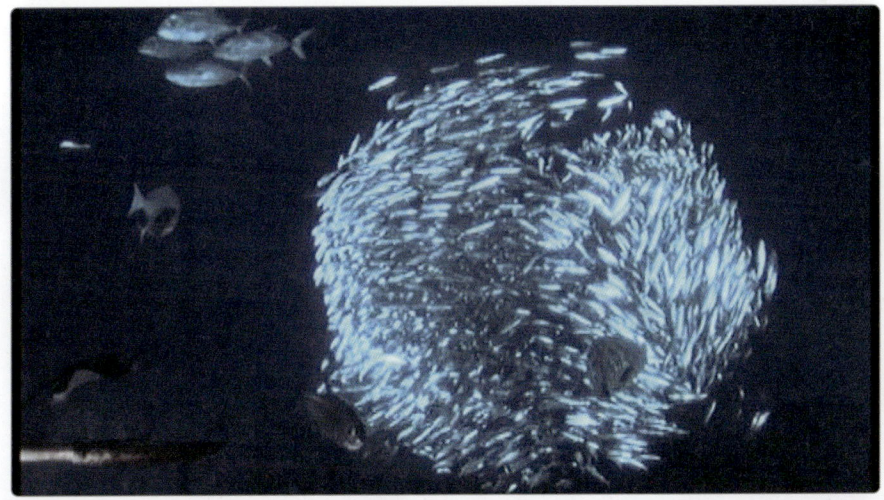

정어리 떼(이미지 출처: Wiki Commons)

05. [라이브러리] → [동물] 카테고리에서 '물고기'(Fish) 오브젝트를 장면에 추가합니다.

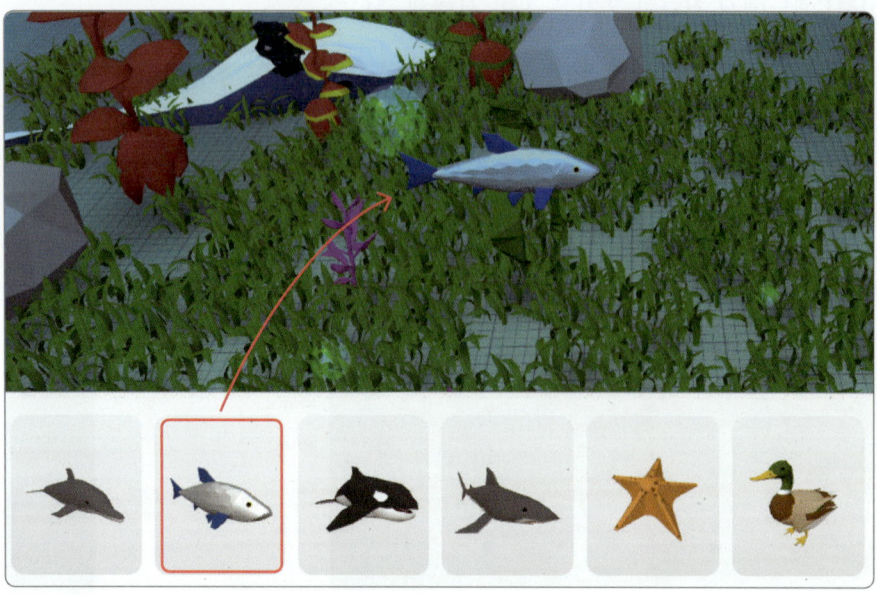

06. 물고기 위치를 미세하게 조정해야 하기 때문에 상단 메뉴에서 [자석 기능] → [격자에 맞추기] 기능을 비활성화합니다.

07. 정어리를 복제하기 전에 미리 애니메이션을 [Swim]으로 설정합니다. 이미 복제된 다음에는 일일이 애니메이션을 변경하기 힘들기 때문입니다.

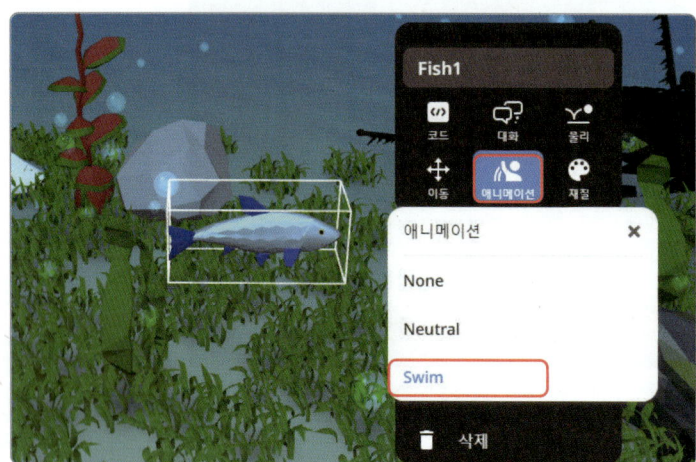

08. 키보드의 Alt 를 누른 상태에서 '정어리' 오브젝트를 옆으로 드래그합니다. 그러면 복제본이 생기면서 이동합니다.

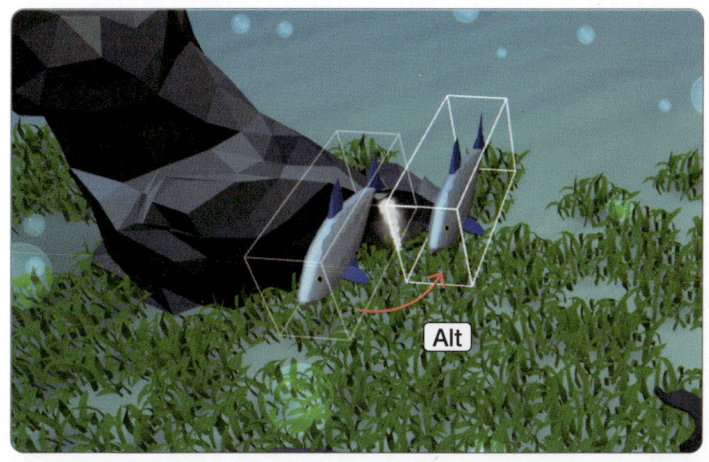

09. 같은 방식으로 오른쪽으로 10마리의 '정어리' 오브젝트를 만들어 줍니다. 이때 정어리의 간격에 약간씩 변화를 주어 자연스럽게 배치합니다.

10. 키보드의 Shift를 누른 상태에서 화면을 드래그해서 영역을 지정하면 해당 영역 안에 있는 모든 오브젝트가 동시에 선택됩니다. 이 기능을 이용해서 조금 전에 만들어 낸 정어리 10마리를 선택합니다. 혹은 Shift를 누른 상태에서 원하는 오브젝트를 하나씩 클릭해도 됩니다.

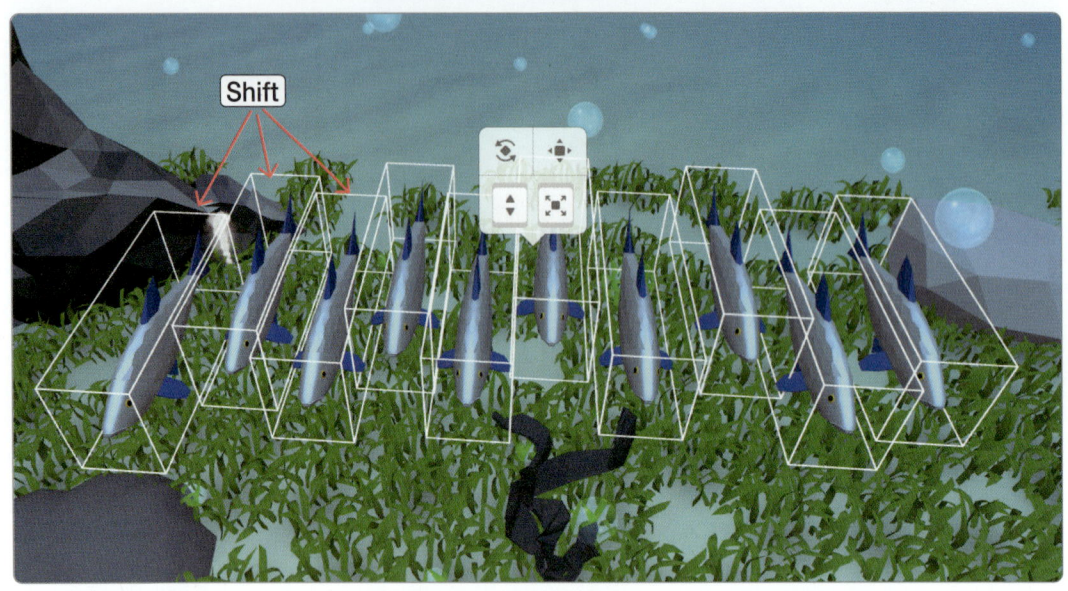

11. 키보드의 Alt를 누른 상태에서 **[드래그해서 올리기]** 버튼을 위로 드래그하면 물고기 10마리가 복제되어 위로 이동합니다.

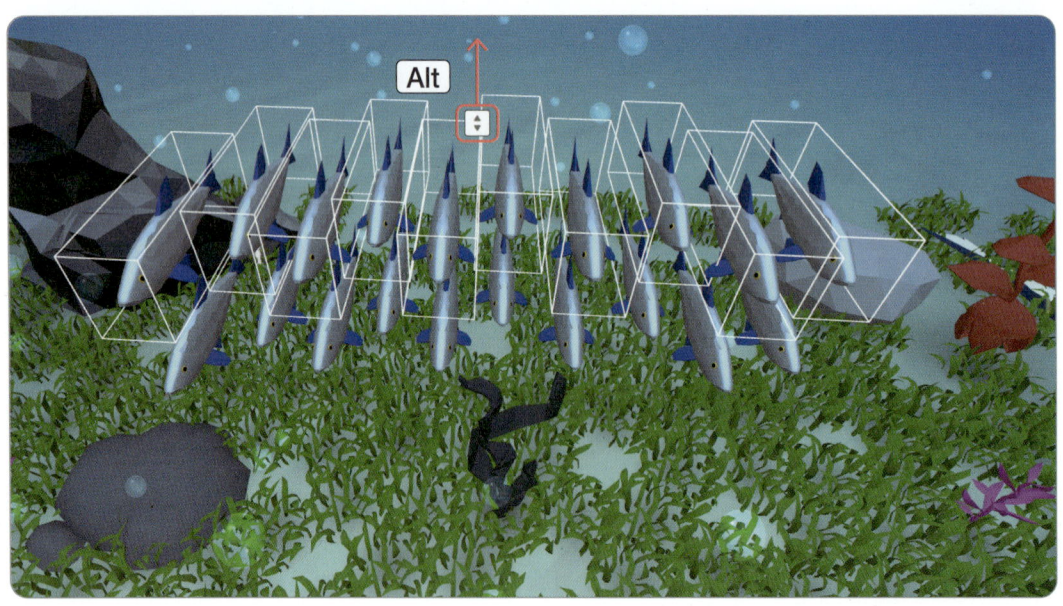

12. 같은 방식으로 정어리 10마리를 위로 10번 복제해 줍니다. 이제 정어리는 100마리가 되었습니다.

13. 키보드의 Shift 를 누른 채로 100마리 정어리가 포함된 영역을 마우스로 드래그합니다.

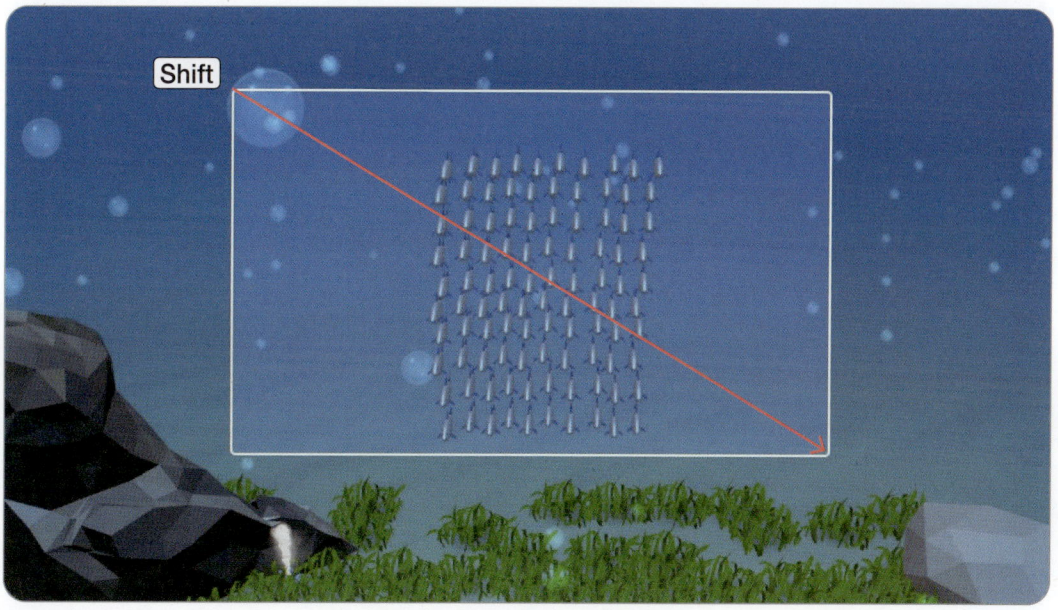

14. 정어리 100마리가 동시에 선택됩니다.

15. 키보드의 Alt 를 누른 채로 선택된 오브젝트를 앞으로 이동시켜 줍니다. 한 번 이동할 때마다 100마리씩 물고기가 복제됩니다.

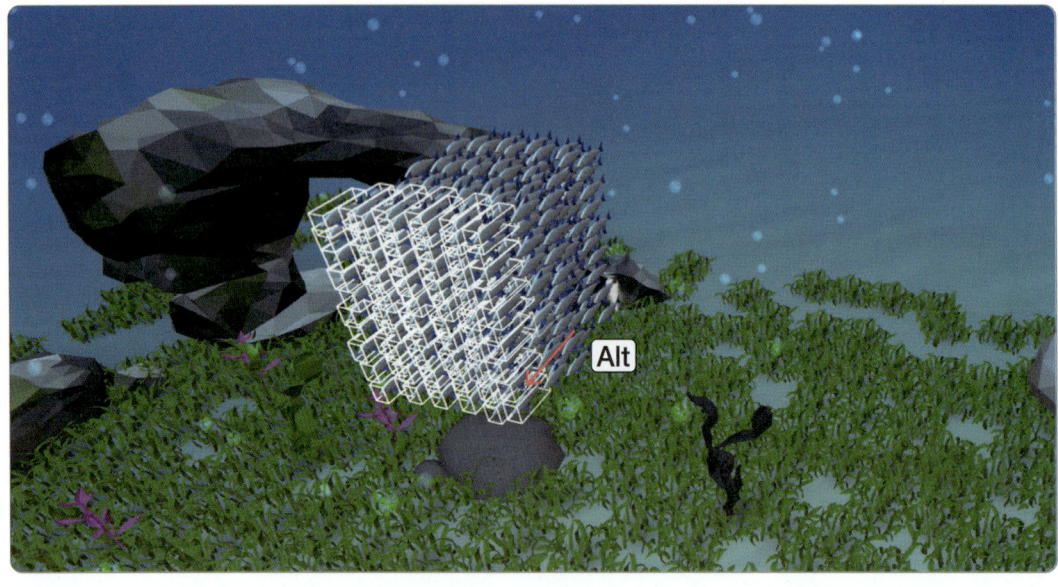

16. 앞으로 9번 복제해 주면 모두 1,000마리의 정어리가 만들어집니다.

> **꿀팁** **작품 실행 시 랙을 줄이는 방법**
>
> 앞의 실습과 같이 대량의 오브젝트를 생성할 경우 작품 실행 시 랙(lag)이 생겨서 화면이 끊기기도 합니다. 특히 랙은 오브젝트를 그룹으로 묶을 경우 매우 심해지므로 그룹이 있다면 그룹 해제를 해 주세요. 그리고 말풍선(대화)이 있을 경우 말풍선이 겹치면서 랙이 발생합니다. 따라서 랙을 없애려면 ① 오브젝트 개수를 줄이고 ② 그룹을 그룹 해제하고 ③ 말풍선을 줄이면 도움이 됩니다.

STEP 3. 헤엄치는 카메라 만들기

17. 이제 만들어진 1,000마리의 정어리 떼와 함께 헤엄을 치고 싶은데, 현재의 카메라로는 정어리 떼로 다가갈 수 없습니다. 바닷속이지만 카메라는 여전히 땅 위를 걸어가고 있기 때문입니다.

18. 카메라 오브젝트를 찾아서 마우스 오른쪽 버튼을 클릭해서 검은색 팝업창에서 **[카메라]** 메뉴를 클릭합니다. 기본 카메라 이동은 **[걸음]**으로, 이동속도는 1초에 3미터로 설정되어 있습니다.

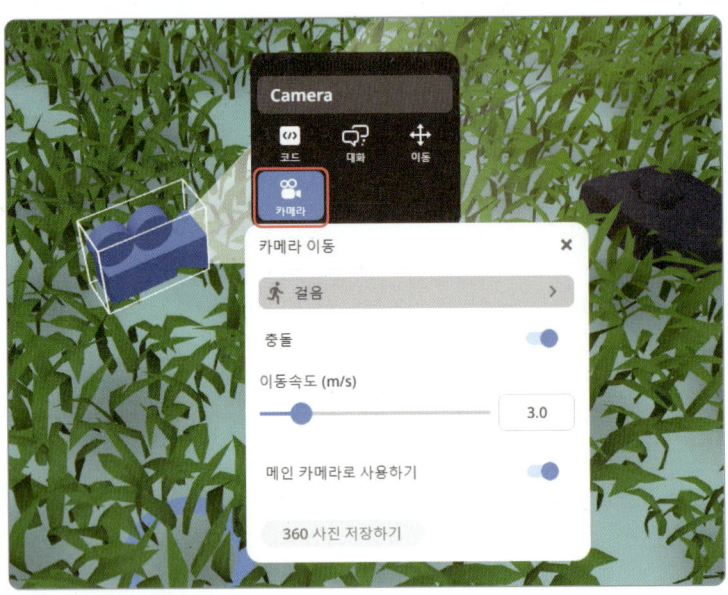

19. 카메라 이동 모드를 **[비행]**으로 바꾸고, 이동속도는 '6.0'으로 변경합니다. 그러면 카메라가 하늘 위로 나는 듯이 이동할 수 있습니다. 물 속에서 헤엄치는 효과도 낼 수 있습니다. 그리고 이동속도도 2배로 빨라집니다.

20. 이제 **[플레이]** 버튼을 클릭하고 바닷속을 자유롭게 헤엄치며 동물을 감상해 보세요. 비행 모드에서는 키보드의 Q를 이용해서 제자리에서 위로 올라갈 수도 있고, E를 이용해서 제자리에서 아래로 내려갈 수도 있습니다.

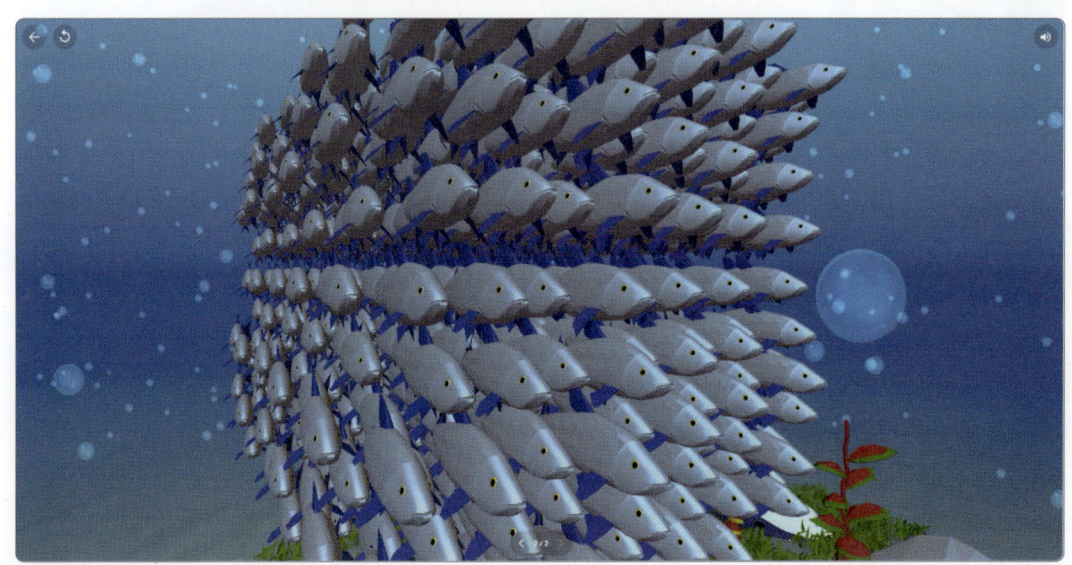

Chapter 06 미술관 전시회

템플릿: https://edu.cospaces.io/RBC-DBF
완성작: https://edu.cospaces.io/CUL-VVL

6장에서는 외부 이미지 파일을 이용해서 코스페이스를 풍부하게 꾸며 보겠습니다. 코스페이시스는 웹 검색 기능을 이용해서 인터넷에 있는 그림 이미지 파일을 검색한 후 클릭 한 번으로 작품 안으로 가지고 올 수 있습니다. 이 기능을 이용해서 나만의 사진 전시회를 열어 보겠습니다.

학습 목표
1. 이미지 웹 검색하기
2. 움직이는 GIF 이미지 추가하기
3. 작품 이름표 만들기

STEP 1. 이미지 웹 검색하기

01. 예제 작품을 실행하면 안이 비어 있는 미술관 건물을 볼 수 있습니다.

02. 이곳을 여러분이 원하는 사진으로 꾸며 보겠습니다. 우선 꾸밀 한쪽 벽면을 선택합니다.

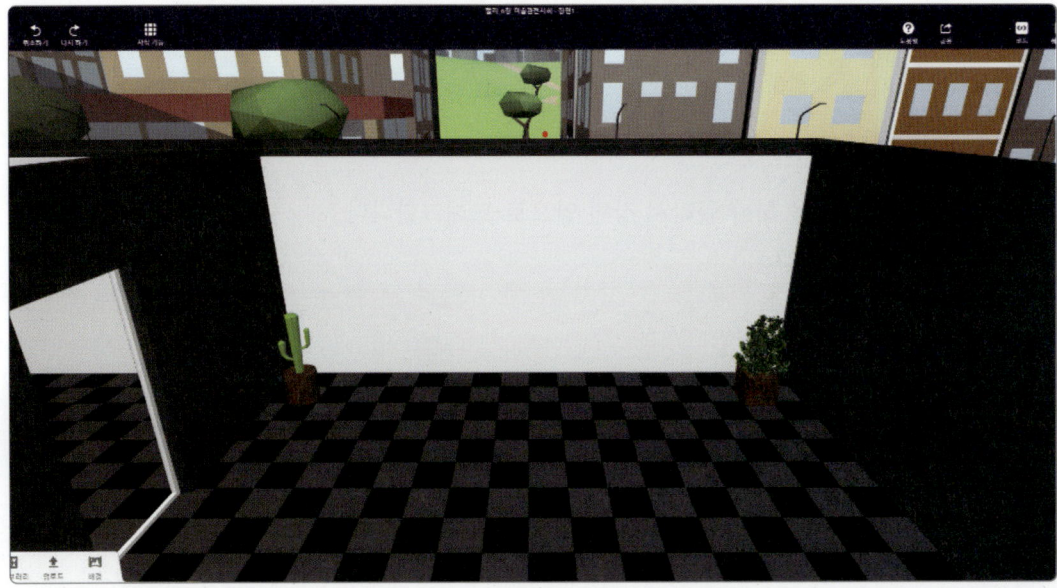

03. 왼쪽 하단에서 **[업로드]** → **[이미지]** → **[웹 검색]** 버튼을 차례로 클릭합니다.

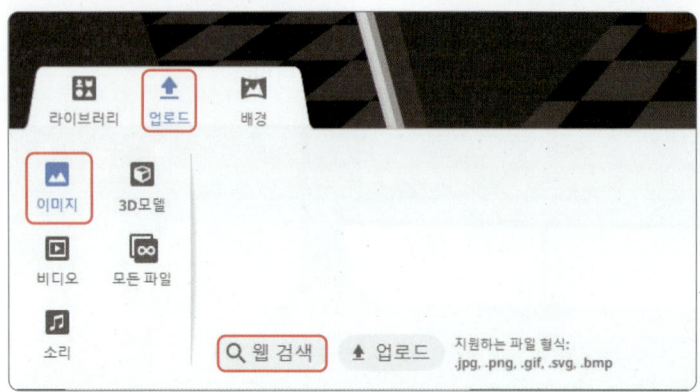

04. 이제 전시관의 주제를 생각해 봅니다. 여러분이 좋아하는 연예인, 유튜브 채널, 게임 캐릭터, 웃긴 사진 등 무엇이든 좋습니다. 저는 포켓몬을 주제로 골랐습니다. 검색창에서 '포켓몬'을 검색하고 Enter를 누릅니다. 검색어에 해당하는 이미지가 나타납니다. 이 사진들은 검색 엔진 Bing(빙)에서 제공하는 이미지들입니다.

05. 마음에 드는 사진을 하나 골라서 장면 안으로 드래그합니다.

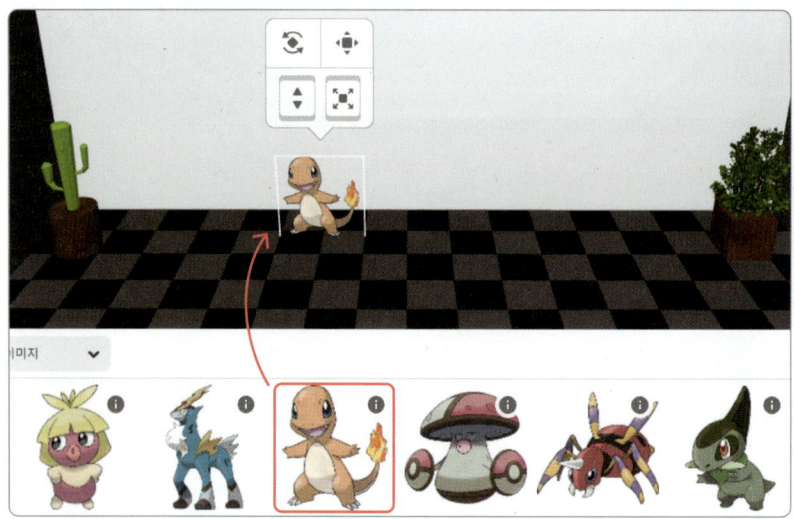

06. 아주 쉽게 이미지가 장면 안에 들어갑니다. 이미지도 다른 오브젝트와 똑같이 이동, 회전, 크기 변경을 할 수 있습니다. 적절한 크기와 높이를 설정한 후 벽면 근처로 이동시킵니다.

07. 같은 방식으로 2~3개의 이미지를 더 추가해 봅시다.

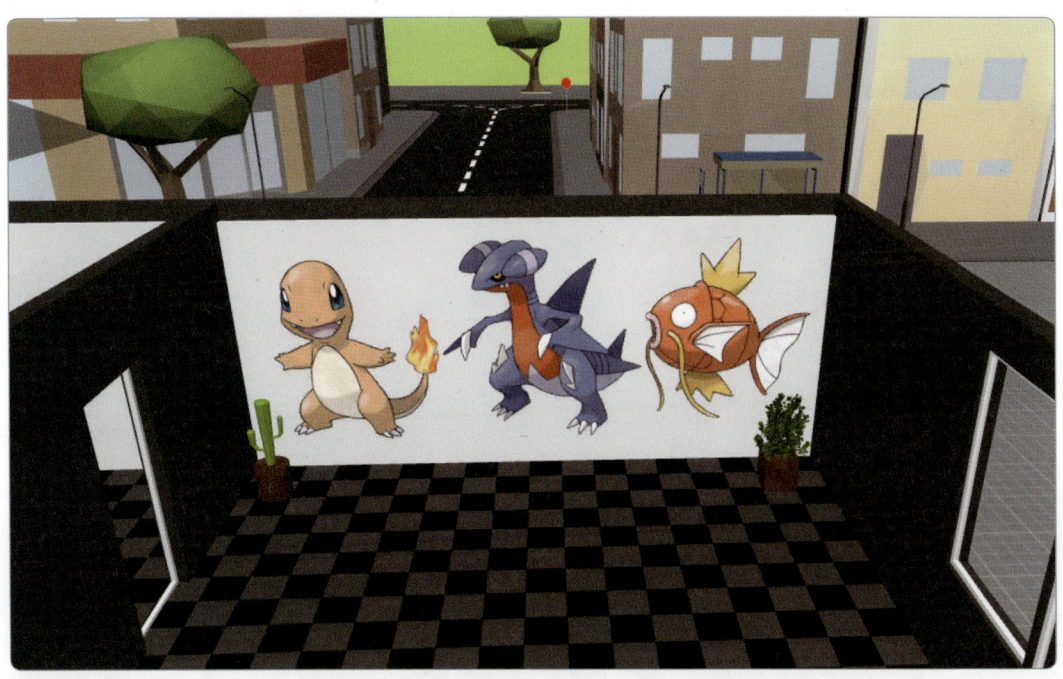

STEP 2. 움직이는 GIF 이미지 추가하기

08. 웹 검색은 일반적인 이미지뿐만 아니라 움직이는 GIF 이미지도 추가할 수 있습니다. 하단의 검색창에서 검색 유형을 [이미지]에서 [GIF]로 변경합니다.

09. 이번에는 2~3초 정도로 짧게 움직이는 이미지가 나타납니다. 그림 위에 마우스를 올리면 움직이는 것을 미리 볼 수 있습니다. 마찬가지로 장면으로 드래그해서 벽면에 추가할 수 있습니다.

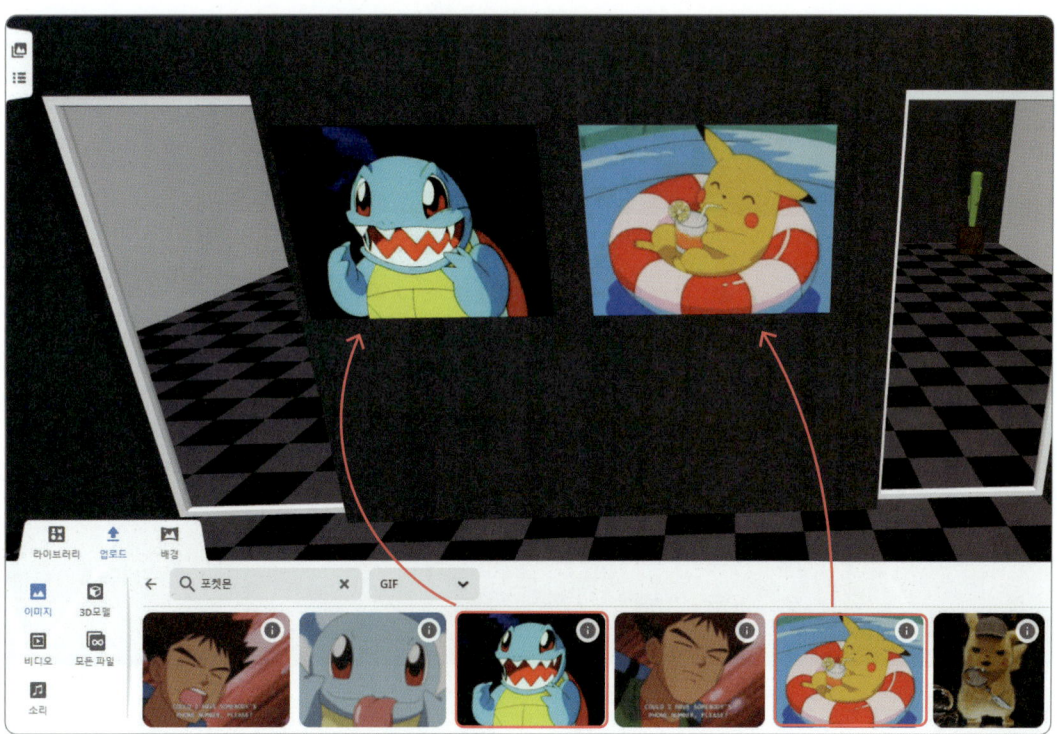

STEP 3. 작품 이름표 만들기

10. 미술관에 가면 작품 옆에 이름표가 붙어 있습니다. 이름표에는 작가명, 작품명, 제작 연도, 재료, 크기, 소장처, 기타 설명 등이 들어갑니다. 우리도 이름표를 만들어 보겠습니다.

우선 **[라이브러리]** → **[만들기]** 카테고리 4번째에 있는 **[글자판]**(Text Panel)을 장면에 추가합니다.

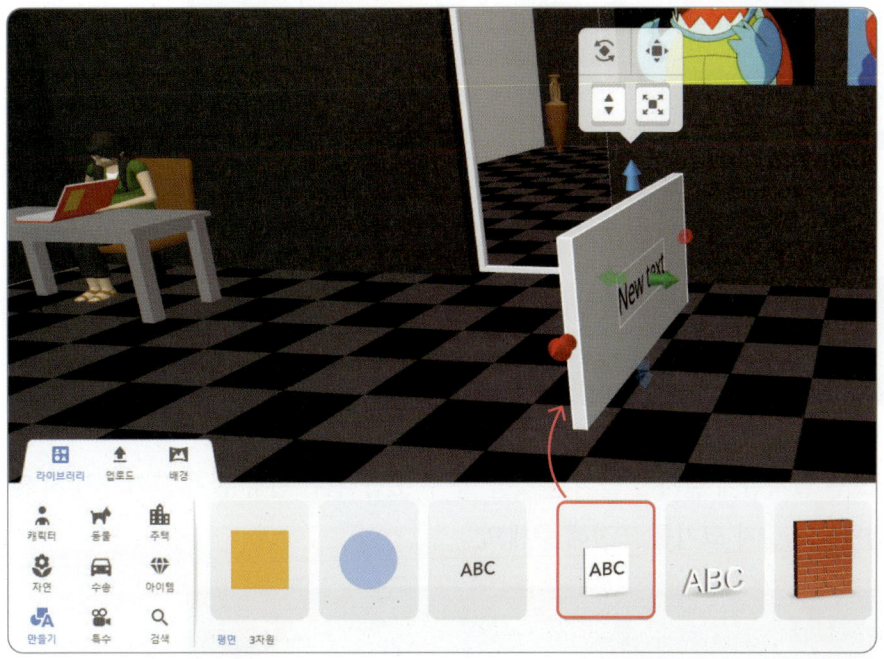

11. 글자판을 이동, 회전하고 크기를 변경해서 사진 하단에 적절히 배치합니다.

12. 글자판의 검은색 속성창에서 **[텍스트]** 버튼을 클릭합니다. 텍스트 팝업창이 나타납니다. 글자 크기를 지정하고 '작가명, 〈작품명〉, 제작연도, 재료, 크기, 소장처, 기타 설명' 순으로 내용을 자유롭게 입력합니다.

13. 속성창을 닫으면 글자판에 글자가 들어간 것을 볼 수 있습니다. 만약 글자 크기가 맞지 않다면 텍스트 팝업창에서 글자 크기를 조절해 주세요.

여기까지 작품과 이름표를 만드는 방법을 모두 살펴보았습니다. 이제 여러분만의 미술관을 완성해 봅시다. 완성된 미술관에 어울리는 배경 음악을 넣어도 좋고, 미술관 안에 관람객을 추가해도 좋습니다.

Chapter 07 포켓몬 숨바꼭질

템플릿: https://edu.cospaces.io/DNF-SXK
완성작: https://edu.cospaces.io/YTX-HLW

7장에서는 인터넷에서 3D 모델을 다운로드해서 코스페이스 작품 안에서 넣어 보겠습니다. 코스페이시스의 라이브러리에는 8개 카테고리에 약 400여 개의 3D 모델을 제공하고 있습니다. 하지만 나만의 작품을 창작할 때는 모델이 부족할 수 있습니다.

3D 모델은 3D 모델링 툴(틴커캐드, 퓨전360, 블렌더 등)에서 직접 만들거나 3D 스캐닝 도구를 이용해서 실생활의 물건을 스캔해서 만들어 낼 수 있습니다. 이번 시간에는 무료 3D 모델링 툴인 틴커캐드에 가입하고 다른 사람들이 만든 3D 모델을 다운로드해서 작품에서 사용해 봅니다.

학습 목표
1. 틴커캐드 가입하기
2. 3D 모델 찾아 다운로드하기
3. 코스페이스에 3D 모델 업로드하기

STEP 1. 틴커캐드 가입하기

01. 예제 작품을 열면 잡동사니가 널려 있는 숲 속이 나타납니다. 이번 작품은 숨어 있는 포켓몬을 찾는 게임인데, 이런 잡동사니가 포켓몬들이 잘 숨을 수 있도록 도와줍니다.

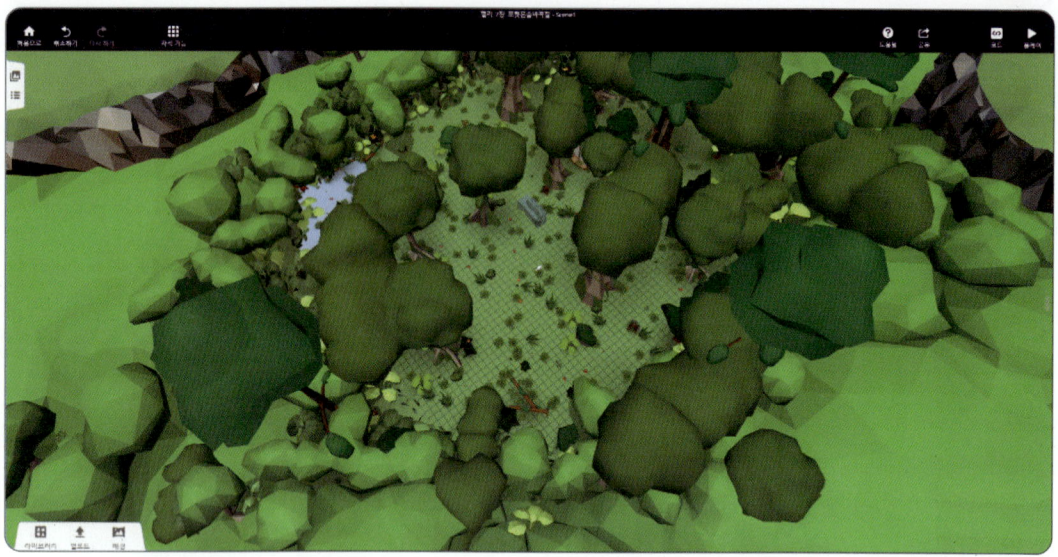

02. 코스페이시스에는 포켓몬 캐릭터가 없습니다. 인터넷에 접속해서 무료 온라인 3D 모델링 툴인 '틴커캐드'에 가서 포켓몬 3D 모델을 다운로드하겠습니다.

코스페이시스 화면은 그대로 둔 채 웹 브라우저에서 새 탭을 열어 줍니다. 검색 엔진에서 '틴커캐드'라고 검색합니다.

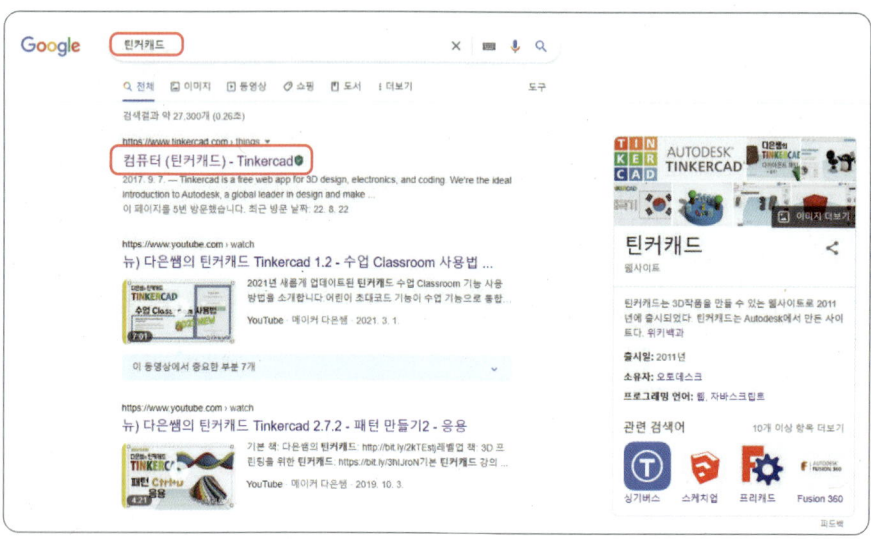

03. 첫 번째 검색 결과를 클릭하여 틴커캐드 웹페이지에 들어간 후 다시 왼쪽 상단의 틴커캐드 로고를 클릭합니다.

04. 틴커캐드 홈페이지(www.tinkercad.com)가 나타납니다. 틴커캐드에서 3D 모델을 다운로드하려면 로그인해야 하는데, 회원가입부터 하겠습니다. 오른쪽 상단 [**등록**] 버튼을 클릭합니다.

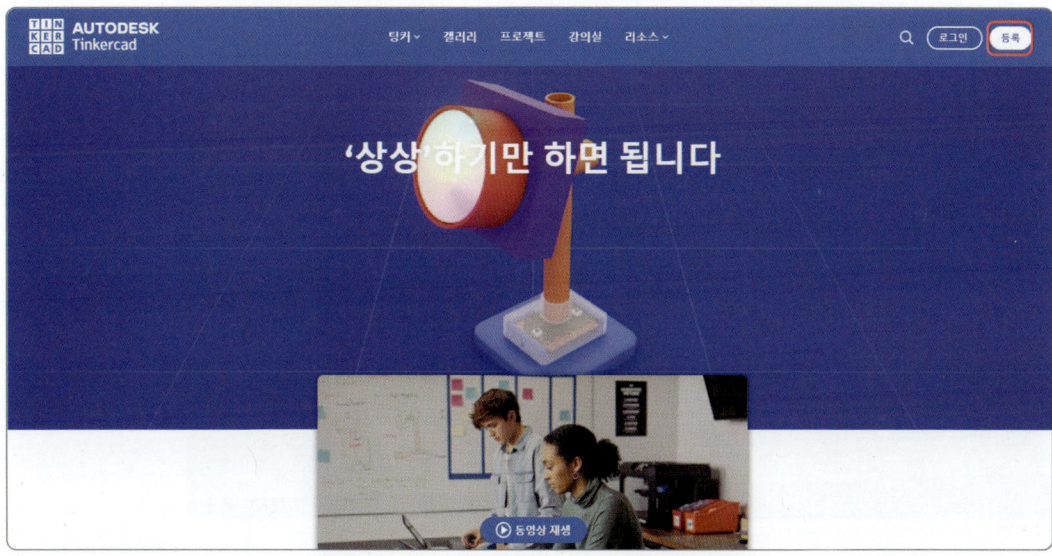

05. '사용자 개인'의 **[개인 계정 생성]** 버튼을 클릭합니다.

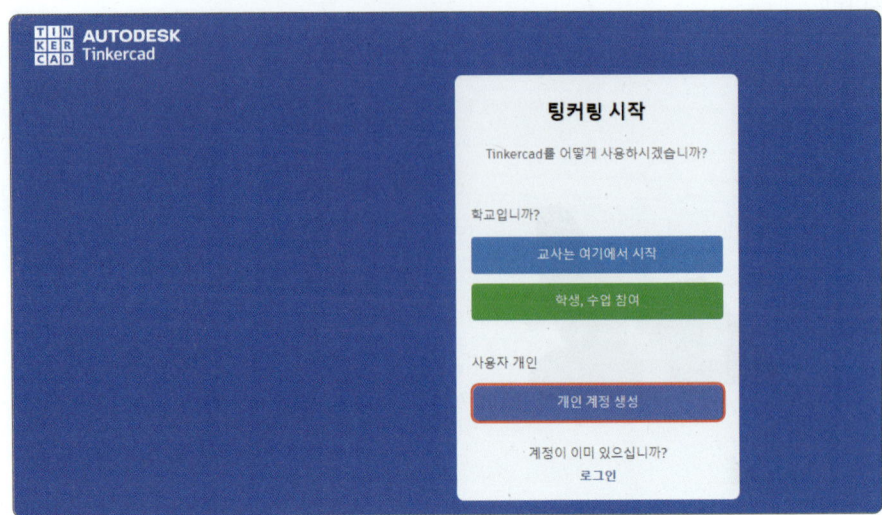

06. 만약 여러분이 구글 또는 애플 계정을 가지고 있다면, 해당 계정으로 쉽게 가입할 수 있습니다. 개인적으로 구글 계정을 사용하기를 추천합니다. 우리는 이미 4장에서 배경 음악을 다운로드하면서 구글 계정을 만들었기 때문입니다.

만약 네이버 또는 카카오 이메일을 가지고 있다면 **[이메일로 등록]** 버튼을 클릭해서 가입할 수도 있습니다.

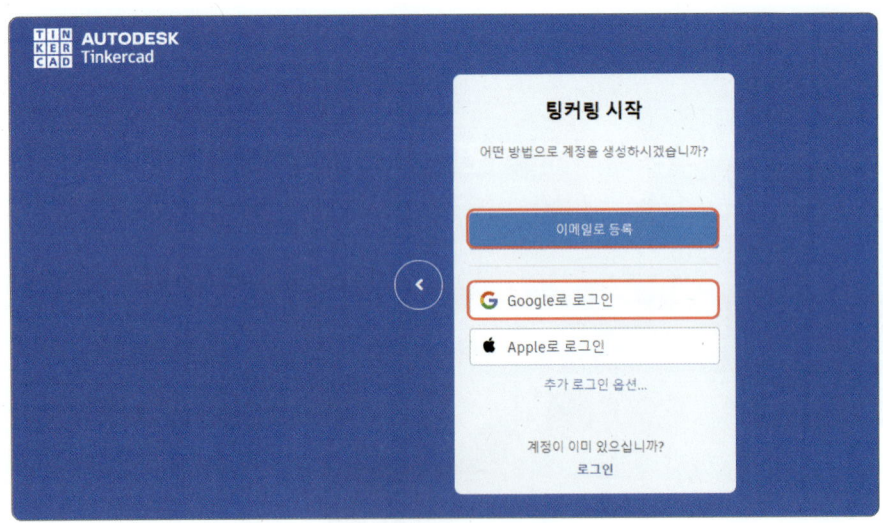

07. 이메일로 가입할 때 주의할 점은 생년월일입니다. 만약 만 14세 이하로 생년월일을 입력할 경우 부모님의 동의를 받아야만 가입할 수 있습니다.

08. 만약 만 14세 이상으로 생년월일을 입력할 경우 바로 이메일 주소 입력 단계로 넘어갑니다. '전자 메일' 칸에 본인의 이메일 주소를 입력하고, '암호' 칸에 비밀번호를 입력합니다. 약관 동의에 체크하고 **[계정 작성]** 버튼을 클릭합니다.

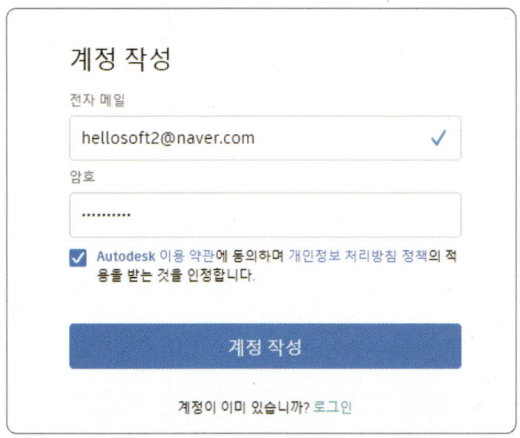

09. 만약 구글 또는 애플 계정으로 등록할 경우에는 약관 동의 화면에서 **[계속]** 버튼만 클릭하면 됩니다.

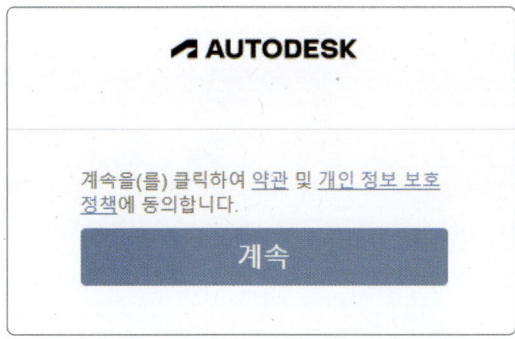

10. 등록이 완료되면 다음과 같이 'Welcome' 팝업창이 나타납니다. 만약 [Let's Go!] 버튼을 클릭할 경우 튜토리얼이 시작됩니다. 우리는 튜토리얼을 진행하지 않기 때문에 그냥 [×] 버튼을 눌러서 팝업창을 닫습니다.

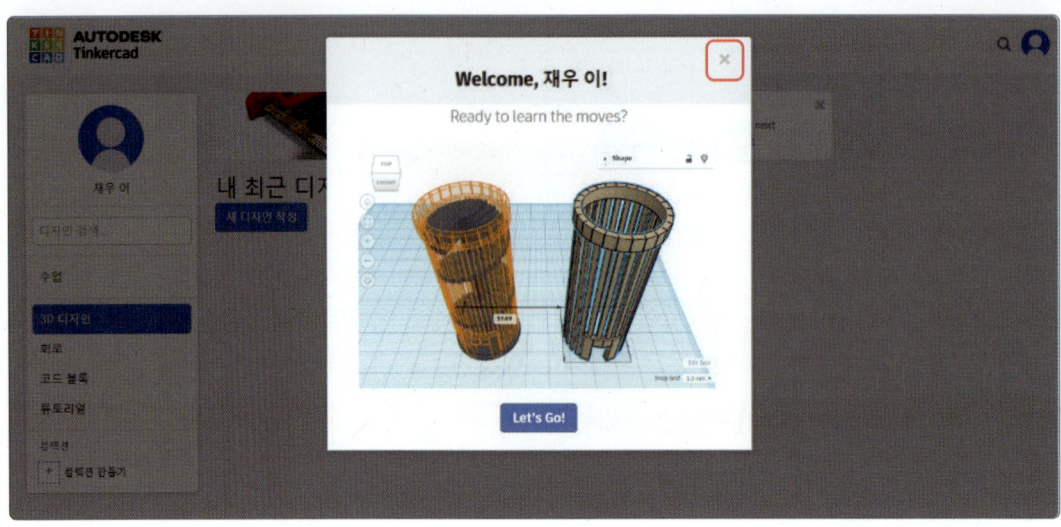

STEP 2. 3D 모델 찾아 다운로드하기

11. 화면에 '내 최근 디자인' 이 나타나면 회원 등록과 로그인이 완료된 것입니다. 이제 상단 메뉴 중 [갤러리]를 클릭합니다.

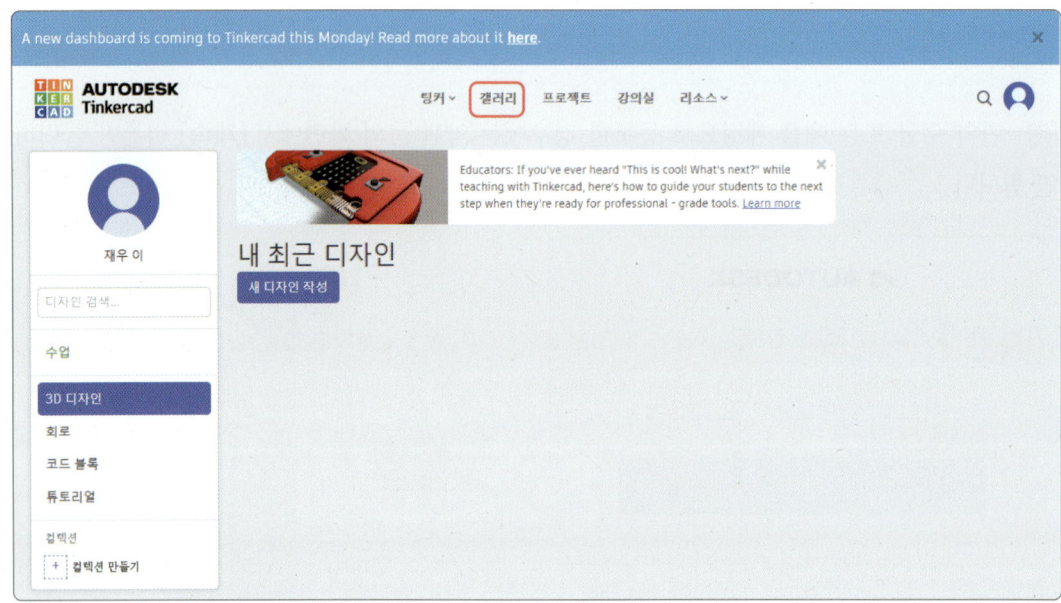

12. 커뮤니티 갤러리 페이지가 나타납니다. 포켓몬을 검색하기 위해서 오른쪽 상단에 돋보기 아이콘을 클릭합니다.

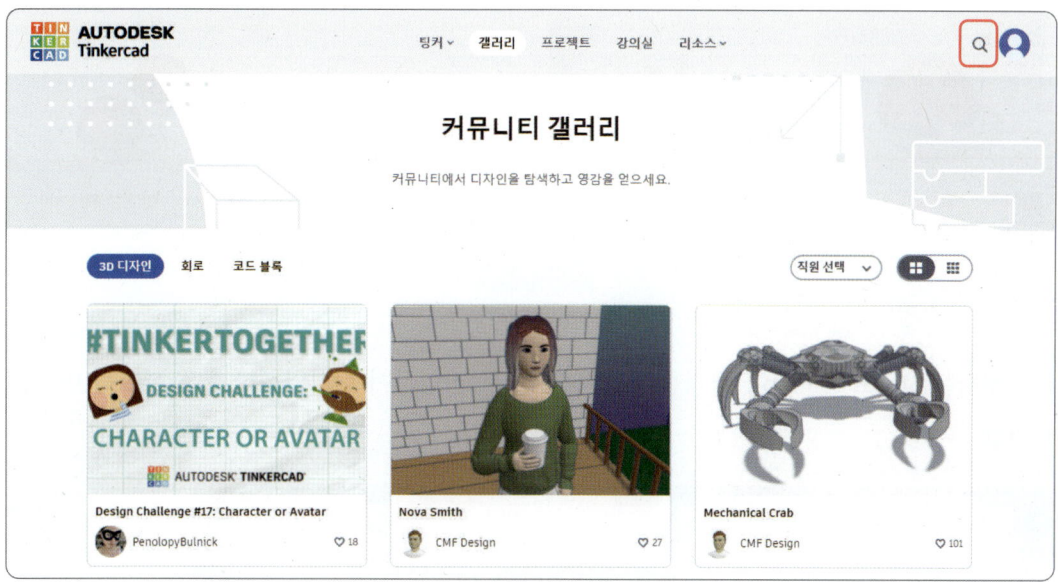

13. 나타나는 검색창에 포켓몬의 영어 이름인 'pokemon'을 입력하고 Enter 를 누릅니다. 검색 결과가 하단에 나타납니다. 틴커캐드는 전 세계인이 함께 쓰는 사이트이기 때문에 한글보다 영어로 검색하면 결과가 100배 이상 더 많이 나옵니다.

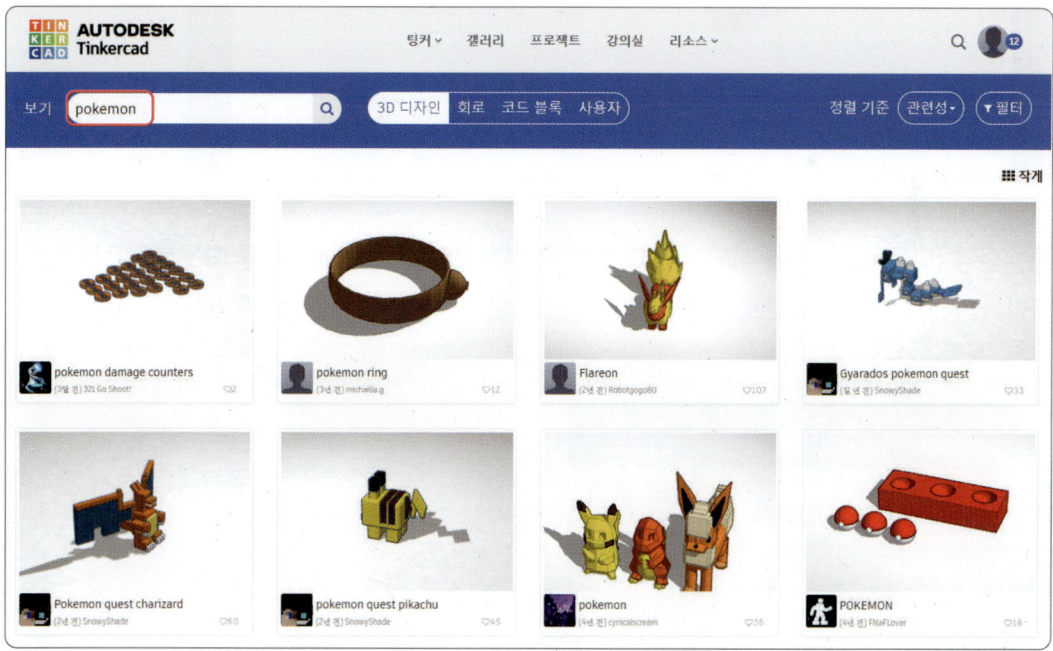

14. 검색 결과에서 원하는 3D 모델이 보이지 않으면 하단의 **[디자인 더 보기]** 버튼을 클릭해서 더 많은 검색 결과를 볼 수 있습니다.

15. 원하는 3D 모델을 찾아 클릭합니다. 상세 정보 팝업창이 나타납니다. **[다운로드]** 버튼을 클릭합니다.

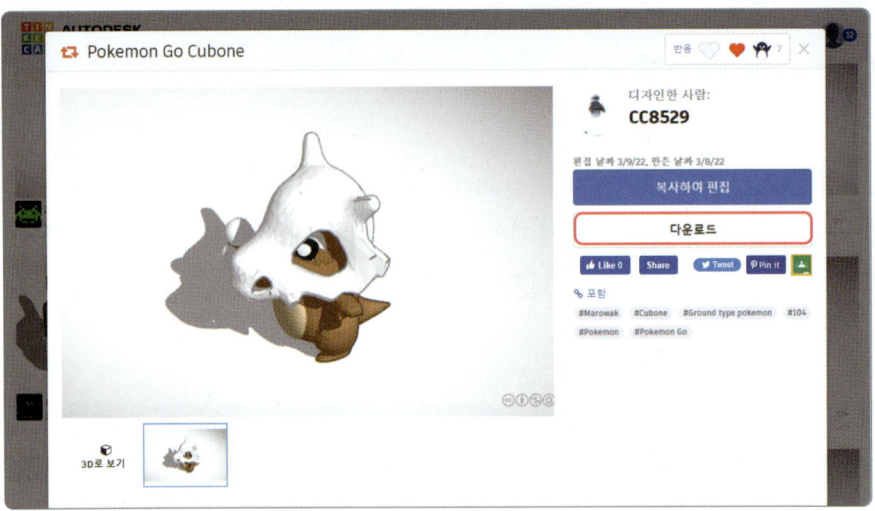

16. 만약 **[다운로드]** 버튼 하단에 **[3D 인쇄용 다운로드]**와 **[Minecraft용 다운로드]** 선택창이 나타나면 **[3D 인쇄용 다운로드]** 메뉴를 클릭합니다.

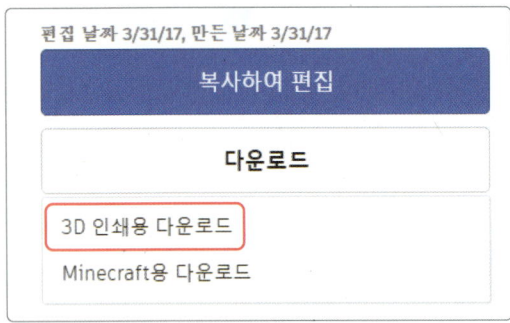

17. 다운로드 팝업창이 나타납니다. [.STL]은 3D 프린터로 출력할 때 사용합니다. [.OBJ]는 게임에서 사용할 때 사용합니다. [.SVG]는 레이저 커팅기로 출력할 때 사용합니다.
이 중에서 [.OBJ] 버튼을 클릭합니다.

18. 컴퓨터에 3D 모델 이름을 가진 압축 파일(zip)이 하나 다운로드됩니다. 기본적으로 '다운로드' 폴더에 저장됩니다. 이렇게 해서 3D 모델을 컴퓨터에 다운로드했습니다.

STEP 3. 코스페이스에 3D 모델 업로드하기

19. 다시 코스페이시스 화면으로 돌아옵니다. 화면 하단에서 [업로드] → [3D 모델] → [업로드] 버튼을 클릭합니다.

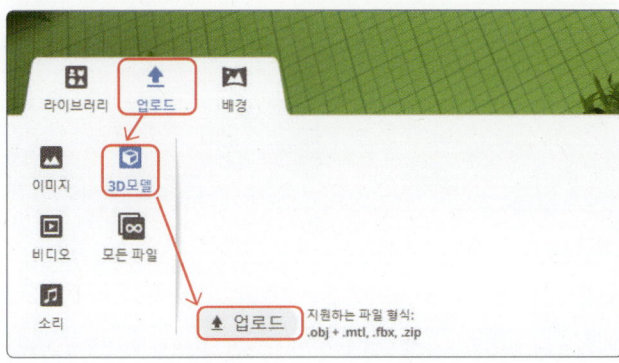

20. '파일 열기' 창이 나타납니다. 왼쪽 화면에서 **[즐겨찾기]** → **[다운로드]** 폴더를 선택합니다. 아마도 오늘 날짜에 3D 모델 이름 파일이 하나 있을 겁니다. 파일을 선택한 후에 **[열기]** 버튼을 클릭합니다. 만약 다운로드한 파일이 없는 경우에는 왼쪽 화면에서 '바탕 화면', '문서', '사진' 등의 폴더를 클릭하면서 파일이 있는지 확인해 보세요.

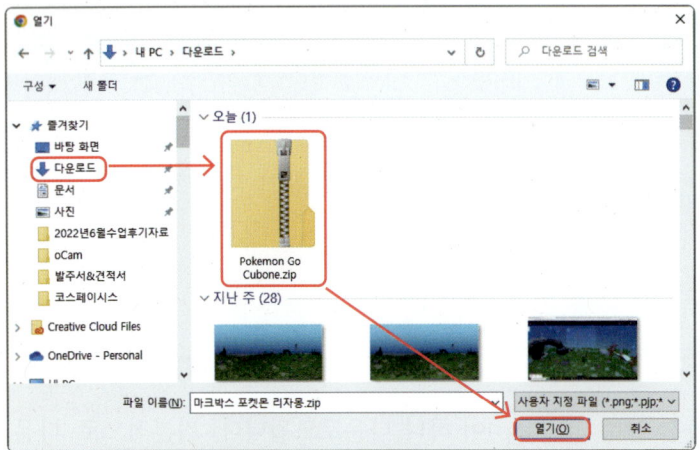

21. 컴퓨터에 있는 파일이 코스페이시스 서버에 업로드됩니다. '업로드 완료!'가 뜨면 **[알겠습니다]** 버튼을 클릭합니다.

22. 업로드가 완료되면 'tinker.obj'라는 오브젝트가 하나 생깁니다. 이 오브젝트를 장면 안으로 드래그하면 3D 모델이 나타납니다.

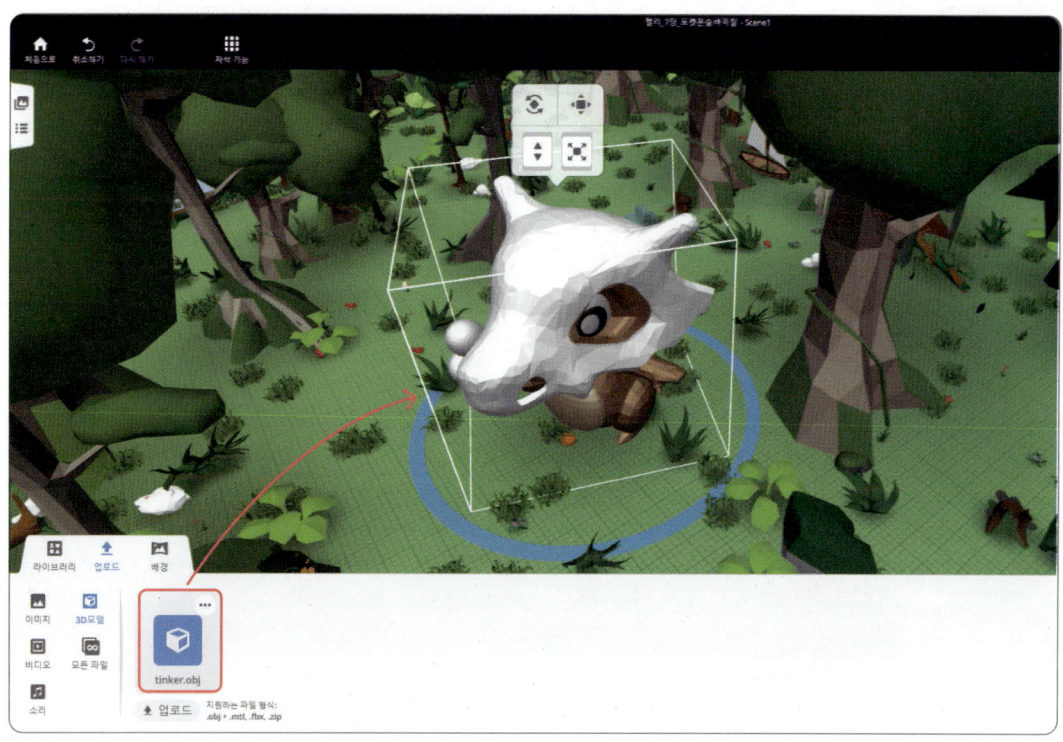

23. 이동, 회전, 크기 변경 기능을 이용해서 포켓몬을 숲 속에 적당히 숨겨 주세요. 나무, 돌, 풀과 같은 지형을 이용해서 숨기면 됩니다.

24. 간혹 3D 모델을 업로드했지만 막상 장면에 추가하면 나타나지 않는 경우가 있습니다. 이런 3D 모델은 코스페이시스와 호환되지 않는 것이므로 삭제해 주세요. 그리고 틴커캐드에서 다른 모델을 다운로드해 주세요.

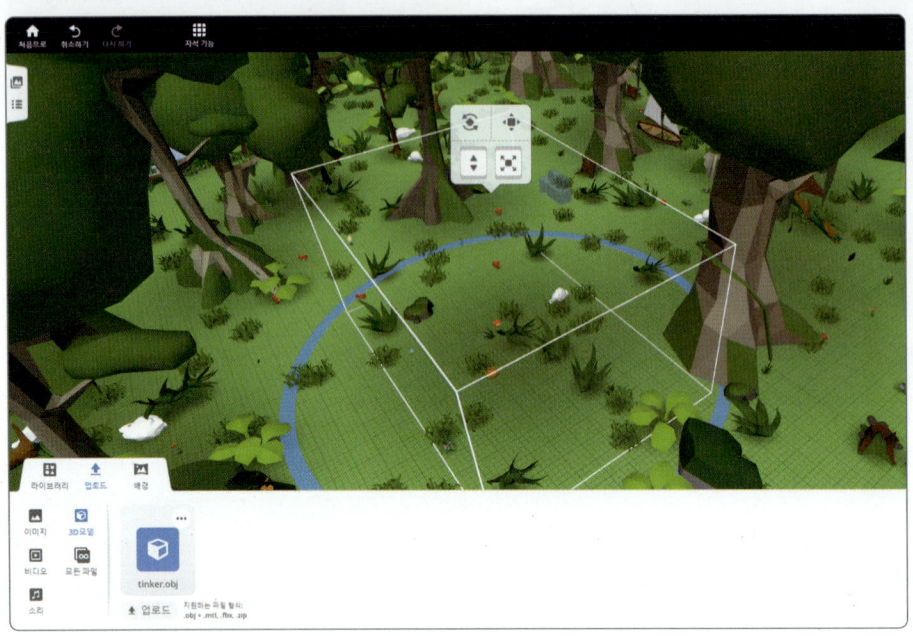

이제 같은 방식을 이용해서 5마리 이상의 포켓몬을 숲 속에 숨겨 주세요. **[플레이]** 버튼을 눌러서 실행해 보면서 숨어 있는 포켓몬을 찾는 재미를 느껴 보세요!

> **꿀팁** 간단한 코딩으로 더 재미있게 만들기
>
> 간단한 코딩을 사용하면 숨바꼭질을 더 재미있게 만들 수 있습니다. 포켓몬 오브젝트의 이름을 변경하고, 검은색 속성창의 [코드] 버튼을 눌러 [코블록스에서 사용]을 활성화합니다.
>
>

편집 화면 오른쪽 상단의 [코드] 버튼을 클릭하고, [코블록스]를 선택합니다. 코딩 블록을 이용해서 다음과 같이 코블록스를 만든 후 플레이했을 때 포켓몬을 클릭하면 다음과 같이 말풍선이 나타납니다.

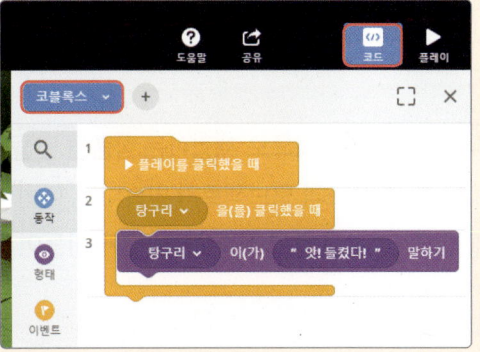 

최종 코블록스 스크립트

코블록스

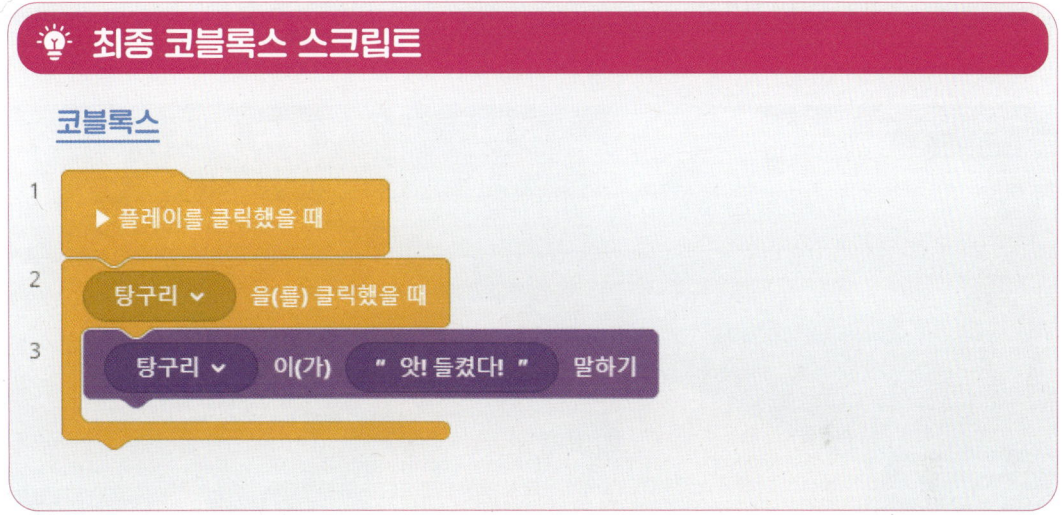

Chapter 07 | 포켓몬 숨바꼭질

Chapter 08 자연재해 체험장

템플릿: https://edu.cospaces.io/YAE-XYT
완성작: https://edu.cospaces.io/MUM-MCY

8장에서는 코스페이시스의 특수 효과를 이용해서 자연재해를 간접적으로 체험하는 작품을 만들겠습니다. 코스페이시스에는 연기, 폭포, 분수, 불과 같은 다양한 특수 효과 오브젝트가 있습니다. 이번 시간에는 다양한 특수 효과 오브젝트를 사용해서 화재, 홍수, 지진, 가뭄 등을 좀 더 실감 나게 만들어 보겠습니다.

학습 목표
1. 화재 체험장 만들기
2. 홍수 체험장 만들기
3. 지진 체험장 만들기
4. 가뭄 체험장 만들기

STEP 1. 화재 체험장 만들기

01. 예제 작품을 실행하면 장면이 4개로 나누어져 있습니다. 빨간색은 화재 체험장, 파란색은 홍수 체험장, 갈색은 지구 온난화 가뭄 체험장, 회색은 지진 체험장 구역입니다.

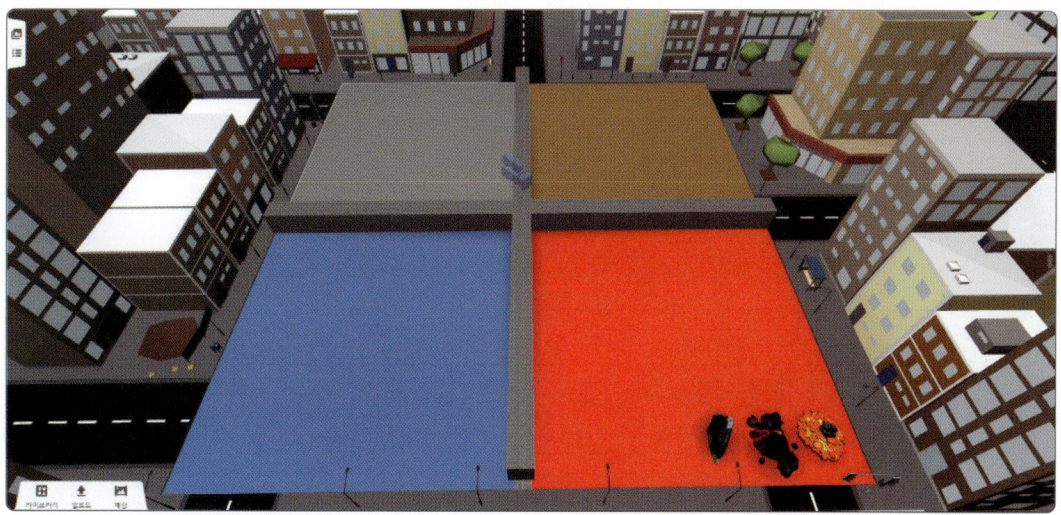

02. 우선 화재 체험장을 만들어 보겠습니다. 빨간색 구역을 화면 중간에 놓아 주세요.

화재는 화산 폭발 또는 산불로 생길 수도 있고 집 안에 전기 누전이나 가스렌지 불을 잘못 다루어서 발생하기도 합니다. 다양한 화재 원인을 생각해 보고 장면을 꾸며 보겠습니다.

여기서는 요리를 하다가 냄비에 불이 붙는 경우를 가정해 보겠습니다. **[라이브러리]** → **[캐릭터]** → **[직업]** 카테고리에 있는 '요리사'(Cook Man)를 장면에 배치합니다.

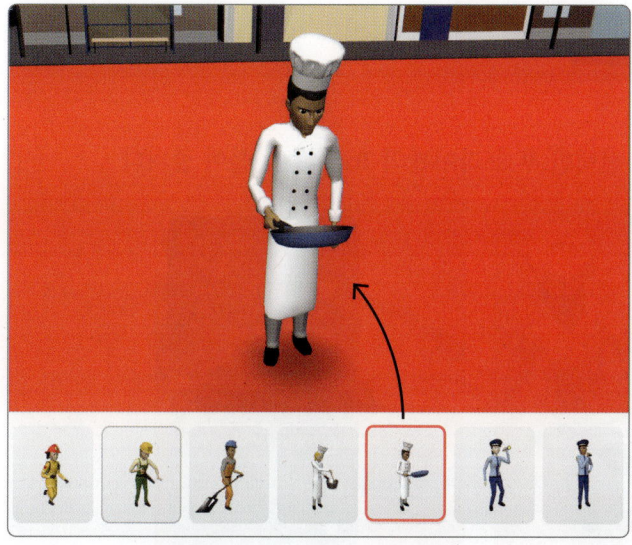

Chapter 08 | 자연재해 체험장   127

03. [라이브러리] → [특수] 카테고리에서 '불'(Fire) 오브젝트를 장면에 추가합니다.

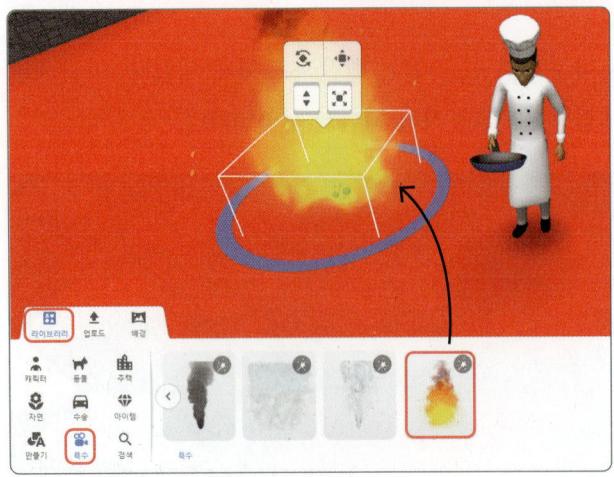

04. 기본 불은 크기가 큰 편이라 프라이팬에 올리기 힘듭니다. 불의 속성창에서 [Properties] (속성) 버튼을 클릭한 후 불의 세기(Strength)를 '0.07' 정도로 줄입니다.

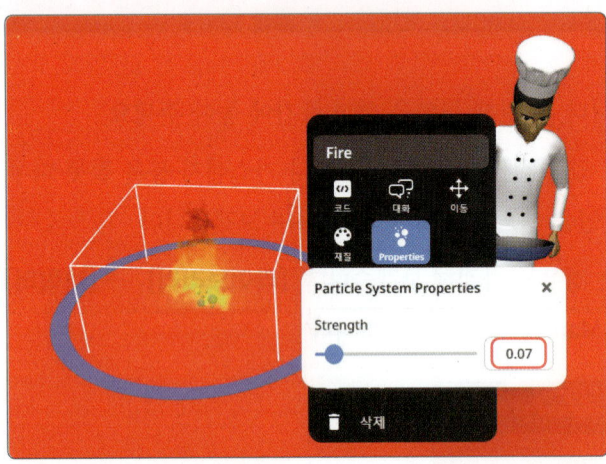

05. 이제 불의 속성창에서 [붙이기]를 선택한 후 프라이팬의 Top(위)에 붙여 줍니다.

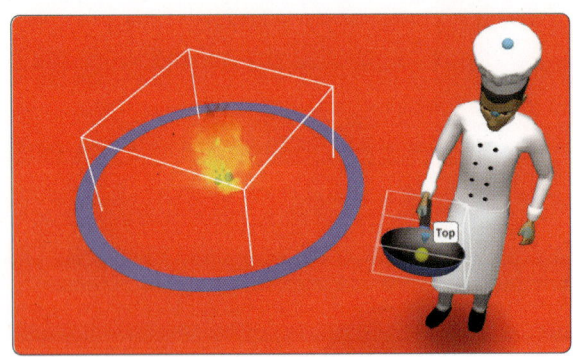

06. 프라이팬 위에 불이 붙었습니다. **[플레이]** 버튼을 눌러 보면 요리사가 프라이팬을 움직일 때마다 불길도 실감 나게 따라 움직이는 것을 볼 수 있습니다.

07. 이제 화재 체험장 주변을 불 특수 효과를 이용해서 꾸며 봅시다. 말풍선이나 애니메이션 등을 넣어서 실감 나게 만들어 주면 됩니다.

STEP 2. 홍수 체험장 만들기

08. 이번에는 파란색 구역에 홍수로 인한 재해 체험장을 만들겠습니다.

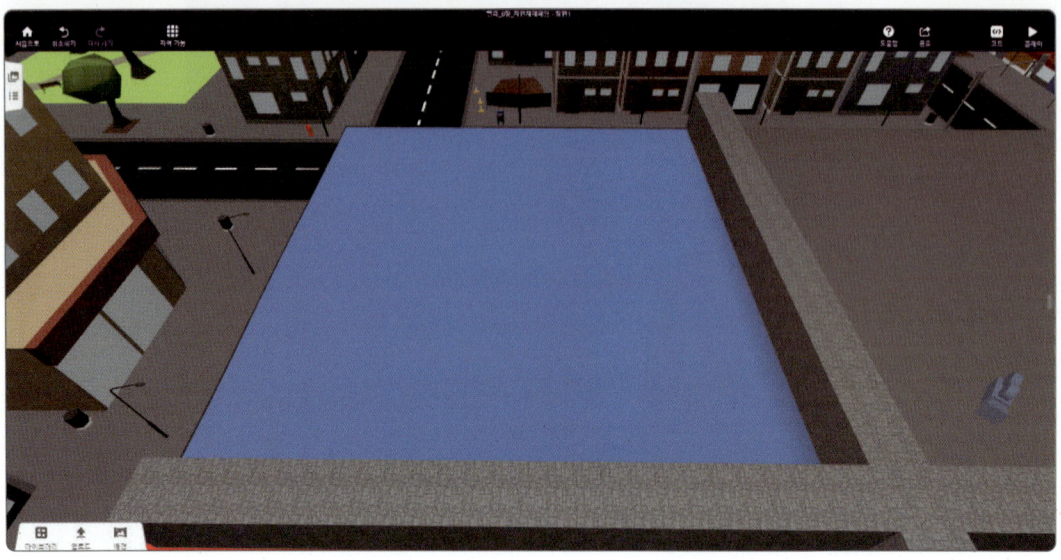

09. 우선 바닥에 물이 차 있는 모습을 구현하기 위해서 큐브를 사용하겠습니다. **[라이브러리]** → **[만들기]** → **[3차원]** 카테고리에서 '직육면체'(Cuboid)를 추가합니다.

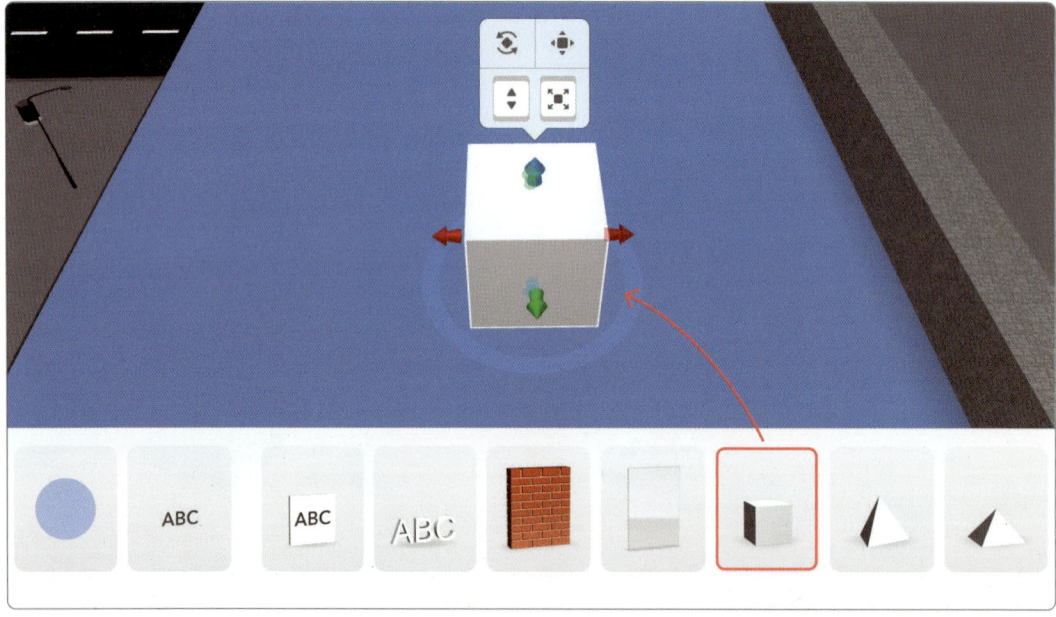

10. 직육면체의 크기를 조절해서 높이는 '1.0(미터)'로 하고, 가로세로 너비는 파란 구역을 꽉 채우도록 만듭니다.

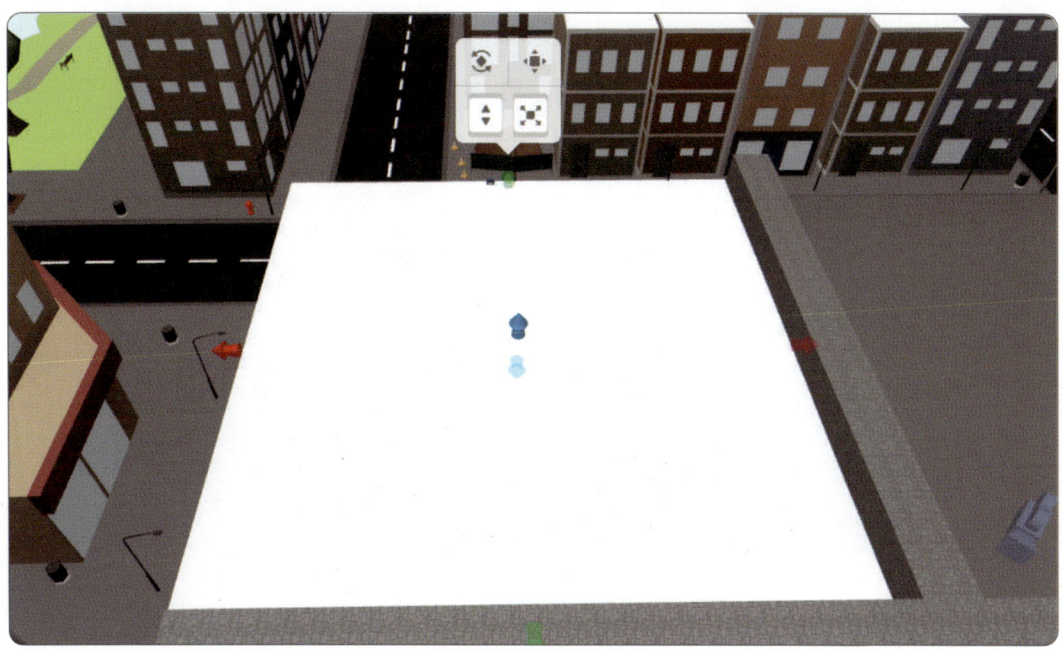

11. 그리고 반투명한 물의 효과를 만들기 위해서 [재질]에서 [무늬]는 없음, [색상]은 파란색, 불투명도는 '50%'로 설정합니다.

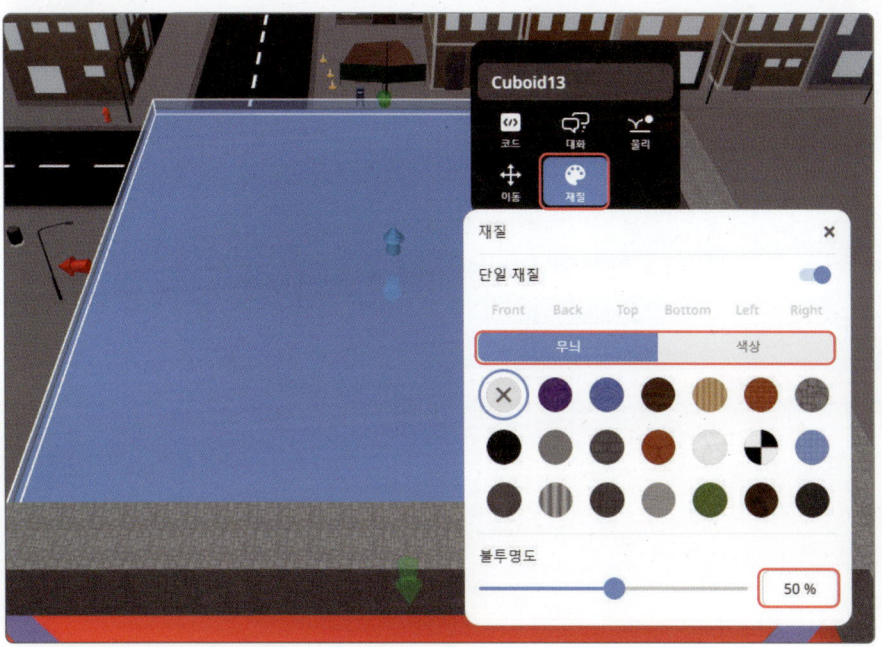

12. 물이 움직이는 것을 막기 위해서 속성창에서 **[잠금]** 메뉴를 클릭합니다.

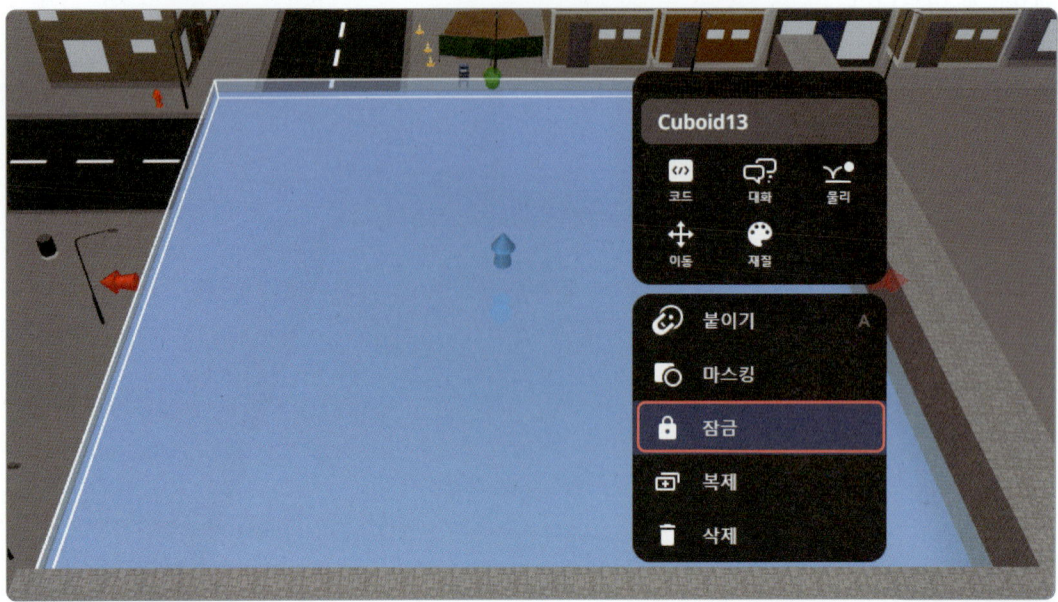

13. 이제 다양한 오브젝트를 장면 속에 배치해서 마치 홍수가 난 듯한 장면을 연출해 줍니다.

14. 이제 비가 내리는 효과를 만들기 위해서 **[라이브러리]** → **[특수]** 카테고리에서 '폭포'(Waterfall) 오브젝트를 추가합니다.

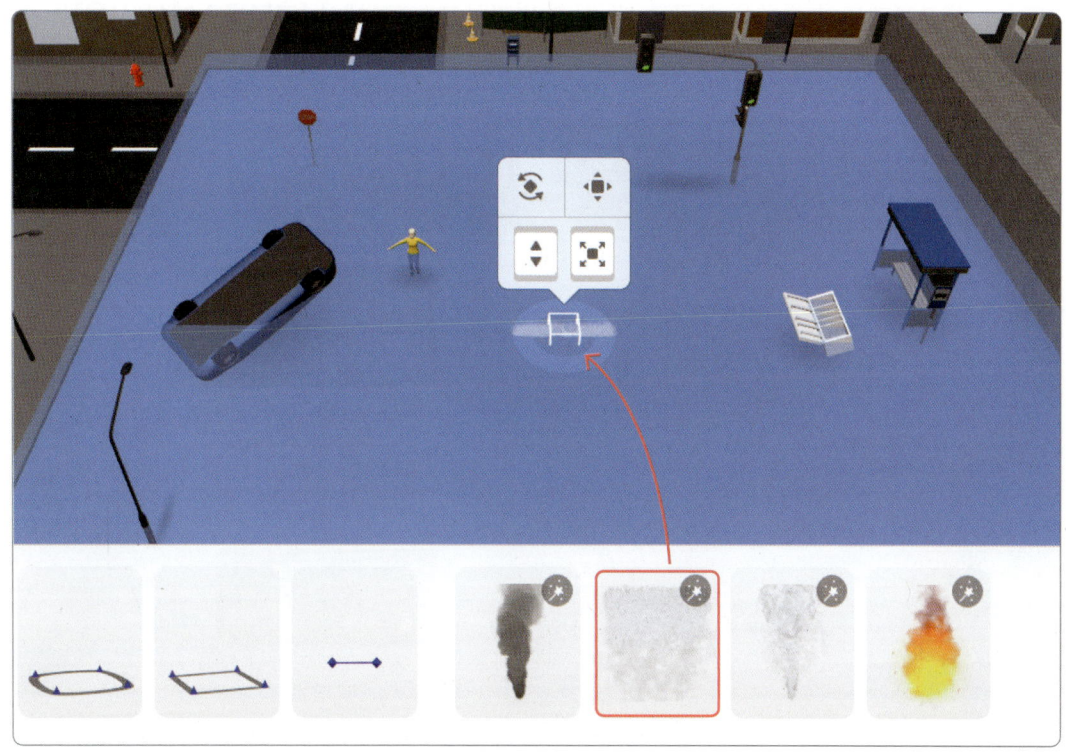

15. '폭포' 오브젝트의 크기를 키우고 위로 올려서 하늘에서 물이 내리는 듯한 모습을 만들어 줍니다.

16. 이제 간단한 코딩을 이용해서 폭포를 360도로 빠르게 회전하겠습니다. 그러면 마치 태풍이 온 것처럼 사방으로 물이 쏟아지게 됩니다.

'Waterfall' 오브젝트의 이름을 한글로 '폭포'로 변경하고, 코드에서 **[코블록스에서 사용]**을 활성화합니다.

17. 상단 메뉴에서 **[코드]**를 클릭하고, **[+]** 아이콘을 눌러서 새로운 코블록스를 하나 더 추가해 줍니다.

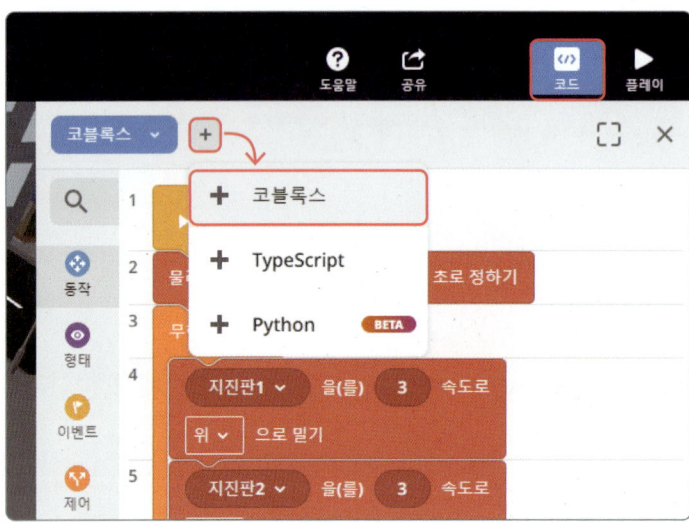

18. [제어] 카테고리에서 [무한 반복하기] 블록을 코드 영역으로 드래그해서 [플레이를 클릭했을 때] 블록 아래에 가져옵니다.

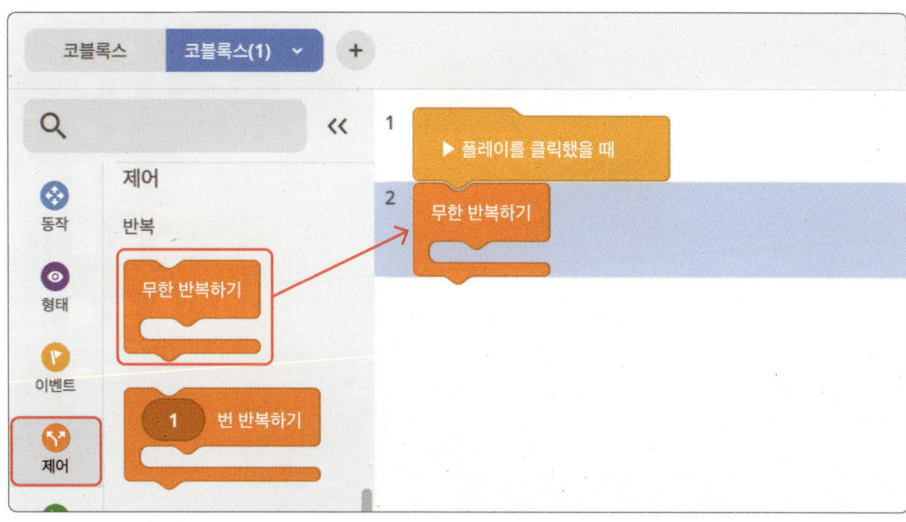

19. [동작] 카테고리의 [~초 동안 ~만큼 회전하기] 블록을 [무한 반복하기] 블록 안으로 가져옵니다. 다음과 같이 스크립트를 만들어 줍니다.

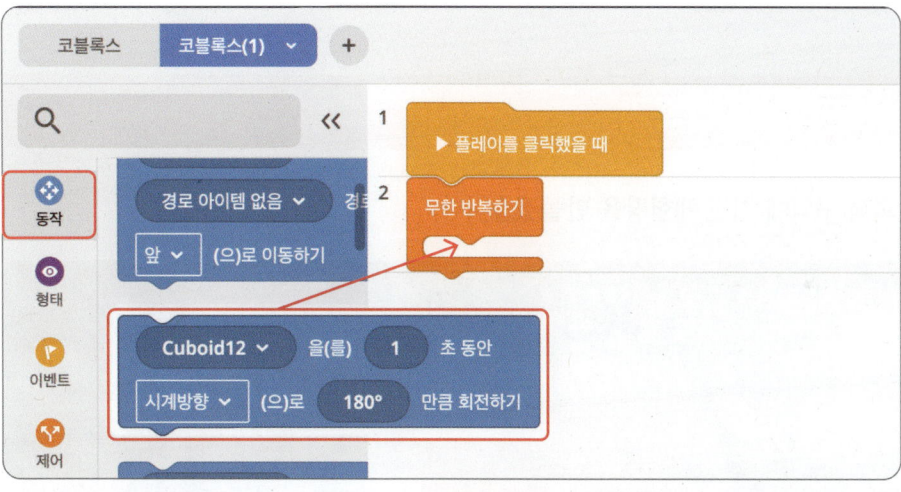

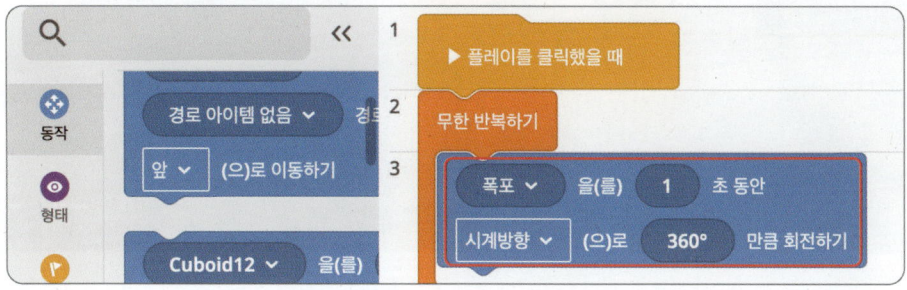

20. [플레이] 버튼을 클릭하면, 폭포가 회전하면서 물이 사방으로 회오리치는 것을 볼 수 있습니다.

이제 다양한 오브젝트와 말풍선, 애니메이션 등을 이용해서 홍수 재해 체험장의 나머지 부분을 꾸며 보세요.

STEP 3. 지진 체험장 만들기

21. 다음으로 회색 구역에 지진 체험장을 만들겠습니다.

22. 특히 회색 구역은 플레이해 보면 바닥판이 자동으로 떨리는 것을 볼 수 있습니다. 이것은 간단한 코딩 블록을 이용해서 지진 현상을 구현했기 때문입니다.

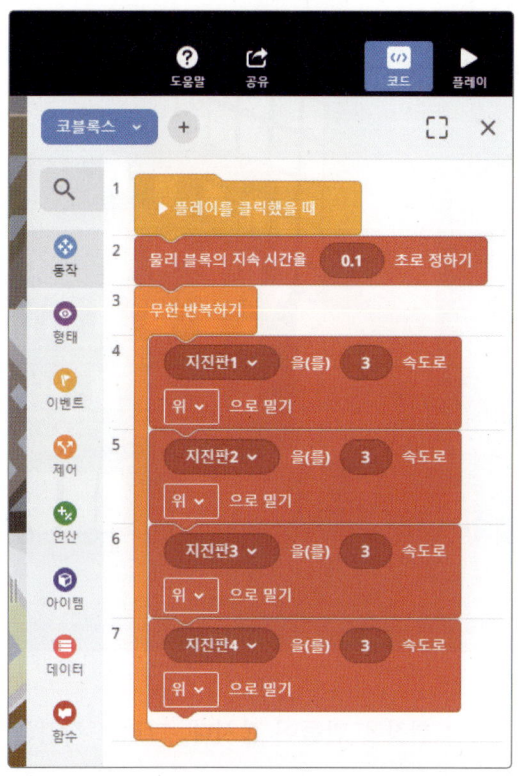

23. [라이브러리] → [주택] → [도시] 카테고리에서 건물을 선택하고 지진판 위에 건물을 하나 올려 줍니다. 그리고 검은색 속성창에서 [물리] 버튼을 클릭하여 물리 속성을 켜 줍니다.

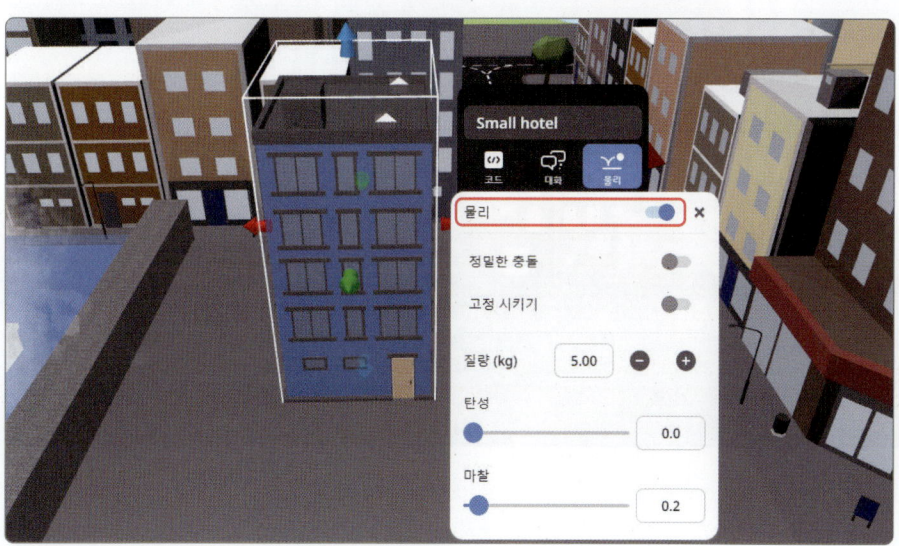

Chapter 08 | 자연재해 체험장   137

24. [플레이] 버튼을 누르면 바닥판 진동에 따라 건물도 움직이는 것을 볼 수 있습니다. 오브젝트에 물리 속성을 켜 놓으면 같은 물리 속성을 가진 오브젝트끼리 중력, 마찰, 탄성의 영향을 미치게 됩니다.

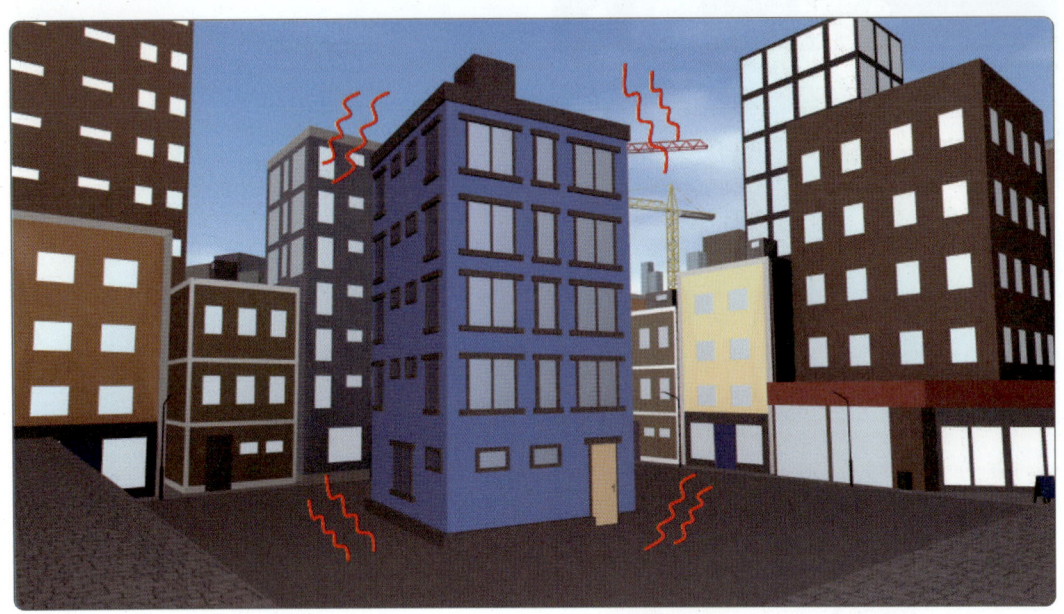

25. 같은 방식으로 다양한 오브젝트를 배치해서 지진 현장을 만들어 봅시다. 그리고 각각의 오브젝트에 물리 속성을 켜 줍니다.

STEP 4. 가뭄 체험장 만들기

26. 마지막 갈색 구역은 지구 온난화로 인한 가뭄 장면을 꾸며보겠습니다.

27. 가뭄을 표현할 때는 바닥, 풀 또는 나무의 색상을 갈색으로 설정해서 메마른 느낌을 줄 수 있습니다. 우선 바닥을 흙 재질로 바꾸겠습니다.

[라이브러리] → [만들기] → [3차원] 카테고리에서 '직육면체'(Cuboid)를 바닥에 추가합니다. 크기를 조절해 주는데 이때 높이는 최솟값인 '0.1' 정도로 설정합니다.

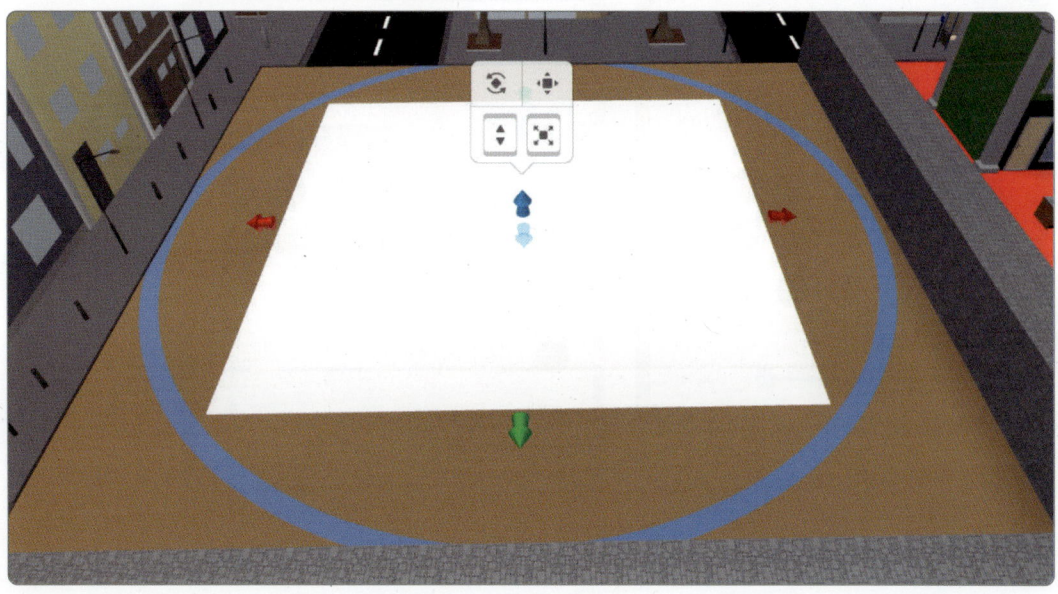

28. 바닥면이 움직이지 않도록 [**잠금**] 설정을 해 줍니다.

28. [**재질**] 메뉴를 클릭한 후 무늬는 '흙'을, 색상은 '연한 갈색'을 선택해 줍니다.

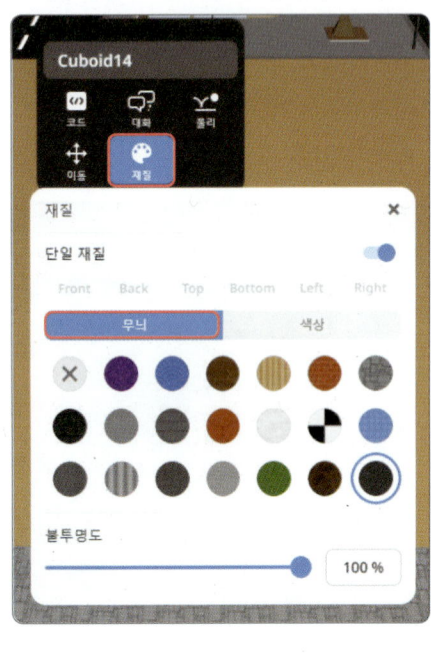 

29. 이제 풀, 나무, 돌 오브젝트를 추가해 줍니다. **[재질]** 메뉴에서 색상을 '연한 갈색' 또는 '갈색'으로 지정합니다.

30. 여기에 갈색 건물과 잠자는 동물을 추가합니다. 분위기가 더욱 삭막해집니다.

31. 마지막으로 [**라이브러리**] → [**특수**] → [**연기**](Smoke) 오브젝트를 몇 개 추가하면 가뭄 자연재해 현장이 완성됩니다.

32. 이렇게 해서 화재, 홍수, 지진, 가뭄 등의 자연재해 체험장을 만들어 보았습니다. [**플레이**] 버튼을 클릭하여 작품을 감상해 보세요.

최종 코블록스 스크립트

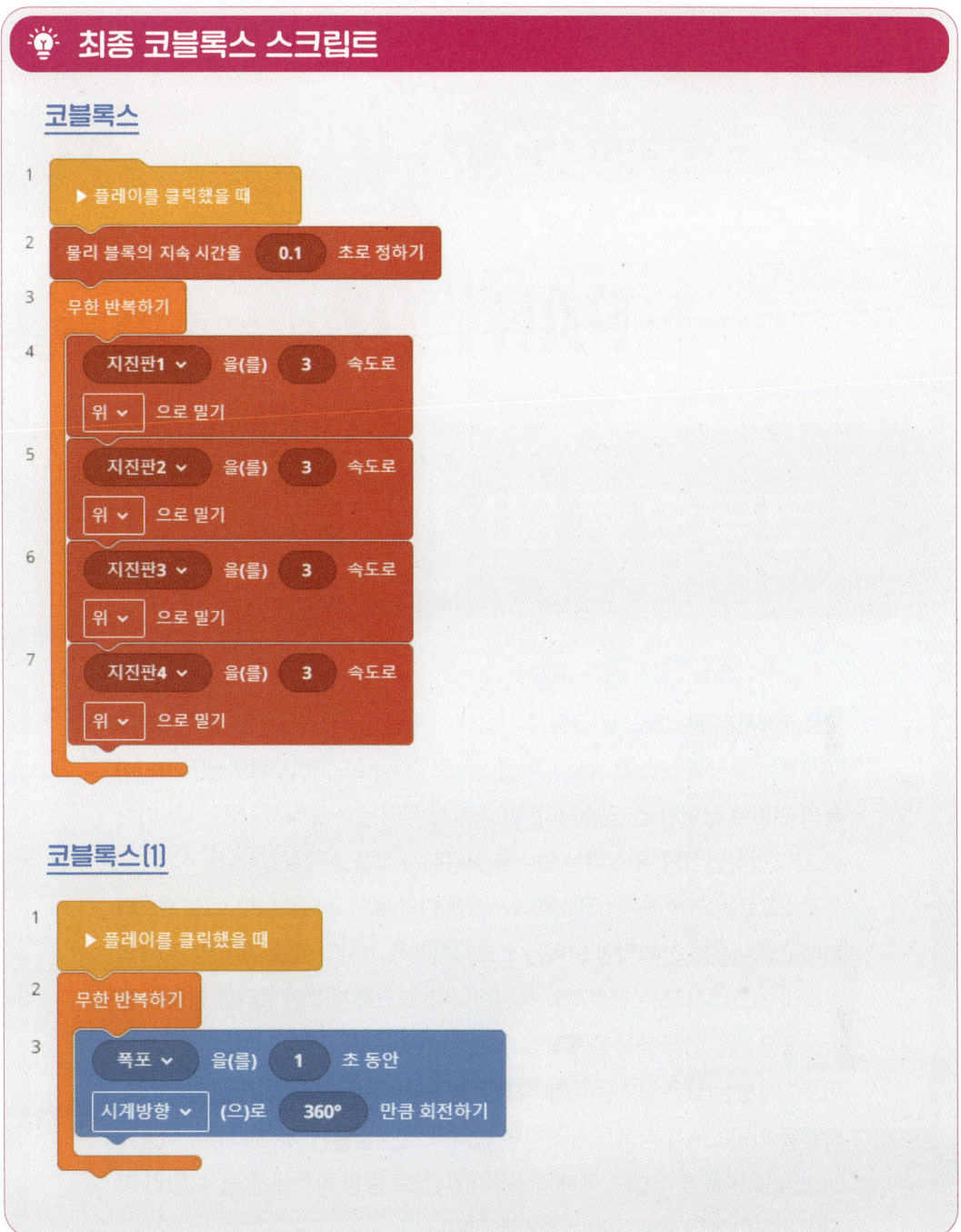

PART 02

코딩으로 3D 게임 만들기

파트 2에서는 본격적으로 코딩을 사용해서 작품을 제작하게 됩니다. 코스페이시스는 코블록스(CoBlocks), 타입스크립트(TypeScript), 파이썬(Python) 등의 언어로 코딩할 수 있습니다. 이 중에서 우리는 스크래치, 엔트리와 비슷한 코딩 방식인 '코블록스'라는 언어를 이용해서 작품을 제작합니다.

헬로소프트는 지난 3년간 코스페이시스를 번역해 오고 있습니다. 코블록스의 카테고리 이름과 전체적인 단어는 스크래치에서 가지고 왔습니다. 약 80%의 블록이 스크래치 또는 엔트리와 동일합니다. 스크래치와 엔트리를 경험해 본 학생들은 매우 쉽게 블록을 제작할 수 있습니다.

파트 2에 있는 모든 장에는 예제 작품이 있습니다. URL 형태로 제공되는 예제 작품을 리믹스해서 작품을 제작하면 됩니다. 선생님들은 예제 작품을 이용해서 과제를 만들어 주세요. 예제 작품이 없더라도 완성 작품을 만들 수 있긴 하지만 디자인에 더 오랜 시간이 걸리게 됩니다.

Chapter 09 파쿠르 점프 맵 게임

템플릿: https://edu.cospaces.io/GPD-MHX
완성작: https://edu.cospaces.io/KHS-CQN

9장에서는 코스페이시스에 공개된 작품 중에 가장 인기가 많은 파쿠르(점프 맵) 게임을 제작해 봅니다. 점프 맵 게임은 로블록스, 마인크래프트 등의 3D 게임 안에서도 가장 인기가 많고 쉽게 제작할 수 있는 유형의 게임입니다.

학습 목표

1. 처음 시작할 때 사용법과 스토리 설명하기
2. 도착지점에 닿으면 게임 클리어 안내 후 레벨 이동
3. 바닥에 닿으면 게임 오버 안내 후 재시작하기
4. 꾸미기 (디자인)

STEP 1. 처음 시작할 때 사용법과 스토리 설명하기

01. 예제 작품을 열면 용암 사이 바위 위에 카메라가 놓여 있습니다. 이곳에서 시작해서 도착 지점까지 무사히 이동하면 깰 수 있는 점프 맵을 만들어 봅시다.

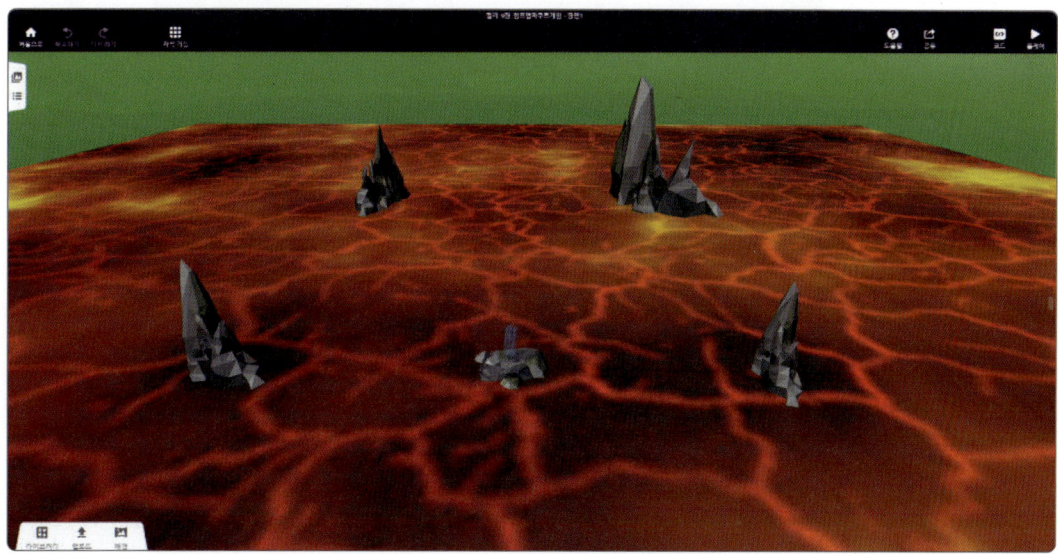

02. 우선 게임이 처음 시작되면 조작법이나 게임의 스토리를 소개하겠습니다.

오른쪽 상단의 [코드] 버튼을 클릭한 후에 코딩 언어 중에 [코블록스]를 선택합니다. 오른쪽에 블록을 조립할 수 있는 스크립트 영역이 나타납니다.

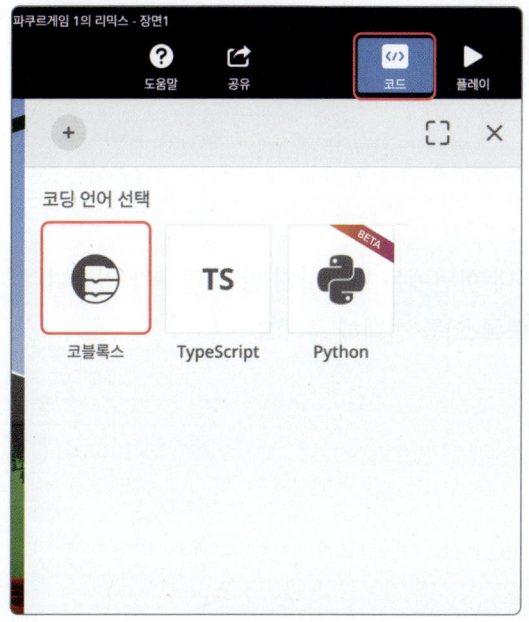 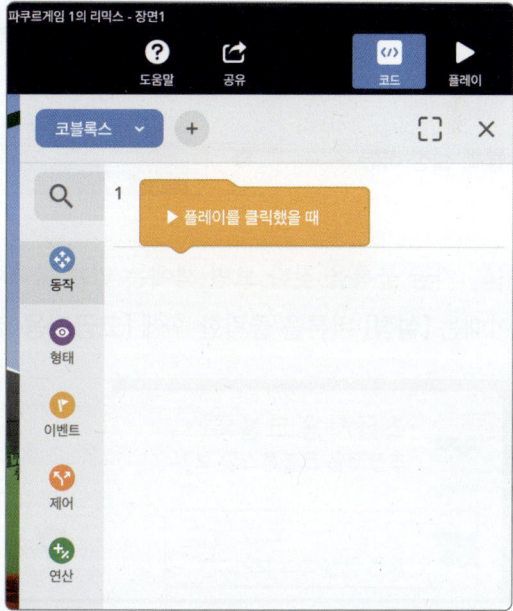

Chapter 09 | 파쿠르 점프 맵 게임   147

03. 스크립트 영역에 들어 있는 요소들은 다음과 같습니다. 스크래치, 엔트리와 달리 블록 검색창이 있어 매우 편리합니다. 이곳에서 블록에 들어 있는 글자를 입력하여 블록을 쉽게 찾을 수 있습니다.

04. 가끔 블록을 찾다 보면 책에는 있는 블록이 내 화면에는 나타나지 않는 경우가 있습니다. 이때는 [**설정**] 버튼을 클릭한 후에 [**고급자용 코블록스**]를 선택해 주세요.

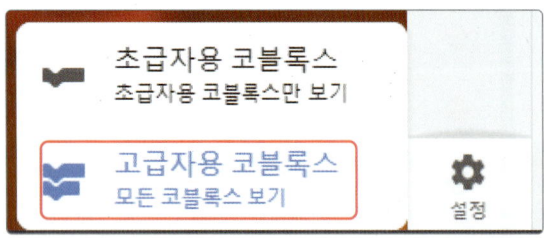

05. [형태] 카테고리의 8번째에 있는 [정보창 보이기] 블록을 드래그해서 집어넣습니다.
[정보창 보이기]는 화면에 팝업창을 만들어 냅니다.

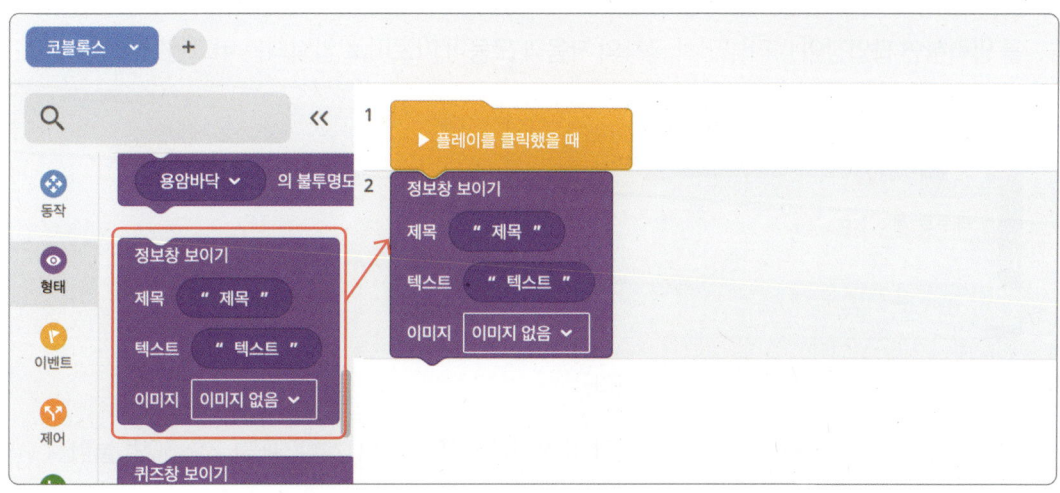

06. 제목란과 텍스트란에 다음의 내용을 참고해서 글을 입력합니다. 내용은 여러분들이 자유롭게 수정하여 입력해도 됩니다.

> **정보창 보이기**
> - **제목:** 파쿠르 게임
> - **텍스트:** 하룻밤 사이에 화산이 폭발해서 우리 집이 사라져 버렸다! 이 뜨거운 용암을 피해서 대피소까지 가야 살 수 있는데... 과연 이곳을 빠져나갈 수 있을까?
> 사용법은 WASD 키를 이용해서 움직이고, 스페이스 바를 눌러서 점프할 수 있다.
> 마우스 왼쪽 버튼을 클릭한 채로 움직여서 방향을 회전할 수 있다.
> - **이미지:** 이미지 없음

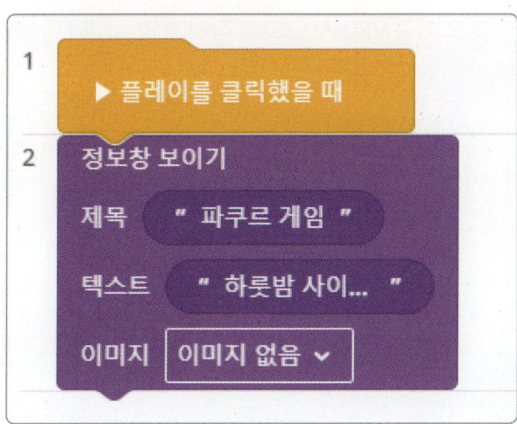

꿀팁 **한글 입력창 버그 해결하기**

[정보창 보이기]에 한글을 입력할 때 글자가 깨지는 버그가 있습니다. 한글 입력 시 8글자 정도를 입력하면 팝업창이 나타나면서 글자의 자음과 모음이 따로따로 입력되는 버그입니다.

이 버그를 피하는 방법은 다음과 같습니다.

01. 만약 글자가 8글자 이상이 될 것이라 예상된다면, 처음부터 [스페이스바]를 25~30번 눌러서 흰색 팝업창이 나타날 때까지 빈칸을 입력합니다.

02. 흰 팝업창이 나타나면 마우스로 맨 왼쪽 칸을 찍어서 커서를 첫 번째 칸에 위치시킵니다.

03. 원하는 제목을 입력합니다. 뒤쪽에 빈칸이 있는 경우 한글 입력 시 글자가 잘리지 않습니다.

07. 글자 입력을 완료하고 **[플레이]** 버튼을 클릭하면 다음과 같이 게임 시작과 동시에 팝업창이 나타납니다.

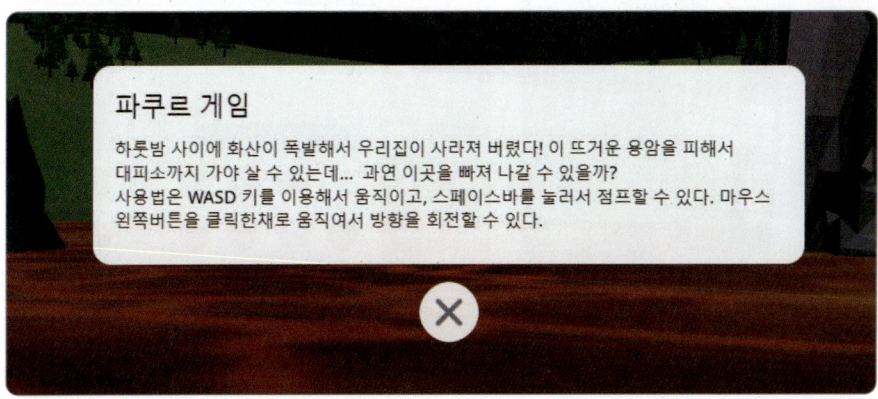

STEP 2. 도착지점에 닿으면 게임 클리어 안내 후 다음 레벨 이동

08. 이제 게임을 클리어할 수 있는 도착지점을 만들고, 플레이어가 도착지점에 도착하면 게임을 끝내도록 하겠습니다.

[라이브러리] → **[만들기]** → **[3차원]** 카테고리에서 '직육면체'(Cuboid) 오브젝트를 장면에 추가한 후에 너비를 약 3.0(미터) 정도로 하여 카메라 앞에 배치합니다. 게임을 플레이했을 때 카메라(플레이어)가 점프해서 올라탈 수 있도록 배치합니다.

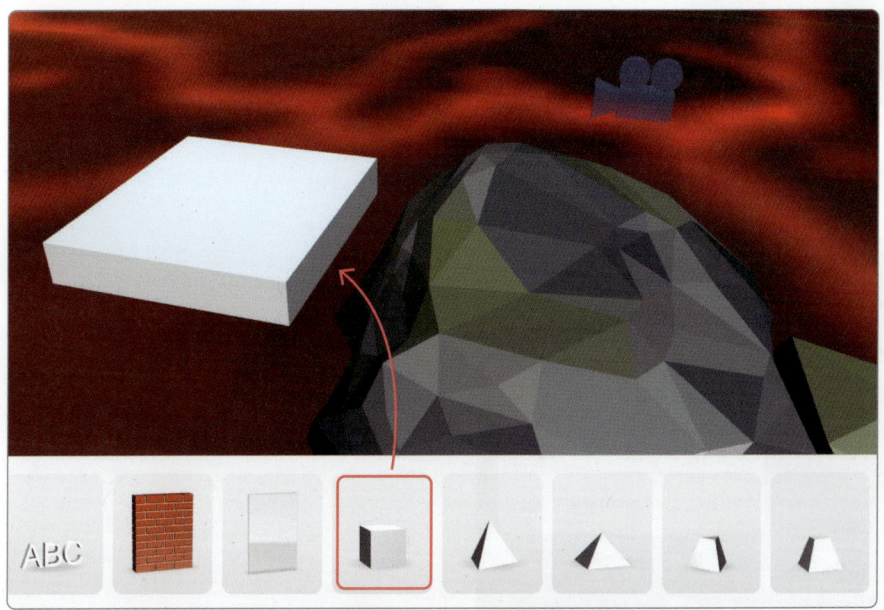

09. [재질]을 이용하여 직육면체의 무늬를 다음과 같이 지정하고 색상을 회색으로 변경합니다.

 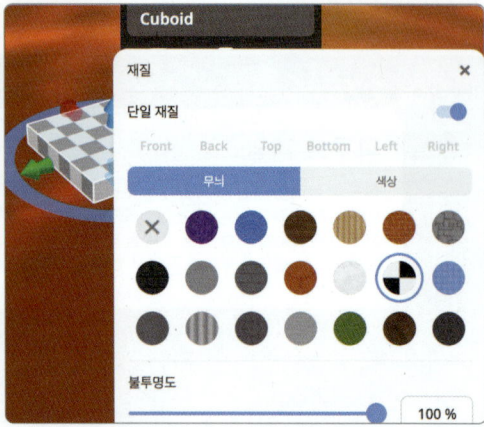

10. 직육면체(Cuboid)의 이름을 '도착지점'으로 변경하고 [코드]에서 [코블록스에서 사용]을 활성화합니다.

11. 카메라(Camera)도 찾아서 [코블록스에서 사용]을 활성화합니다.

12. 화면 상단 오른쪽의 [코드] 버튼을 눌러서 스크립트를 작성하겠습니다. [이벤트] 카테고리의 [~에 ~이(가) 충돌할 때] 블록을 추가한 후에 [도착지점에 Camera이(가) 충돌할 때]로 변경합니다. [형태] 카테고리의 8번째 [정보창 보이기] 블록을 [충돌할 때] 블록의 공간 안에 집어넣습니다.

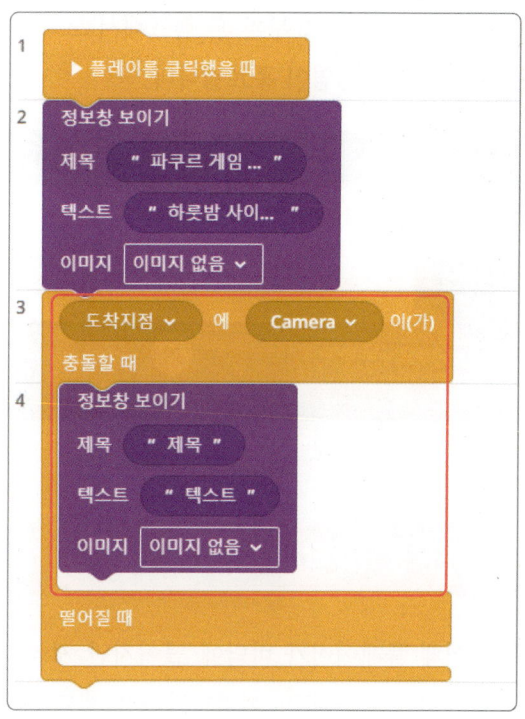

13. 정보창에 다음의 내용을 참고하여 글을 작성해 봅시다.

> **정보창 보이기**
> – **제목:** 게임 클리어
> – **텍스트:** 성공이다! 나는 대피소에 무사히 도착했다. 이제 구조만 기다리면 될 것 같다.
> – **이미지:** 이미지 없음

마지막으로 [제어] 카테고리에 [코스페이스 끝내기] 블록을 추가해 줍니다.

14. [플레이] 버튼을 누른 후 점프해서 도착지점에 닿으면 다음과 같이 팝업창이 나타나고, 팝업창을 닫으면 게임이 종료됩니다.

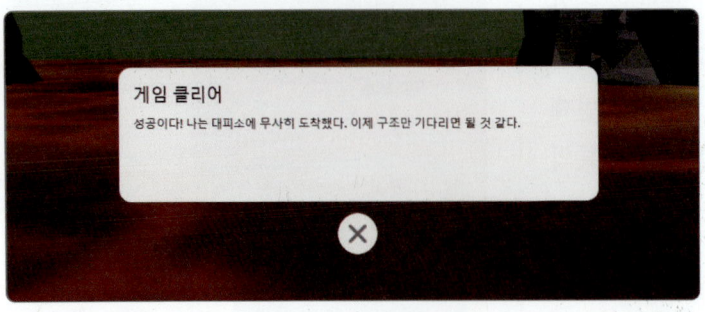

STEP 3. 바닥에 닿으면 게임 오버 안내 후 재시작하기

15. 이제 플레이어가 바닥에 떨어지면 게임이 처음부터 재시작되도록 설정하겠습니다. 예제 작품의 바닥에는 용암 이미지가 오브젝트가 들어가 있습니다. 이 오브젝트의 이름은 '용암바닥'이고 [코블록스에서 사용]이 활성화되어 있습니다.

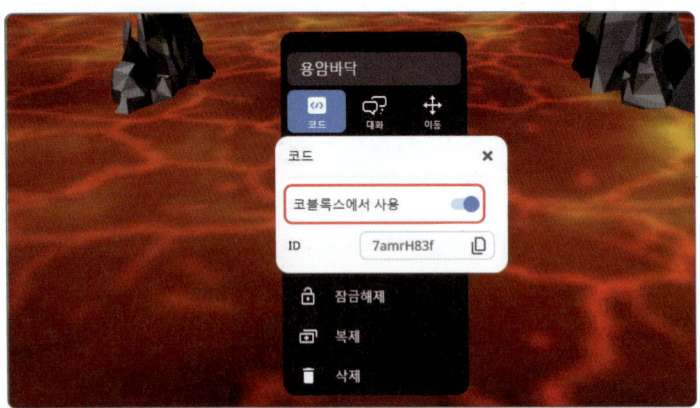

16. 스크립트에 다음 블록을 추가해 줍니다.

[정보창 보이기] 블록은 다음 내용을 참고로 해서 내용을 작성해 주세요.

> **정보창 보이기**
> – **제목:** 게임 오버
> – **텍스트:** 으악! 나는 용암에 떨어져 버렸다! 하지만 기필코 다시 살아나서 여기를 빠져나가겠어!
> – **이미지:** 이미지 없음

그리고 그 아래에 **[제어]** 카테고리에 **[장면 재시작하기]** 블록을 추가해 줍니다.

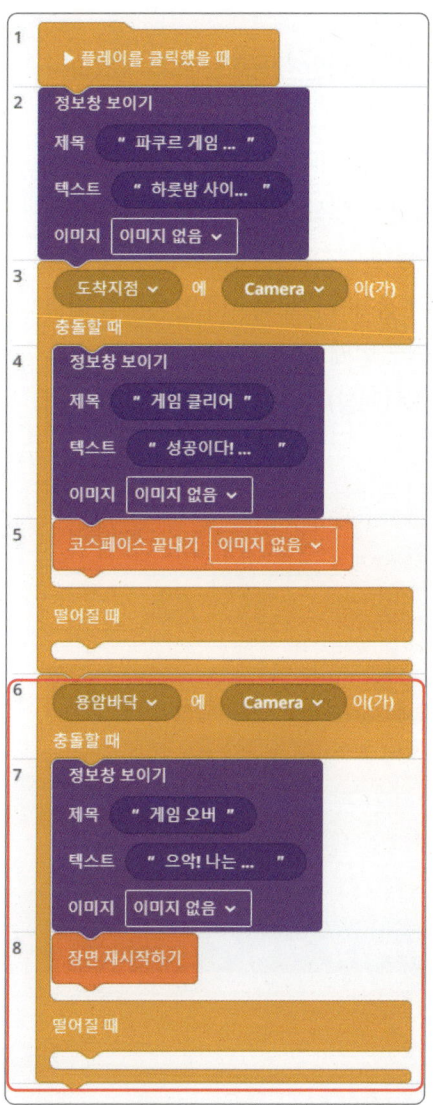

17. 이제 **[플레이]** 버튼을 눌러서 실행해 봅니다. 바위에서 떨어져서 용암에 닿으면 팝업창이 나타나고, 게임이 재시작됩니다.

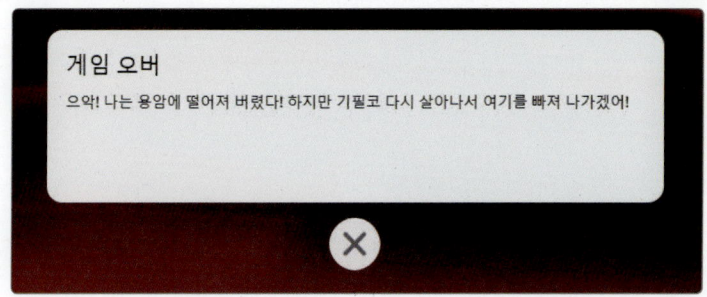

꿀팁 [충돌할 때] 블록이 작동하지 않는 버그 해결

하나의 스크립트에서 [충돌할 때] 블록을 여러 개 사용할 경우 하나만 작동하는 버그가 있습니다. 이런 문제는 [충돌할 때] 블록의 첫 번째 오브젝트(대상)가 중복될 때 나타납니다. 예를 들어 다음의 왼쪽 그림의 스크립트에는 2개의 [충돌할 때] 블록이 있습니다. 두 블록의 첫 번째 오브젝트, 즉 대상 역할을 하는 오브젝트가 모두 [Camera]입니다. 그래서 실행해 보면 제대로 작동하지 않습니다.

이럴 때는 오른쪽 그림의 스크립트처럼 첫 번째 오브젝트가 겹치지 않도록 해주면 문제를 해결할 수 있습니다. 예를 들어 다음과 같이 첫 번째 오브젝트와 두 번째 오브젝트 순서를 바꾸어 주면 두 블록이 제대로 작동합니다. 두 블록의 첫 번째 오브젝트(대상)가 [도착지점]과 [용암바닥]이기 때문에 서로 중복되지 않아서 잘 실행됩니다.

블록이 작동하지 않는 예시

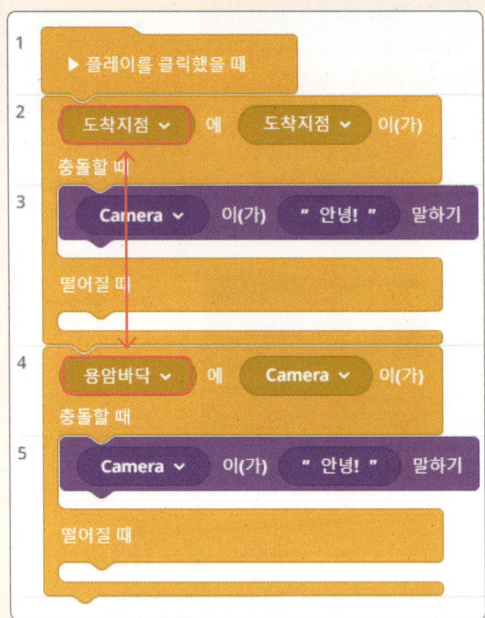

블록이 정상적으로 작동하는 예시

STEP 4. 꾸미기 (디자인)

18. 여기까지 점프 맵 게임 진행에 필요한 모든 코딩을 만들었습니다. 이제는 시작지점과 도착지점 사이에 다양한 오브젝트를 이용해서 길을 만드는 것입니다.

도착지점은 장면의 반대편에 약간 높은 곳으로 이동시키고, 도착지점까지 카메라가 점프해서 이동할 수 있도록 다양한 오브젝트를 공중에 배치해 보세요. 다른 오브젝트를 사용하지 않고 '직육면체'(Cuboid)를 이용해서 다리를 만들 수도 있습니다.

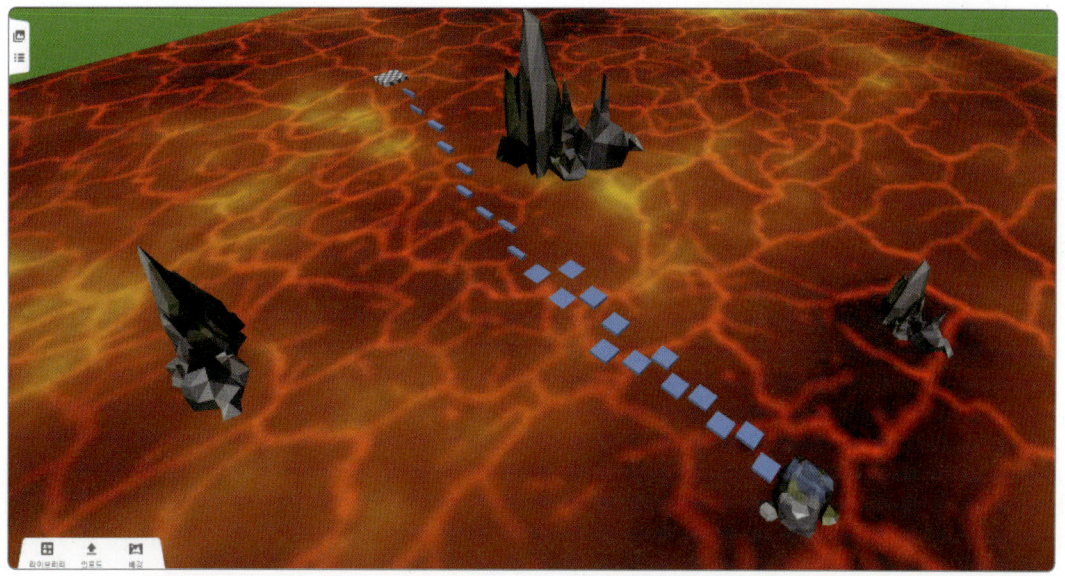

수시로 플레이를 하면서 적당한 난이도로 게임을 만들고 재미있게 플레이해 봅시다!

최종 코블록스 스크립트

코블록스

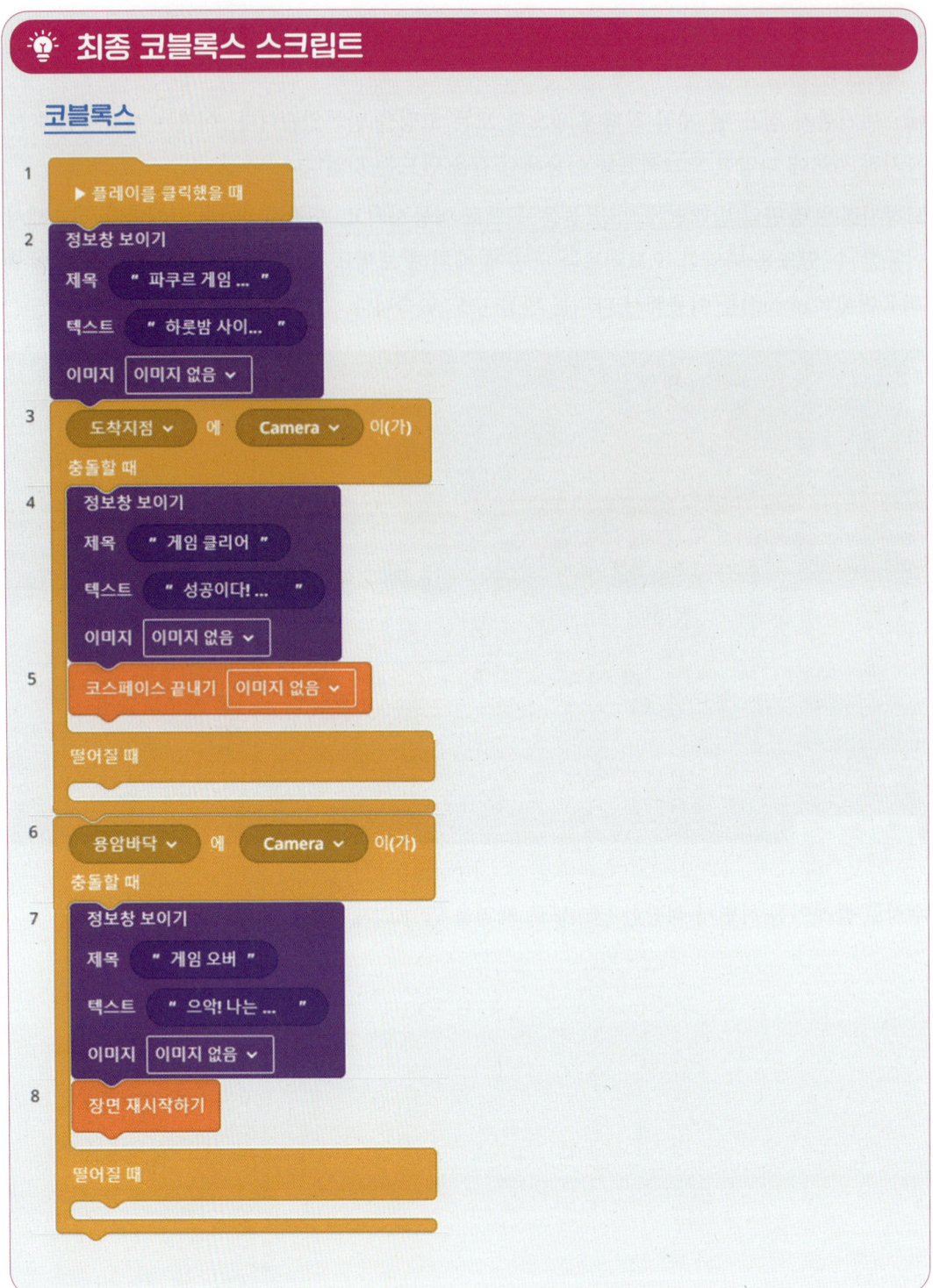

Chapter 10 | 방탈출 퀴즈 게임

템플릿: https://edu.cospaces.io/GGL-NPQ
완성작: https://edu.cospaces.io/ZFQ-STR

10장에서는 퀴즈창을 이용해서 방탈출 게임을 만들어 보겠습니다. 코스페이시스에는 사용자가 글자를 입력하는 주관식 문제 출제 기능은 없습니다. 대신 여러 개의 보기 중에서 하나를 선택하는 객관식 문제 출제 기능이 있습니다.

이번 시간에는 이 기능을 이용해서 3개의 문제를 출제하고, 문제를 맞히면 애니메이션 기능으로 닫혀 있는 방문을 열어 주어서 플레이어가 방에서 탈출할 수 있도록 게임을 만들어 봅니다.

학습 목표
1. 이미지 팝업창으로 게임 소개하기
2. 퀴즈창으로 난센스 퀴즈 만들기
3. 정답이면 방문 열어 주기
4. 코드 복제하기

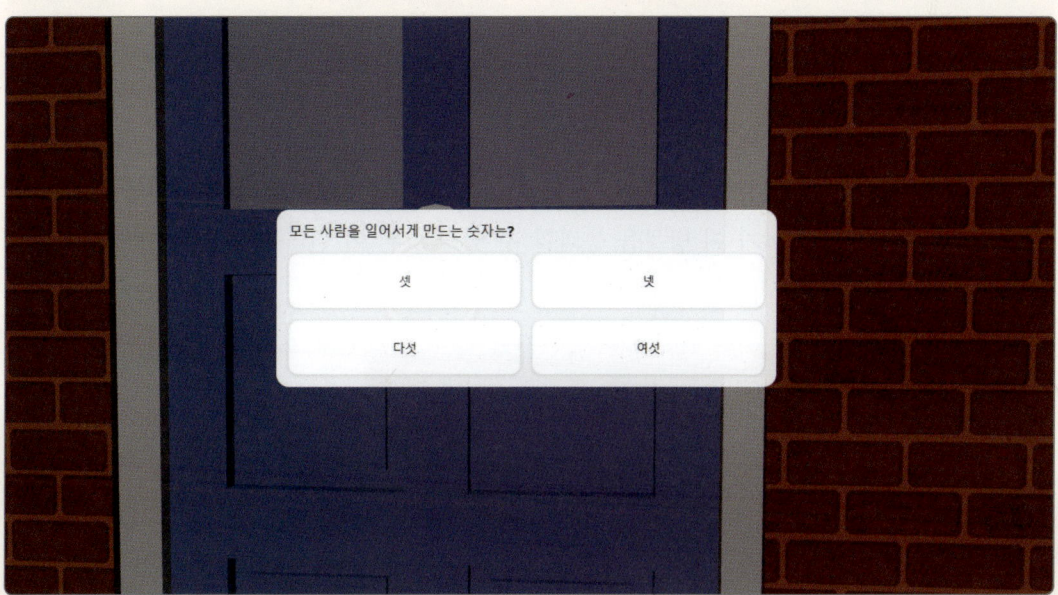

STEP 1. 이미지 팝업창으로 게임 소개하기

01. 예제 작품을 열면 파란색, 빨간색, 노란색 방문이 있는 집이 나타납니다. 작품을 플레이해 보면 처음에 플레이어(카메라)가 파란색 방문 안에 갇혀 있습니다. 문 3개를 통과해야만 바깥으로 나갈 수 있습니다. 이제 퀴즈를 내서 문제를 맞출 때마다 방문을 하나씩 통과할 수 있도록 게임을 만들겠습니다.

02. 우선 파란색 방문을 살펴봅시다. 검은색 속성창에서 **[애니메이션]**을 클릭하면 **[Closed]**(닫힘)와 **[Open]**(열림) 애니메이션을 볼 수 있습니다. 만약 애니메이션이 **[Open]**으로 되어 있으면 게임상에서 플레이어가 이 방문을 통과할 수 있습니다. 이 원리를 이용해서 게임을 제작합니다.

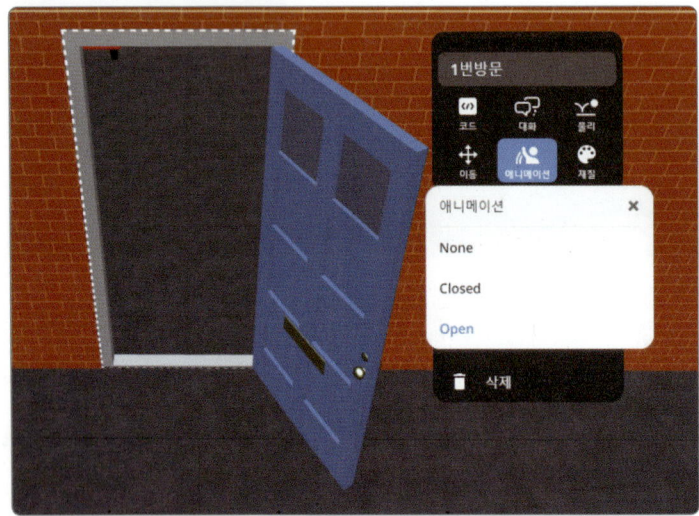

03. 방탈출 게임을 처음 시작하면 관련된 내용을 알려주겠습니다. 게임을 시작했는데 왜 탈출해야 하는지 모른다면 이상하겠죠?

[**코드**] 버튼을 클릭하고 [**코블록스**]를 추가합니다. [**플레이를 클릭했을 때**] 블록 밑에 [**형태**] 카테고리의 [**정보창 보이기**] 블록을 추가합니다. 다음 내용을 참고하여 게임의 스토리를 입력합니다. 더 재미있는 이야기를 만들어서 입력해 주세요.

> **정보창 보이기**
> - **제목:** 방탈출 게임
> - **텍스트:** 당신은 연쇄살인마에게 납치되었습니다. 연쇄살인마는 지금 음식을 사러 마트에 갔습니다. 여러분은 10분 이내에 이 방에서 탈출해야 합니다. 행운을 빕니다!
> - **이미지:** 이미지 없음

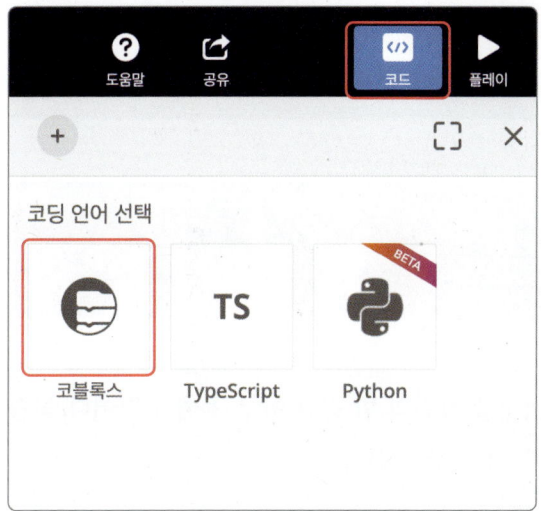
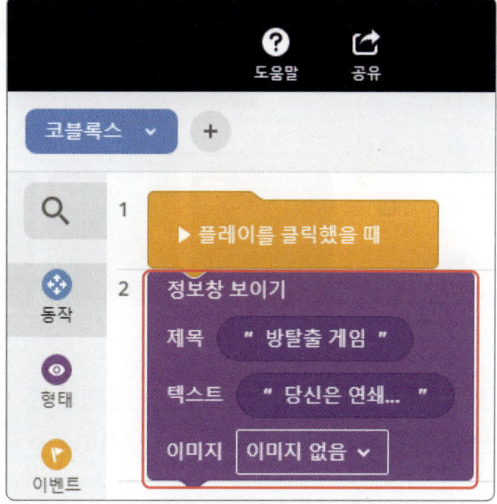

04. 플레이를 하면 다음과 같이 팝업창이 나타납니다.

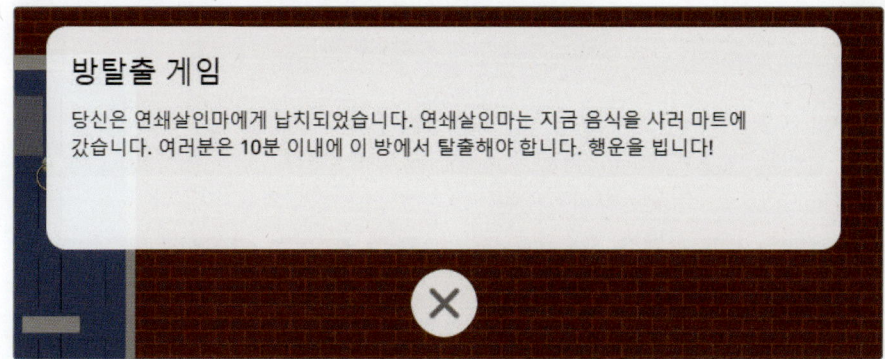

05. 이번에는 이 팝업창에 관련된 이미지를 추가해 보겠습니다. 우리는 6장에서 미술관을 꾸미면서 웹 검색을 이용해서 이미지를 작품에 쉽게 추가했던 경험이 있습니다. 팝업창에 넣는 이미지도 같은 방식으로 쉽게 넣을 수 있습니다. 왼쪽 하단에서 **[업로드]** → **[이미지]** 메뉴에서 **[웹 검색]**을 차례대로 클릭합니다.

06. 검색란에 여러분이 작성한 스토리와 어울리는 단어를 검색하고 Enter를 누릅니다. 관련된 이미지가 나타납니다.

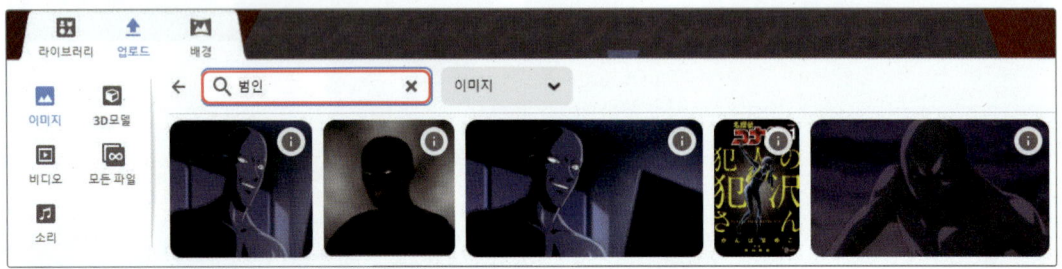

07. 마음에 드는 이미지 하나를 선택한 후 이미지를 장면의 빈 공간 아무 곳에나 끌어다 놓습니다. 5초 정도 기다리면 장면에 이미지 오브젝트가 추가됩니다.

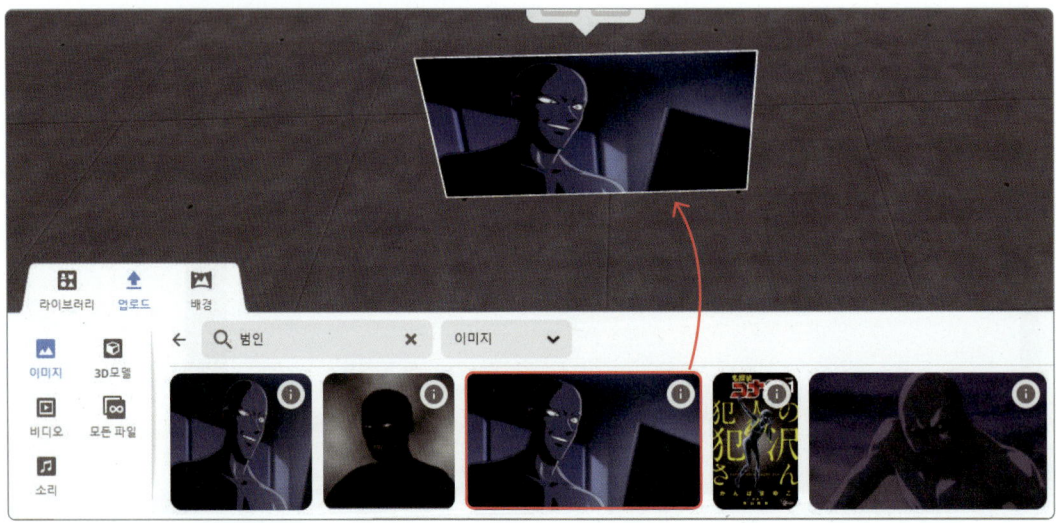

08. 이미지가 장면에 표시되면 5초 후에 이미지 오브젝트를 삭제합니다. 삭제는 오브젝트가 선택된 상태에서 키보드의 Delete 를 누르거나, 검은색 속성창에서 **[삭제]** 버튼을 클릭하면 됩니다.

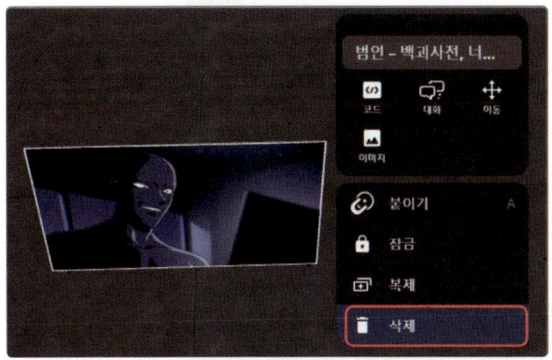

09. 장면에서 이미지 오브젝트를 삭제하더라도 이미지 파일 자체는 **[업로드]** → **[이미지]** 메뉴 안에 남아 있습니다.

10. 다시 '코드' 창으로 간 후에 **[정보창 보이기]** 블록에 '이미지' 항목 옆을 클릭하면 조금 전에 보았던 이미지 파일이 나타납니다. 파일 이름을 확인한 후 선택합니다.

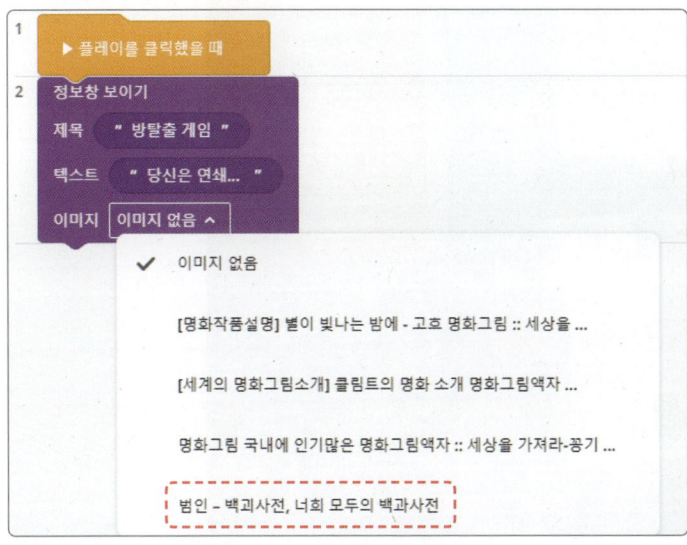

11. 이제 [플레이] 버튼을 클릭하면, 팝업창 왼쪽에 이미지가 추가된 것을 볼 수 있습니다.

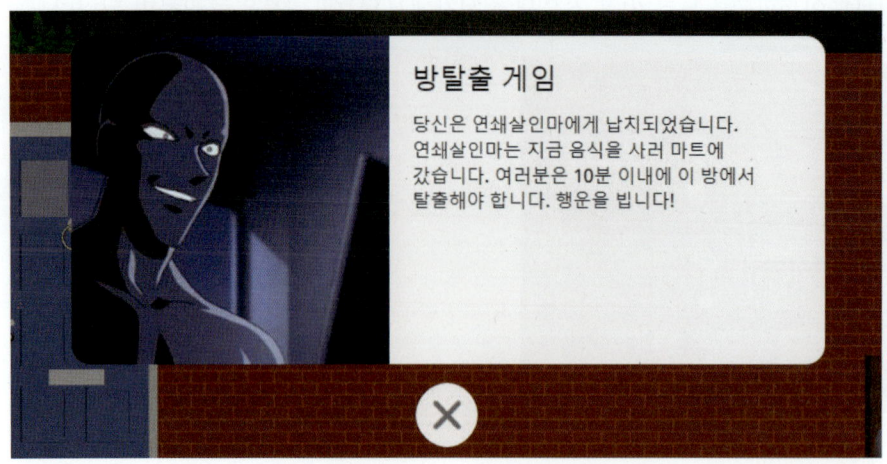

STEP 2. 퀴즈창으로 난센스 퀴즈 만들기

12. 이제 첫 번째 퀴즈를 내 보겠습니다. 퀴즈는 플레이어가 방문 앞으로 이동했을 때 나타나게 할 것입니다. 그러면 플레이어가 방문 앞에 섰는지 감지하는 오브젝트가 필요합니다. 여기서는 '직육면체'(Cuboid) 오브젝트를 사용하겠습니다.

[라이브러리] → [만들기] → [3차원] 카테고리에서 '직육면체'(Cuboid) 오브젝트를 파란색 방문 앞에 추가합니다.

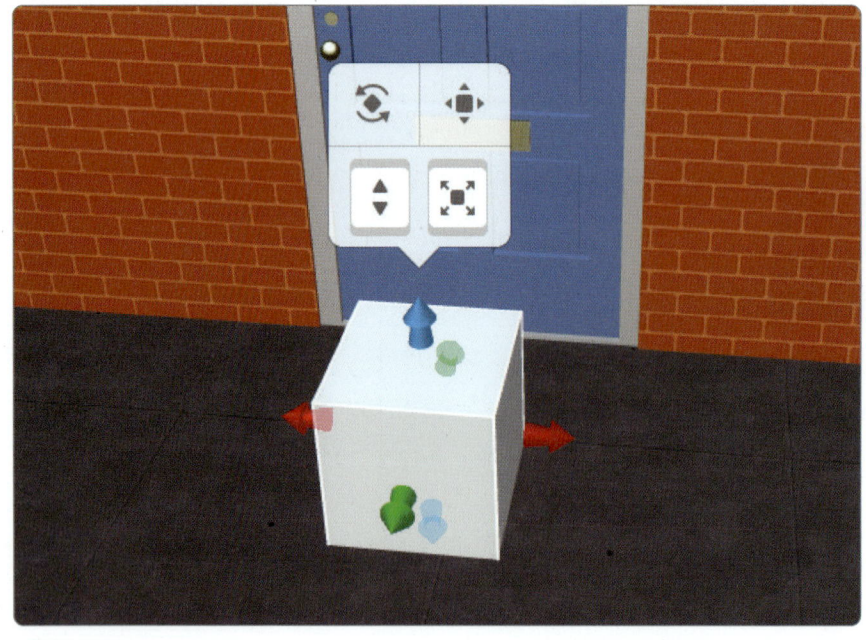

13. 크기를 조절해서 발판처럼 만듭니다. 높이를 0.1(미터)로 조절하면 바닥 높이와 같아집니다. 이때 방 바닥의 윗면과 직육면체의 윗면이 서로 겹치면서 깨져 보이는 현상이 나타날 수 있습니다. 전문 용어로는 '플리커링'(Flickering)이라고 하는데 큰 문제는 아니므로 그대로 놔둡니다.

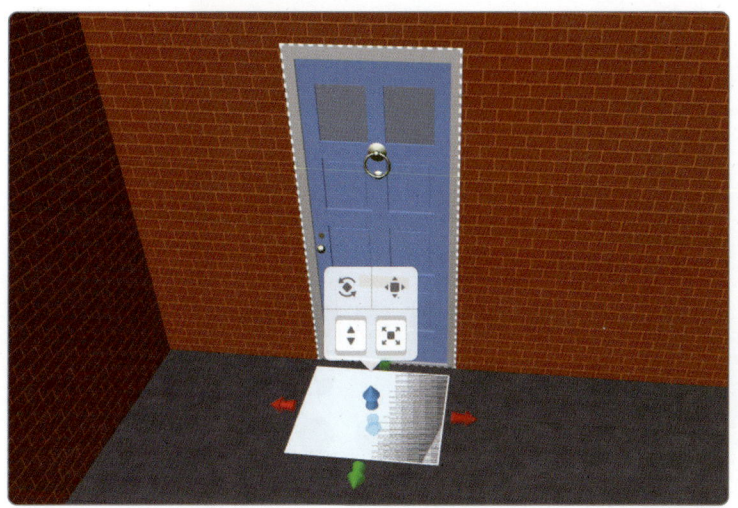

14. 코딩에서 사용하기 위해서 직육면체의 이름을 '방문 감지1'로 수정합니다. **[코블록스에서 사용]**을 활성화합니다.

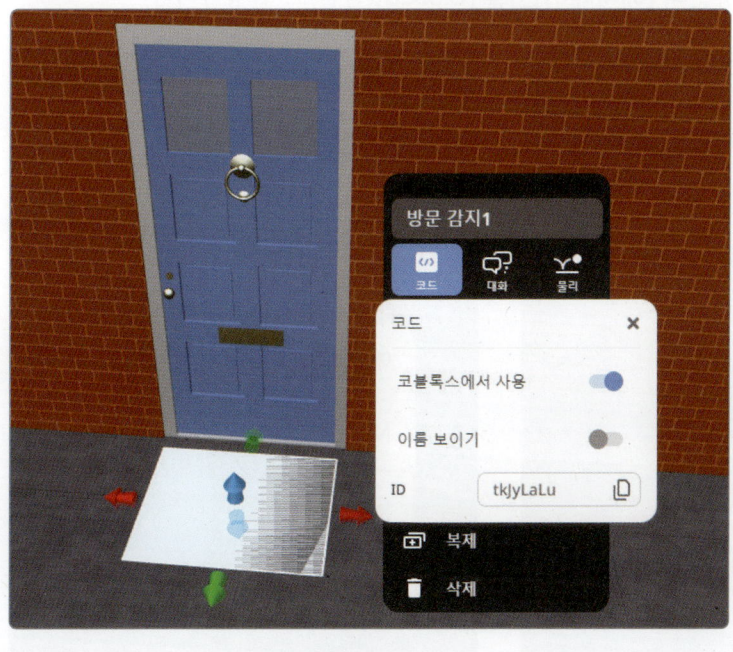

15. '방문 감지1'은 굳이 화면에 보일 필요는 없으므로 투명하게 만들겠습니다. **[재질]** 메뉴에서 불투명도를 '0%'로 설정합니다.

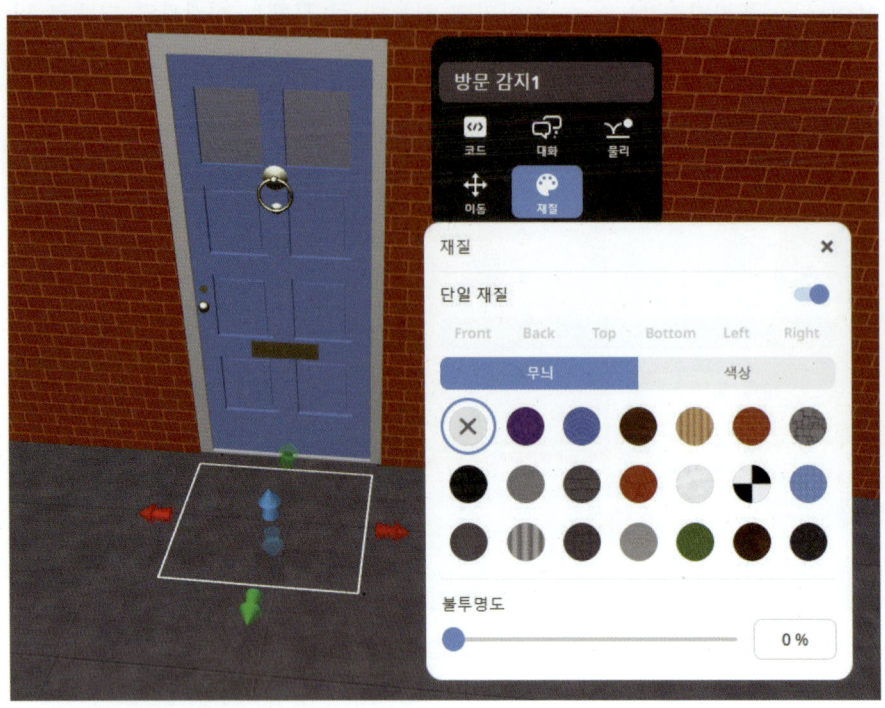

16. 움직이지 않도록 파란색 방문의 **[애니메이션]**을 **[Closed]**(잠금)로 설정합니다.

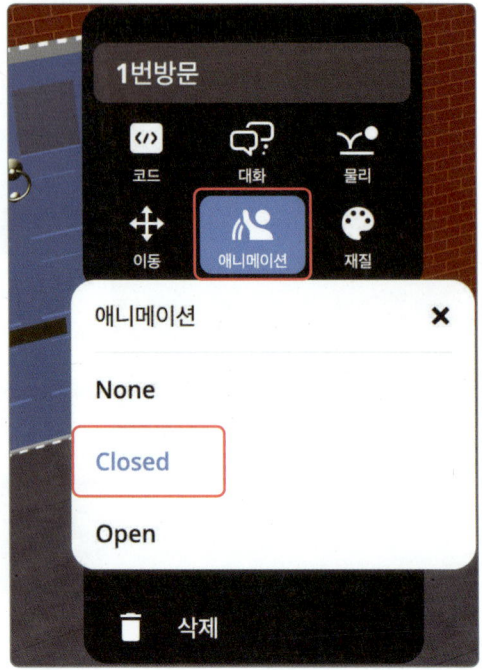

17. 코딩에서 사용하기 위해서 'Camera'(카메라) 오브젝트도 [코블록스에서 사용]을 활성화합니다.

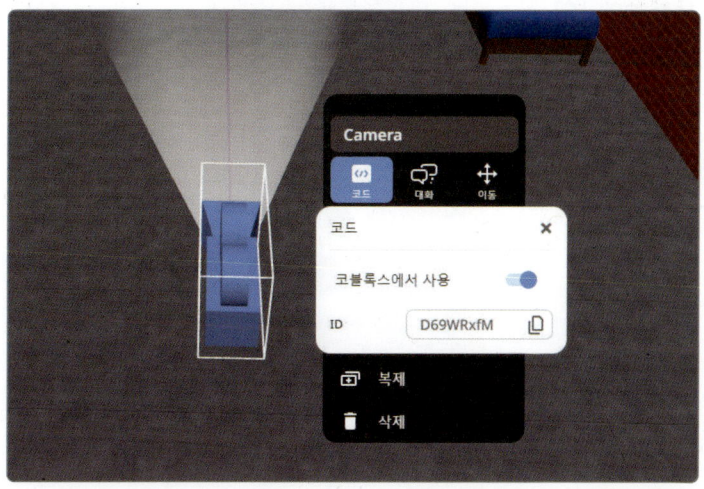

18. 이제 코드 화면으로 갑니다. [방문 감지1에 Camera가 충돌할 때]와 [퀴즈창 보이기] 블록을 추가합니다. 'Camera' 오브젝트가 첫 번째 칸이 아니라 두 번째 칸에 들어간 것은 첫 번째 칸에 같은 오브젝트가 중복되어 들어갈 때 실행되지 않는 버그를 피하기 위해서입니다. 상세한 내용은 9장의 꿀팁을 확인해 주세요.

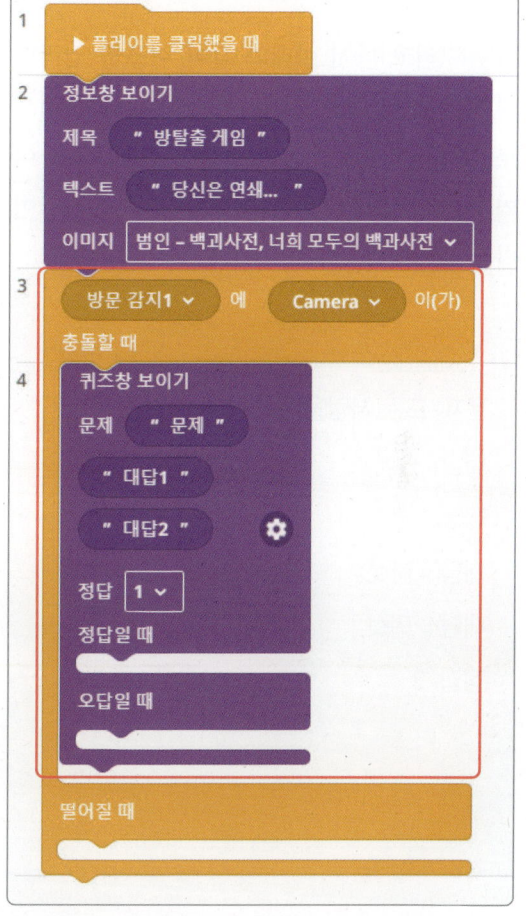

19. [퀴즈창 보이기] 블록에 질문과 보기를 넣어야 합니다. 우선 보기(정답 예시) 항목을 4개 넣을 겁니다. [대답2] 항목 오른쪽에 [설정] 아이콘을 클릭하고 [대답 추가] 버튼을 클릭하면 보기 개수가 하나 늘어납니다. 이 작업을 한 번 더 해서 보기 항목을 4개로 늘려 줍니다.

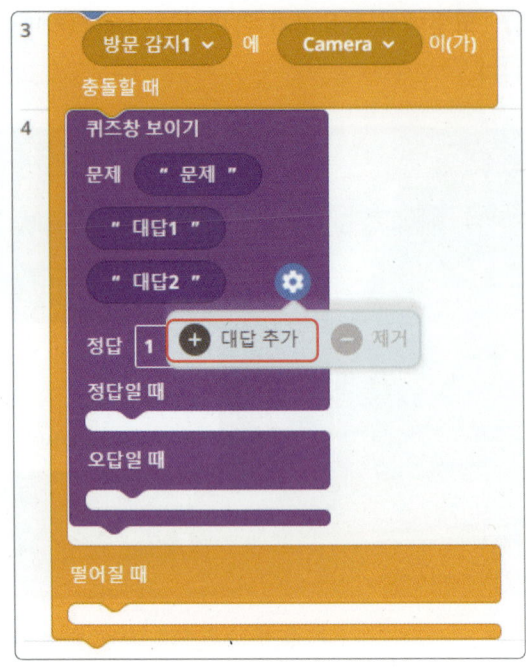

20. 그러고 나서 아래와 같이 퀴즈를 입력합니다. 퀴즈의 내용은 여러분이 하고 싶은 것으로 얼마든지 바꾸어서 입력할 수 있습니다. 여기서 정답 [3]은 세 번째 보기 항목이 정답이라는 뜻입니다.

> **퀴즈창 보이기**
> 문제: 모든 사람을 일어서게 하는 숫자는?
> 대답1: 셋
> 대답2: 넷
> 대답3: 다섯
> 대답4: 여섯
> 정답: 3

21. [플레이] 버튼을 클릭해서 실행해 보세요. 플레이어를 움직여서 파란색 방문 앞으로 이동하면 팝업창이 나타납니다. 보기 항목을 선택했을 때, 선택이 오답이라면 빨간색으로, 선택이 정답이라면 초록색으로 항목이 표시됩니다.

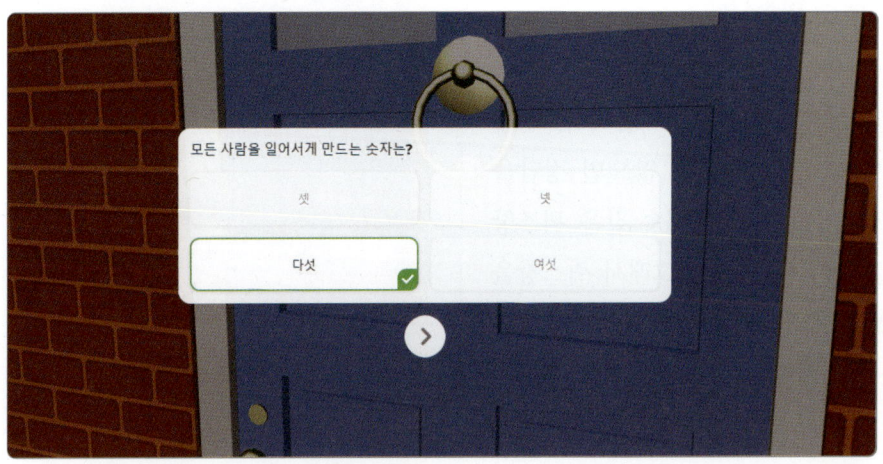

STEP 3. 정답이면 방문 열어 주기

22. 이제 선택한 보기가 정답이라면 방문을 열도록 하겠습니다. 코딩에서 사용하기 위해서 '1번방문'(파란색 방문)의 [코블록스에서 사용]을 활성화합니다.

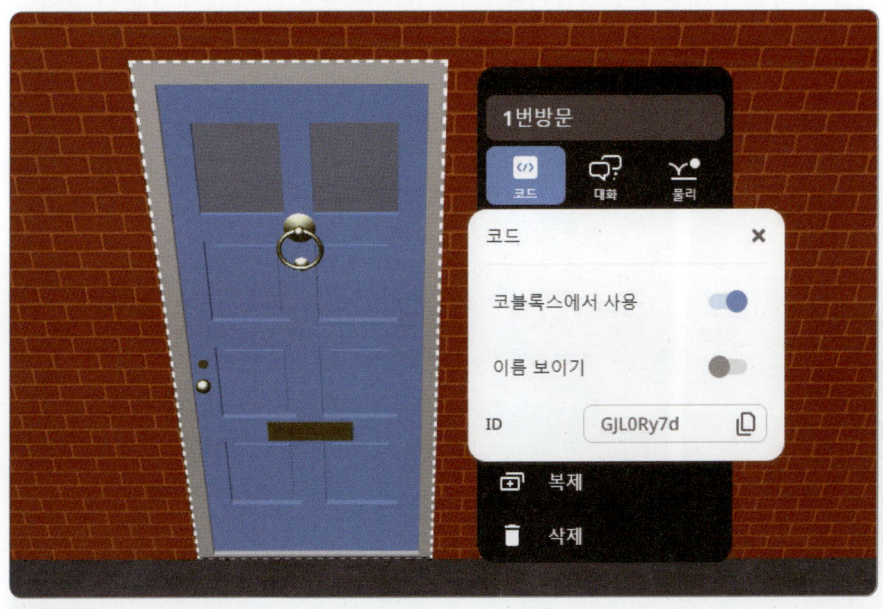

23. 코드 스크립트의 [퀴즈창 보이기] 블록에서 [정답일 때] 공간에 2개의 블록을 추가합니다. [1번 방문]의 애니메이션을 [Open]으로 변경하면 플레이어가 방에서 나갈 수 있습니다.

그리고 [아이템] 카테고리의 [삭제하기] 블록을 사용하여 '방문 감지1' 오브젝트를 삭제합니다. 만약 '방문 감지1' 오브젝트를 삭제하지 않으면 정답을 맞혀도 방을 빠져나가려고 하면 계속 같은 퀴즈창이 나타나서 나갈 수가 없습니다. 그래서 퀴즈창을 더 이상 보이지 않게 하기 위해서 '방문 감지1' 오브젝트를 삭제하는 것입니다.

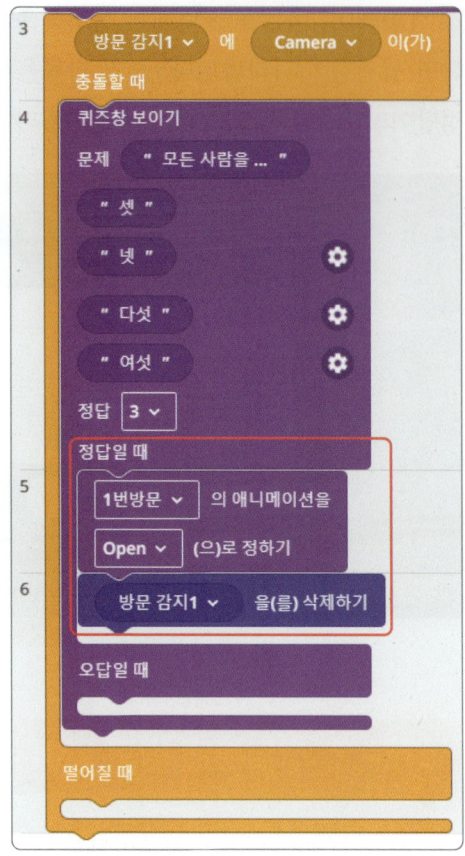

24. [플레이] 버튼을 클릭해서 게임을 실행합니다. 퀴즈 문제를 맞히면 파란색 방문이 열려서 다음 방으로 이동할 수 있습니다.

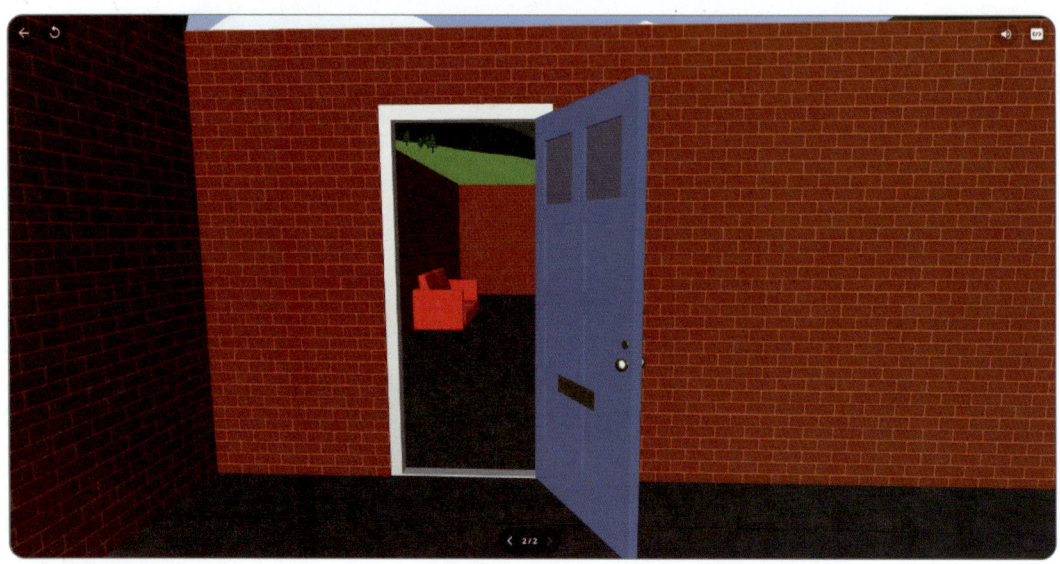

STEP 4. 나머지 문제 만들기

25. 이제 같은 방식으로 다른 방문도 탈출할 수 있도록 만들어 봅시다. 똑같이 '방문 감지' 오브젝트를 만들고, 카메라에 닿으면 퀴즈창이 보이고, 정답을 맞히면 방문의 애니메이션을 [Open]으로 바꿔 주면 됩니다.

'방문 감지2', '방문 감지3' 오브젝트는 '방문 감지1' 오브젝트를 복제해서 만들 수 있습니다.

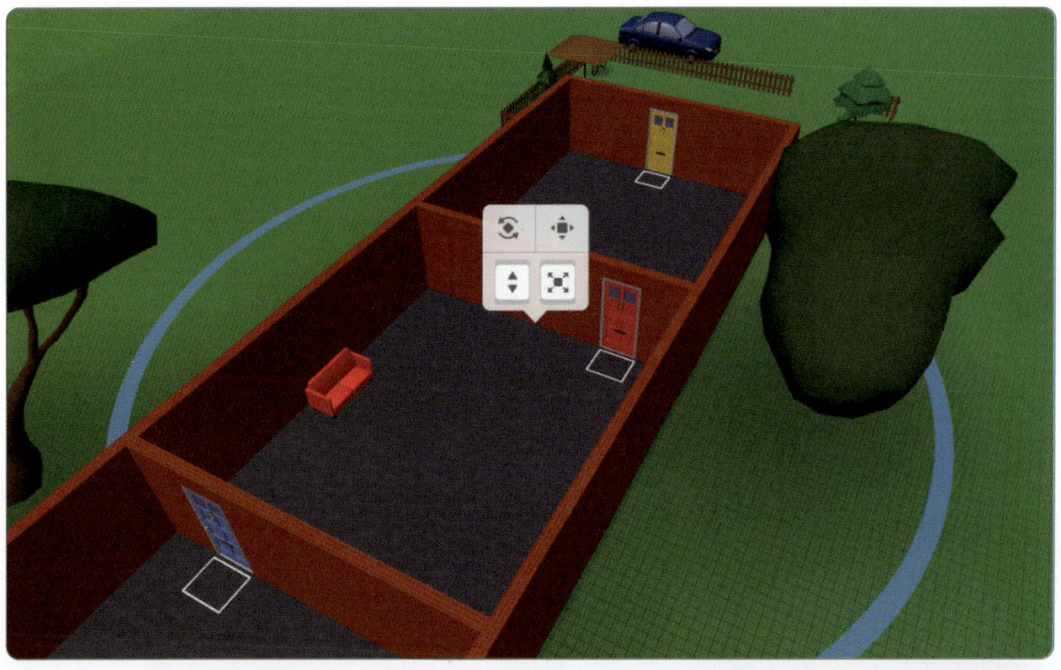

26. '2번방문'과 '3번방문' 오브젝트에도 [코블록스에서 사용] 항목에 체크합니다.

27. 스크립트에서 [Camera가 충돌할 때] 블록을 복제한 후 [방문 감지]를 [방문 감지2]와 [방문 감지3]로 변경합니다. [퀴즈창 보이기] 블록의 내용은 아래의 내용을 참고하여 작성합니다.

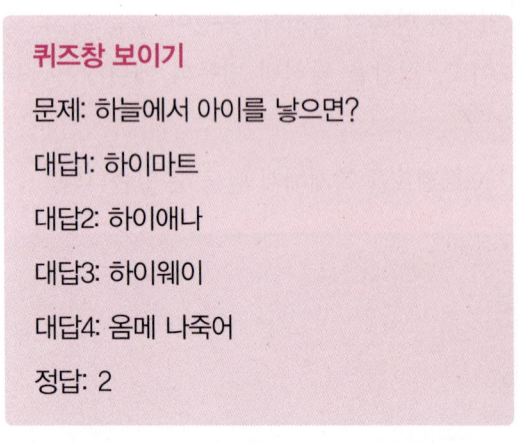

퀴즈창 보이기
문제: 하늘에서 아이를 낳으면?
대답1: 하이마트
대답2: 하이애나
대답3: 하이웨이
대답4: 옴메 나죽어
정답: 2

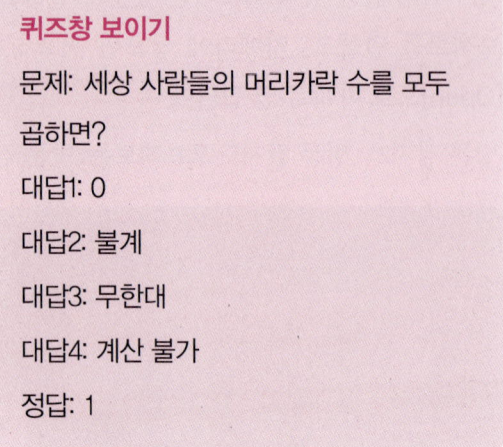

퀴즈창 보이기
문제: 세상 사람들의 머리카락 수를 모두 곱하면?
대답1: 0
대답2: 불계
대답3: 무한대
대답4: 계산 불가
정답: 1

퀴즈를 맞히면 '2번방문'의 애니메이션을 바꾸고, '방문 감지2' 오브젝트를 삭제합니다. '방문 감지3'을 위한 코드도 아래와 같이 추가합니다.

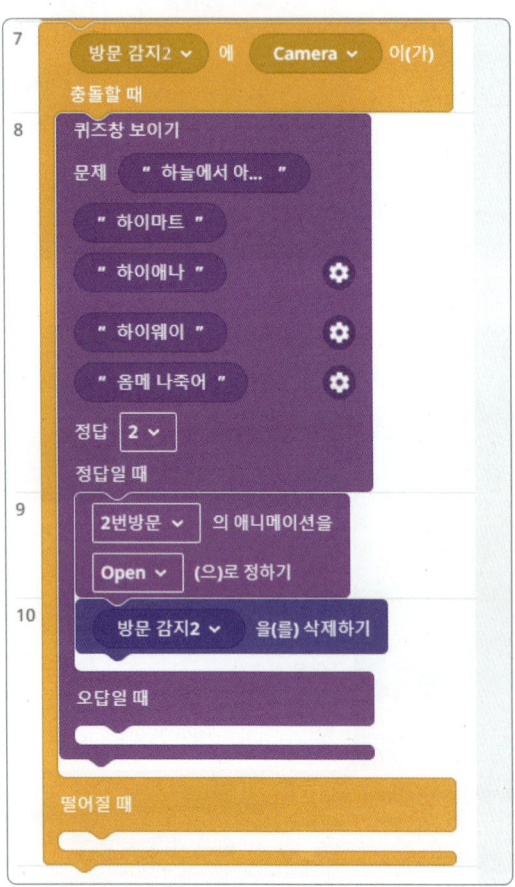

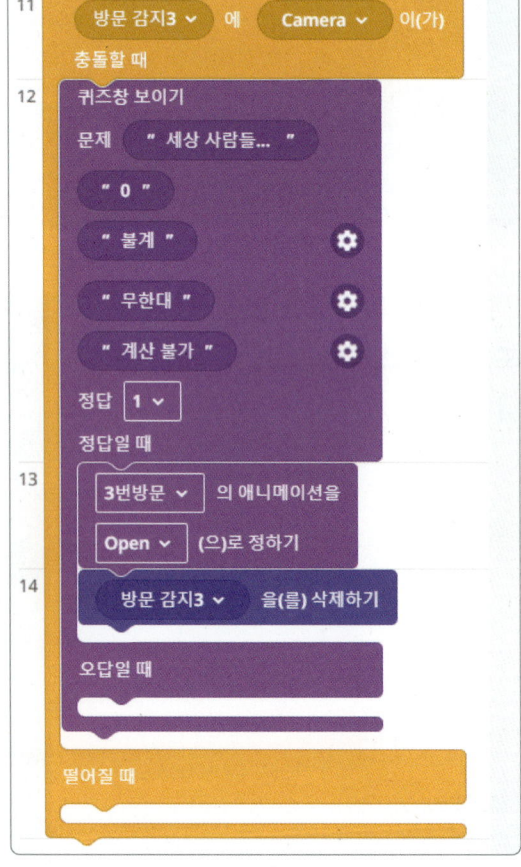

28. 작품을 완성한 후 플레이해 보세요. 집에서 탈출하면 강아지가 반겨 줍니다!

29. 지금까지 만들었던 내용을 이용하면 탈출했을 때 게임 클리어 팝업창을 띄울 수 있습니다. '방탈출 성공!' 팝업창을 만들어 보세요.

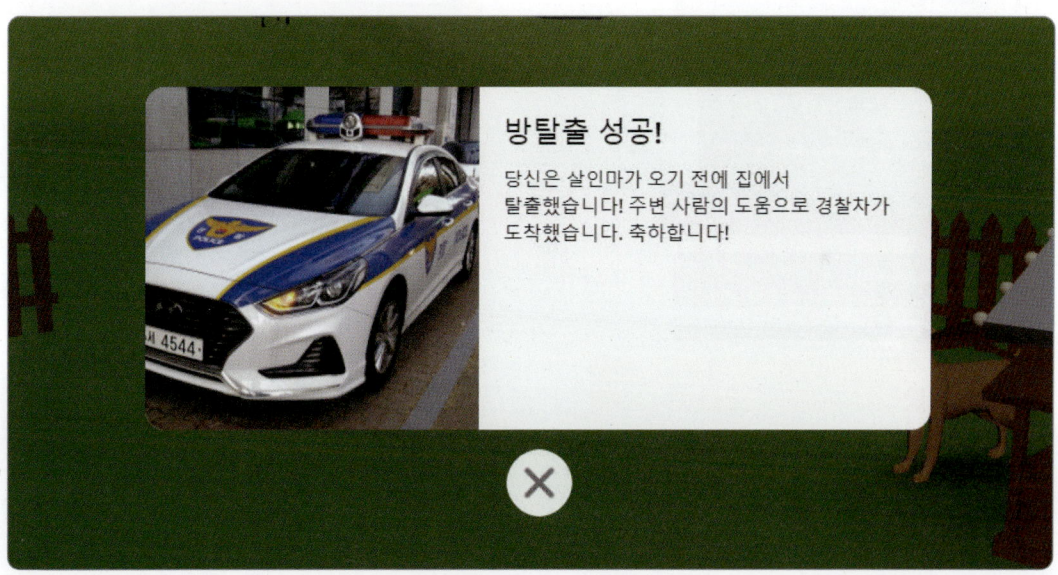

최종 코블록스 스크립트

코블록스

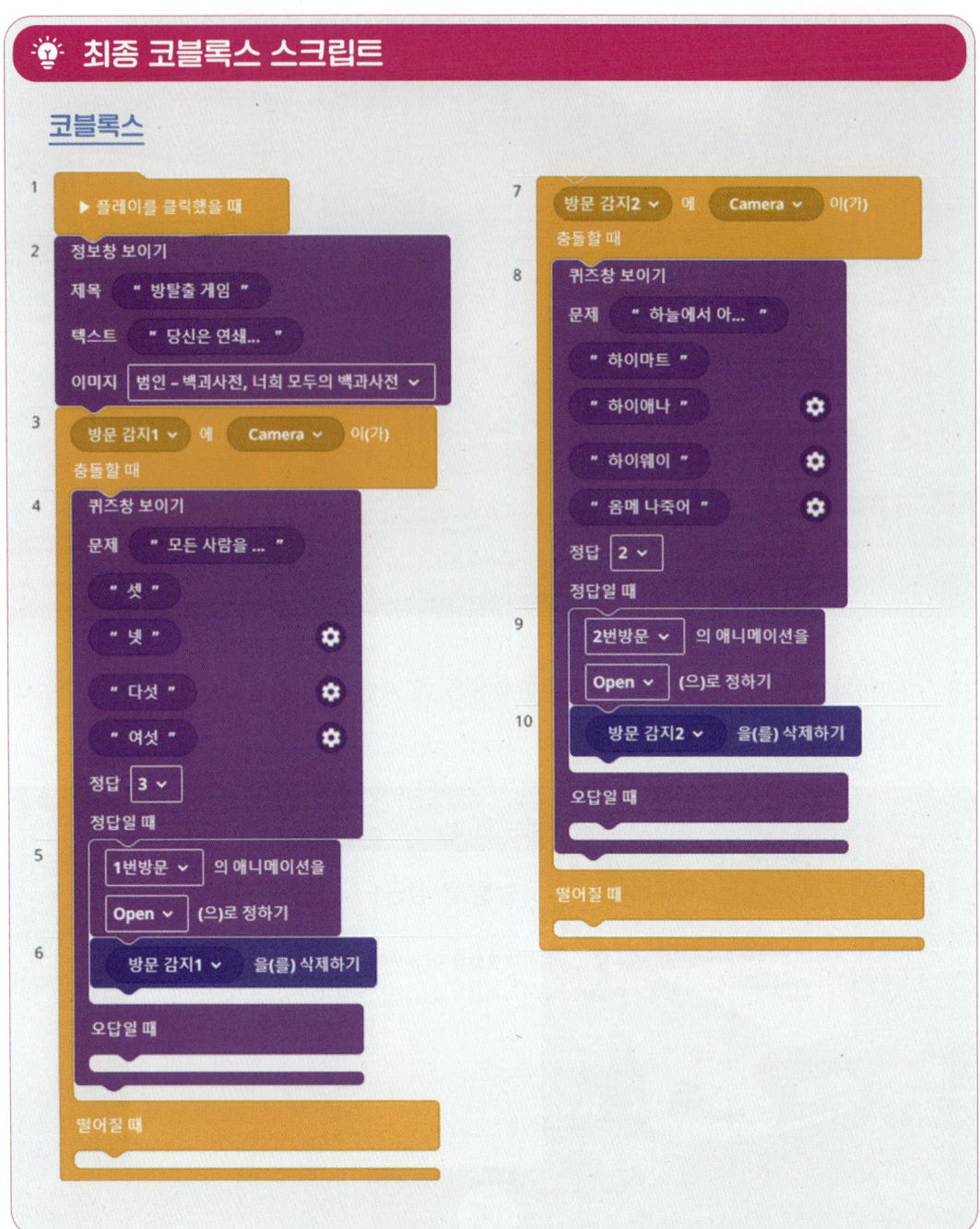

코블록스(1)

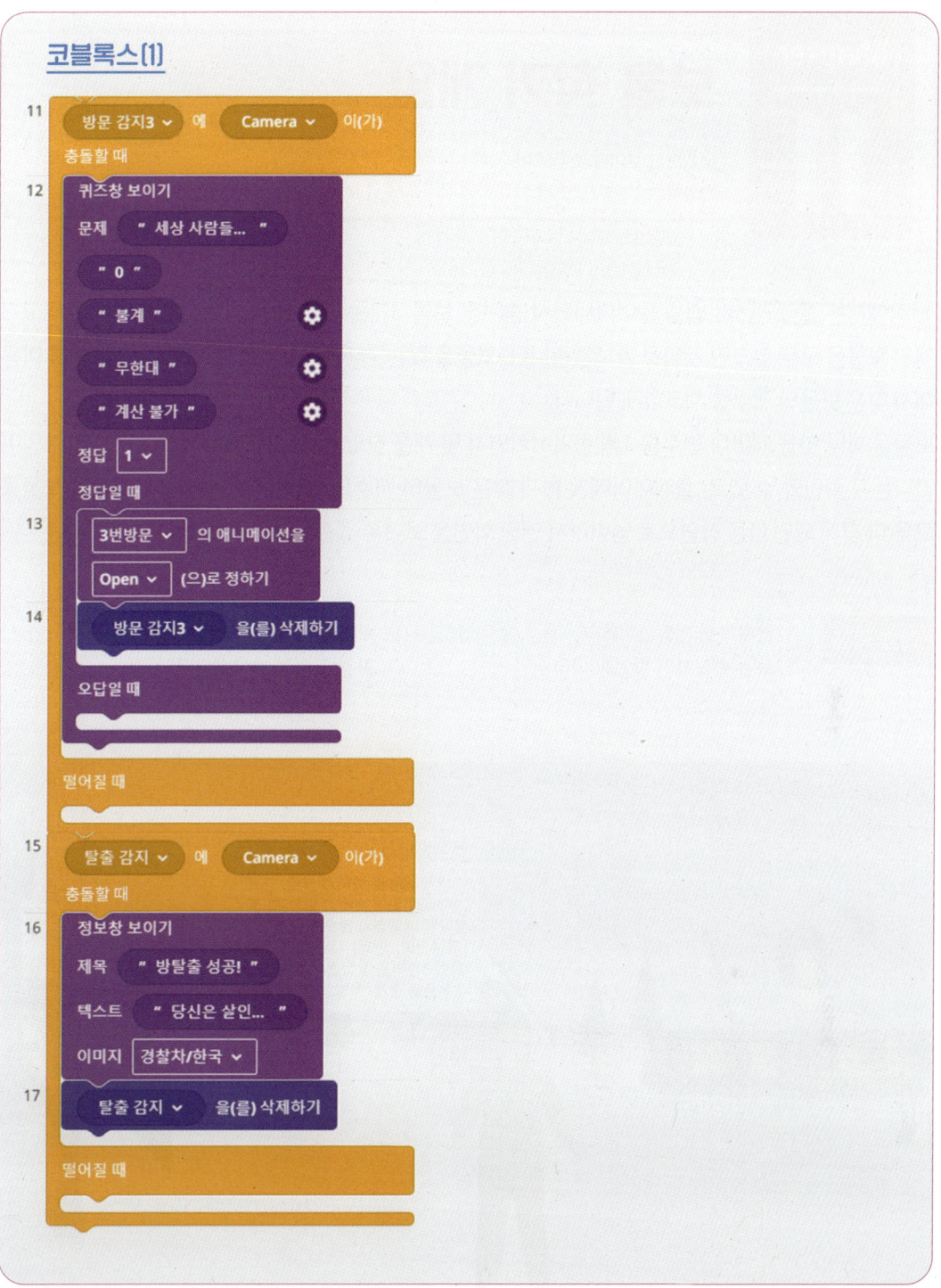

Chapter 10 | 방탈출 퀴즈 게임

Chapter 11

보물 찾기 게임

템플릿: https://edu.cospaces.io/NYL-BSX
완성작: https://edu.cospaces.io/MQZ-XVA

11장에서는 플레이어가 맵을 돌아다니면서 숨겨진 보물 3개를 찾는 게임을 만들겠습니다. 그리고 3개의 보물을 모두 찾으면 게임을 끝내겠습니다. 보물을 찾는 건 따로 순서가 없기 때문에 '변수'를 이용해서 찾은 보물의 개수를 체크하게 됩니다.

보물을 하나 찾을 때마다 변수를 1씩 증가시키면서 몇 개를 찾았는지 기록합니다. 그러면 언제 게임이 끝나는지 확인할 수 있고, 플레이어에게 현재 찾은 보물의 개수도 알려줄 수 있습니다. 그리고 보물을 모두 다 찾게 되면 다른 장면으로 넘어가서 엔딩 화면을 보여 주겠습니다.

학습 목표
1. 캐릭터로 게임 소개하기
2. 보물 클릭하면 팝업창 나타내기
3. 보물을 다 찾으면 엔딩 장면으로 이동하기
4. 환경 꾸미고 보물 숨기기

STEP 1. 캐릭터로 게임 소개하기

01. 예제 작품을 실행하면 눈 덮인 산 속 배경이 나타납니다. 이곳에서 보물 찾기 게임을 해 보겠습니다.

02. 우선 게임을 실행하면 게임에 대한 정보를 안내하겠습니다. 이번에는 팝업창이 아니라 캐릭터를 이용해서 게임을 소개하겠습니다. 그런데 그 전에 먼저 게임의 콘셉트를 기획해야 합니다. 왜 플레이어가 보물을 찾아야 하는지 개연성을 만들어 줘야 게임에 더 집중할 수 있습니다. 저는 배달원이 음식 배달 중에 치킨을 잃어버렸다고 가정하겠습니다. 그리고 3개의 치킨을 모두 찾으면 그중에 한 마리를 바로 먹을 수 있다고 유혹하겠습니다. 여러분들도 멋지고 재미있는 스토리를 만들어 보기를 바랍니다.

장면 한가운데에 카메라가 있습니다. 카메라 앞에 게임을 소개할 캐릭터를 하나 넣습니다.

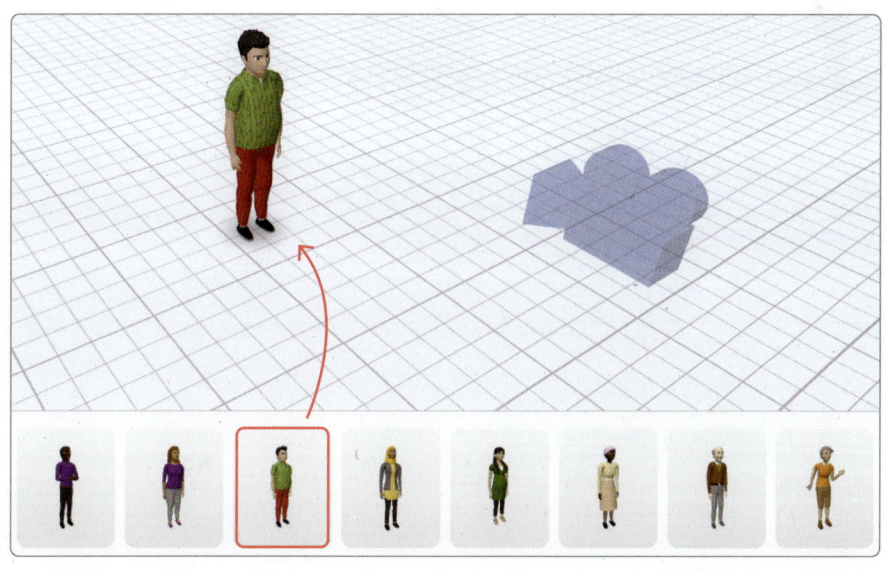

Chapter 11 | 보물 찾기 게임

03. 캐릭터의 오브젝트 이름을 '캐릭터'라고 변경하고, 코딩에서 사용하기 위해 **[코블록스에서 사용]**을 활성화합니다.

04. 캐릭터의 애니메이션을 **[Shocked]**(충격 받은) 정도로 설정합니다. 물건을 잃어버려서 당황하는 듯한 동작을 하게 됩니다.

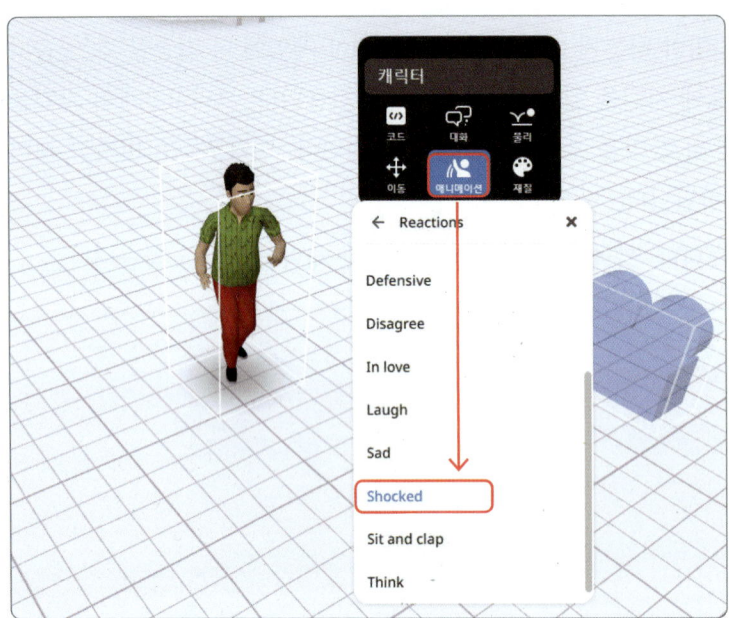

05. [대화] 메뉴에서 캐릭터가 플레이어의 주의를 끌고 캐릭터를 클릭할 수 있도록 글을 입력합니다.

> **말하기**
> – **내용:** 오 이런! 큰일이야! 나를 좀 도와줘!! (나를 클릭해 줘)

06. 이제 플레이어가 캐릭터를 클릭하면 다음 이야기를 할 수 있도록 코딩하겠습니다.

[코드] 버튼을 클릭하고 [코블록스]를 선택합니다. 캐릭터가 열정적으로 말할 수 있도록 애니메이션을 [Talk excited](흥분해서 말하기) 정도로 변경해 줍니다. 그리고 말하기 블록을 이용해서 다음과 같이 플레이어에게 부탁합니다.

> **말하기**
> – **내용:** 내가 배달을 하다가 그만... 치킨 3마리를 잃어버리고 말았어! 빨리 찾아서 배달하지 않으면 리뷰 평점이 깎일 거야... 안 돼! 나와 함께 사라진 치킨 3마리를 찾아준다면 치킨 교환 쿠폰을 줄게! 제발 날 좀 도와줘!!

07. [플레이] 버튼을 클릭한 후에 캐릭터를 클릭하면 다음과 같이 말풍선이 나타납니다.

STEP 2. 보물 클릭하면 팝업창 나타내기

08. 이제 보물을 배치하고 사용해 보겠습니다. 보물로 사용할 오브젝트를 장면에 추가합니다. 지금은 코딩을 하는 것이 우선이기 때문에 숨기지 않고 바로 카메라 앞에 놓아 둡니다.

여기서는 **[라이브러리] [아이템] [음식]** 카테고리의 'Roast turkey' 오브젝트를 선택합니다.

09. 3개 오브젝트의 이름을 각각 '보물1', '보물2', '보물3'으로 변경하고, 모두 **[코블록스에서 사용]**을 활성화합니다.

10. **[코드]** 버튼을 눌러 스크립트 화면을 엽니다. 원래 있던 블록 아래에 새 블록을 추가합니다. 우선 변수를 만들겠습니다. **[데이터]** 카테고리에 **[변수 ~을(를) ~로 정하기]** 블록을 추가합니다. 변수의 이름 '나의변수'를 '찾은보물개수'로 변경합니다. 변수의 초깃값을 숫자 '0'으로 지정하기 위해서 데이터 카테고리의 숫자 [0] 블록을 큰따옴표("") 자리에 끼워 넣습니다.

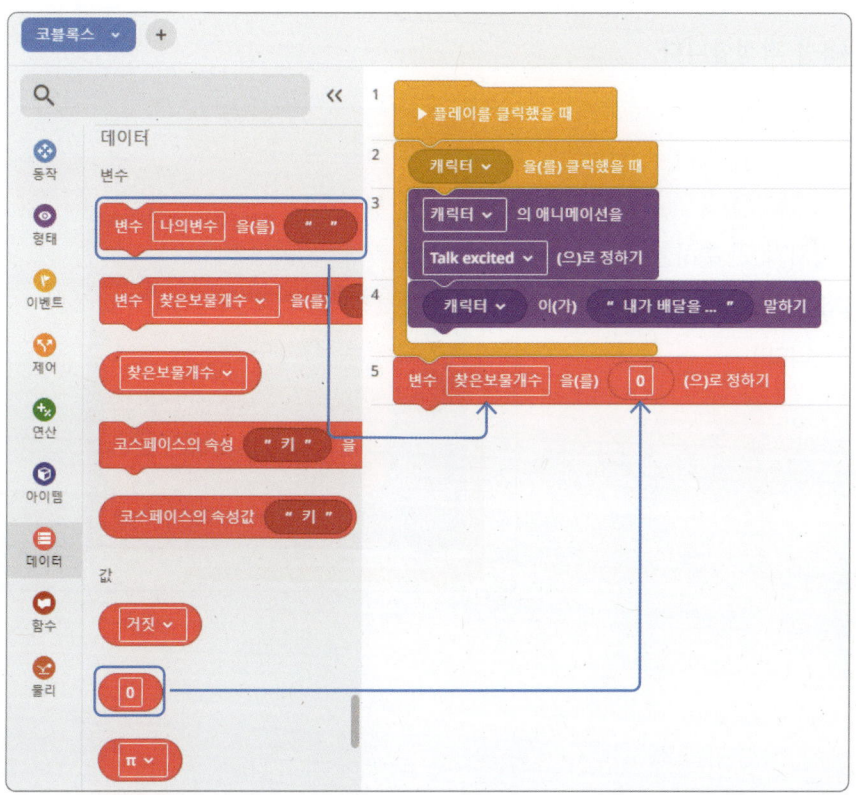

11. 이제 보물을 클릭하면 몇 개를 찾았는지 팝업창으로 알려주겠습니다. 만약 플레이어가 '보물1' 오브젝트를 클릭하면 변수 **[찾은보물개수]**의 값을 [1] 증가시킵니다. 그리고 정보창을 표시합니다.

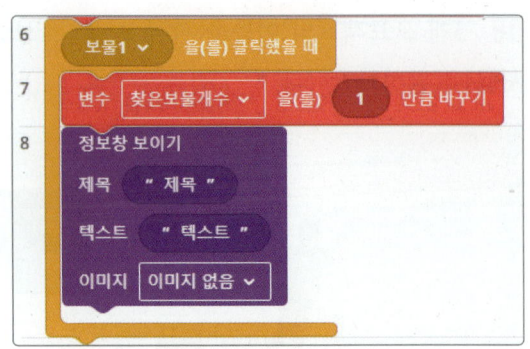

12. 정보창의 **[텍스트]**에는 일반적인 문구와 함께 변숫값이 들어가게 됩니다. 이건 서로 다른 정보이기 때문에 **[문자열 합치기]** 블록을 사용해야 합니다. 문자열을 '텍스트, 변수, 텍스트' 순서로 합칠 것이기 때문에 텍스트 항목이 하나 더 필요합니다. **[설정]** 아이콘을 클릭하고 **[문자열 추가]**를 클릭해서 텍스트 항목의 개수를 3개로 만들어 줍니다.

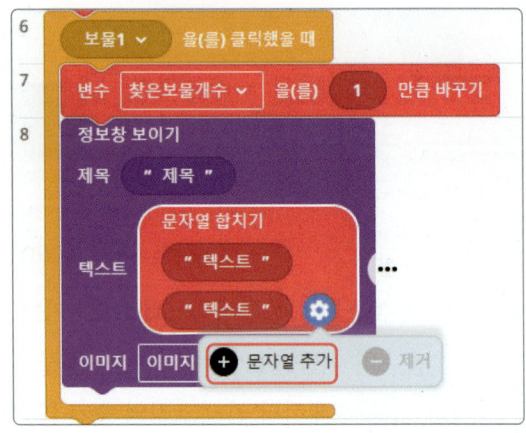

13. 다음과 같이 내용을 작성합니다.

정보창 보이기
- 제목: 찾았다!
- 텍스트: 문자열 합치기(오! 축하합니다! 지금까지 치킨을 (찾은보물개수) 개 찾았습니다!)
- 이미지: 없음

14. 게임을 플레이해 보면 첫 번째 보물을 클릭했을 때 '오! 축하합니다! 지금까지 치킨을 1개 찾았습니다!'라고 팝업창에 나오게 됩니다.

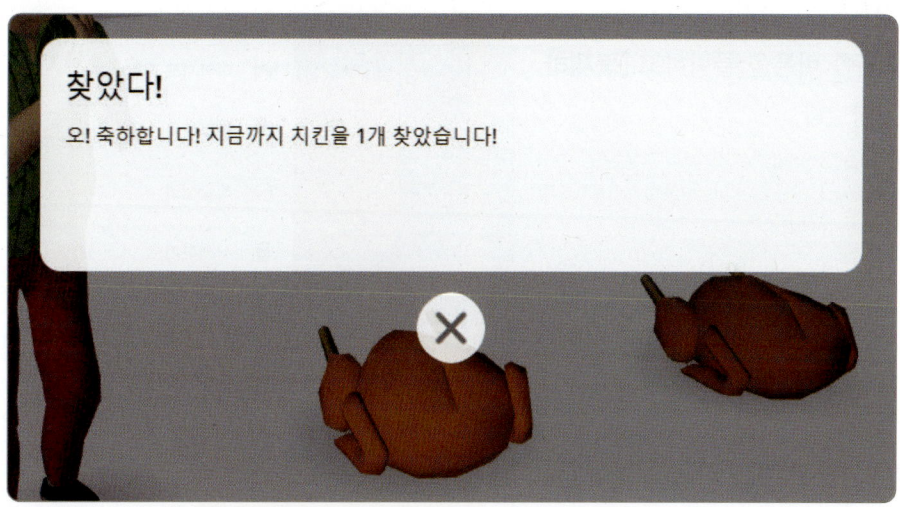

15. 이런데 이렇게만 하면 첫 번째 보물을 여러 번 클릭하면 클릭할 때마다 찾은 보물의 개수가 늘어나게 됩니다. 이런 현상을 방지하기 위해서 보물을 찾은 후에는 다시 클릭할 수 없도록 보물을 삭제하겠습니다.

[보물1을(를) 삭제하기] 블록을 추가합니다.

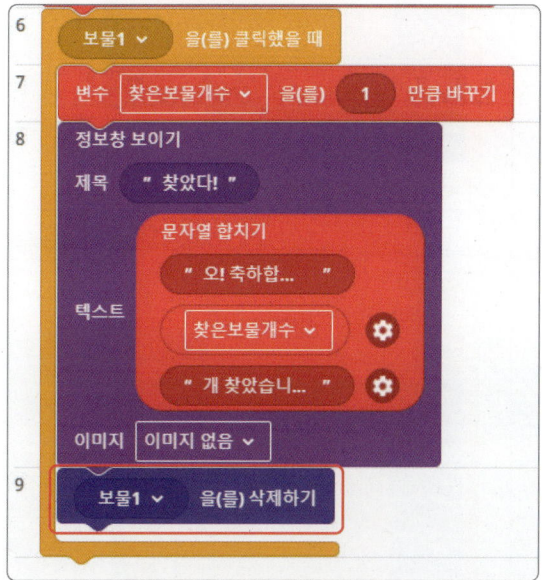

16. 같은 방식으로 [보물2]와 [보물3]을 클릭했을 때도 팝업창을 띄우고 아이템을 삭제하겠습니다. [보물1을(를) 클릭했을 때] 블록 위에서 마우스 오른쪽 버튼을 클릭하고 [복제하기] 메뉴를 클릭합니다.

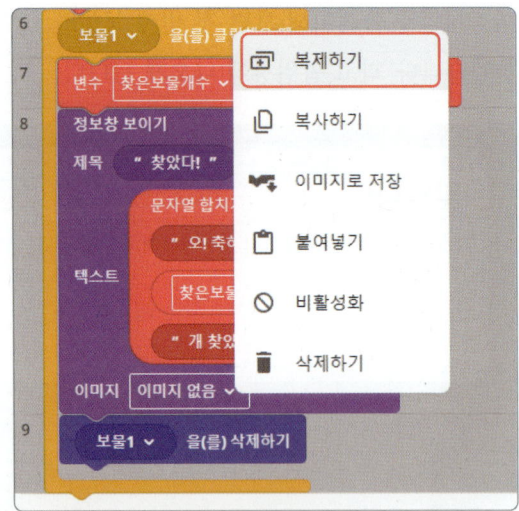

17. 블록이 복제되면 [보물1] 항목을 찾아 [보물2]로 바꾸어 줍니다.

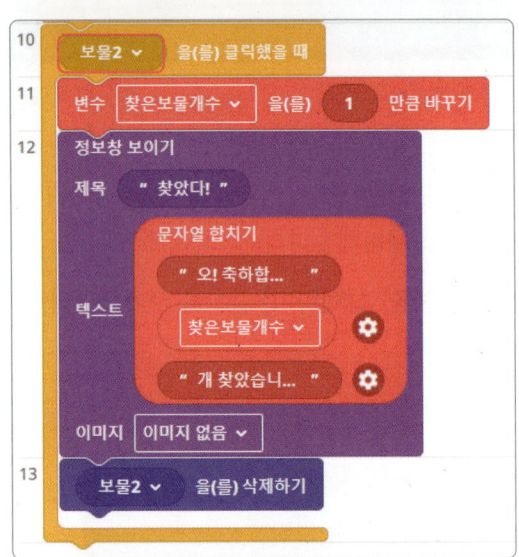

18. 똑같은 블록을 한 번 더 복제하고 [보물2]를 [보물3]으로 변경합니다.

19. [플레이] 버튼을 눌러서 실행한 후 보물 3개를 모두 클릭해 봅시다!

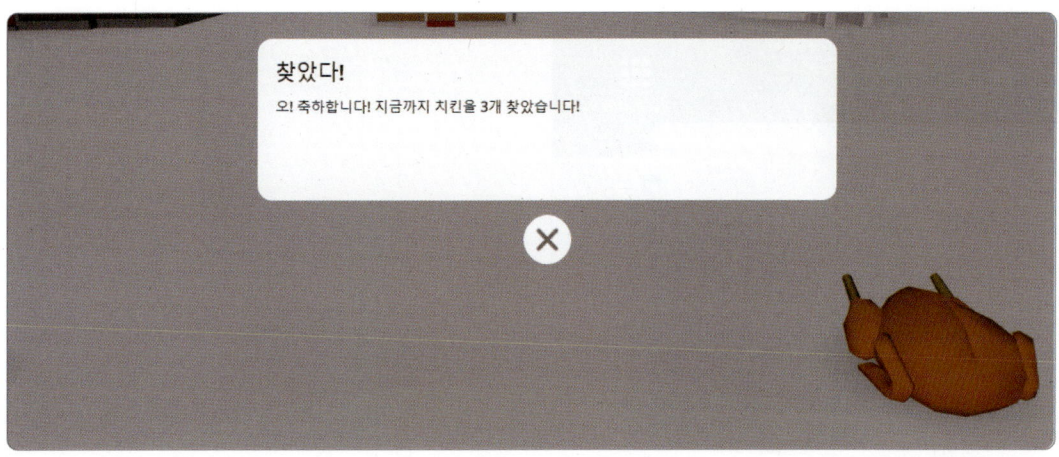

STEP 3. 보물을 다 찾으면 엔딩 장면으로 이동하기

20. 보물 3개를 모두 다 찾으면 다른 장면으로 넘어가서 엔딩을 보여 주겠습니다. 우선 이동할 엔딩 장면을 추가해야 합니다. 엔딩 장면은 현재 장면의 배경과 유사하게 할 것이라 '장면1'을 복제한 후에 필요 없는 부분을 삭제해서 만들겠습니다.

[처음으로] 버튼 아래에 액자 모양의 [장면] 버튼을 클릭합니다. 현재 장면 오른쪽 […] 버튼을 클릭한 후에 [복제]를 클릭합니다.

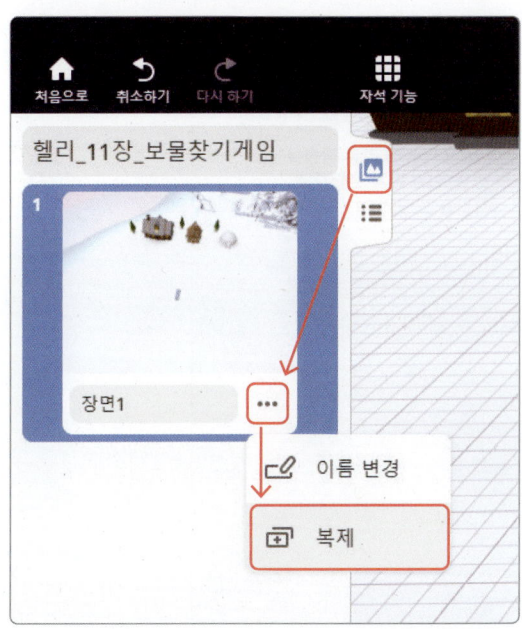

21. '장면 1'을 복제한 '장면 2'가 생깁니다. '장면 2'의 이름을 '엔딩 장면'으로 바꾸어 줍니다.

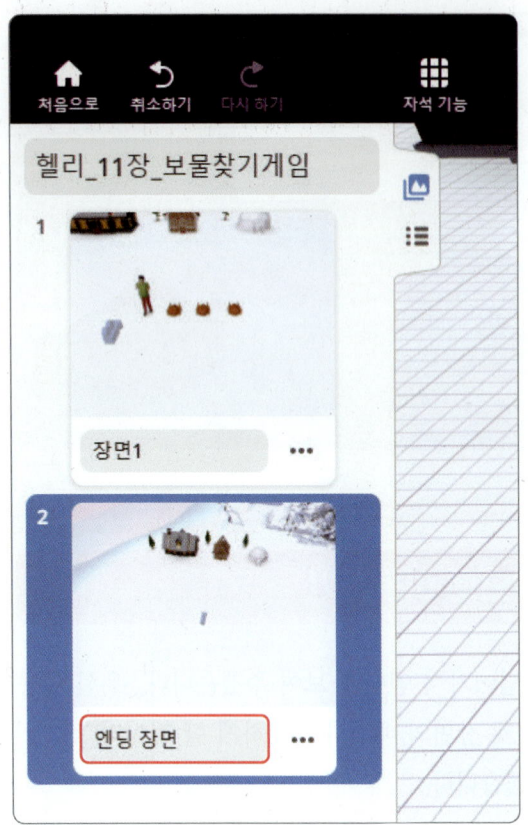

22. 엔딩 장면은 자유롭게 꾸며 줄 수 있습니다. 우선 기존의 보물 오브젝트는 삭제합니다. 그리고 캐릭터가 보물을 찾아줘서 고맙다고 말하게 해 주세요.

23. '엔딩 장면'을 모두 꾸몄다면 장면 목록에서 다시 '장면 1'을 선택해서 되돌아옵니다.

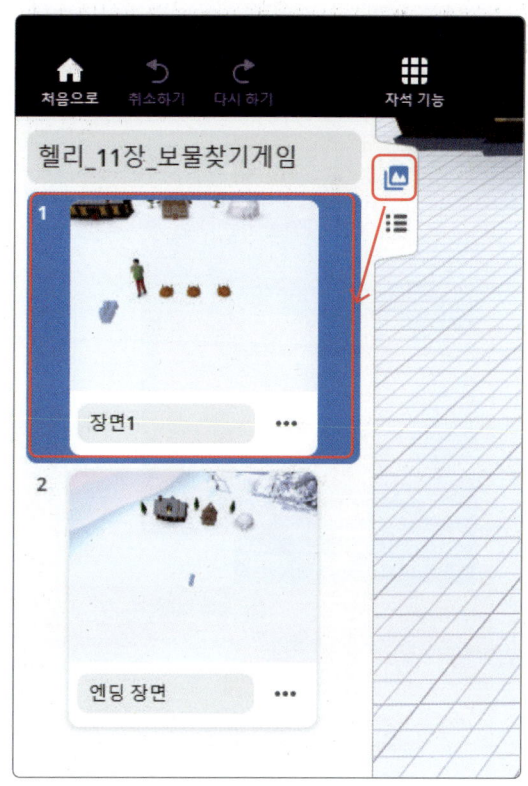

24. 스크립트에 다음과 같이 추가합니다.
[보물1]을 클릭했을 때, [찾은보물개수] 변숫값을 증가시키고, 만약 변숫값이 [3]이 된다면 [엔딩 장면]으로 이동하게 합니다.

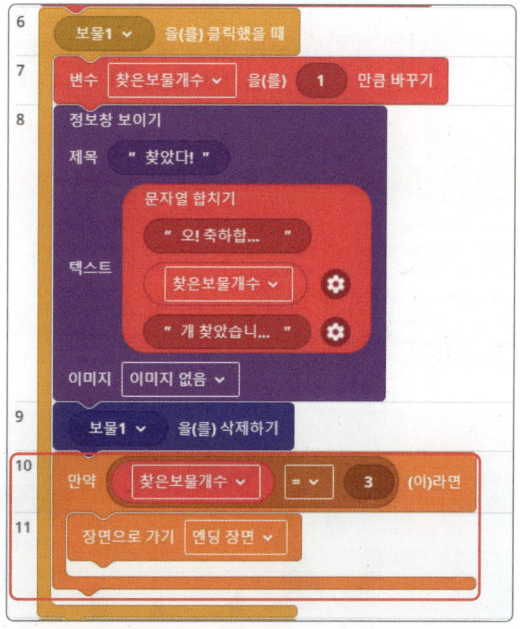

Chapter 11 | 보물 찾기 게임   187

25. 마찬가지로 [보물2를 클릭했을 때] 블록과 [보물3을 클릭했을 때] 블록 안에도 같은 블록을 추가합니다.

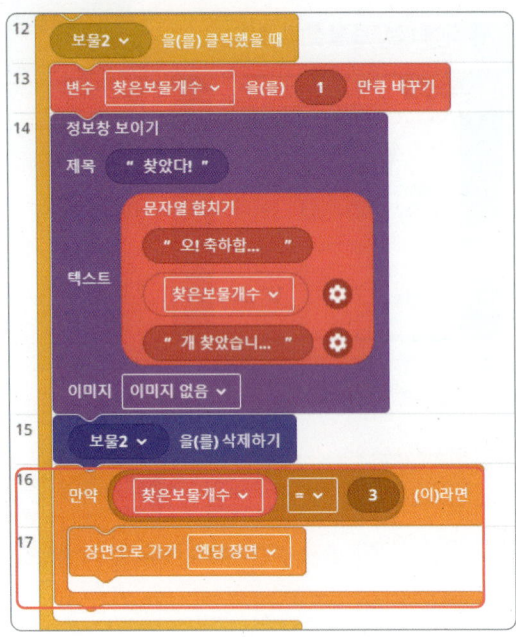 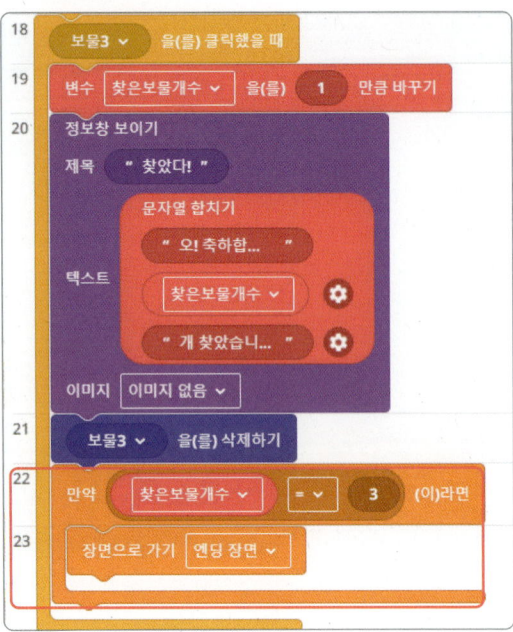

이제 코딩은 끝났습니다. [플레이] 버튼을 클릭하고, 치킨을 무작위 순서로 클릭해 보세요. 마지막 치킨을 클릭했을 때 엔딩 장면으로 이동하는 것을 볼 수 있습니다!

STEP 4. 환경 꾸미고 보물 숨기기

26. 이제 게임의 구조는 모두 완성했습니다. 지금부터는 플레이어가 보물을 찾기 힘들도록 게임 환경을 꾸미면 됩니다. 다양한 오브젝트들로 장면을 꾸미고 보물 오브젝트를 그 사이에 숨겨 주세요.

최종 코블록스 스크립트

코블록스

1. ▶ 플레이를 클릭했을 때
2. 캐릭터 ▼ 을(를) 클릭했을 때
3. 캐릭터 ▼ 의 애니메이션을 Talk excited ▼ (으)로 정하기
4. 캐릭터 ▼ 이(가) " 내가 배달을 ... " 말하기
5. 변수 찾은보물개수 ▼ 을(를) 0 (으)로 정하기
6. 보물1 ▼ 을(를) 클릭했을 때
7. 변수 찾은보물개수 ▼ 을(를) 1 만큼 바꾸기
8. 정보창 보이기
   - 제목 " 찾았다! "
   - 텍스트 문자열 합치기
     - " 오! 축하합... "
     - 찾은보물개수 ▼ ⚙
     - " 개 찾았습니... " ⚙
   - 이미지 이미지 없음 ▼
9. 보물1 ▼ 을(를) 삭제하기
10. 만약 찾은보물개수 ▼ = ▼ 3 (이)라면
11. 장면으로 가기 완성작 예시 - 엔딩 장면 ▼
12. 보물2 ▼ 을(를) 클릭했을 때
13. 변수 찾은보물개수 ▼ 을(를) 1 만큼 바꾸기
14. 정보창 보이기
    - 제목 " 찾았다! "
    - 텍스트 문자열 합치기
      - " 오! 축하합... "
      - 찾은보물개수 ▼ ⚙
      - " 개 찾았습니... " ⚙
    - 이미지 이미지 없음 ▼
15. 보물2 ▼ 을(를) 삭제하기
16. 만약 찾은보물개수 ▼ = ▼ 3 (이)라면
17. 장면으로 가기 완성작 예시 - 엔딩 장면 ▼
18. 보물3 ▼ 을(를) 클릭했을 때
19. 변수 찾은보물개수 ▼ 을(를) 1 만큼 바꾸기
20. 정보창 보이기
    - 제목 " 찾았다! "
    - 텍스트 문자열 합치기
      - " 오! 축하합... "
      - 찾은보물개수 ▼ ⚙
      - " 개 찾았습니... " ⚙
    - 이미지 이미지 없음 ▼
21. 보물3 ▼ 을(를) 삭제하기
22. 만약 찾은보물개수 ▼ = ▼ 3 (이)라면
23. 장면으로 가기 완성작 예시 - 엔딩 장면 ▼

Chapter 12 숨은 그림 찾기 게임

템플릿: https://edu.cospaces.io/YVC-XPY
완성작: https://edu.cospaces.io/JYT-TPY

12장에서는 주변을 감싸고 있는 360도 이미지 속에서 숨어 있는 오브젝트를 찾아내는 게임을 만들겠습니다. 이미지로 사방을 감싸기 위해서 장면 유형 중에 360도 이미지를 사용합니다.

게임을 시작하면 무엇을 찾아야 하는지 화면에 나타납니다. 해당 오브젝트를 찾아 클릭하면 찾았다는 안내와 함께 다음 장면으로 넘어가서 새로운 문제를 풀게 됩니다. 총 3개의 문제를 풀고 나면 엔딩 메시지가 나타납니다.

이번 수업에서는 360도 이미지에 대해서도 살펴봅니다. 360도 이미지는 렌즈가 2~6개가 달려 있는 360도 카메라로 촬영하거나, 3차원 공간 안에서 모든 방향을 촬영하는 이미지입니다. 코스페이시스에서는 작품 속 카메라 오브젝트를 이용해서 360도 이미지를 추출할 수 있습니다. 또 인터넷에서 고화질의 360도 이미지를 다운로드하는 방법도 알아봅니다.

학습 목표

1. 360도 이미지 장면 살펴보기
2. 오브젝트 숨기기
3. 장면 시작하면 찾을 물건 소개하기
4. 오브젝트 클릭하면 다음 장면으로 가기
5. 인터넷에서 360도 이미지 다운로드하기
6. 두 번째 장면 꾸미기

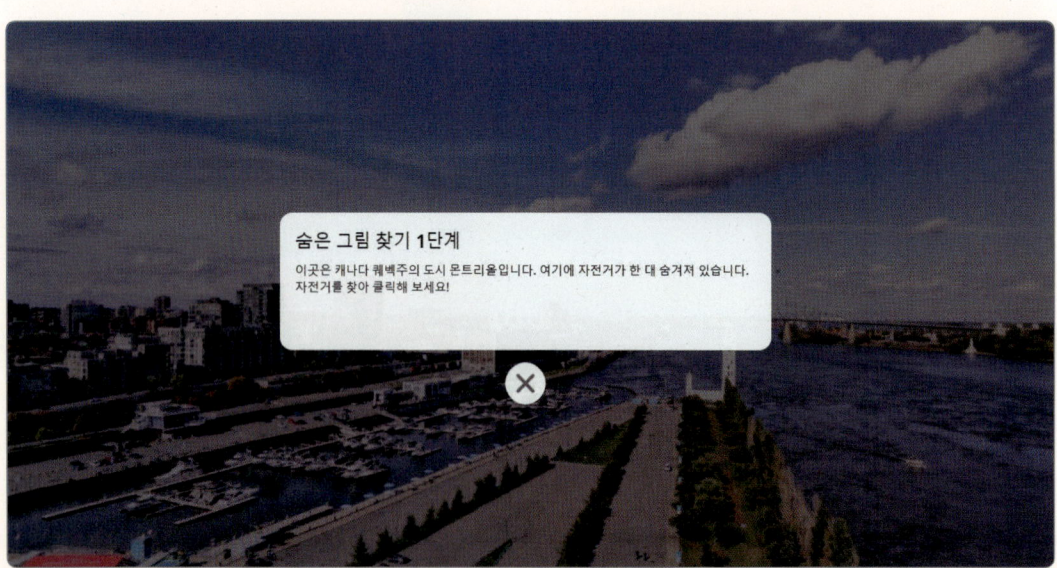

템플릿에 사용된 이미지(출처: www.flickr.com/photos/lea-kim, Lëa-Kim Châteauneuf)

STEP 1. 360도 이미지 장면 살펴보기

01. 예제 작품을 실행하면 멋진 강변의 도시 풍경이 나타납니다. 마우스로 화면을 회전시키면 하늘과 땅을 비롯한 360도 공간이 모두 하나의 사진으로 채워진 것을 볼 수 있습니다.

02. 이것은 360도 이미지 유형의 장면인데, 플레이를 해 보면 방향키를 눌러도 플레이어(카메라)가 움직이지 않고 고정되어 있습니다. 이 유형은 카메라가 공간의 한가운데에서 사방을 둘러보기만 할 수 있습니다.

03. 이 장면에서 강 위에 '해적선'(Pirate ship) 오브젝트를 하나 추가해 보겠습니다. 오브젝트를 클릭해서 나오는 흰색 팝업창을 살펴보면 [**드래그해서 올리기**] 버튼 대신에 [**드래그해서 이동하기**] 버튼이 있습니다. 이 [**드래그해서 이동하기**] 버튼을 이용해서 오브젝트를 카메라 가까이에 가지고 오거나 멀리 보낼 수 있습니다.

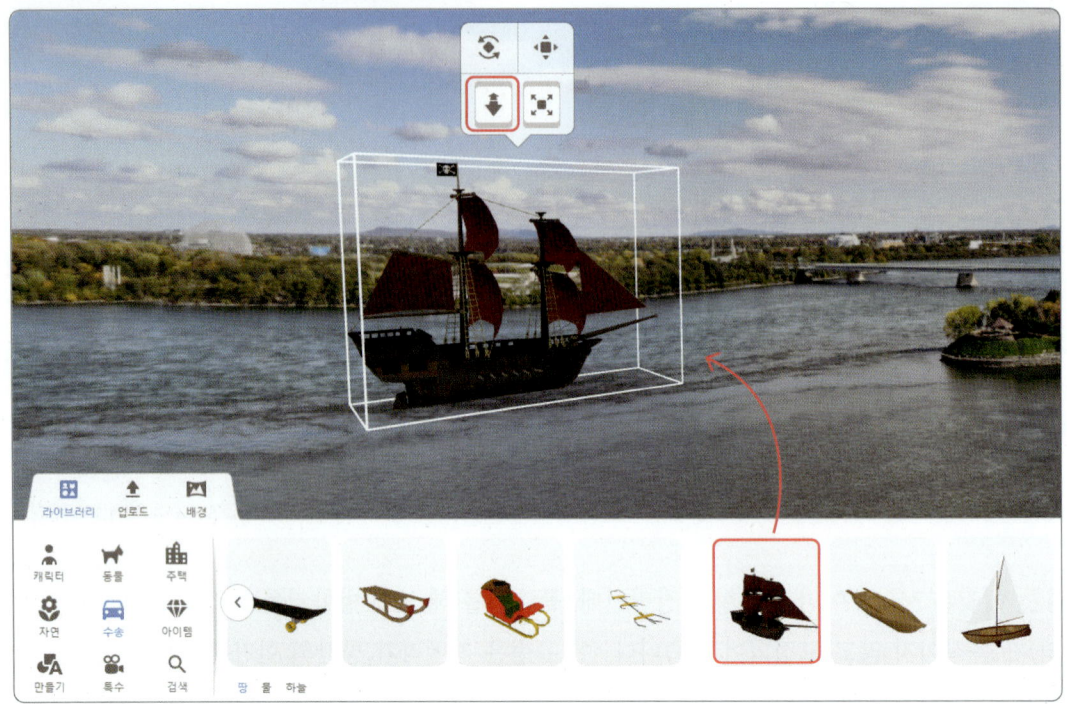

04. 이번에는 배경을 살펴보겠습니다. 하단 메뉴 [**배경**] → [**수정**] 버튼을 클릭합니다. 그러면 '열기' 창이 나타납니다. 360도 장면의 배경은 코스페이시스에서 제공하는 것이 없고 오직 컴퓨터에서 이미지 파일로 업로드해야 합니다.

나머지는 기존에 사용했던 '3D 환경' 장면과 같습니다.

STEP 2. 오브젝트 숨기기

05. 우선 플레이어가 찾아야 하는 오브젝트를 선택해서 숨겨 놓겠습니다. 숨길 오브젝트는 여러분들이 자유롭게 선택할 수 있습니다. 여기서는 '자전거' 오브젝트를 선택했습니다.

[**라이브러리**] → [**수송**] 카테고리에서 '자전거' 오브젝트를 찾아 화면에 추가합니다.

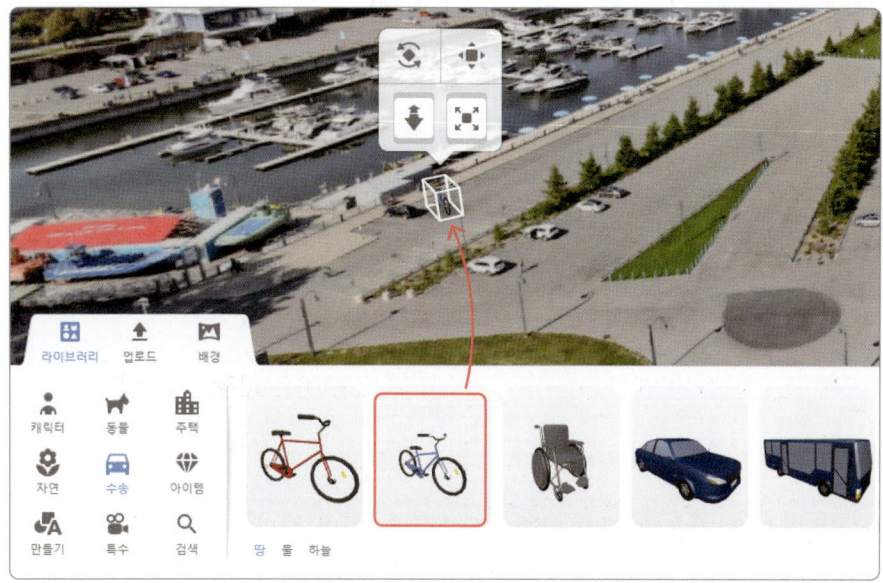

06. 회전, 이동, 크기 조절, 재질 기능을 이용해서 자전거를 최대한 배경과 잘 어울리도록 숨깁니다.

07. 오브젝트를 코딩에서 사용하기 위해서 이름을 '자전거'와 같이 쉬운 이름으로 변경합니다. 그리고 [**코블록스에서 사용**]을 활성화합니다.

STEP 3. 장면을 시작하면 찾을 물건 소개하기

08. 장면이 시작되면 무엇을 찾을 것인지 알려주겠습니다. 화면 상단에 [**코드**]를 클릭하고 [**코블록스**]를 추가합니다. 간단하게 [**정보창 보이기**] 블록을 이용하겠습니다.

> **정보창 보이기**
> - **제목**: 숨은 그림 찾기 1단계
> - **텍스트**: 이곳은 캐나다 퀘벡주의 도시 몬트리올입니다. 여기에 자전거가 한 대 숨겨져 있습니다. 자전거를 찾아 클릭해 보세요!
> - **이미지**: 이미지 없음

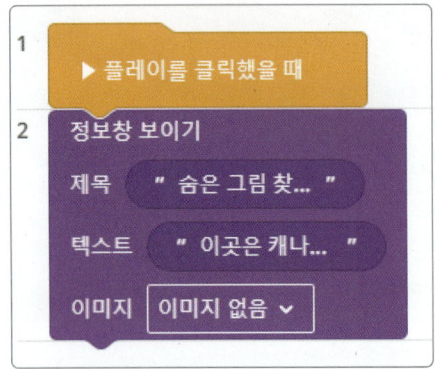

09. 플레이해 보면 장면이 시작될 때 팝업창이 나타납니다.

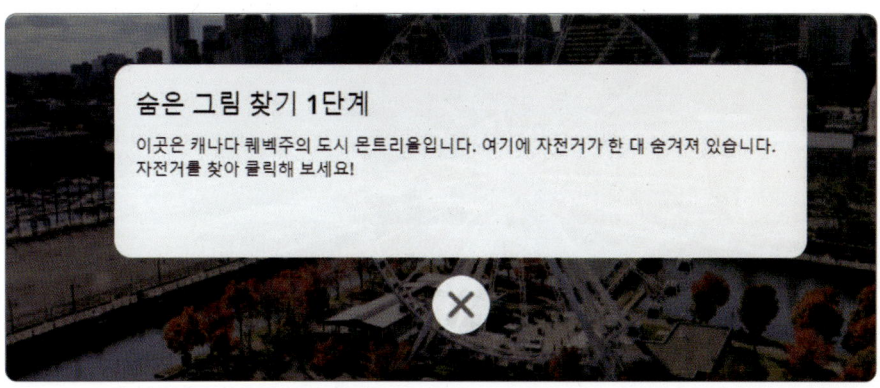

STEP 4. 오브젝트 클릭하면 다음 장면으로 가기

10. 이제 플레이어가 숨겨진 오브젝트를 클릭하면 확인 메시지와 함께 다음 장면으로 이동하겠습니다. 그런데 다음 장면으로 이동하려면 먼저 장면이 만들어져 있어야 합니다. **[장면]** 아이콘을 클릭한 후에 화면 아래 **[새 장면]** 버튼을 클릭합니다.

11. '장면 선택' 팝업창이 나타나면 360° 이미지 카테고리에 [Empty scene](빈 장면)을 클릭합니다.

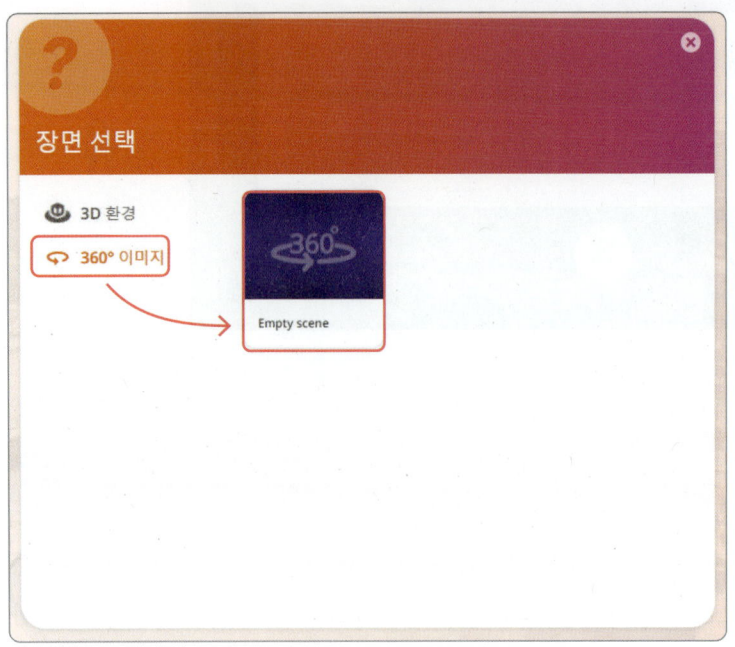

12. '장면 2'가 생깁니다. 360도 이미지 장면의 경우 간단한 밤하늘 배경이 설정되어 있습니다. '장면 2'는 나중에 꾸미겠습니다.

13. 다시 '장면 1'로 돌아옵니다.

'자전거' 오브젝트를 클릭하면 정보창을 보이고 '장면 2' 로 이동하겠습니다.

> 정보창 보이기
> – 제목: 찾았다!
> – 텍스트: 오! 자전거를 찾았네요! 축하합니다. 다음 문제로 넘어갑니다.
> – 이미지: 이미지 없음

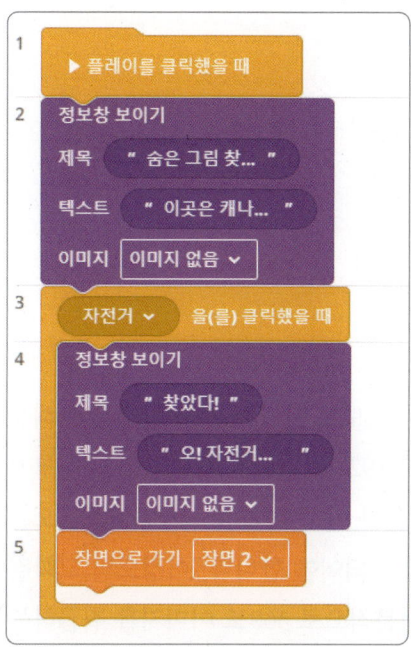

14. [플레이] 버튼을 클릭하고 화면에서 자전거를 찾아서 클릭하면 '장면 2'로 이동합니다.

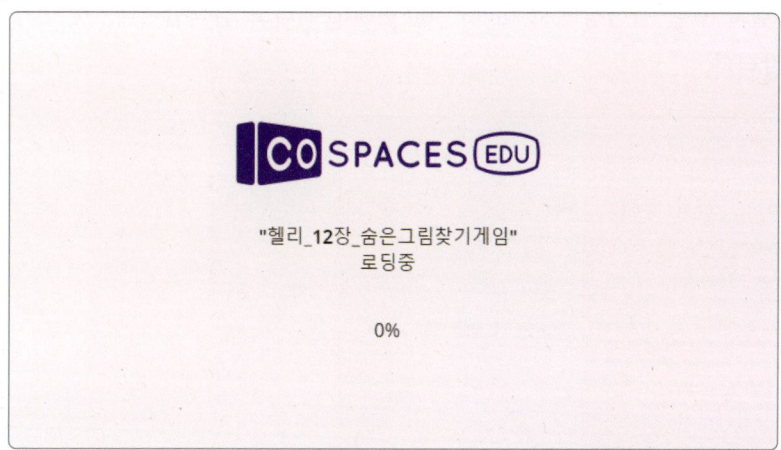

STEP 5. 인터넷에서 360도 이미지 다운로드하기

15. '장면 2'로 이동합니다. '장면 2'에는 현재 배경 이미지가 없습니다. 배경 이미지를 추가하려면 무조건 컴퓨터에 360도 사진 이미지가 저장되어 있어야 합니다.

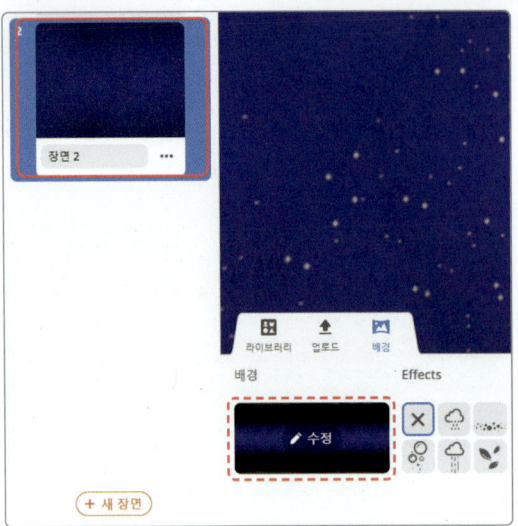

16. 360도 이미지는 평면으로 된 사진을 공처럼 구부려서 360도로 만드는 것이기 때문에 해상도가 매우 높아야 합니다. 일반적으로 HD급 화질이면 가로 1920px, 세로 1080px(pixel) 크기의 이미지를 의미합니다. 하지만 360도 이미지는 이런 화질의 이미지가 위, 아래, 왼쪽, 오른쪽, 앞, 뒤로 6개 정도 배치되어야 하므로 크기가 6배 정도는 되어야 합니다. 이정도의 고화질 이미지는 구글 이미지에서 간단히 다운로드할 수 없으며 전문적으로 360도 이미지를 취급하는 곳에서 찾아야 합니다. 우리는 세계 최대의 사진 공유 사이트인 플리커(www.flickr.com)의 360도 사용자 그룹에서 이미지를 찾겠습니다.

웹 브라우저에서 새 탭을 열고 구글 검색창에서 'flickr 360 group'이라고 검색합니다. 첫 번째 검색 결과를 클릭해 들어갑니다.

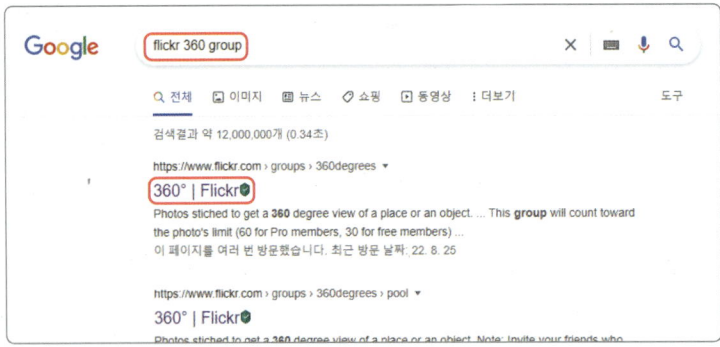

17. 플리커의 360도 사진 공유 그룹 페이지가 나타납니다. 이 사이트는 따로 회원가입을 하지 않아도 공개된 사진을 다운로드할 수 있습니다. 이곳에는 약 3만 개의 360도 사진이 있습니다. 하지만 모든 사진을 다운로드할 수 있는 것은 아닙니다. 단순히 보기만 할 수 있고 다운로드할 수 없는 이미지도 많이 있습니다.

그래서 검색을 통해 다운로드할 수 있는 사진만 찾아내겠습니다. 화면 오른쪽 중간의 돋보기 아이콘을 클릭합니다.

18. 상단 검색창에 '360, 사진'이라는 항목이 나타납니다. 검색창 맨 왼쪽에 돋보기 모양 아이콘을 다시 클릭합니다.

19. 검색 화면이 나타납니다. [모든 라이선스] 항목 오른쪽의 삼각형을 클릭한 후 [모든 CCL(Creative Commons License)]로 변경합니다.

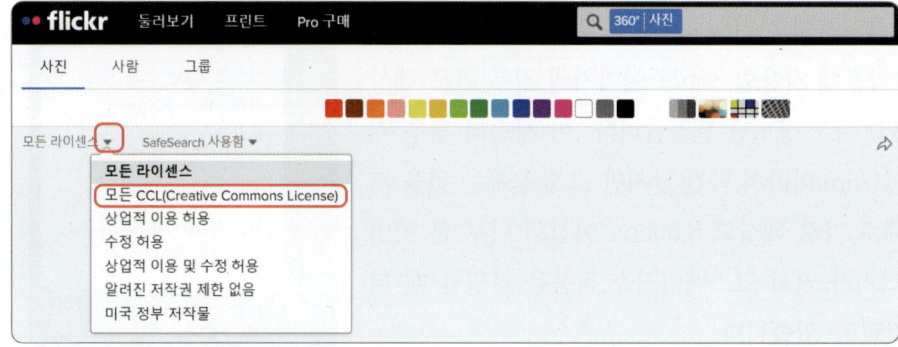

20. 대략 2,000개의 이미지가 나타납니다. 여기에 있는 이미지들은 모두 다운로드할 수 있는 고화질의 360도 이미지입니다. 마음에 드는 이미지 하나를 선택해서 클릭합니다.

21. 뷰어를 통해서 이미지를 360도로 돌려 볼 수 있습니다. 화면 오른쪽 하단의 다운로드 아이콘을 클릭합니다.

22. 아이콘을 클릭하면 사진의 해상도를 선택할 수 있습니다. 코스페이시스 작품에 사용할 360도 이미지의 경우 가로 해상도가 6,000~8,000px 정도면 괜찮습니다. 이 사진의 경우 최대 해상도가 5,376px이라서 약간 낮지만 크게 문제는 없을 것 같습니다. 반대로 가로 해상도 8,000px 이상의 너무 큰 이미지는 파일의 크기가 커서 코스페이시스 작품을 로딩할 때 더 오랜 시간이 걸릴 수 있습니다.

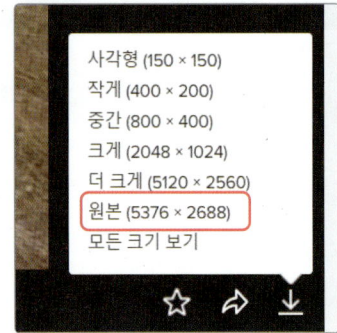

23. 해당 이미지 파일이 컴퓨터에 다운로드 됩니다. 다운로드되는 위치는 대부분 '다운로드' 폴더이지만, '바탕 화면', '문서', '사진' 폴더에 저장될 수도 있습니다.

STEP 6. 두 번째 장면 꾸미기

24. 코스페이시스로 되돌아옵니다. 왼쪽 하단의 [배경] → [수정] 버튼을 클릭합니다. '열기' 팝업창이 나타나면 [즐겨찾기] → [다운로드] 폴더를 클릭합니다. 오늘 날짜에 방금 다운로드한 사진 파일이 하나 있을 겁니다. 사진을 클릭하고 [열기] 버튼을 클릭합니다.

25. 작품 배경에 조금 전 360도 이미지가 추가되었습니다. 만약 그림이 마음에 들지 않는다면 플리커 사이트에서 새로운 이미지를 다운로드해서 교체할 수 있습니다.

26. 이제부터는 '장면 1'을 꾸밀 때와 똑같습니다. 오브젝트를 숨기고 코드 스크립트를 추가합니다. 코드에서는 장면이 시작되면 찾을 물건을 알려주고, 물건을 찾으면 '장면 3'으로 넘어가거나 게임을 끝낼 수 있습니다.

자유롭게 작품을 만들어 주세요. 문제(장면)는 3개 정도 만들면 좋습니다. 마지막 장면에서는 보물을 찾으면 게임을 종료합니다. 다음과 같이 **[코스페이스 끝내기]** 블록을 사용해 주세요.

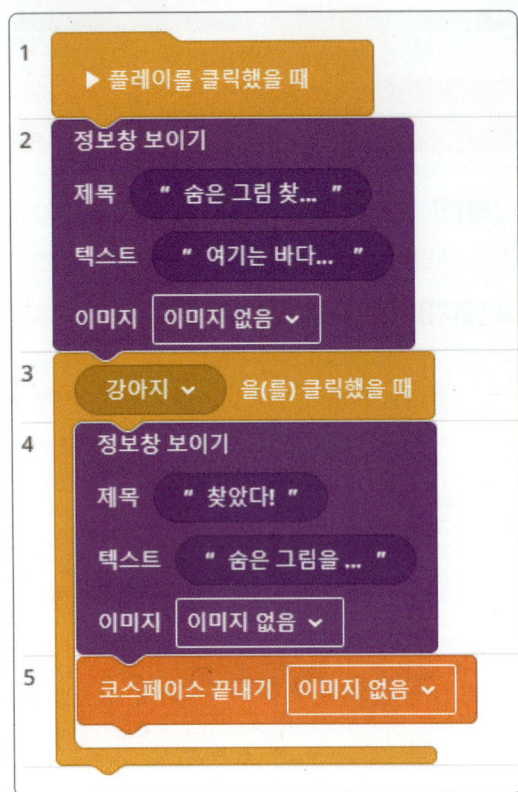

최종 코블록스 스크립트

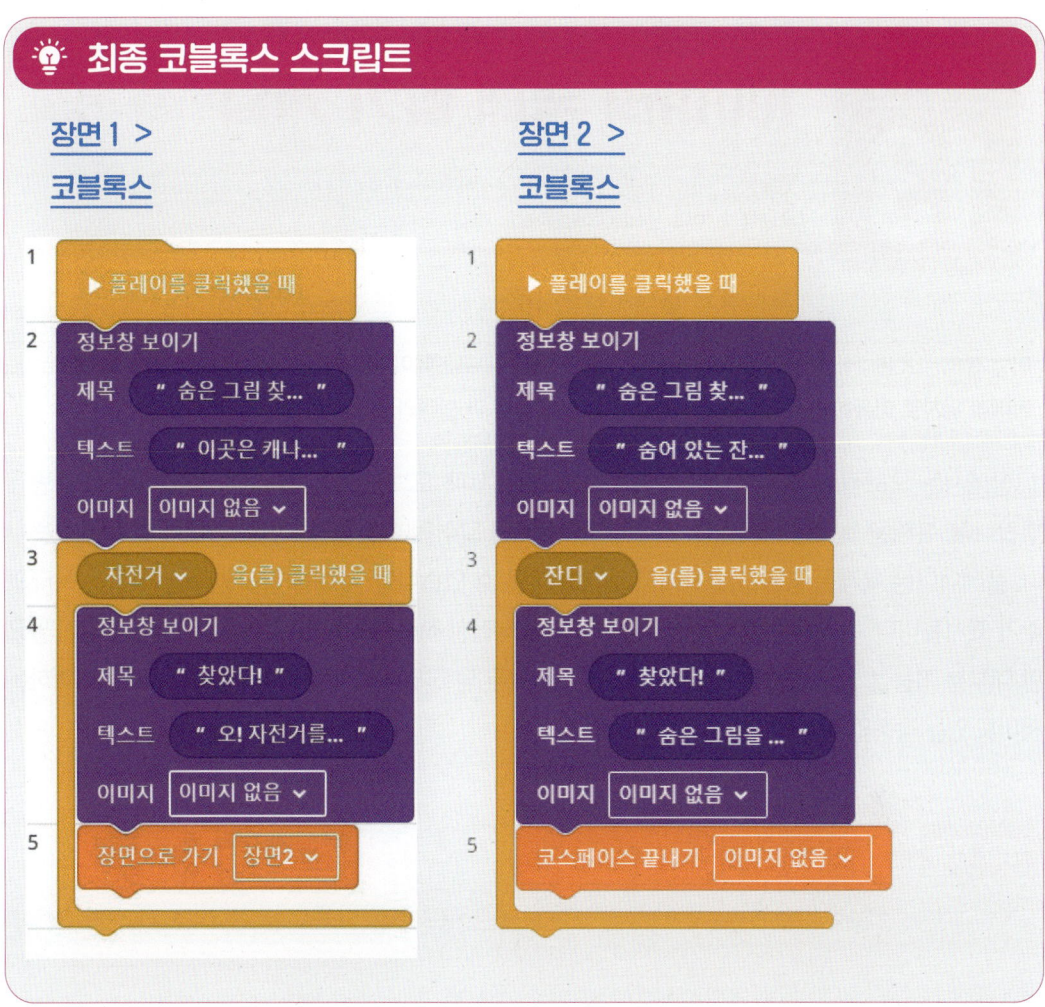

Chapter 12 | 숨은 그림 찾기 게임

Chapter 13

100마리 늑대 잡기 게임

템플릿: https://edu.cospaces.io/KEF-HCL
완성작: https://edu.cospaces.io/DJN-ELN

이번 챕터는 초판 1쇄와 블록 코딩이 달라진 점이 있습니다. 코스페이시스 기능이 업데이트되면서 오브젝트가 카메라 위치로 이동하면 좌표가 틀어지는 현상이 발생하여 이 챕터의 일부 내용을 수정하였습니다.

13장에서는 오브젝트 복제에 대해서 다룹니다. 원본 늑대 오브젝트를 100마리 복제해서 맵 주변에 뿌립니다. 복제된 늑대는 플레이어가 가까이 다가오면 달려듭니다. 플레이어는 늑대에 닿으면 죽습니다. 플레이어는 복제된 총알을 발사해서 늑대를 잡을 수 있습니다. 늑대를 잡으면 화면에 잡은 늑대의 수가 표시됩니다. 지금까지 만들었던 게임보다 훨씬 복잡한 작품으로, FPS(일인칭 총 쏘기) 게임에 필요한 대부분 기능을 담고 있습니다. 세부적인 부분을 모두 담고 있어서 작품의 완성도가 높고 플레이하는 재미도 있는 작품입니다.

학습 목표

1. 총과 점수판 만들기
2. 총알 발사하기
3. 늑대 100마리 복제하기
4. 늑대가 총알에 맞으면 죽는 효과 만들기
5. 남은 늑대 수를 화면에 표시하기
6. 늑대 100마리 잡으면 게임 클리어하기

STEP 1. 총과 점수판 만들기

01. 예제 작품을 살펴보면 시내 공터에 빨간 버스와 쓰러진 자동차가 있고, 버스 위에 카메라가 있습니다.

02. 대부분의 일인칭 시점 총 쏘기 게임은 플레이가 손에 총을 들고 있습니다. 우리도 카메라가 총을 들고 있는 모습을 만들겠습니다.

우선 총 3D 모델이 필요합니다. 그런데 코스페이시스에는 기본 총 모델이 없습니다. 그래서 예제 작품에는 팅커캐드에서 다운로드한 권총과 소총 3D 모델이 미리 업로드해 두었습니다.

[업로드] → [3D 모델] 메뉴에 들어가면 3D 모델이 있습니다. 장면 안으로 드래그해서 모양을 확인해 보고 그중에 하나를 선택해 주세요. 여기서는 **[소총]**을 선택하겠습니다.

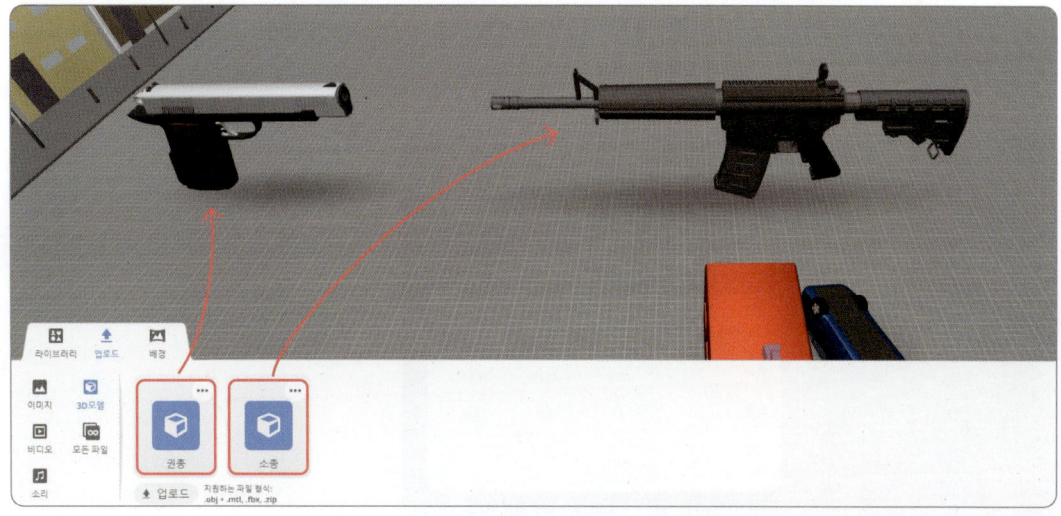

03. 소총의 크기를 실제처럼 줄인 후 카메라 옆에 배치합니다.

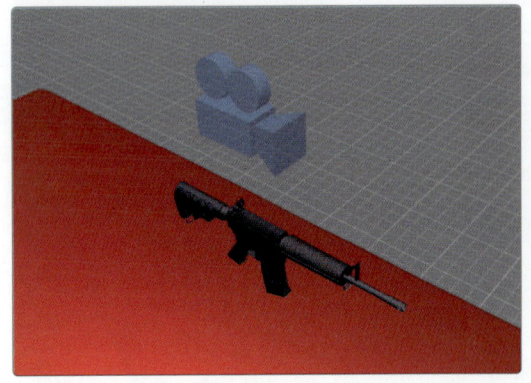 

대각선 위에서 바라본 모습   반대편 하늘에서 바라본 모습

04. 코딩을 위해서 '소총' 오브젝트의 [코블록스에서 사용] 항목에 체크합니다. 마찬가지로 'Camera'도 [코블록스에서 사용]을 활성화합니다.

 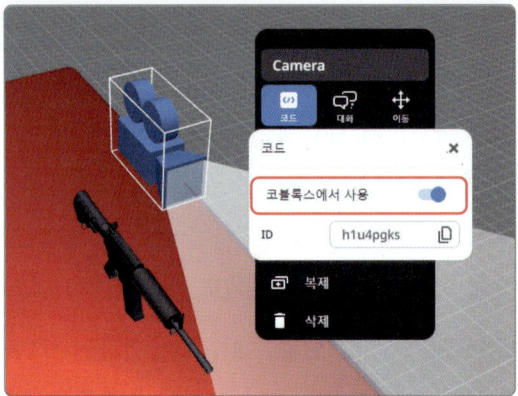

05. 교재에 나온 것과 총의 위치를 똑같이 하고 싶다면 '소총' 속성창의 [이동] 메뉴에서 다음과 같이 위치, 회전, 크기 값을 수정합니다.

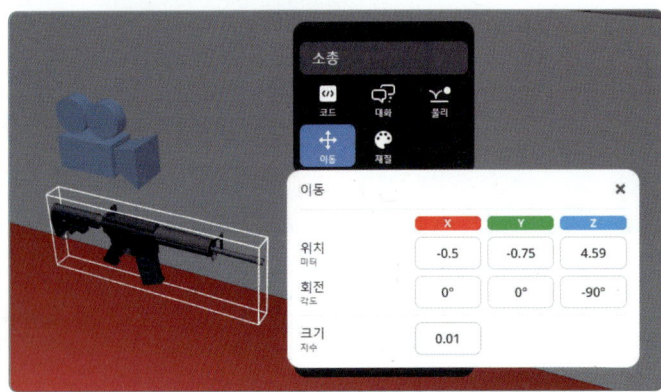

06. [플레이] 버튼을 클릭했을 때 처음 시작 화면에 플레이어가 마치 총을 들고 있는 것처럼 보여집니다.

07. [코드] 메뉴에서 [코블록스] 스크립트를 추가합니다. [아이템] 카테고리의 [자식 아이템으로 추가하기] 블록을 추가합니다. 이 블록은 '소총'을 'Camera'에 붙여서 항상 따라다니도록 만듭니다.

08. [플레이] 버튼을 클릭하면 플레이어가 움직일 때마다 소총이 계속 따라다닙니다.

09. 같은 방식으로 점수판을 추가하겠습니다. **[라이브러리]** → **[만들기]** 메뉴에서 '글자'(Text) 오브젝트를 장면에 추가합니다. 위치를 이동시켜서 카메라 앞에 놓습니다.

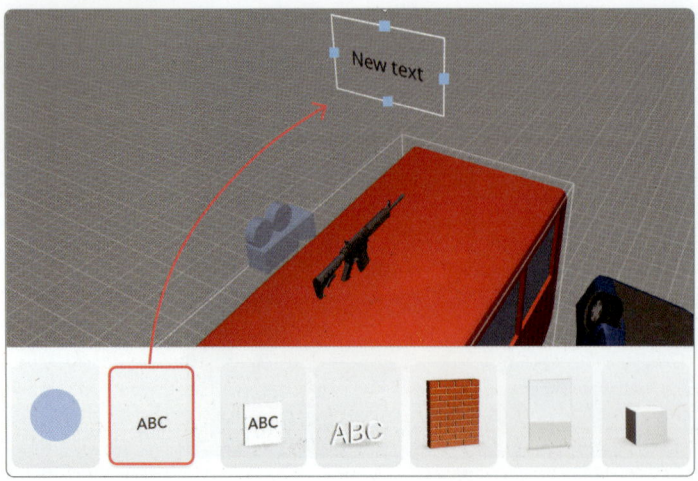

10. 오브젝트의 이름을 '점수판'으로 변경하고 **[코블록스에서 사용]**을 활성화합니다.

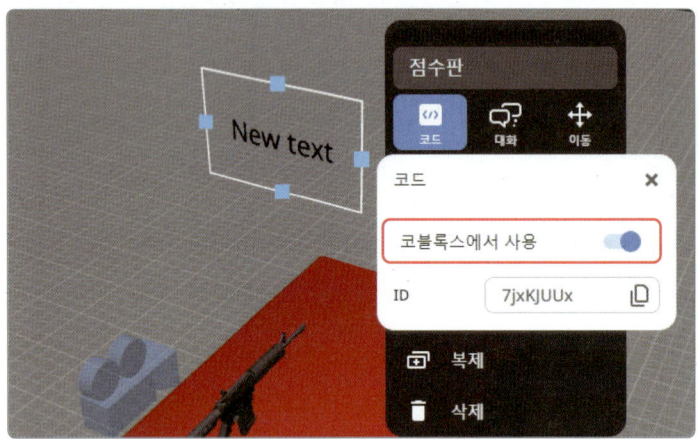

11. '점수판'의 속성창 '이동'에서 다음과 같이 위치, 회전, 크기 값을 수정합니다.

12. [플레이] 버튼을 클릭했을 때, 글자가 카메라 화면 상단에 나타납니다.

13. 코드에서 코블록스를 다음과 같이 추가합니다. '점수판'도 'Camera'의 자식 아이템으로 추가합니다.

14. 총과 텍스트가 카메라를 계속 쫓아다닙니다.

STEP 2. 총알 발사하기

15. 키보드를 누르면 총알이 발사되도록 하겠습니다. 그런데 총알이 계속 날아 가야 하기 때문에 복제본을 사용해야 합니다.

우선 총알 오브젝트를 만들겠습니다. **[라이브러리]** → **[만들기]** 카테고리에서 '공 모양(Ellipsoid) 오브젝트를 장면에 추가합니다.

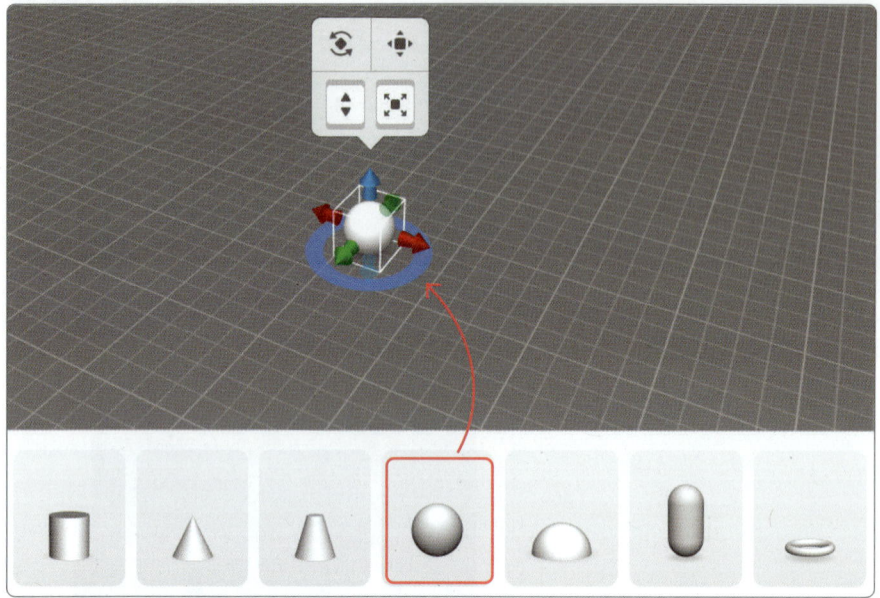

16. 총알은 매우 작기 때문에 세밀한 변형이 필요합니다. 세밀한 작업을 위해서 화면 상단 **[자석 기능]**에 **[격자에 맞추기]** 기능을 미리 꺼 줍니다.

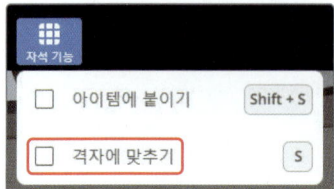

17. 총알을 매우 작게 만든 후에 총 앞에 배치합니다. 총알을 너무 작게 만들면 화면에 보이지 않기 때문에 여기서는 탁구공 크기 정도로 만들겠습니다. 총알 오브젝트의 이름을 '원본총알'로 변경하고 [**코블록스에서 사용**]을 활성화합니다.

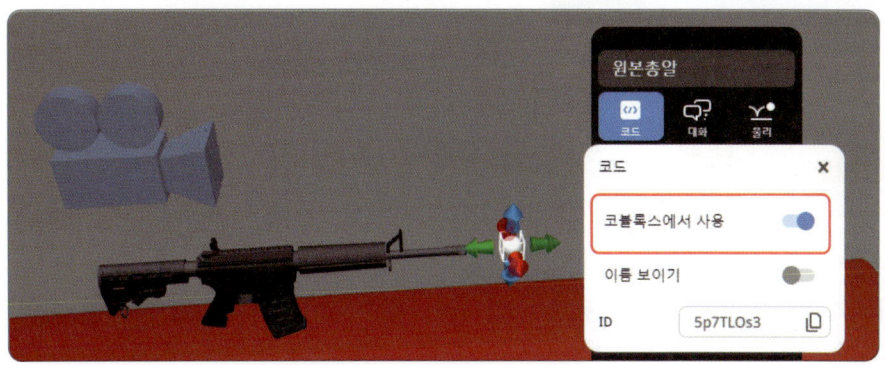

18. 원본총알은 발사되지 않습니다. 원본총알의 복제본이 만들어져서 발사됩니다. 그래서 원본총알은 카메라의 위쪽으로 이동시킵니다. 카메라에 보이지 않도록 이동시킵니다. [**이동**] 메뉴에서 위치를 (X: −2.33, Y: −0.83, Z: 5.85) 정도로 설정합니다.

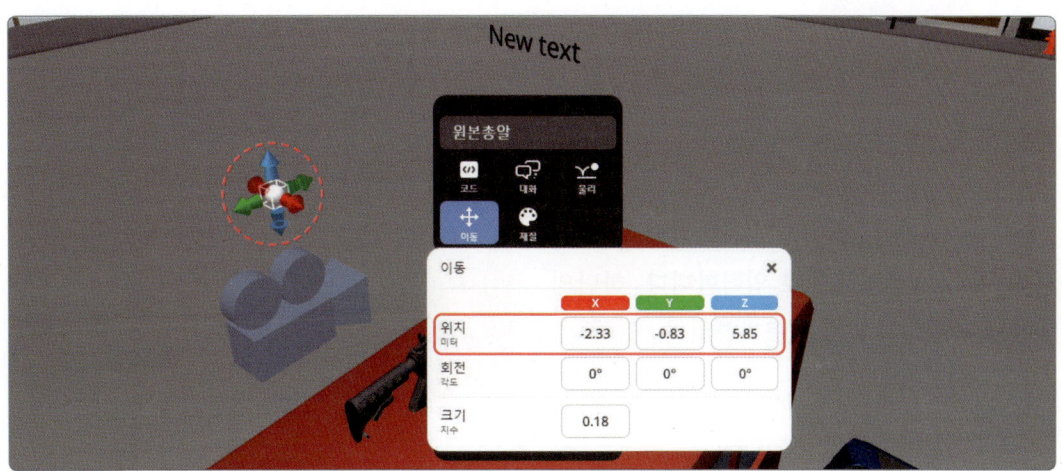

19. 코드에서 코블록스 스크립트에 다음과 같이 블록 하나를 추가합니다. '원본총알'을 'Camera'의 자식 아이템으로 추가합니다.

Chapter 13 | 100마리 늑대 잡기 게임　211

20. 코드 화면 상단의 [+] 버튼을 눌러 새로운 코블록스를 추가합니다. **[코블록스(1)]** 스크립트가 만들어집니다.

21. 복제본을 만들기 위해서는 함수를 사용해야 합니다. [함수] 카테고리의 [함수 만들기] 버튼을 클릭합니다.

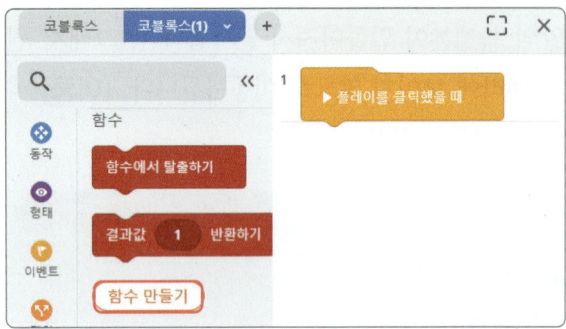

22. '새로운 함수' 팝업창이 나타납니다. 함수 블록 이름은 '총알제어'로 입력합니다. 하단의 **[매개변수 추가]** 버튼을 클릭합니다.

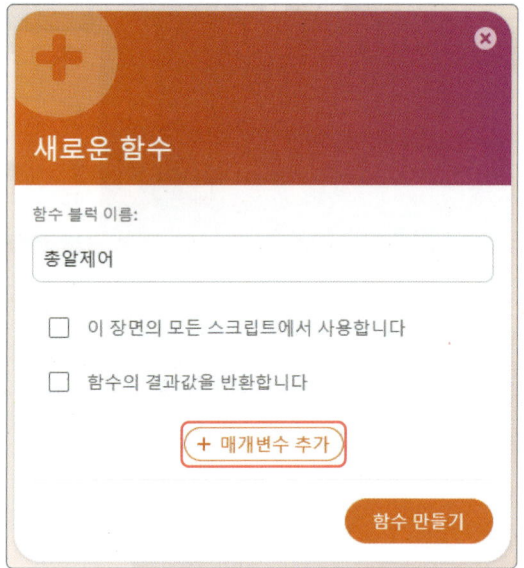

23. 매개변수의 이름을 '복제된총알'로 입력합니다. **[함수 만들기]** 버튼을 클릭합니다.

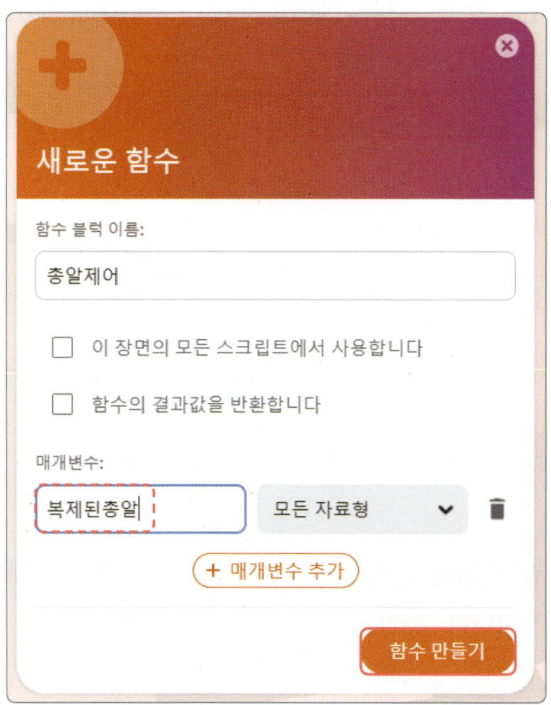

24. **[플레이를 클릭했을 때]** 블록 위에 **[총알제어]** 함수 정의하기 블록이 생깁니다. 여기에서 함수의 기능을 미리 정의해 놓고, 하단에서 함수를 호출해서 사용하게 됩니다.

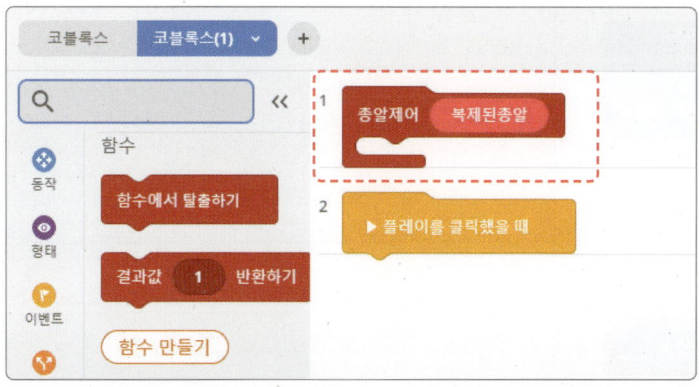

25. 이제 키보드의 스페이스바를 누르면 총알을 복제하겠습니다. 이벤트 카테고리의 **[키보드의 키가 눌림일 때]** 블록을 가져와서 **[스페이스키]**로 변경합니다. **[함수]** 카테고리의 **[총알제어]** 블록과 **[아이템]** 카테고리의 **[복제본 만들기]** 블록을 사용합니다.

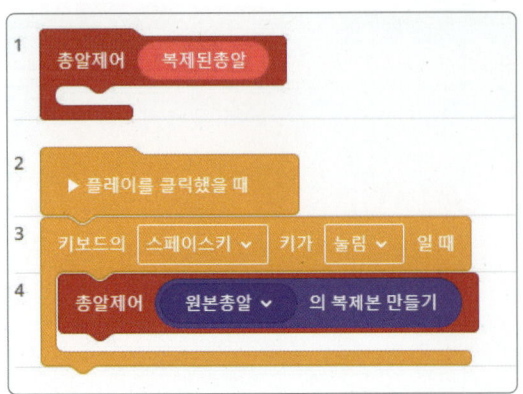

26. 이렇게 하면 스페이스바를 눌렀을 때 '원본총알'의 현재 위치에 복제본이 만들어집니다. 복제본은 카메라 위의 '원본총알' 위치에 겹쳐서 생성됩니다. 총알을 발사하기 전에 총구 위치로 이동시켜야 합니다. 총알을 조작하기 전에 우선 복제된 총알의 방향을 카메라의 방향과 똑같이 맞추어 놓습니다. 그래야 복제된 총알을 원하는 방향으로 이동시킬 수 있습니다. 이때 '복제된 총알' 오브젝트는 상단의 함수 정의하기 부분에서 끌어서 가져옵니다.

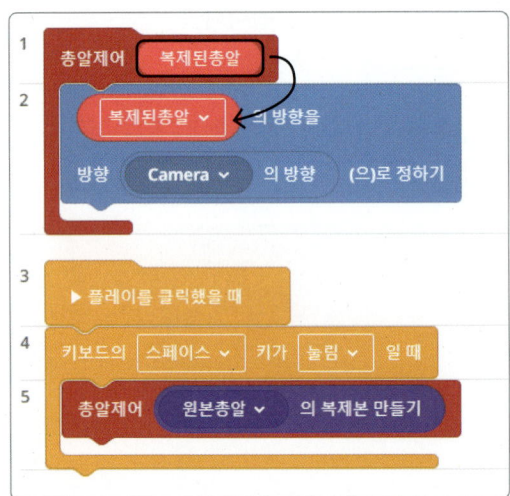

27. [**총알제어**] 함수 정의 부분에 다음의 블록을 추가합니다. 복제된 총알을 0초 동안 앞으로, 오른쪽으로, 아래로 미세하게 이동시켜 총구 바로 앞에 나타나도록 합니다.

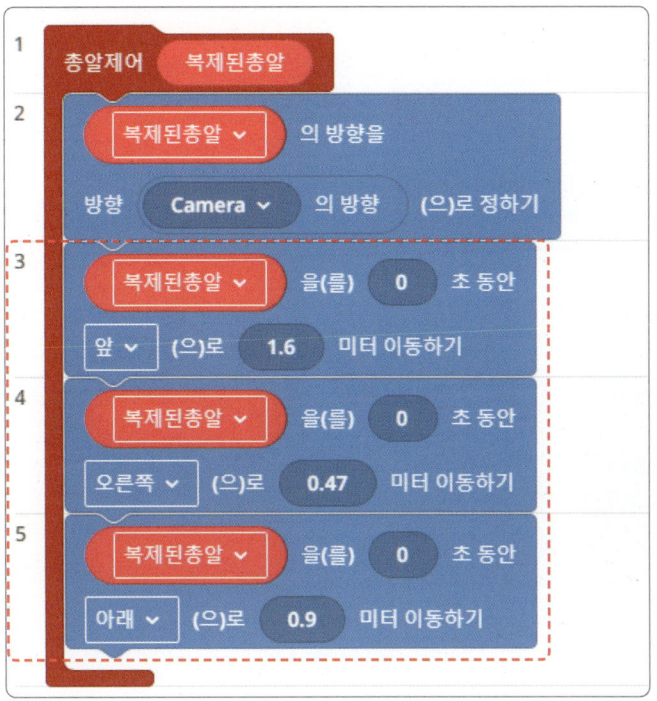

28. [**플레이**] 버튼을 클릭하면 스페이스바를 누를 때마다 복제된 총알이 총구 앞에서 나타나게 됩니다. 총알로 허공에 그림을 그릴 수도 있습니다.

29. 이제 총알을 앞으로 발사하겠습니다. 복제된 총알을 3초 동안 앞으로 100미터 이동시킵니다. 그리고 이후에 복제된 총알을 삭제합니다. 만약 삭제를 하지 않으면 복제된 총알이 계속 장면에서 돌아다니게 되어 게임이 점점 느려집니다.

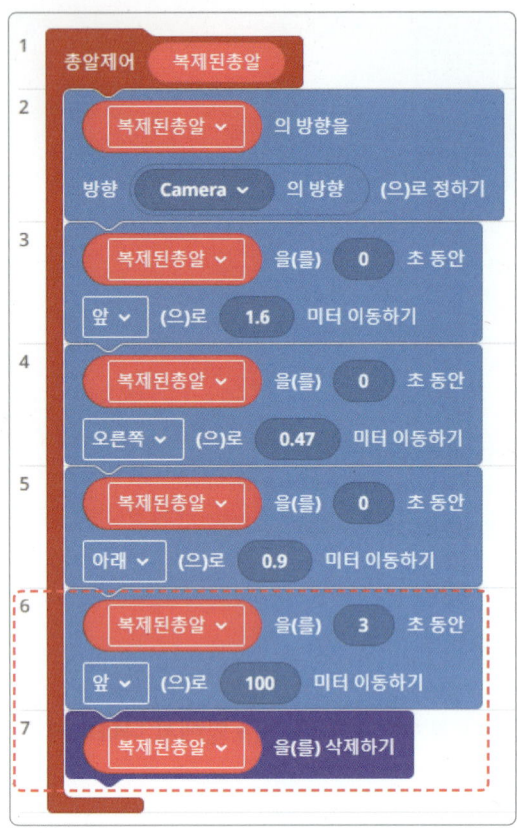

30. [플레이] 버튼을 클릭하고 총알을 발사해 보세요. 스페이스바를 누를 때마다 총구에서 복제된 총알이 앞으로 쭉쭉 뻗어 나가는 모습을 볼 수 있습니다.

STEP 3. 늑대 100마리 복제하기

31. 늑대 100마리를 복제해서 맵에 뿌려 놓겠습니다. 늑대도 '원본늑대'가 있고 '복제된 늑대'가 있습니다. 우선 원본늑대를 장면에 추가해야 합니다. **[라이브러리]** → **[동물]** 카테고리에 있는 '늑대'(Wolf) 오브젝트를 화면 한구석에 추가합니다.

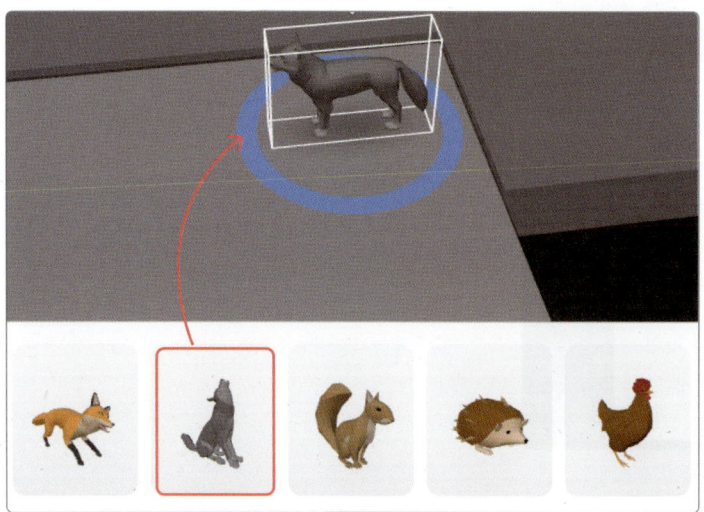

32. 추가된 'Wolf' 오브젝트의 이름을 '원본늑대'로 변경하고 **[코블록스에서 사용]** 항목에 체크합니다.

33. 복제된 상태에서는 애니메이션을 바꿀 수 없습니다. 만약 애니메이션을 넣고 싶다면 '원본늑대'에게 미리 애니메이션을 넣어 줘야 합니다. '원본늑대'의 애니메이션을 [angry](화난) 정도로 설정해 줍니다.

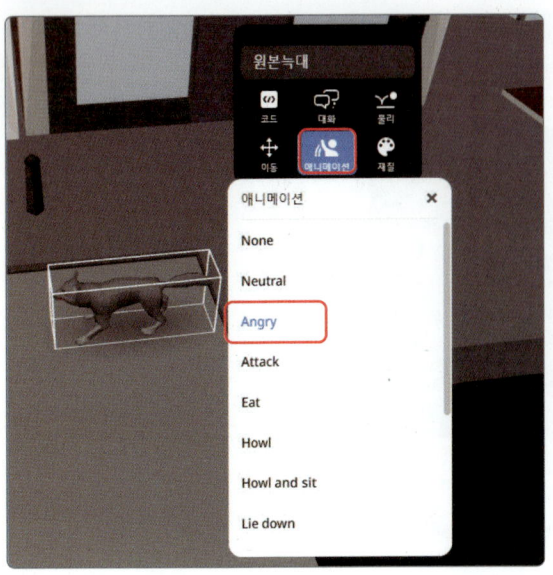

34. 이제 코드를 짜겠습니다. '코드'에서 [+] 버튼을 눌러 새로운 [코블록스(2)] 스크립트를 만듭니다.

35. '원본늑대'는 별도의 상호작용 코드를 만들지 않습니다. '복제된늑대'와 헷갈리지 않기 위해서 처음부터 화면에서 보이지 않게 만들겠습니다.

36. 총알을 복제했던 것처럼 늑대도 함수를 이용해서 복제합니다. **[함수]** 카테고리의 **[함수 만들기]** 버튼을 클릭한 후 **[복제된늑대]** 매개변수를 가진 **[늑대제어]** 함수를 만듭니다.

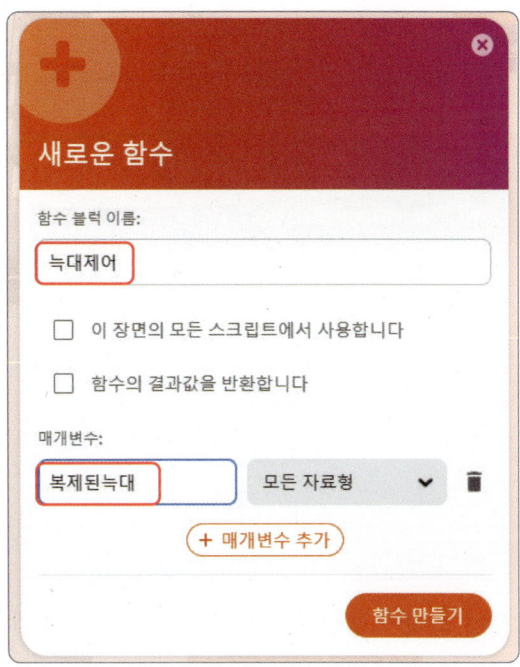

37. 코드 스크립트 상단에 **[늑대제어]** 함수 정의하기 블록이 나타납니다. **[플레이]** 버튼을 클릭했을 때 100번 반복하면서 원본늑대의 복제본을 만든 후 **[늑대제어]** 함수를 실행합니다.

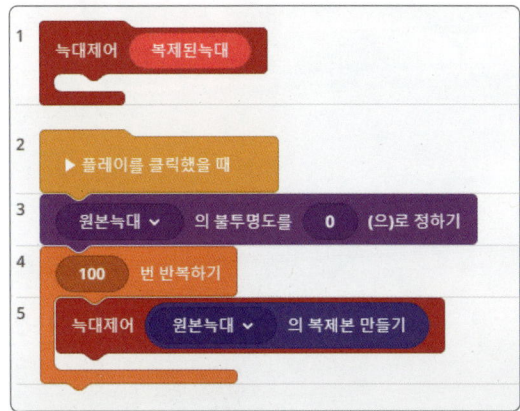

38. 늑대가 복제되면 다시 화면에 나타나기 위해서 불투명도를 [100]으로 설정합니다. 그리고 맵의 이곳저곳에 뿌리기 위해서 랜덤한 좌표로 이동합니다.

39. [플레이] 버튼을 클릭하면 늑대 화면 이곳저곳에 늑대가 생성됩니다. 하지만 아직은 총알에 맞아도 아무런 반응이 없습니다.

> **꿀팁** **코스페이시스 장면의 크기**

코스페이시스의 장면은 가로세로 60미터, 높이 40미터 정도의 크기를 가지고 있습니다. 코딩을 이용해서 이보다 더 큰 좌표로 오브젝트를 이동시킬 수 있지만, 마우스로 오브젝트를 이동시킬 때는 이 범위 안에서만 움직일 수 있습니다.

장면의 좌표는 한가운데 바닥면이 X축: 0, Y축: 0, Z축: 0 입니다. X좌표는 -30부터 30까지, Y좌표도 -30부터 30까지, Z좌표는 0부터 40까지 존재합니다.

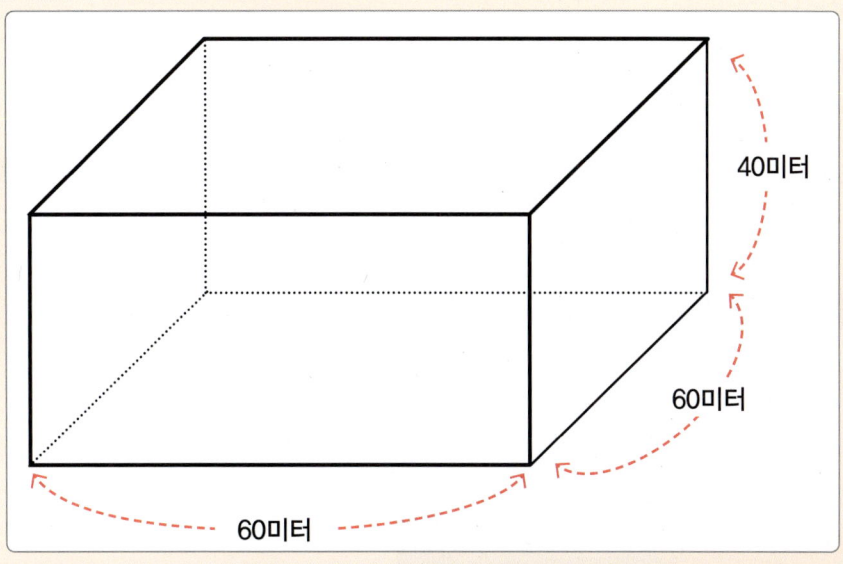

3D 환경의 코스페이시스를 처음 시작할 때 카메라는 장면의 한가운데 (0,0,0)의 위치에 자리합니다. 그리고 카메라의 방향을 기준으로 다음과 같이 좌표가 설정됩니다.

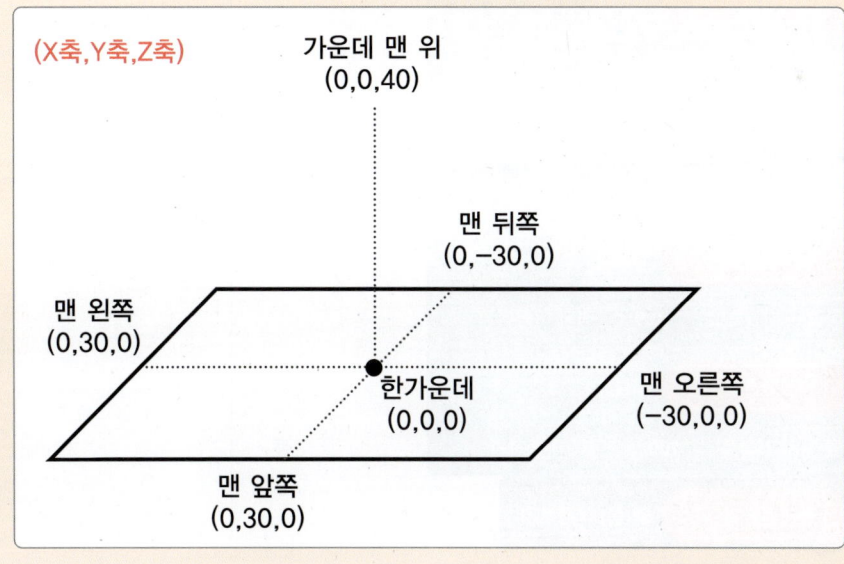

STEP 4. 늑대가 총알에 맞으면 죽는 효과 만들기

40. 늑대가 총알에 맞으면 죽는 효과를 만들겠습니다. 정확히는 늑대가 총알에 맞으면 튕겨져 나가고, 색상이 빨갛게 변하고, 사라지게 만들겠습니다.

일반적으로 오브젝트에 다른 오브젝트에 충돌했는지 여부는 [~에 ~가 충돌할 때] 이벤트 블록을 사용합니다. 그런데 복제된 오브젝트에 복제된 오브젝트가 충돌했는지 여부는 이 블록으로 작동하지 않습니다.

따라서 [~에 '다른 아이템'이 충돌할 때] 이벤트 블록을 사용합니다. 다른 아이템에 충돌할 때 다른 아이템의 이름을 비교해서 만약 이름이 '총알'이라면 죽도록 만듭니다.

우선 '복제된총알' 오브젝트의 이름을 '총알'로 만들겠습니다. [코블록스(1)] 스크립트의 [총알제어] 함수 정의하기 블록에서 '복제된총알'의 이름을 '총알'로 설정합니다.

41. 다시 [코블록스(2)] 스크립트로 돌아옵니다. 아이템 카테고리의 [~의 이름] 블록과 데이터 카테고리의 [다른 아이템] 블록, [쌍따옴표("")] 블록을 이용해서 조건문을 만듭니다.

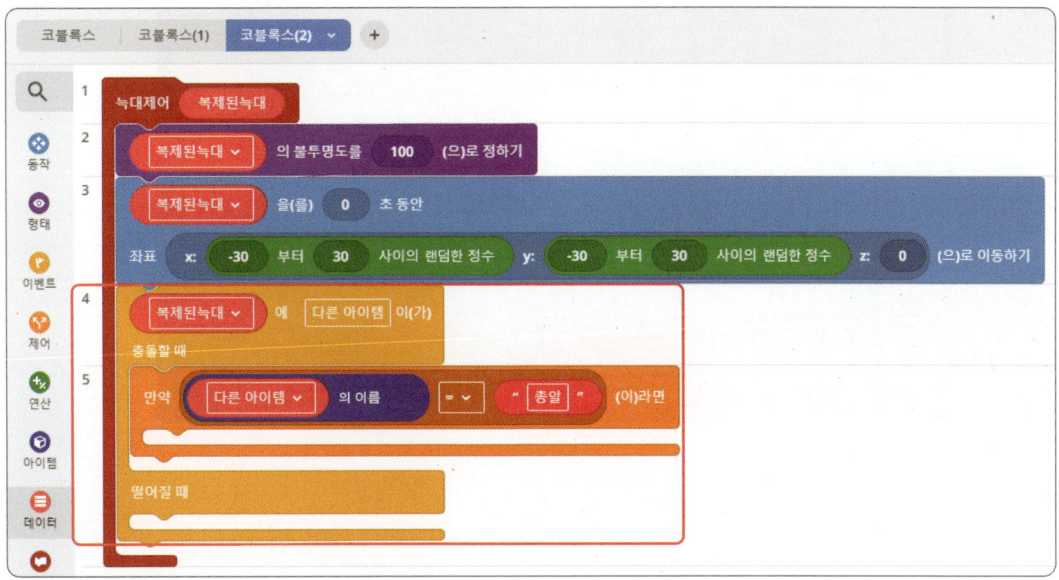

42. 늑대가 총알에 닿으면 색상을 빨갛게 변경하고, 물리 기능을 이용해서 카메라의 반대 방향으로 튕겨 나갑니다. 그리고 1초 뒤 삭제됩니다.

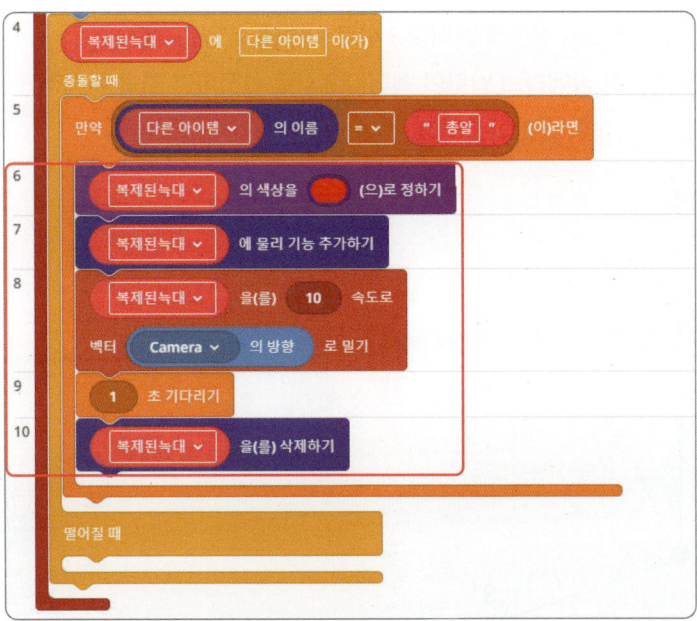

Chapter 13 | 100마리 늑대 잡기 게임

43. [플레이] 버튼을 클릭하면 늑대가 튕겨져 나가서 사라지는 모습을 볼 수 있습니다.

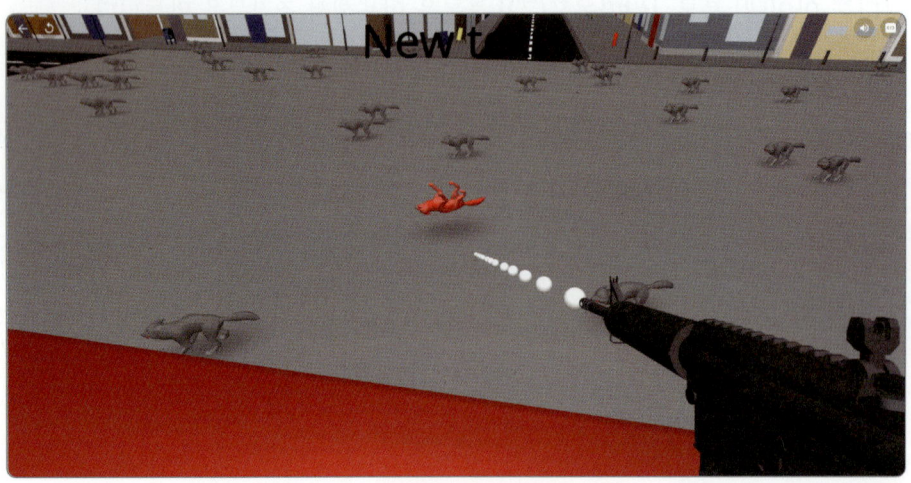

> **꿀팁** **벡터로 방향을 똑같이 맞추기**
>
> 코스페이시스에서 벡터는 두 오브젝트의 방향을 맞출 때 사용합니다. 예를 들어 '카메라' 오브젝트가 자신을 기준으로 X축으로 2만큼, Y축으로 3만큼, Z축으로 4만큼 떨어진 지점을 바라보고 있다면 이때 카메라 오브젝트가 바라보는 방향을 벡터(2,3,4)로 나타낼 수 있습니다.
> 그리고 '늑대' 오브젝트의 방향을 똑같이 카메라의 방향인 벡터(2,3,4)로 설정하면 결국 카메라 오브젝트의 방향과 늑대 오브젝트의 방향이 똑같아집니다.
>
>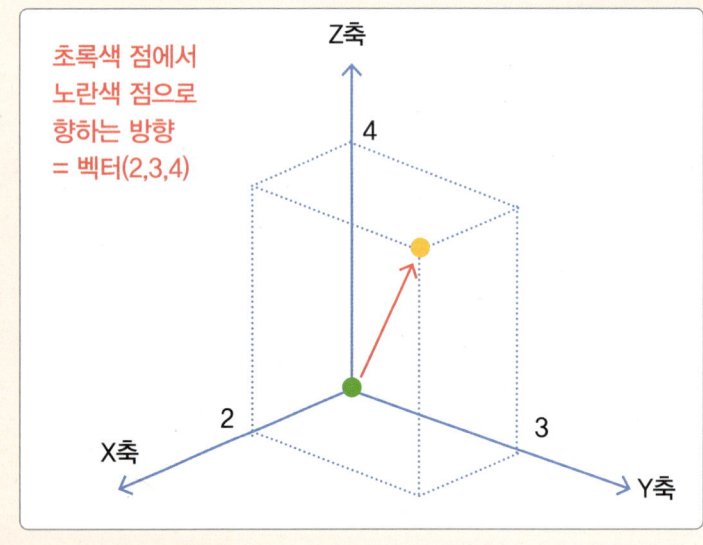

STEP 5. 남은 늑대 수를 화면에 표시하기

44. 장면에 남아 있는 늑대 수를 화면 상단에 표시하겠습니다.

우선 초기화가 필요합니다. **[코블록스(2)]** 스크립트에서 **[플레이를 클릭했을 때]** 블록에 변수 **[늑대수]**를 만들고 변숫값을 **[0]**으로 지정합니다. 그리고 100번 반복하면서 늑대를 복제할 때마다 변수를 **[1]**씩 증가시킵니다.

늑대를 모두 복제한 후에는 카메라에 붙어 있는 '점수판' 오브젝트의 '텍스트'를 문자열 합치기 블록을 이용해서 '남은 늑대수: 100'의 형식으로 변경합니다.

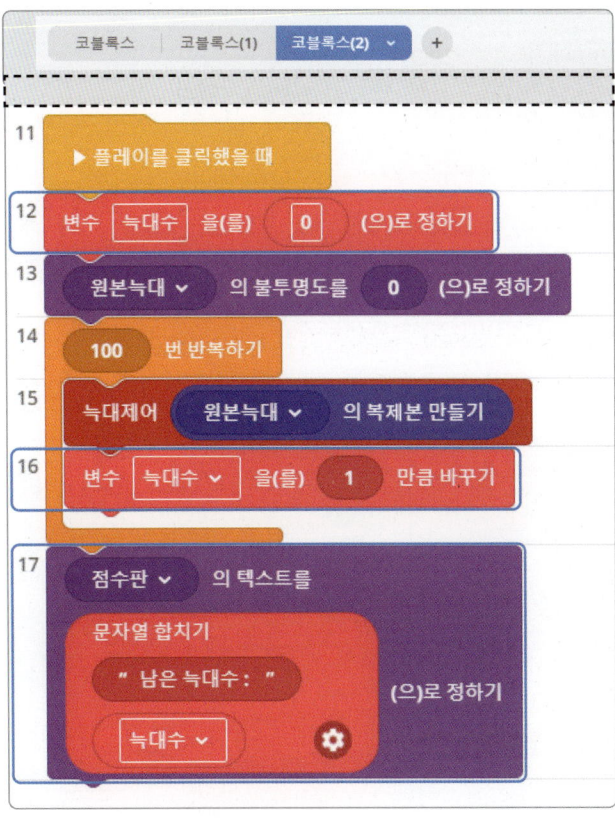

45. 늑대가 한 마리 삭제될 때마다 **[늑대수]** 변수를 **[1]**씩 감소시킵니다. 이때 중요한 것은 **[충돌했을 때]** 이벤트를 제거해야만 늑대 1마리에 총알 2개가 충돌했을 때 **[늑대수]** 변수가 **[2]**씩 감소하는 문제를 해결할 수 있습니다.

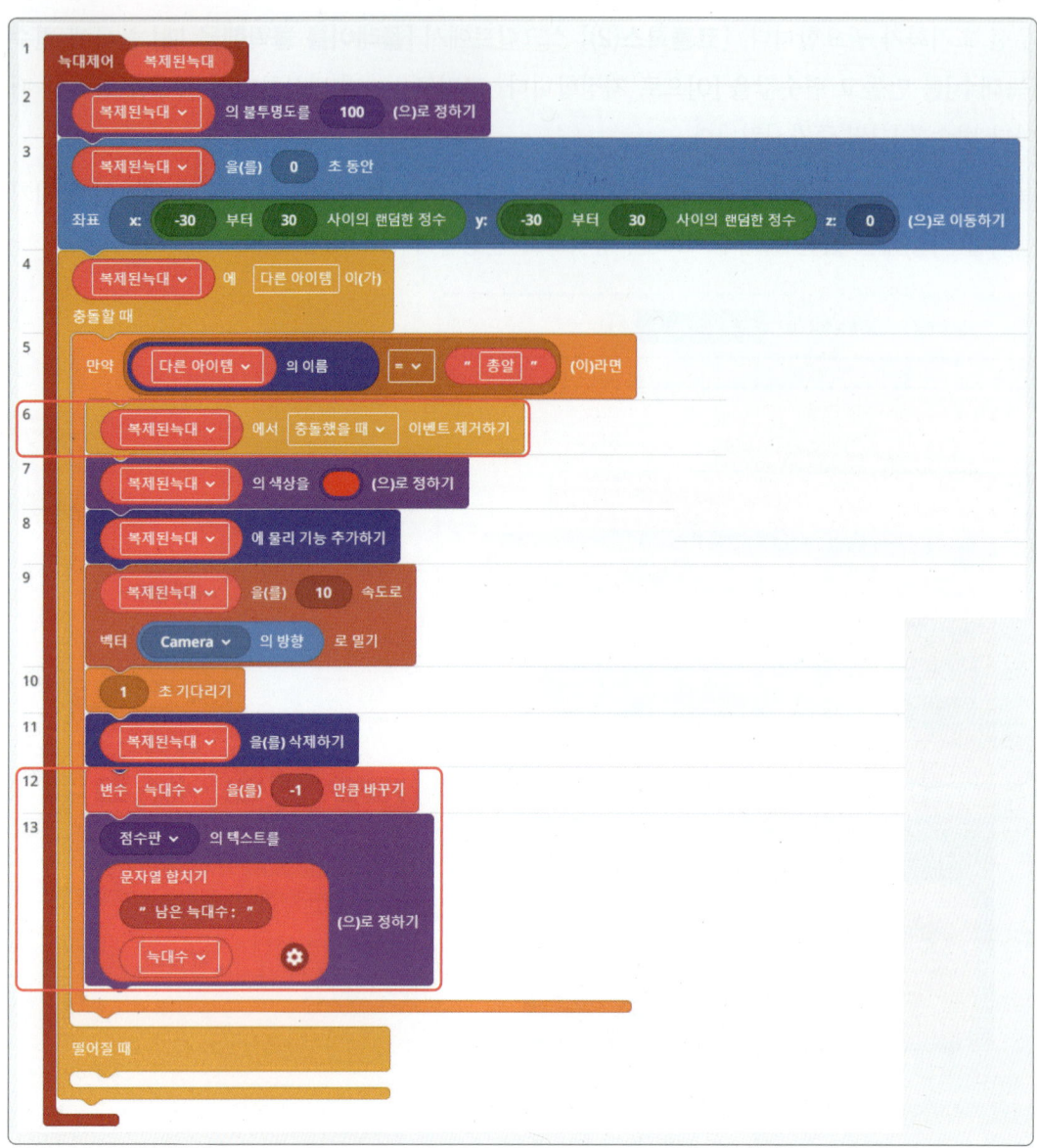

46. 글자판 오브젝트의 텍스트 크기를 **[30]**으로 조정합니다.

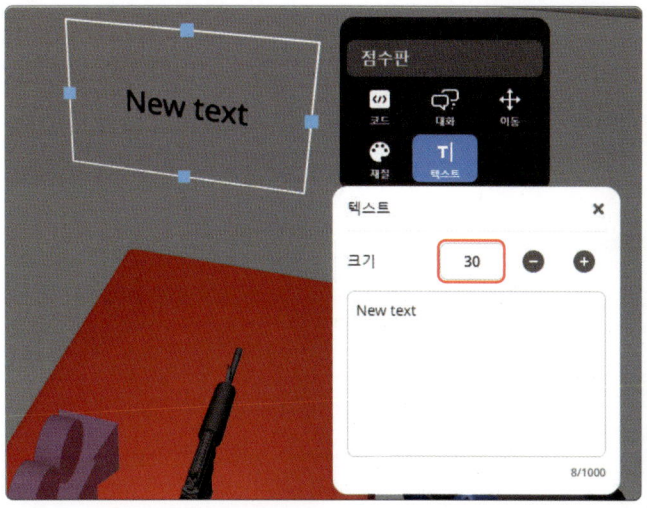

47. **[플레이]** 버튼을 클릭하면 현재 남아 있는 늑대의 마릿수가 화면 상단에 표시됩니다.

STEP 6. 100마리 다 잡으면 게임 클리어하기

48. 마지막으로 늑대를 잡았을 때 **[만약]** 블록을 추가해서, 남은 **[늑대수]** 변숫값이 **[0]**이라면 게임을 클리어하겠습니다. **[정보창 보이기]** 블록을 이용해서 안내창을 띄우세요.

정보창 보이기
- **제목:** 게임 클리어
- **텍스트:** 당신은 마지막으로 남은 늑대까지 모두 처리했습니다! 당신의 승리입니다!
- **이미지:** 이미지 없음

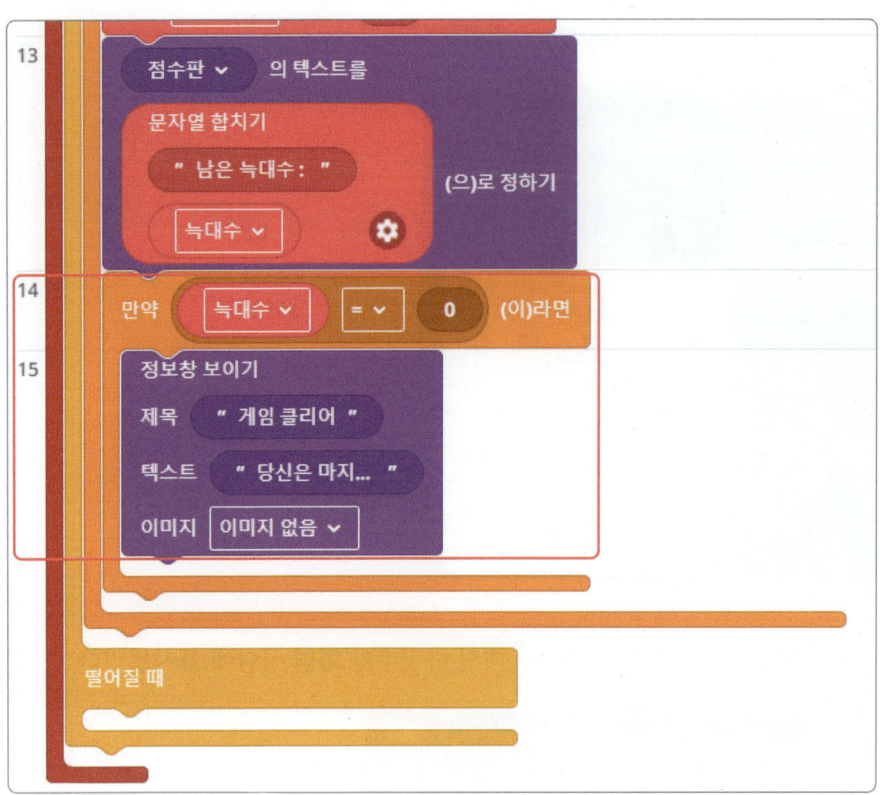

49. 직접 플레이해서 늑대 100마리를 모두 처치해 보세요!

최종 코블록스 스크립트

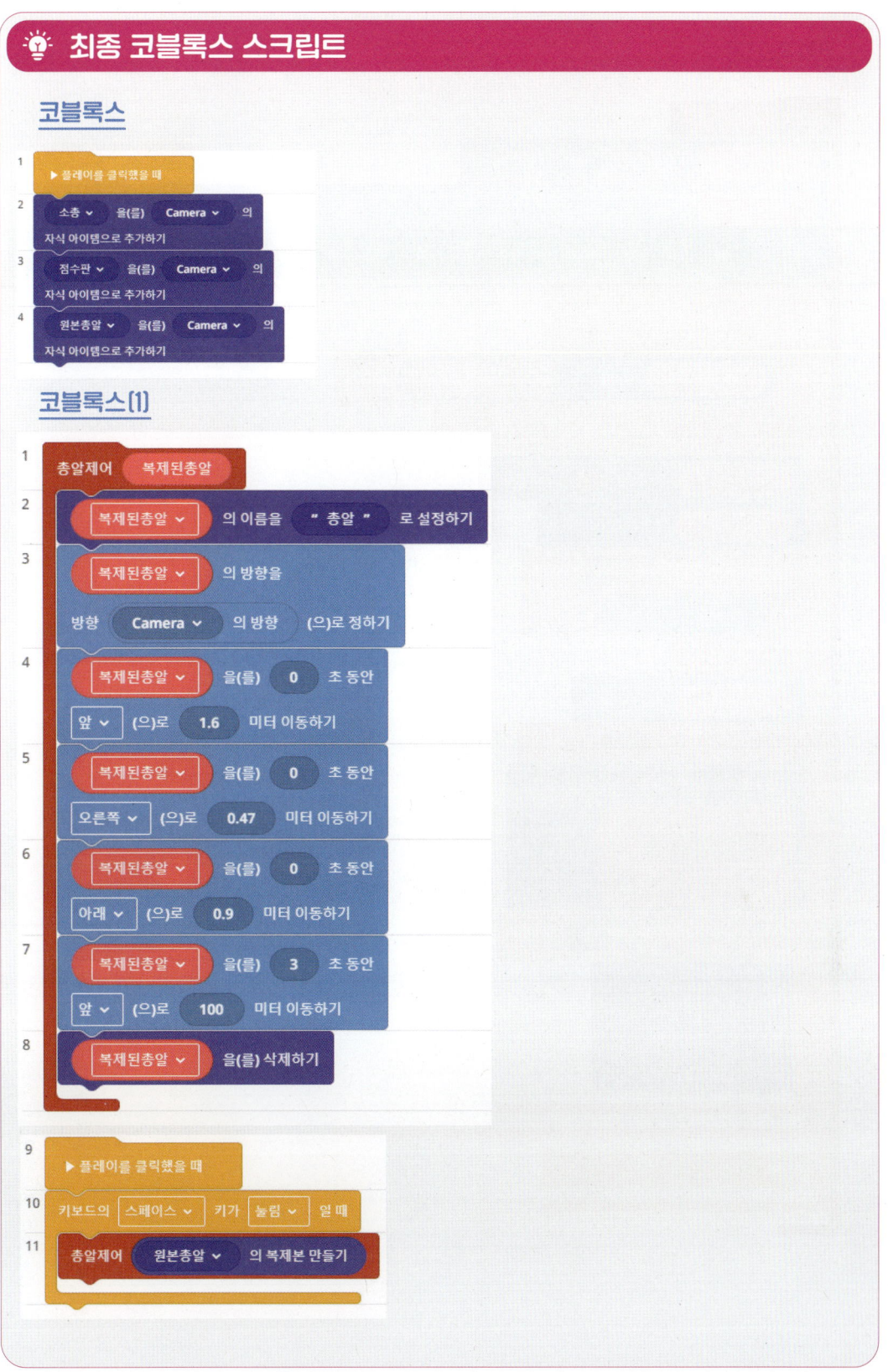

Chapter 13 | 100마리 늑대 잡기 게임

코블록스(2)

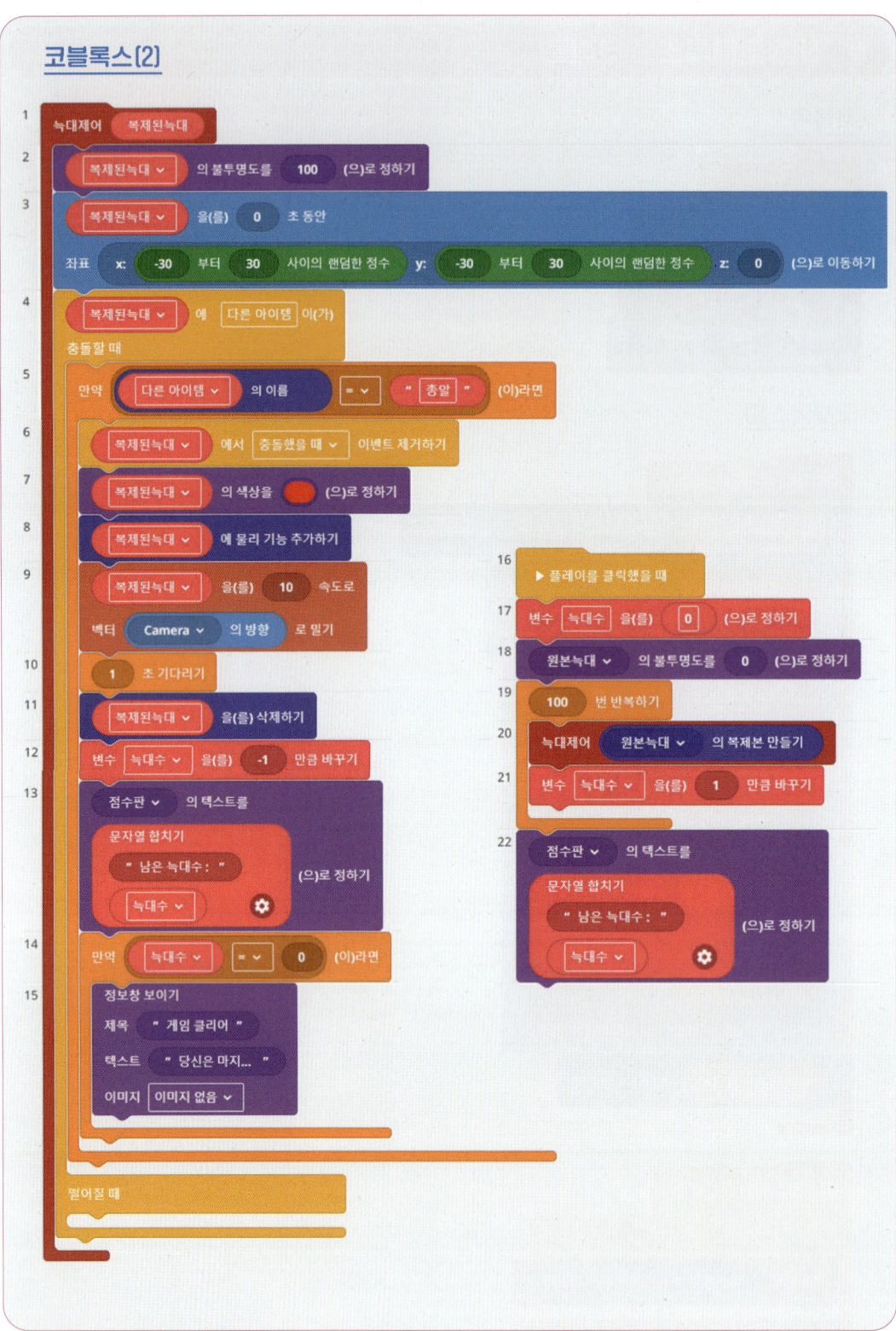

Chapter 14 볼링 게임

템플릿: https://edu.cospaces.io/KSL-YDA
완성작: https://edu.cospaces.io/KXA-LRG

14장에서는 물리 엔진을 이용한 스포츠 게임을 만듭니다. 볼링은 볼링공을 굴려서 10개의 볼링핀을 쓰러트리는 경기입니다. 보다 많은 핀을 쓰러트리기 위해서는 볼링공을 던지는 위치와 던지는 힘의 세기, 던질 때의 회전 방향 등이 중요합니다.

우리는 키보드를 이용해서 이런 값들을 조정하고 공을 던질 때 이런 효과가 나타나도록 할 것입니다. 처음에는 간단히 공을 굴리는 것만 구현하지만 하나씩 작업을 하면서 공을 조작하는 다양한 기능을 추가해 나가겠습니다.

학습 목표

1. 재질로 볼링장 꾸미기
2. 스페이스바 눌러 공 굴리기
3. A, D 키로 공 위치 바꾸기
4. W, S 키로 던지는 속도 바꾸기
5. Q, E 키로 공에 회전 주기
6. 카메라가 공 따라 가기

STEP 1. 재질로 볼링장 꾸미기

01. 예제 작품을 열면 미리 [라이브러리] → [만들기] 카테고리에 있는 오브젝트를 이용해서 볼링 레인(Lane)이 만들어져 있습니다.

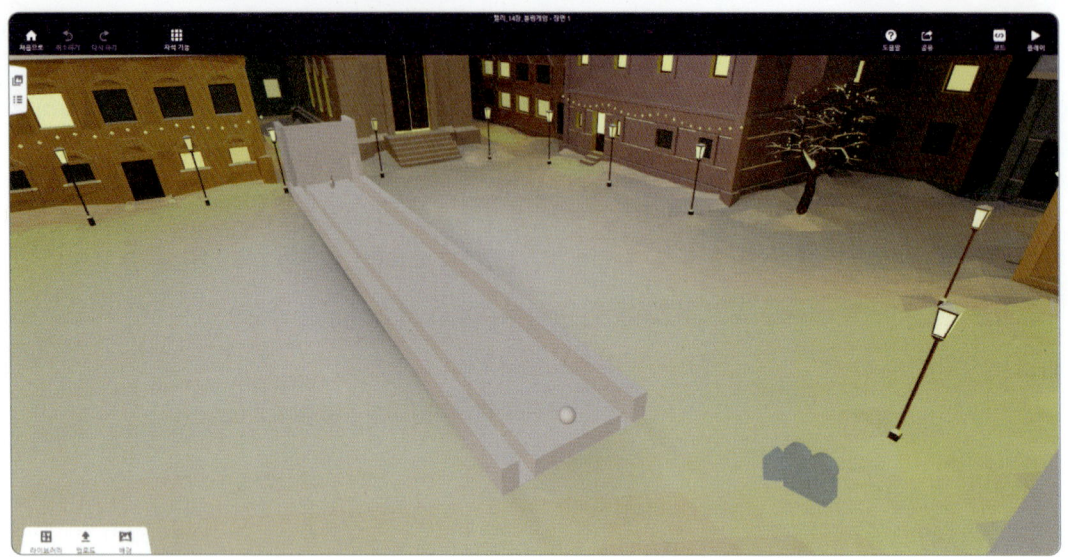

02. 실제 볼링장 사진을 보면서 '재질' 및 '색상' 기능을 이용해 레인을 꾸며 봅시다.

볼링 레인(출처: Wikimedia Commons)

03. '볼링공' 오브젝트도 **[재질]**을 이용해서 볼링공 모양으로 색을 입힐 수 있습니다.

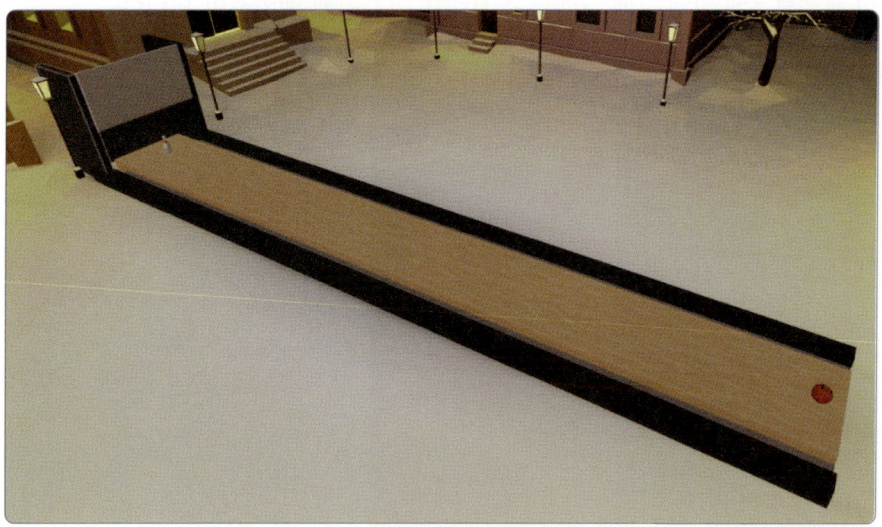

04. 볼링장 분위기를 더 내기 위해서 레인의 끝에 관련된 이미지를 웹 검색으로 붙입니다.

05. 텍스트를 이용해서 제목도 적어 봅시다.

06. 현재는 볼링핀이 하나밖에 없습니다. 볼링핀을 복제해서 10개로 만들어 배치합니다. 볼링핀은 정삼각형의 형태로 1개, 2개, 3개, 4개를 순서대로 엇갈리게 배치하면 됩니다.

07. 볼링핀과 볼링공은 이미 물리 기능이 추가되어 있습니다. 속성창에서 확인해 봅니다.

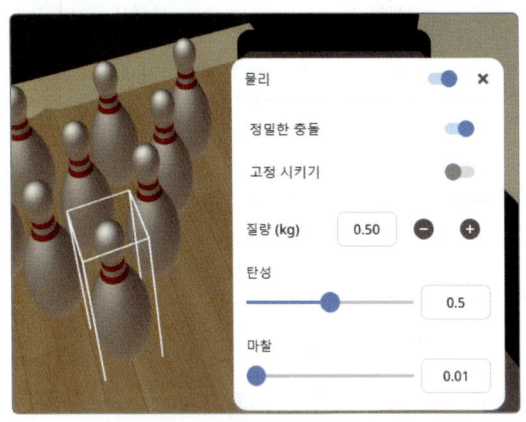

볼링핀의 물리 기능

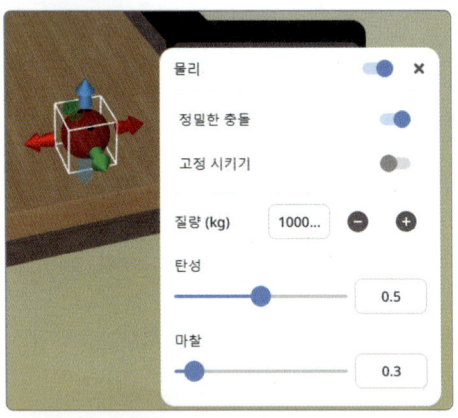

볼링공의 물리 기능

STEP 2. 스페이스바 눌러 공 굴리기

08. 스페이스바를 누르면 공이 앞으로 굴러가도록 해 봅시다. 볼링핀이 넘어지는 소리도 넣겠습니다. '코드'에서 새로운 **[코블록스]**를 추가하고 다음과 같이 지정합니다.

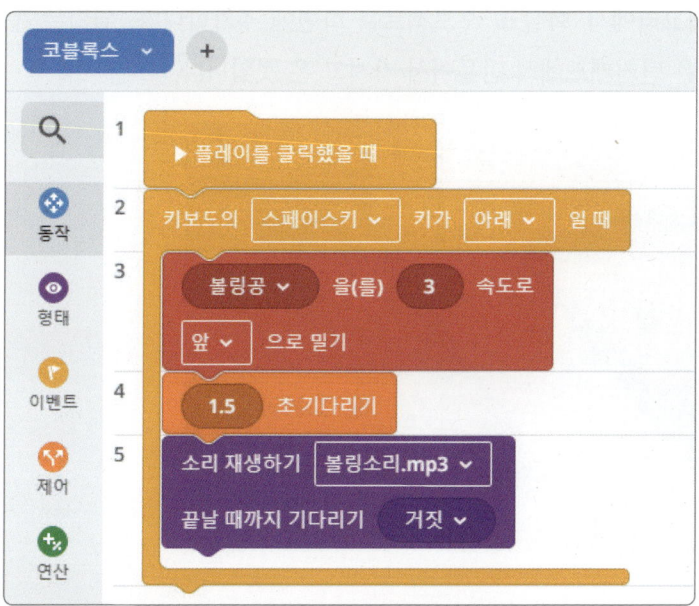

09. 플레이를 하면 공이 굴러가서 핀을 쓰러트립니다. 아직은 다른 조작이 없기 때문에 가운데 있는 핀 5~6개를 쓰러트리는 것이 다입니다.

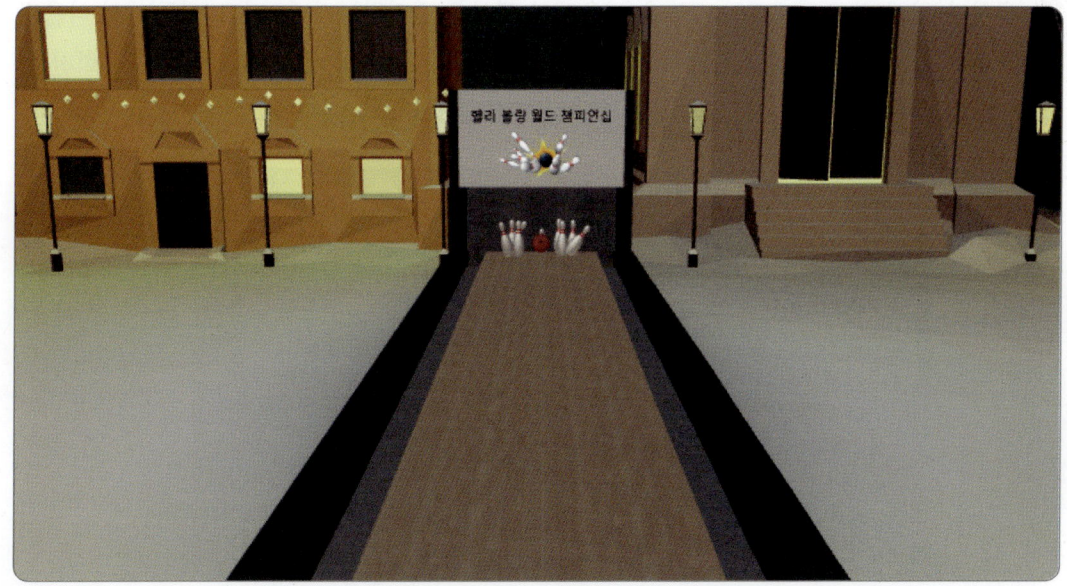

STEP 3. Ⓐ, Ⓓ 키로 공 위치 바꾸기

10. 볼링공의 시작지점을 키보드 Ⓐ, Ⓓ를 이용해서 좌우로 이동시키겠습니다. 볼링공의 위치, 회전, 속도 등을 조작하기 위해서 화살표 오브젝트를 이용합니다.

우선 **[업로드]** → **[3D 모델]** 카테고리에서 '화살표' 오브젝트를 화면에 추가합니다. 위치는 볼링공 바로 뒤입니다. 이 3D 모델은 틴커캐드에서 만들어서 가지고 온 것입니다.

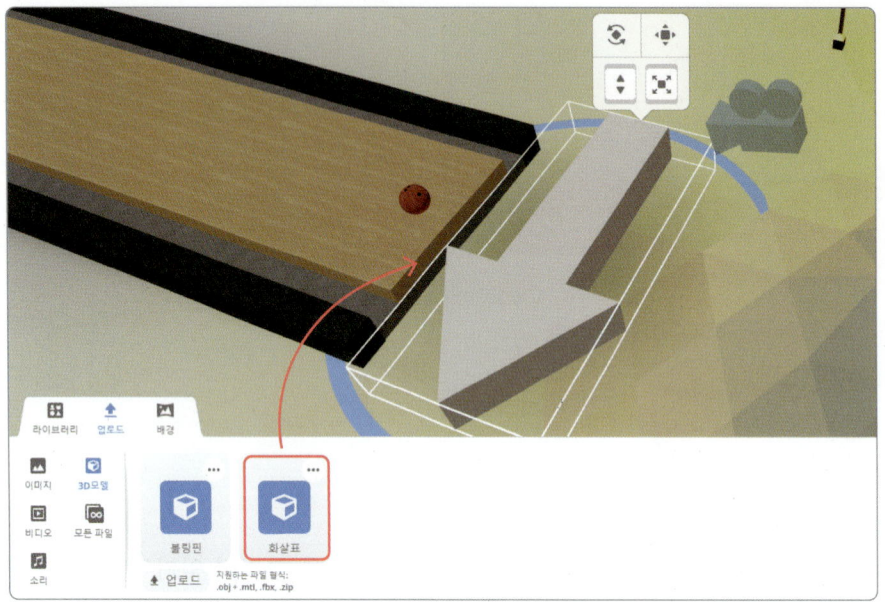

11. 생성된 '화살표' 오브젝트의 재질을 이용해서 색상을 변경합니다. 그리고 '이동'에서 다음과 같이 위치, 회전, 크기를 변경합니다. 이제부터 이 화살표가 공의 위치, 던지는 속도, 회전 등을 알려주는 기즈모(Gizmo)가 될 것입니다.

12. '화살표' 오브젝트의 **[코블록스에서 사용]**을 활성화합니다.

13. 기존의 **[코블록스]** 스크립트에 다음의 블록을 추가합니다.

14. [플레이] 버튼을 클릭한 다음 키보드의 Ⓐ 또는 Ⓓ를 누르면 공과 화살표가 좌우로 이동합니다.

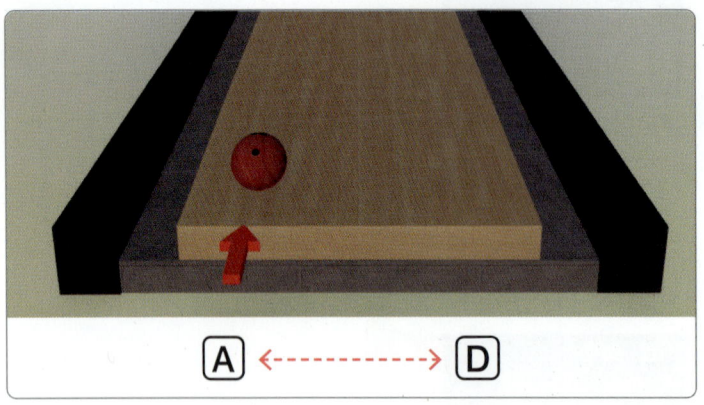

STEP 4. Ⓦ, Ⓢ키로 던지는 속도 바꾸기

15. 공을 던지는 물리 속도를 조작하겠습니다. 스크립트에서 현재 볼링공을 던지는 속도는 3입니다. 이 값을 키보드 Ⓦ, Ⓢ를 이용해서 1~5까지 조절하겠습니다. 이 작업에는 변수가 사용됩니다.

[코블록스] 스크립트에 다음의 블록을 추가합니다. [던지는속도] 변수를 만들고 초깃값으로 [3]을 넣습니다. 키보드의 Ⓦ가 눌리면 [던지는속도] 변숫값을 증가시키고, 화면에 보여 주기 위해서 화살표의 크기를 증가시킵니다. 이때 [던지는속도] 변숫값이 무한정 증가하는 것을 방지하기 위해서 [만약] 블록을 이용해서 [던지는속도] 변숫값이 5 미만일 때만 증가시키도록 합니다. 같은 방식으로 Ⓢ를 누르면 [던지는속도] 변숫값을 [1]까지 감소시킵니다.

16. 이제 스페이스바를 누르면 '던지는속도' 변숫값을 이용해서 볼링공을 앞으로 밀어야 합니다. 기존의 3번째 블록에서 속도값에 **[던지는속도]** 변숫값을 넣습니다.

그리고 예제 작품 안에 미리 볼링핀이 넘어지는 효과음(mp3)이 들어가 있습니다. 공이 속도에 따라 볼링핀이 넘어지는 소리가 재생되는 시간도 달라지게 됩니다. 대략 '4.5 나누기 (던지는속도)' 정도로 설정하여 테스트해 보고 수정합니다.

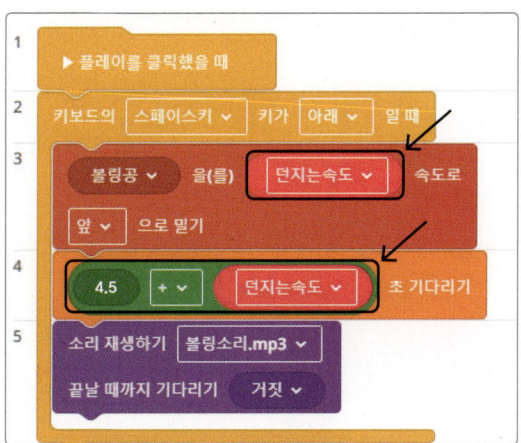

17. [플레이] 버튼을 클릭한 후 W와 S를 누르면 화살표의 크기가 변하게 되고, 스페이스바를 누르면 공이 설정한 속도대로 굴러가는 것을 볼 수 있습니다.

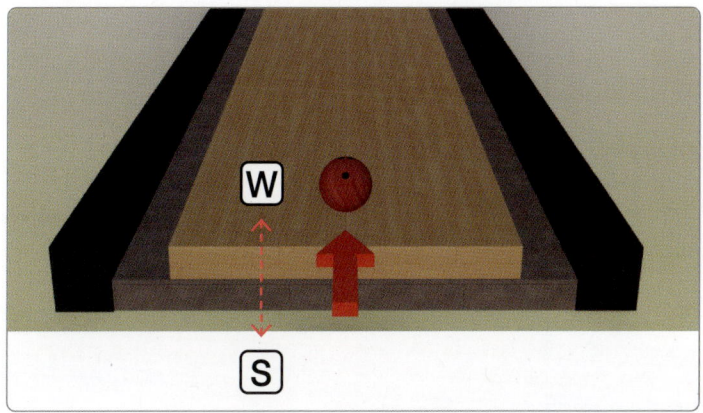

STEP 5. ⓠ, ⓔ키로 공에 회전 주기

18. 볼링 경기를 잘 보면 공에 회전(스핀)을 주어서 공의 파괴력을 높이는 것을 볼 수 있습니다. 우리도 공에 회전을 주겠습니다. 회전은 좌우로 줄 수 있기 때문에 각도를 나타내는 **[회전방향]** 변수를 만듭니다. ⓠ를 누르면 화살표를 회전시켜 볼링 공의 회전 양을 조절합니다. 그

리고 변숫값을 감소(왼쪽으로 회전)시킵니다. 같은 방식으로 E를 누르면 변숫값을 증가(오른쪽으로 회전)시킵니다.

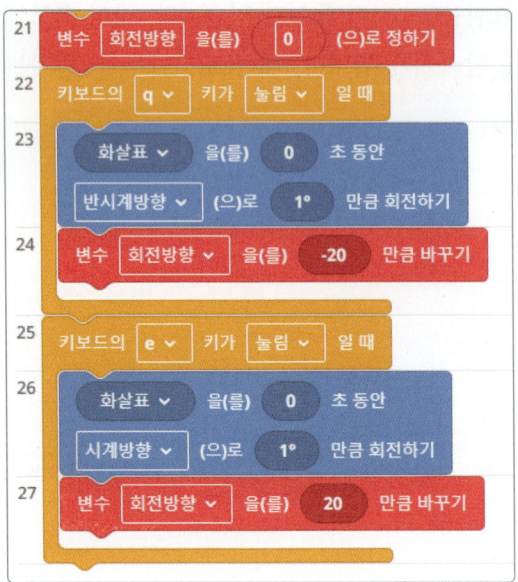

19. 스페이스바 를 눌러 공을 던질 때 동시에 회전을 걸어 주어야 합니다. [**동시에 실행하기**] 블록을 추가합니다. 좌우로 회전을 주기 위해서 'Y축'을 기준으로 [**회전방향**] 변숫값만큼 회전을 걸어 줍니다.

20. [플레이] 버튼을 클릭하면 공이 회전하는 것을 볼 수 있습니다. 다만 코스페이시스에서는 공에 회전을 주더라도 공이 밀려가는 속도가 있어서 다시 제자리로 돌아오려는 성질이 있습니다. 그래서 지그재그로 공이 움직이는 것을 볼 수 있습니다.

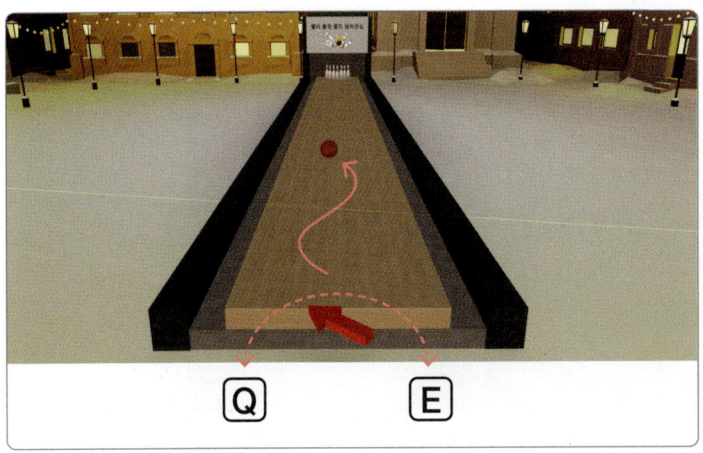

STEP 6. 카메라가 공 따라가기

21. 현재는 카메라가 멀리 있어서 핀이 몇 개가 쓰러졌는지 확인하기 어렵습니다. 공을 던지면 카메라도 함께 공을 따라 이동해서 볼링핀이 쓰러지는 장면을 같이 확인하겠습니다.

[스페이스바]를 눌렀을 때 [동시에 실행하기] 블록의 작업 개수를 하나 더 늘립니다. 그리고 카메라가 대략 '6.5 나누기 (던지는속도)'초 동안 X축 방향으로 17미터 이동하도록 합니다.

22. [플레이] 버튼을 클릭하면 카메라가 볼링공을 그대로 따라가면서 핀이 넘어지는 모습을 자세히 볼 수 있습니다.

최종 코블록스 스크립트

코블록스

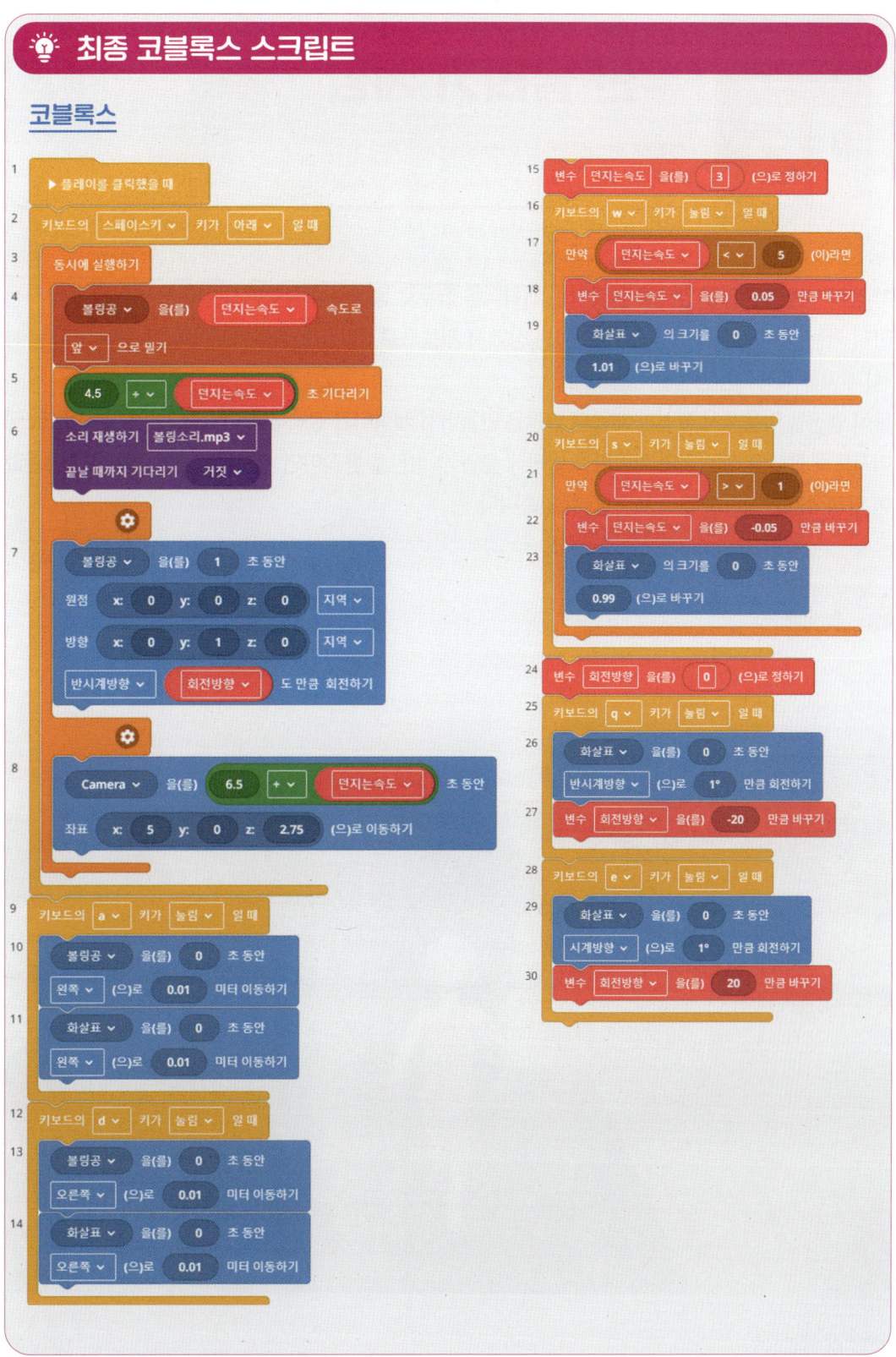

Chapter 14 | 볼링 게임

Chapter 15 무한 달리기 게임

템플릿: https://edu.cospaces.io/YNN-DMS
완성작: https://edu.cospaces.io/UFV-YGH

15장에서는 자동으로 앞으로 움직이는 캐릭터를 좌우로 움직여서 절벽에서 떨어지지 않고 도착지점까지 가는 직진 게임을 제작합니다. 이번 장에서 처음으로 3인칭(플레이어 캐릭터가 눈에 보이는 시점) 게임을 제작하는 방법을 배웁니다.

물리 엔진을 이용해서 절벽과 캐릭터 발판을 만들어서 캐릭터가 절벽을 벗어나면 자동으로 땅으로 떨어지도록 합니다. 캐릭터와 카메라를 발판에 붙인 후 발판을 움직이면 캐릭터의 애니메이션과 상관없이 안정적인 카메라 화면을 보여 줄 수 있습니다.

학습 목표

1. 캐릭터 발판 만들기
2. 발판에 캐릭터, 카메라 붙이기
3. 도착지점에 도착하면 게임 클리어
4. 절벽에서 떨어지면 게임 오버
5. 오브젝트 복제해서 절벽 만들기
6. 전체 절벽 완성하기

STEP 1. 캐릭터 발판 만들기

01. 예제 작품을 열어 보면 10미터의 높은 기둥 위에 카메라가 올라가 있습니다.

02. 카메라가 있는 절벽을 [재질]을 이용해서 여러분이 원하는 모습으로 꾸며 줍니다.

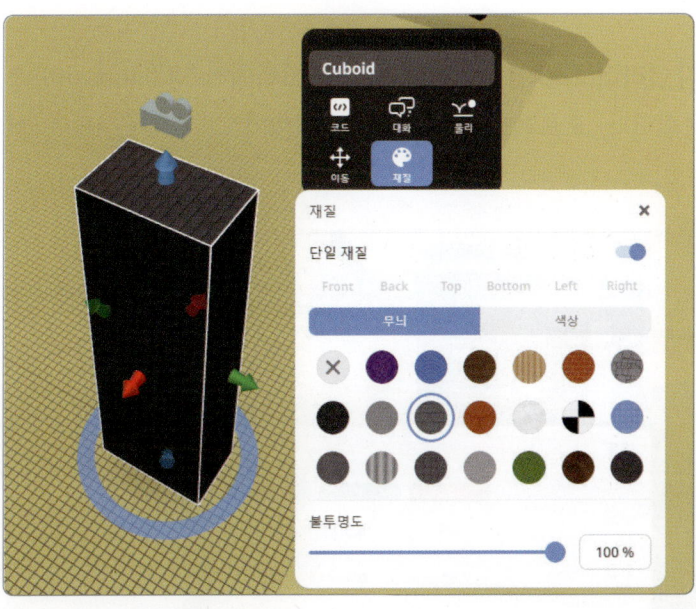

03. 절벽의 물리 기능을 활성화하고 **[고정시키기]**를 켜 주세요. 물리 기능이 활성화된 다른 오브젝트가 절벽 위에 올라가 있도록 하려면 똑같이 물리 기능이 활성화되어 있어야 합니다. 이런 물리 오브젝트는 서로 약간만 겹쳐 있어서 튕겨져 나가기 때문에 **[고정시키기]**를 이용해서 절벽을 제자리에 고정시킵니다.

04. 캐릭터 발판을 만들겠습니다. **[라이브러리]** → **[만들기]** 카테고리에서 '공'(Ellipsoid) 오브젝트를 가져온 후 절벽 위에 올립니다. 오브젝트가 반대쪽으로 나아가도록 Z축을 180도 회전시킵니다.

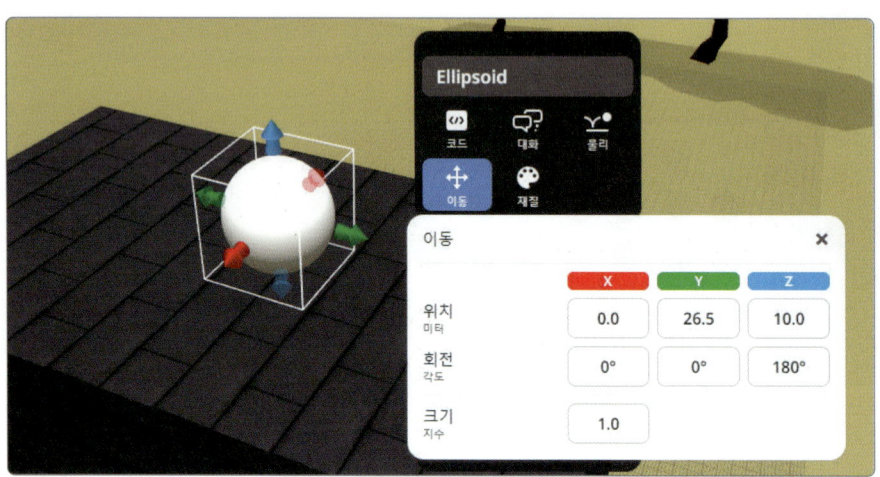

05. 공 오브젝트의 이름을 '캐릭터발판'으로 변경한 후 **[코블록스에서 사용]**을 활성화합니다.

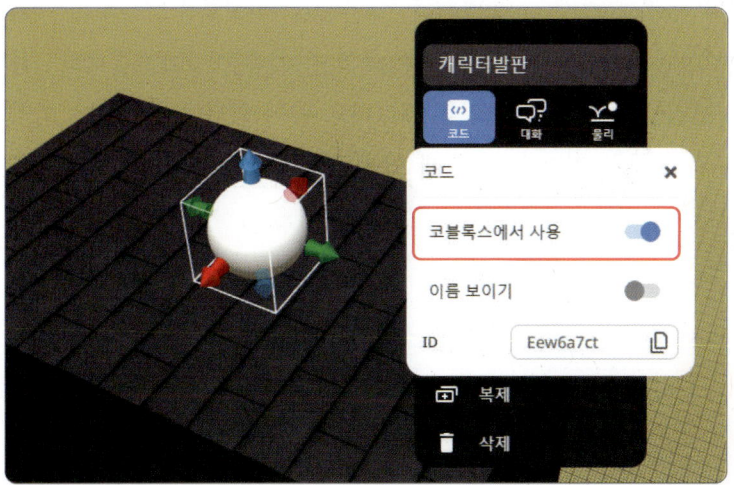

06. '캐릭터발판' 오브젝트가 절벽에서 떨어지는 효과를 주기 위해서 물리 기능을 켜 줍니다.

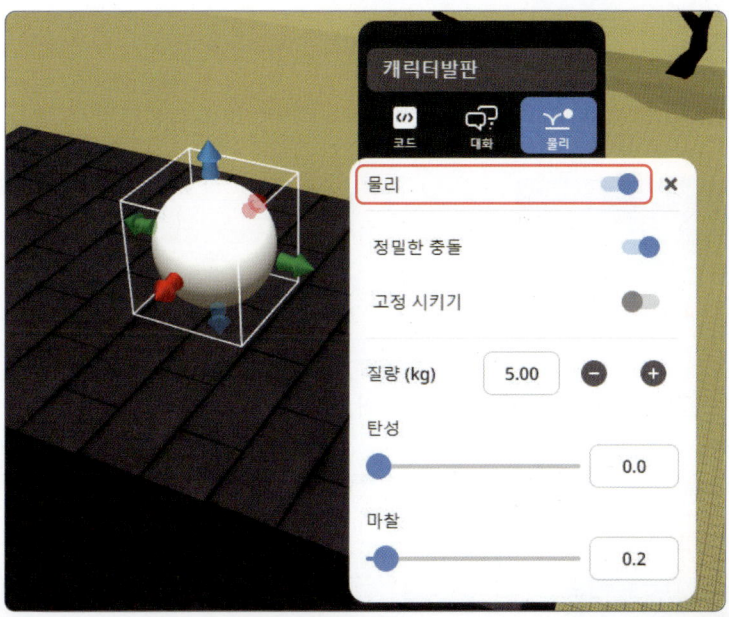

07. 이제 키보드의 좌우 방향키와 Ⓐ, Ⓓ를 이용해서 '캐릭터발판' 오브젝트를 좌우로 이동시키겠습니다.

'코드'에서 새로운 **[코블록스]**를 만듭니다. 우선 '캐릭터발판'의 회전 기능을 잠그겠습니다. '캐릭터발판'은 공 모양인데 만약 회전하게 되면 붙어 있는 캐릭터도 같이 회전하기 때문에 미리 잠그는 것이 좋습니다. 왼쪽 키와 오른쪽 키가 눌림일 때 이벤트 블록을 이용해서 왼쪽, 오른쪽으로 오브젝트를 이동시킵니다.

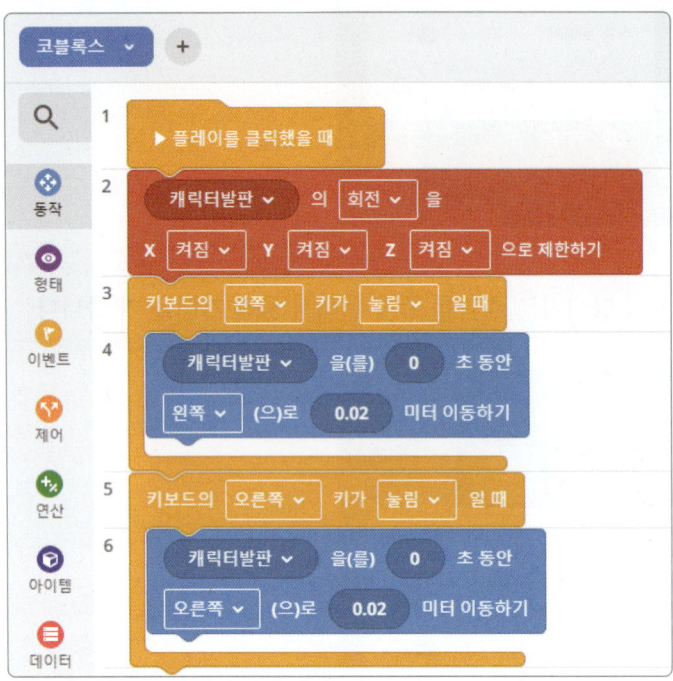

08. 같은 방식으로 Ⓐ, Ⓓ도 만들어 줍니다. 이제 사용자가 더 편한 키를 이용해 게임을 진행할 수 있습니다.

09. [플레이] 버튼을 클릭한 후 마우스로 화면을 드래그하여 바로 아래 있는 공을 쳐다봅니다. 키보드의 방향키나 Ⓐ, Ⓓ를 이용해서 공을 좌우로 움직일 수 있습니다. 공이 절벽을 벗어나면 아래로 떨어집니다.

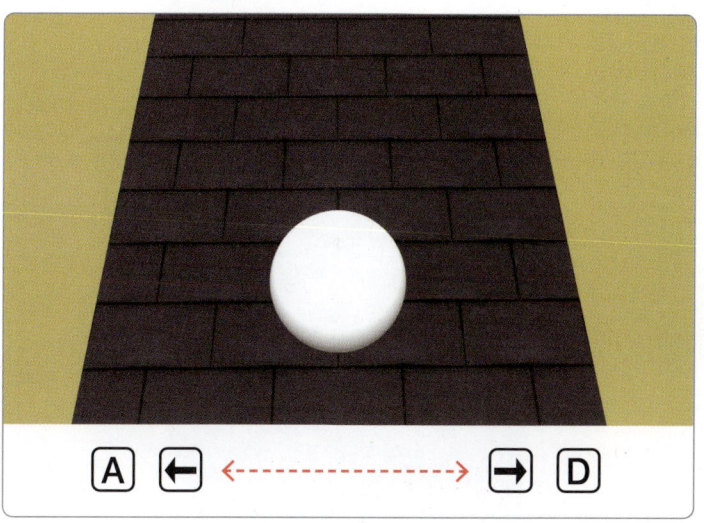

STEP 2. 발판에 캐릭터, 카메라 붙이기

10. 발판에 캐릭터와 카메라를 붙여서 3인칭 화면을 만들겠습니다. [라이브러리] → [캐릭터] → [사람] 카테고리에서 마음에 드는 캐릭터를 선택해서 장면에 추가합니다.

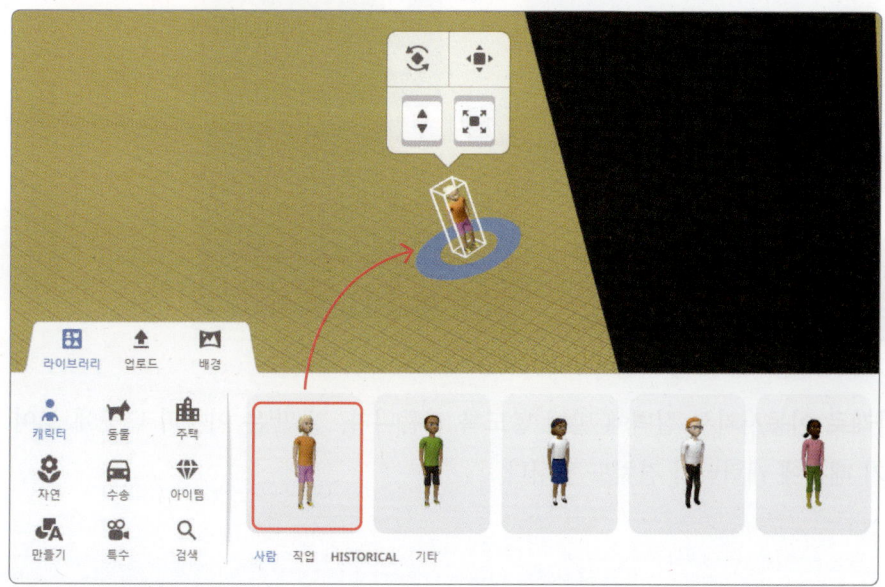

11. [붙이기] 기능을 이용하여 캐릭터를 '캐릭터발판(공)' 오브젝트의 'Top'(상단)에 붙입니다.

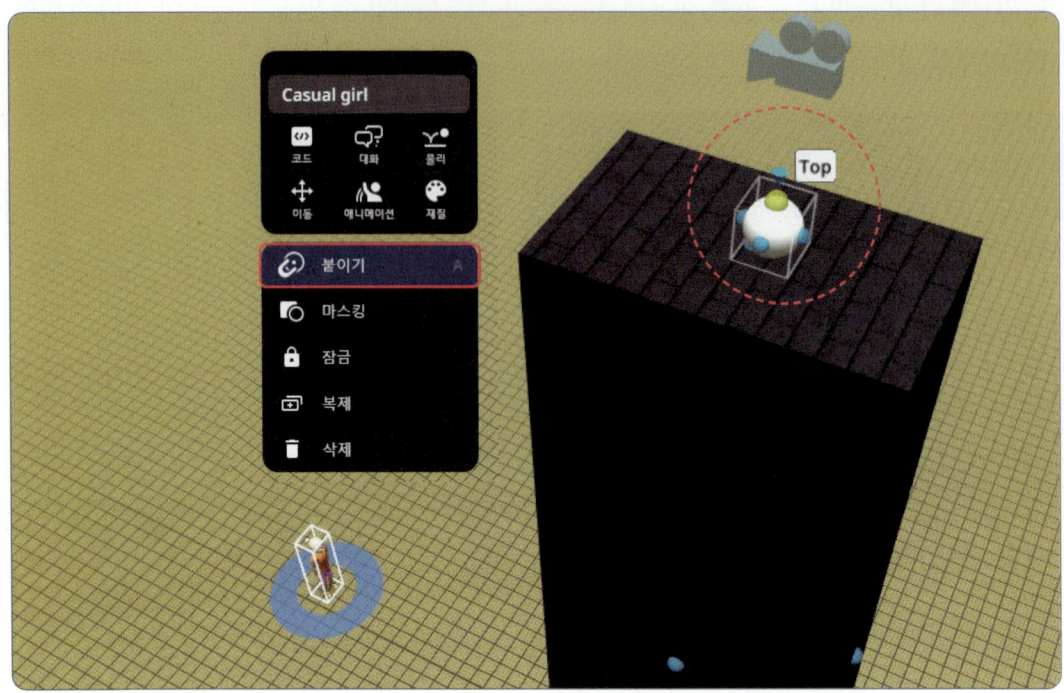

12. 카메라 오브젝트도 [붙이기] 기능을 이용해서 '캐릭터발판'의 'Top'(상단)에 붙입니다.

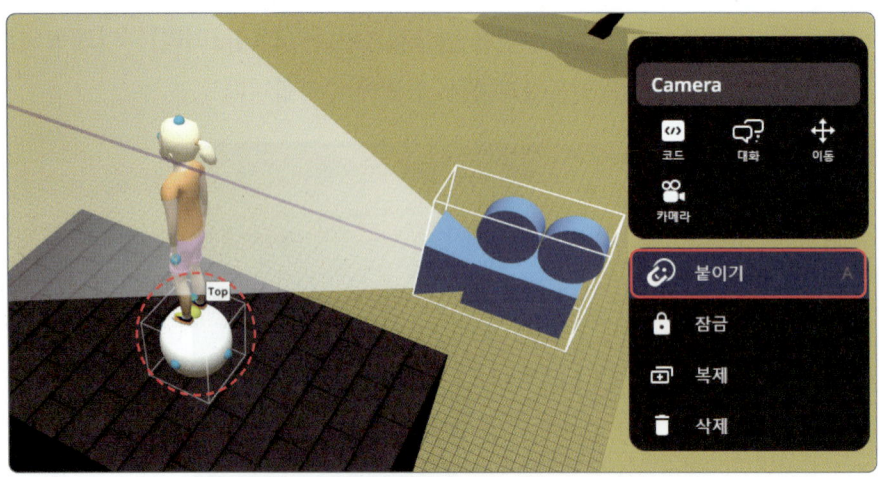

13. 캐릭터를 아래로 이동시켜서 절벽에 발이 닿도록 만듭니다. '발판'은 어차피 나중에 보이지 않게 할 것이기 때문에 캐릭터와 겹쳐도 됩니다.

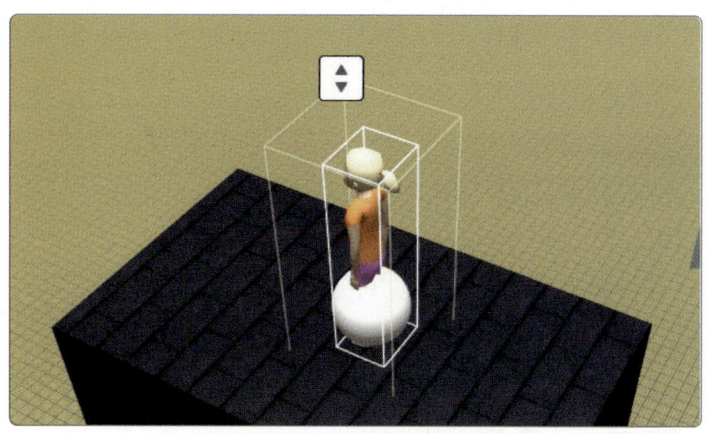

14. 카메라를 이동시켜서 캐릭터의 뒤쪽 상단에서 캐릭터를 바라보도록 합니다.

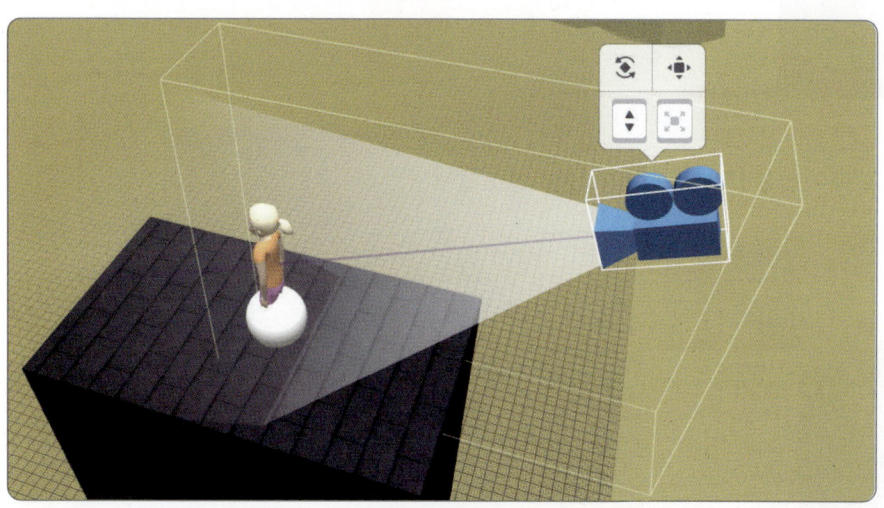

15. [플레이] 버튼을 클릭하면 공에 들어가 있는 캐릭터의 뒷모습을 볼 수 있습니다.

16. 이제 '캐릭터발판'을 화면에서 사라지게 하겠습니다. '재질'에서 불투명도를 0%로 설정합니다.

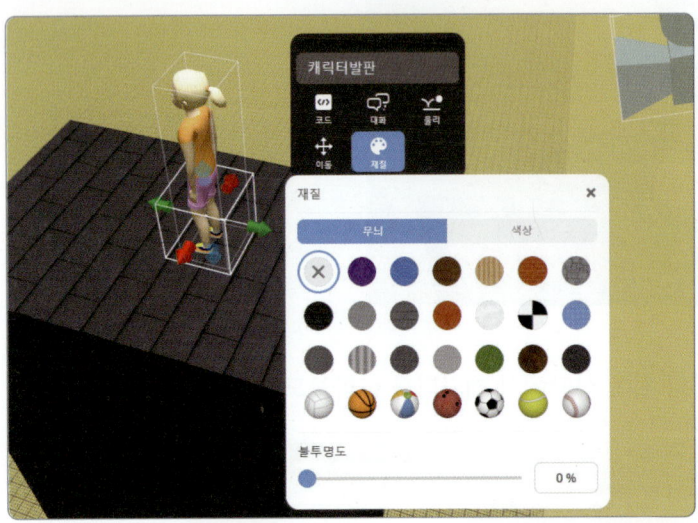

17. 캐릭터의 애니메이션을 [Run](달리기)으로 설정합니다.

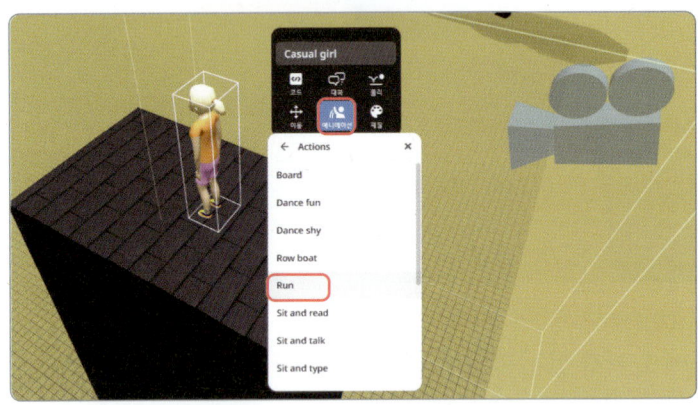

18. [플레이] 버튼을 클릭하면 캐릭터가 제자리에서 달리는 모습을 뒤에서 볼 수 있습니다.

STEP 3. 도착지점에 도착하면 게임 클리어

19. 시작하는 절벽을 복제해서 도착지점 절벽을 만들어 냅니다. **[재질]**을 이용해서 도착지점임을 알려줍니다.

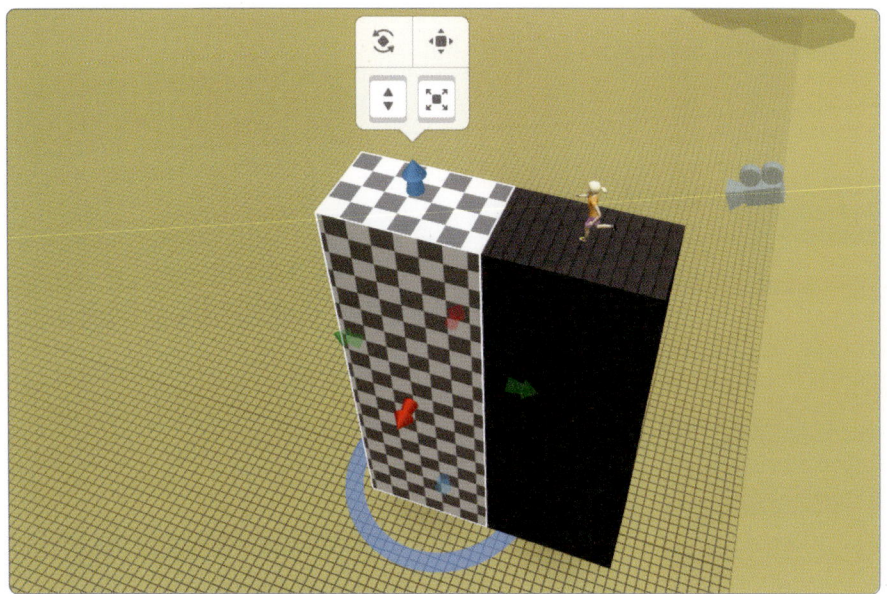

20. 오브젝트의 이름을 '도착지점'으로 변경하고 **[코블록스에서 사용]**을 활성화합니다.

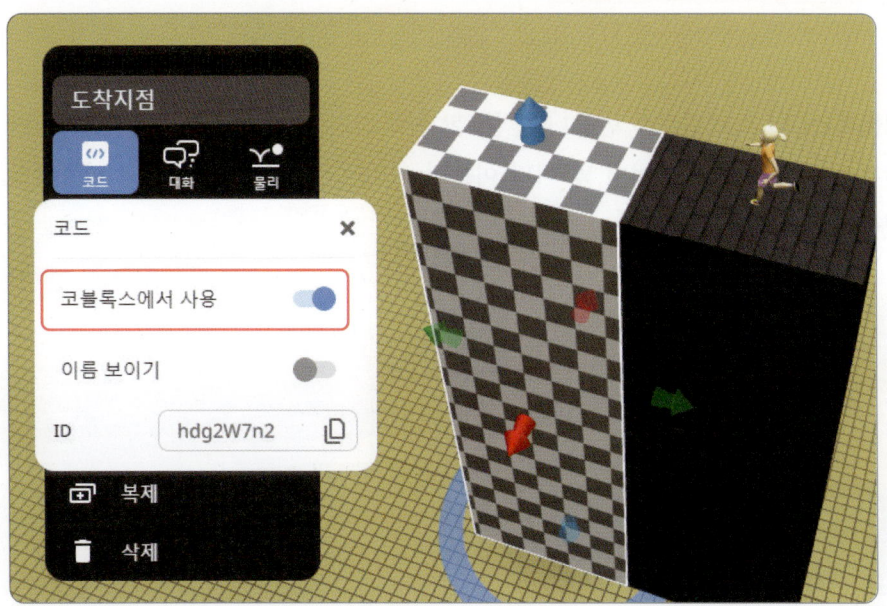

21. 새로운 [**코블록스(1)**] 스크립트를 만듭니다. 만약 '캐릭터발판'이 '도착지점'에 닿으면 정보창을 보이고 게임을 끝냅니다.

> **정보창 보이기**
> – **제목:** 게임 클리어
> – **텍스트:** 절벽의 끝에 무사히 도착했습니다. 축하합니다!
> – **이미지:** 이미지 없음

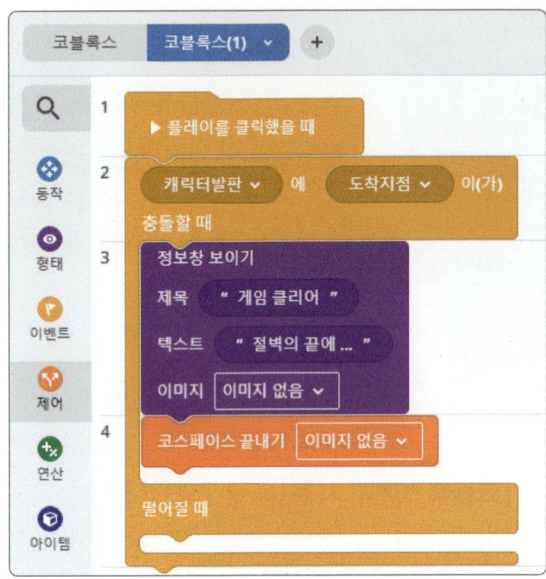

22. 새로운 [**코블록스(2)**] 스크립트를 만듭니다. [**무한 반복하기**] 블록을 이용해서 '캐릭터발판'이 조금씩 전진하도록 만듭니다. 이때 몇 미터 이동할 것인지 설정해서 캐릭터의 이동속도를 조절할 수 있습니다.

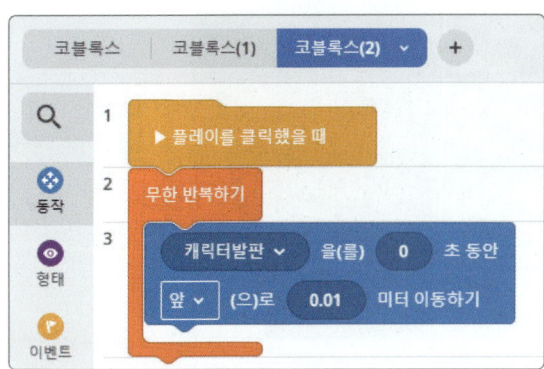

23. [플레이] 버튼을 클릭하면 캐릭터가 조금씩 전진하고, 도착지점에 닿으면 게임이 끝나게 됩니다.

STEP 4. 절벽에서 떨어지면 게임 오버

24. 절벽에서 떨어지면 팝업창과 함께 게임을 재시작하겠습니다. 절벽에서 떨어졌는지 여부를 판별해야 하는데 이전에는 바닥에 오브젝트를 하나 만들고 그곳에 닿았는지 여부로 판단했습니다. 이번에는 캐릭터의 현재 높이(Z축 좌표)를 이용해 보겠습니다. 절벽의 높이는 10미터인데 만약 '캐릭터발판'의 Z축 좌표가 5미터보다 낮아진다면 절벽에서 떨어졌다는 뜻이 됩니다. 무한 반복으로 이것을 체크해서 떨어졌는지 여부를 확인합니다.

[코블록스(3)] 스크립트를 추가합니다. [무한 반복하기] 블록에 조건문 블록을 추가합니다.

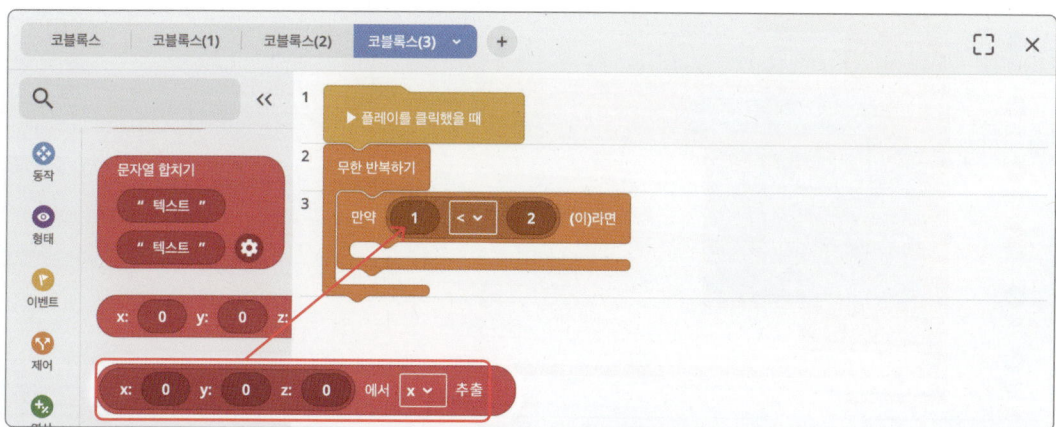

25. 조건문 블록에 [캐릭터발판의 위치] 블록을 추가하고 변숫값을 지정합니다.

26. 절벽에서 떨어지면 팝업창과 함께 게임을 재시작합니다.

> **정보창 보이기**
> - **제목:** 게임 재시작
> - **텍스트:** 앗! 안타깝게도 절벽에서 떨어졌습니다. 다시 한번 도전해 보세요!
> - **이미지:** 이미지 없음

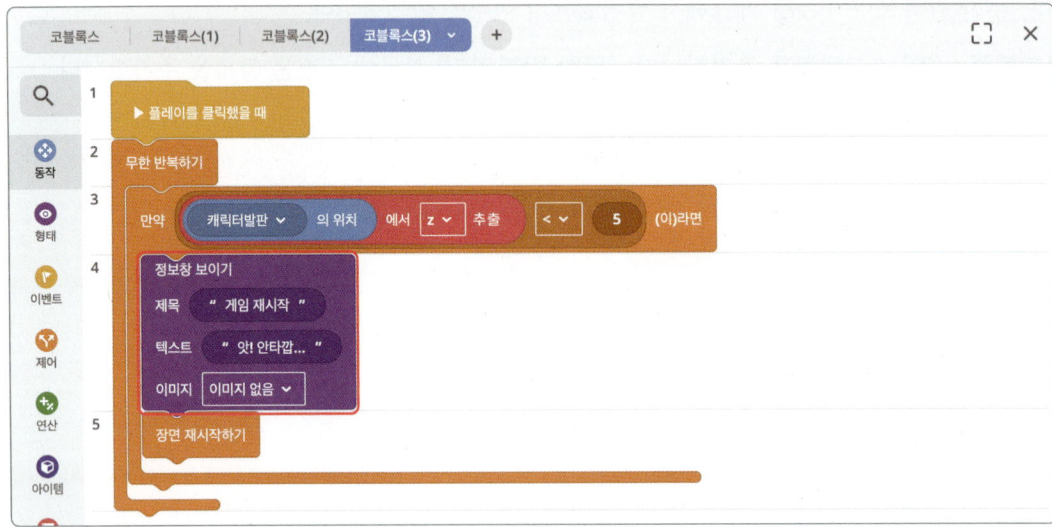

27. [플레이] 버튼을 클릭한 후 일부러 절벽에서 떨어지면 다음과 같이 게임이 재시작됩니다.

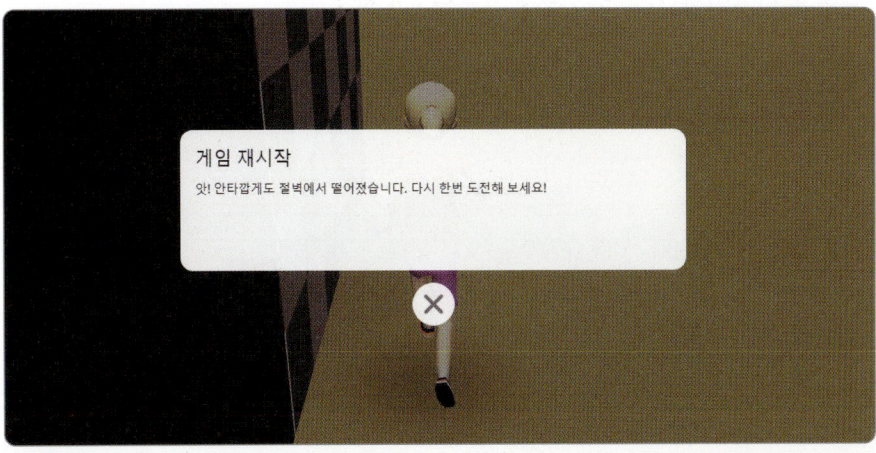

STEP 5. 전체 절벽 완성하기

28. 게임 진행을 위한 모든 코드가 완성되었습니다. '도착지점' 절벽을 화면 끝으로 이동시킵니다.

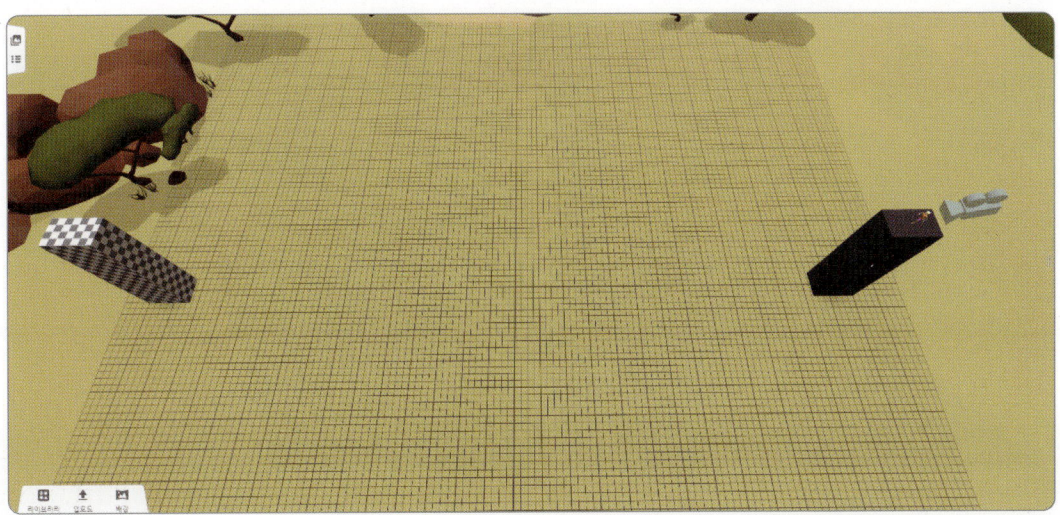

29. 시작하는 절벽을 복제해서 도착지점까지 이어지는 절벽을 만듭니다. 직접 플레이하면서 적당한 난이도로 게임을 디자인합니다.

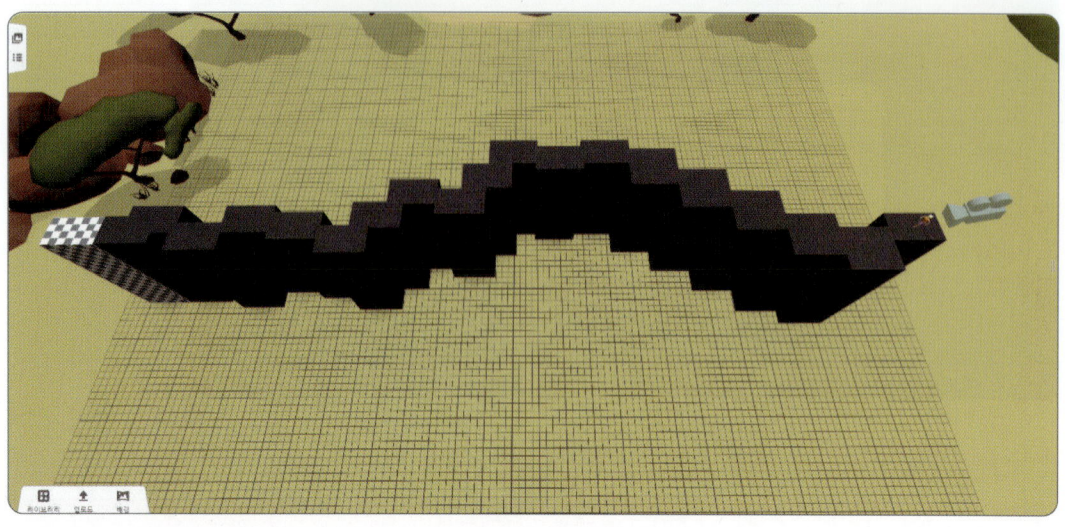

30. 게임이 모두 완성되었습니다. 재미있게 플레이해 보세요!

최종 코블록스 스크립트

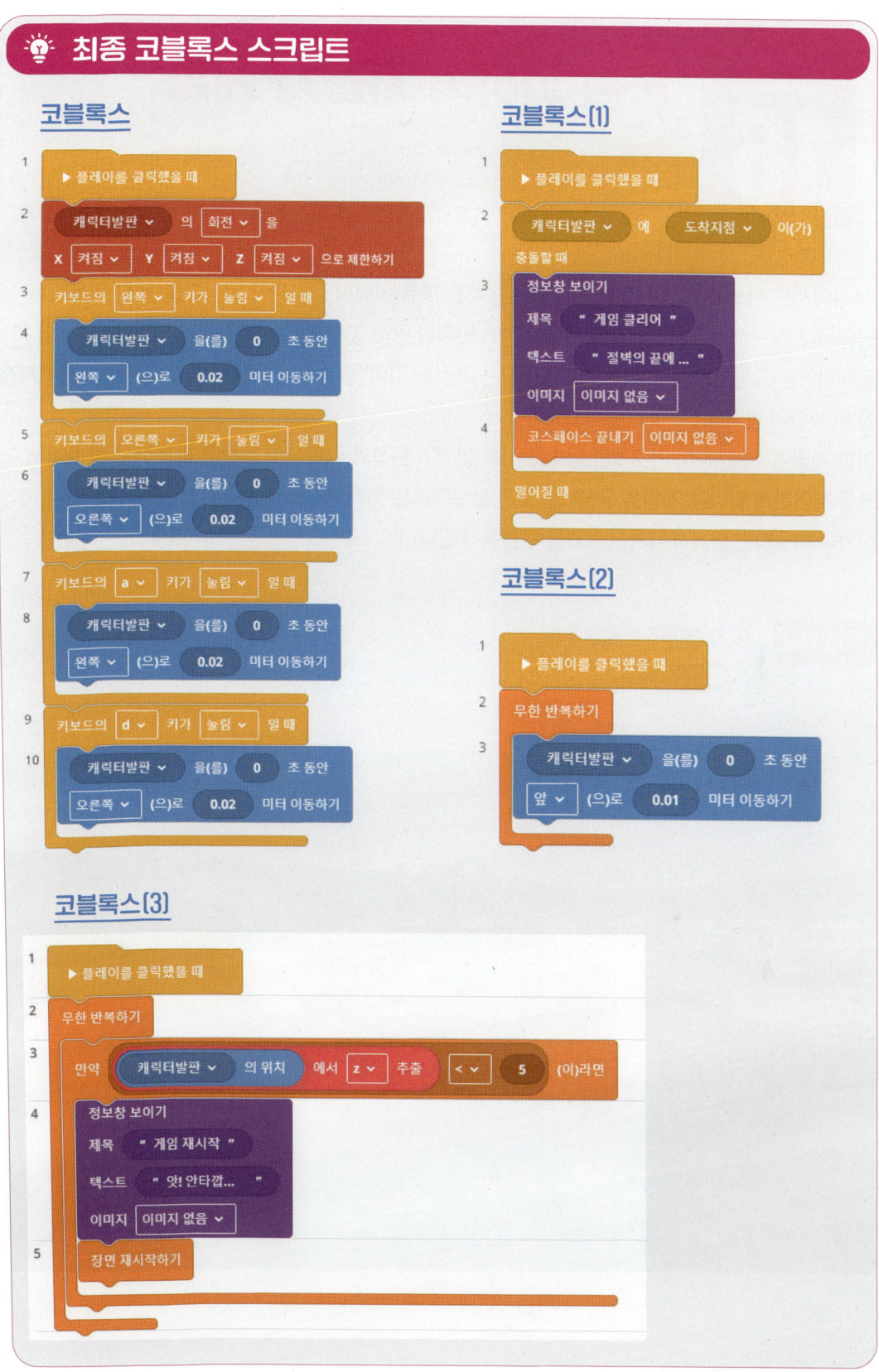

Chapter 15 | 무한 달리기 게임

Chapter 16
운석 피하기 자동차 게임

템플릿: https://edu.cospaces.io/FRG-ZWL
완성작: https://edu.cospaces.io/AAE-VTH

16장에서는 하늘에 떨어지는 무수히 많은 운석을 피해서 대피 장소까지 자동차를 몰고 이동하는 게임입니다. 잘못해서 하늘에서 떨어지는 운석에 맞거나 땅에 있는 운석에 부딪히면 차가 뒤집어집니다. 플레이어는 그림자를 통해서 운석이 떨어지는 자리를 미리 알 수 있습니다. 운전을 잘해서 그런 지점을 비켜 가야 합니다.

이번 게임에는 매개변수가 2개인 함수를 사용합니다. 운석과 그림자를 동시에 복제해서 함수에서 각각을 제어하게 됩니다. 게임을 구성하는 모든 오브젝트는 물리 기능을 이용해서 서로 통과하지 못하게 하거나 부딪히면 튕겨져 나가는 효과를 구현하게 됩니다.

학습 목표
1. 3인칭 자동차 움직이기
2. 게임 시작하고 끝내기
3. 떨어지는 운석과 그림자 만들기
4. 경기장 트랙 완성하기

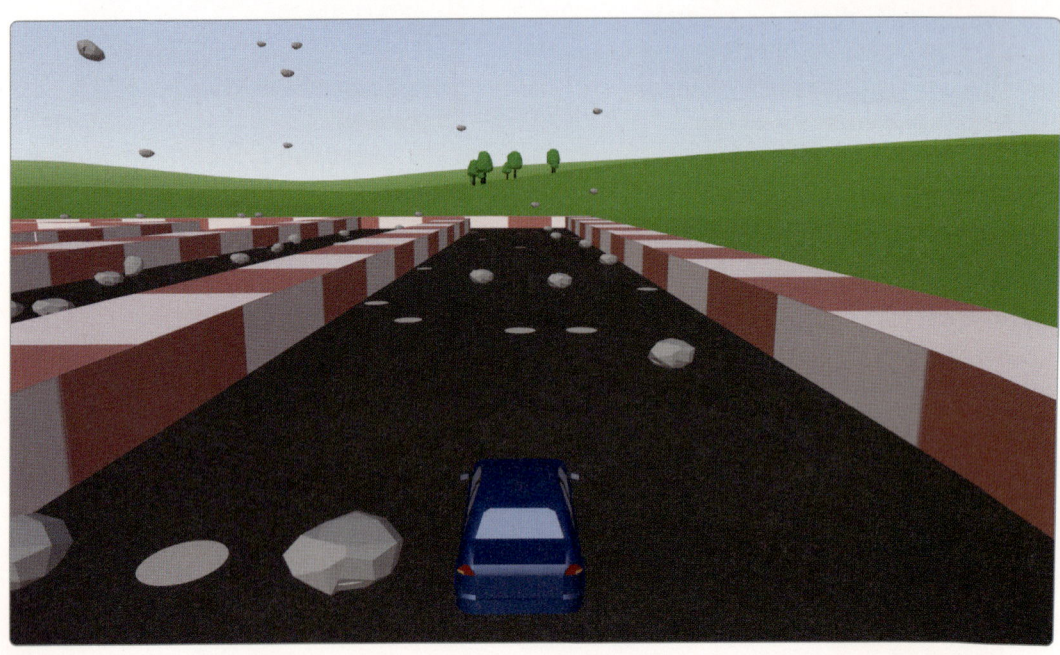

STEP 1. 3인칭 자동차 움직이기

01. 예제 작품을 열면 비어 있는 경기장과 카메라가 있습니다.

02. 우선 게임에 사용할 자동차를 하나 추가합니다. 교재에서는 파란색 자동차를 사용하지만 여러분은 자유롭게 운송 수단 중에 하나를 고르면 됩니다.

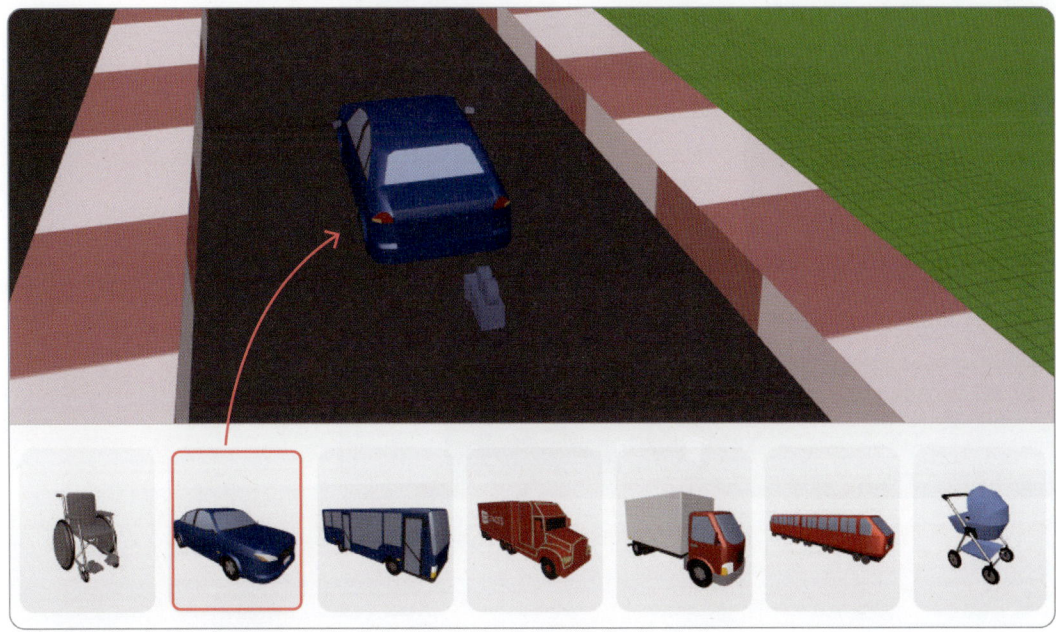

03. 자동차 오브젝트의 이름을 '자동차'로 변경합니다. 그리고 **[이동]** 메뉴에서 다음과 같이 설정합니다. 특히 Z축(높이) 값을 '0.5'로 올려줘야 땅에 박혀 있지 않습니다. 크기를 '0.3' 정도로 줄여서 자동차를 작게 만들어야 경기장이 좁지 않지 않습니다.

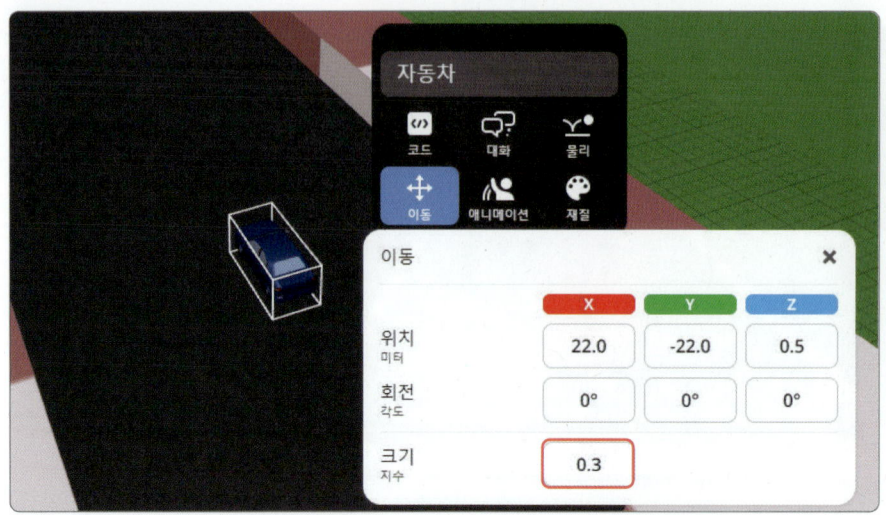

04. '자동차' 오브젝트의 **[코블록스에서 사용]**을 활성화합니다.

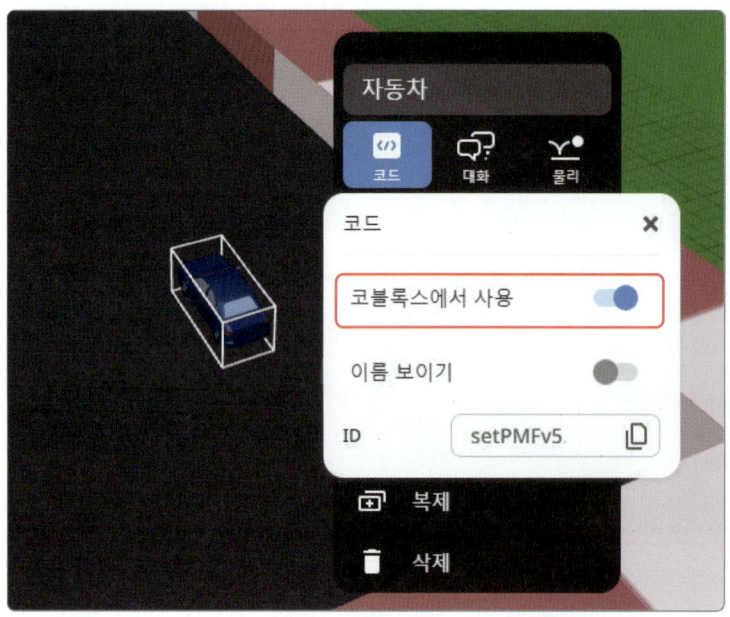

05. '자동차' 오브젝트의 물리 기능을 켜 줍니다.

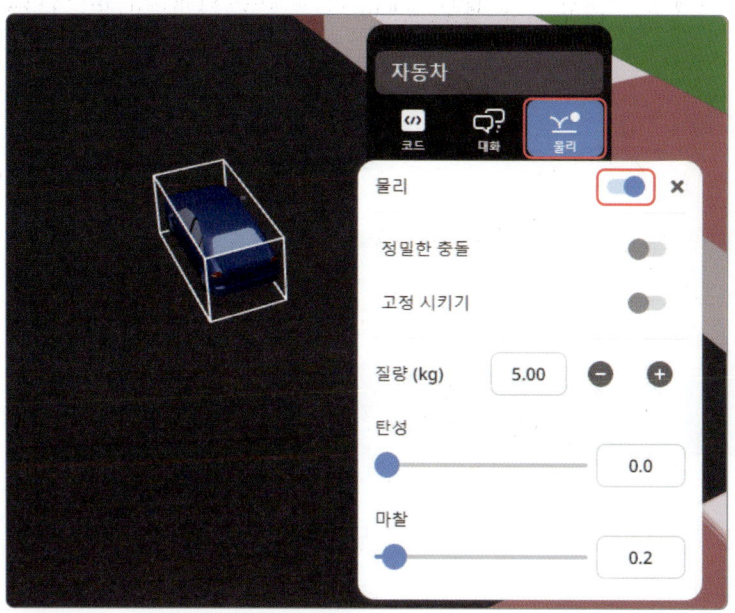

06. [붙이기] 기능을 이용해서 '카메라' 오브젝트를 '자동차' 오브젝트의 'Top'(상단) 위치에 붙입니다.

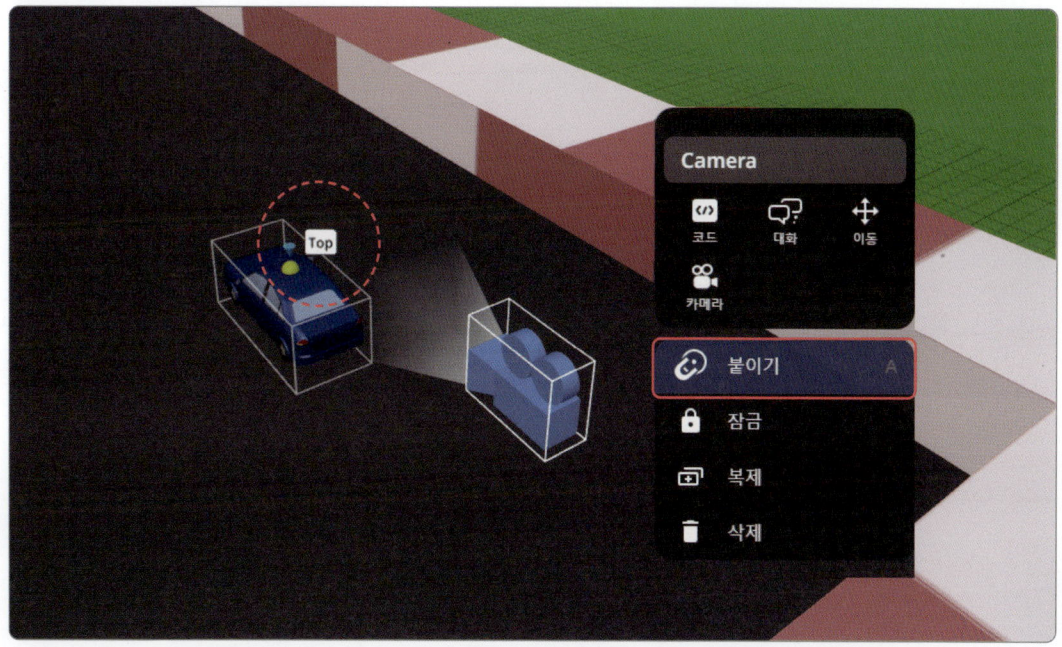

07. '카메라' 오브젝트의 '이동' 속성에서 다음과 같이 위치와 회전 값을 변경합니다.

08. [플레이] 버튼을 클릭하면 다음과 같이 카메라가 뒤쪽 상단에서 자동차를 비추게 됩니다. 이렇게 해서 3인칭 시점의 자동차를 만들었습니다.

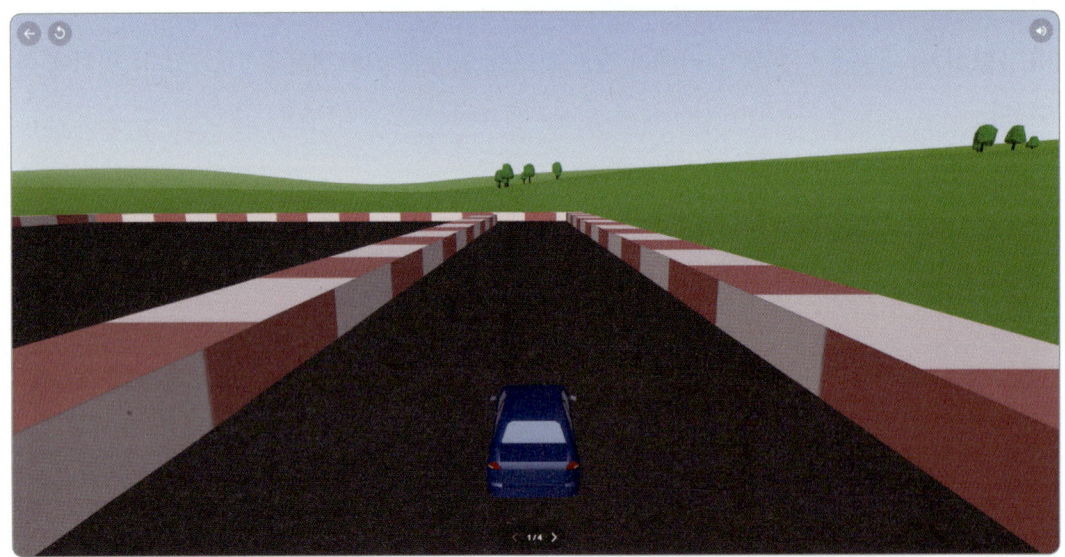

09. 자동차를 움직이는 코드를 짜겠습니다. '코드'에서 **[코블록스]** 스크립트를 만듭니다. 우선 Ⓦ, Ⓢ를 누르면 자동차를 앞뒤로 1초 동안 0.2미터씩 움직이도록 합니다.

10. 다음으로 Ⓐ, Ⓓ를 누르면 자동차를 반시계 방향(왼쪽)과 시계 방향(오른쪽)으로 2도씩 회전시킵니다.

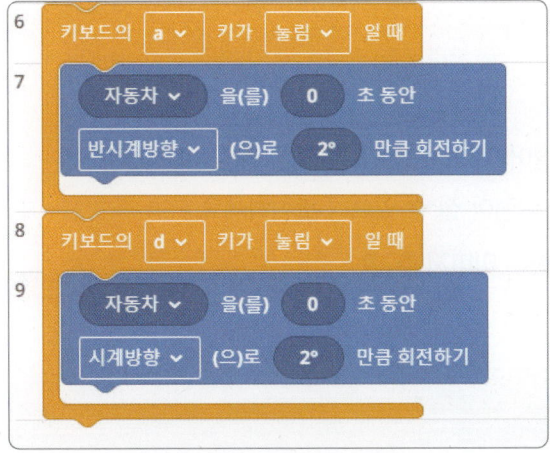

11. 플레이를 하면 Ⓦ, Ⓐ, Ⓢ, Ⓓ를 이용해서 자동차를 운전할 수 있습니다.

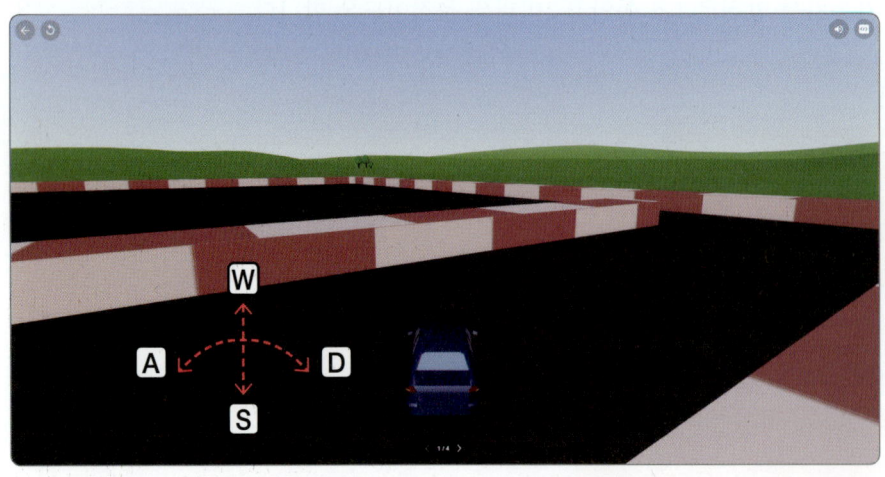

STEP 2. 게임 시작하고 끝내기

12. 게임을 시작하면 게임을 소개하고, 도착지점에 닿으면 게임을 끝내겠습니다.
우선 게임 소개부터 하겠습니다. **[코드]** 메뉴에서 새로운 **[코블록스(1)]** 스크립트를 만듭니다. 정보창 보이기에 제목과 텍스트를 입력하고, '웹 검색'을 이용해서 이미지도 추가합니다.

> **정보창 보이기**
> – **제목**: 운석 피하기 자동차 게임
> – **텍스트**: 소행성이 지구에 충돌해서 운석이 떨어지고 있습니다! 운석을 피해서 대피 장소까지 이동하세요! 운석에 맞으면 차가 뒤집어 질 수 있으니 조심하세요.
> – **이미지**: ('운석 충돌' 등으로 웹 검색을 이용하여 이미지 추가)

13. [플레이] 버튼을 클릭하면 팝업창이 나타나서 게임을 소개합니다.

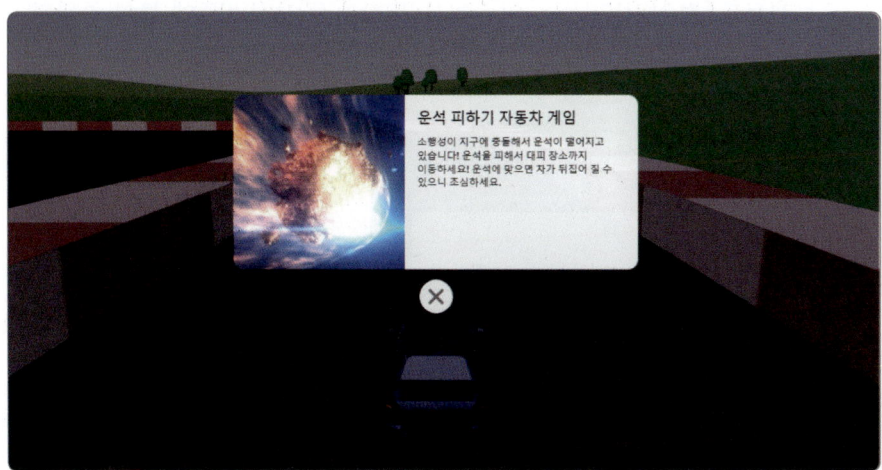

14. 다음으로 도착지점을 만듭니다. [라이브러리] → [만들기] 카테고리에서 '정육면체'(Cuboid) 오브젝트를 이용해서 경기장의 맨 끝에 다음과 같이 도착지점을 만듭니다.

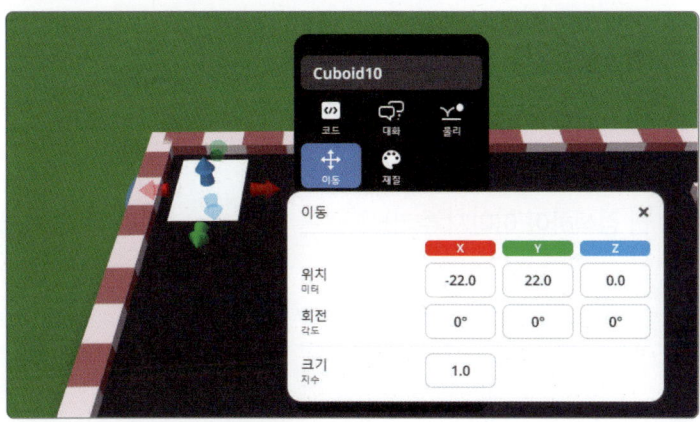

15. '재질'을 이용해서 재질과 색상을 지정해 줍니다. 오브젝트의 이름을 '도착지점'으로 변경하고 [코블록스에서 사용]를 활성화합니다.

16. [라이브러리] → [만들기] 카테고리에서 '텍스트'(text) 오브젝트를 만들어 '방공호'라고 적어 줍니다. '텍스트' 오브젝트를 [붙이기] 기능을 이용해서 '도착지점' 오브젝트에 붙여 줍니다.

17. [코블록스(1)] 스크립트에 다음과 같이 블록을 추가합니다.

정보창 보이기

– **제목**: 게임 클리어

– **텍스트**: 당신은 많은 운석을 피해서 방공호에 무사히 도착했습니다! 이제 당신은 안전합니다. 축하합니다!

– **이미지**: ('nuclear shelter' 등으로 웹 검색하여 이미지 추가)

---

18. [플레이] 버튼을 클릭한 후 자동차를 움직여 도착지점에 닿으면 다음과 같이 팝업창이 나타나고 게임이 종료됩니다.

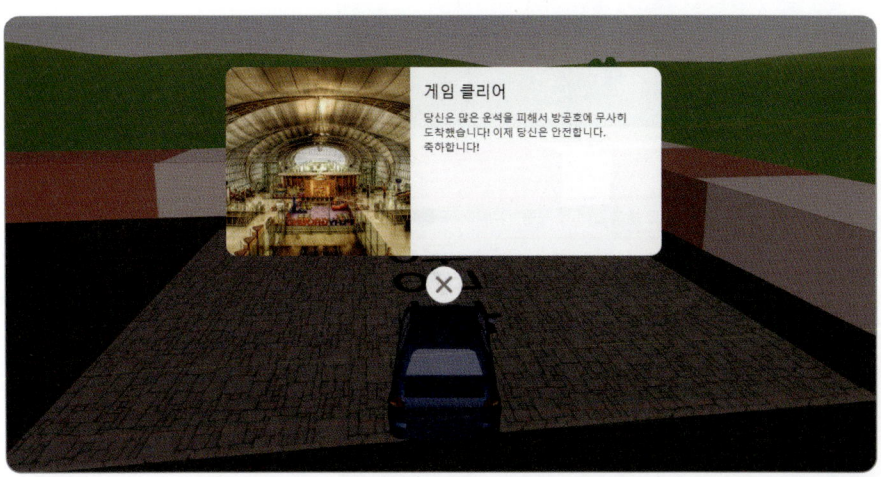

STEP 3. 떨어지는 운석과 그림자 만들기

19. 하늘에서 무수히 많은 운석이 떨어지게 하려면 복제 기능을 사용해야 합니다. 그리고 복제 기능에는 항상 '원본' 오브젝트가 필요합니다. [라이브러리] → [자연] → [기타] 카테고리에서 '바위'(Stone) 오브젝트를 화면에 추가합니다.

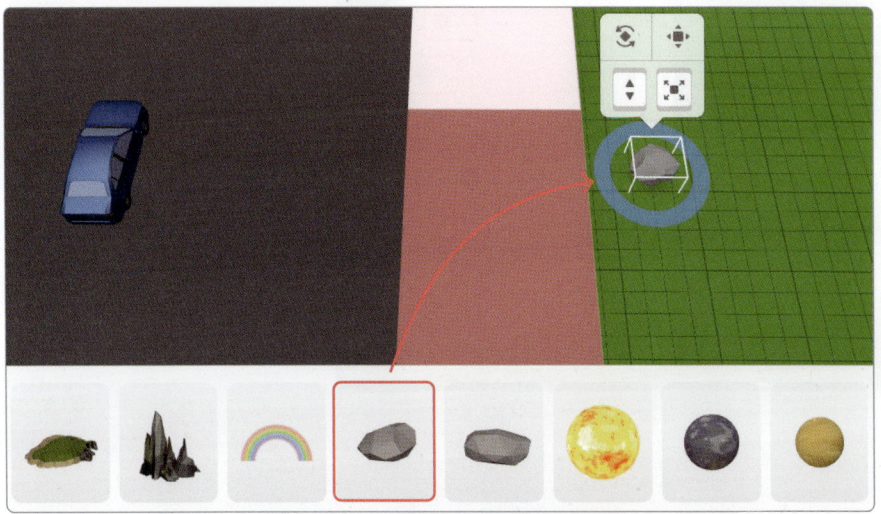

20. 바위 오브젝트의 이름을 '원본운석'으로 변경하고, **[코블록스에서 사용]**을 활성화합니다.

21. 운석을 자연스럽게 땅으로 떨어뜨리기 위해서 물리 기능을 켜 줍니다. 운석이 더 자유롭게 굴러다니도록 **[정밀한 충돌]** 기능을 켜 줍니다. 그리고 떨어질 때의 파괴력을 키우기 위해서 질량(kg)을 100.00킬로그램으로 높게 설정합니다.

22. 다음으로 그림자 오브젝트를 만들겠습니다. 플레이어는 운석이 어디에 언제 떨어질지 모르기 때문에 피할 수가 없는데, 그림자를 통해서 운석을 미리 예측하고 피할 수 있도록 하겠습니다.

[라이브러리] → **[만들기]** 카테고리에서 '원'(Circle) 오브젝트를 추가합니다.

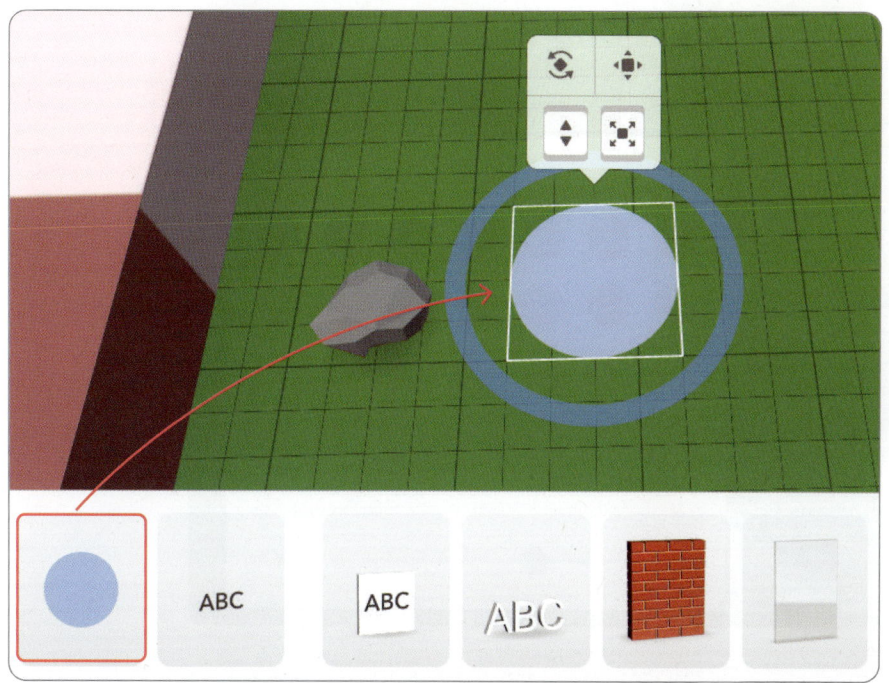

23. 오브젝트의 크기를 운석과 비슷하게 맞추어 줍니다. 오브젝트의 이름을 '원본그림자'로 변경하고 **[코블록스에서 사용]**을 활성화합니다.

24. '재질'에서 색상을 흰색으로, 불투명도를 50%로 설정해서 그림자처럼 만듭니다. 여기서는 경기장의 바닥이 검은색이기 때문에 그림자가 잘 보일 수 있도록 흰색으로 설정했습니다.

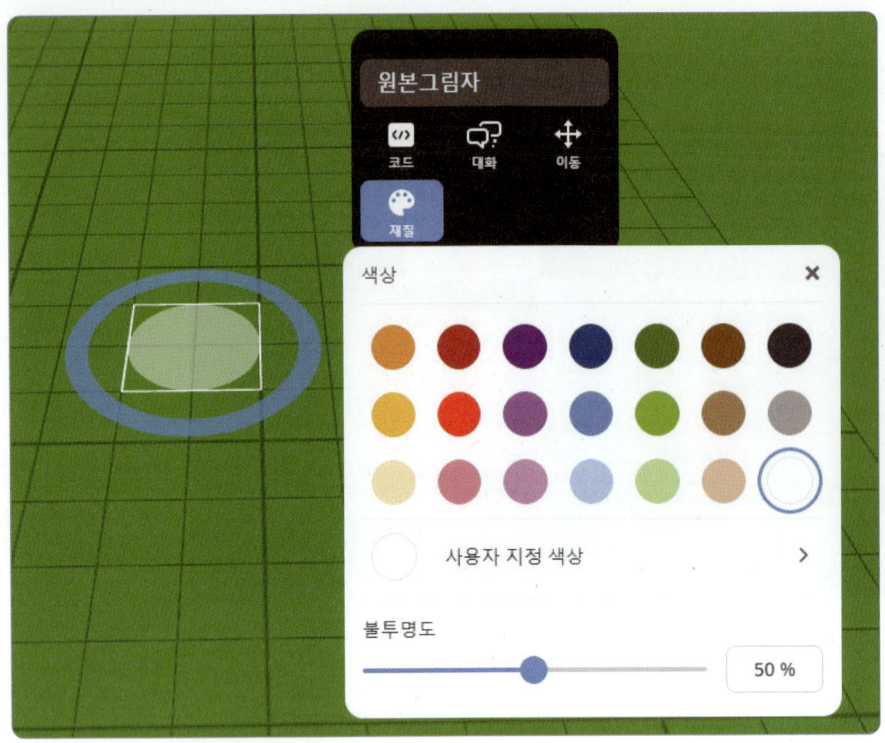

25. 복제본은 함수를 이용해서 제어하게 됩니다. 새로운 [**코블록스(2)**] 스크립트를 만듭니다. [**함수**] 카테고리의 [**함수 만들기**] 버튼을 클릭합니다.

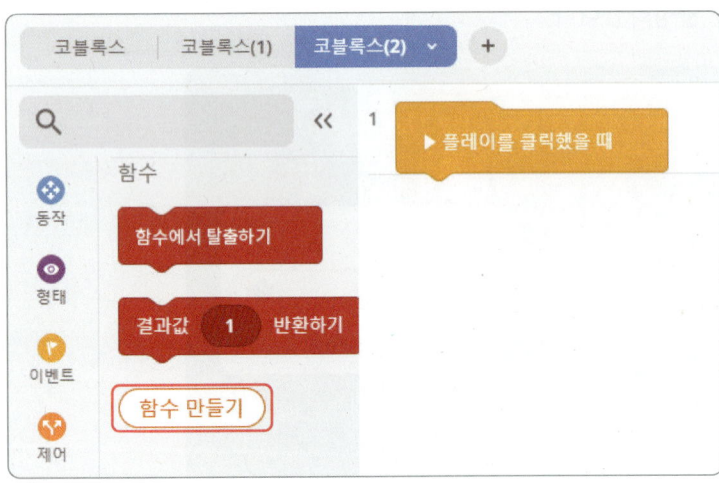

26. '새로운 함수' 팝업창이 나타나면 함수 블록 이름을 '운석제어'로 설정합니다. **[매개변수 추가]** 버튼을 2번 클릭합니다.

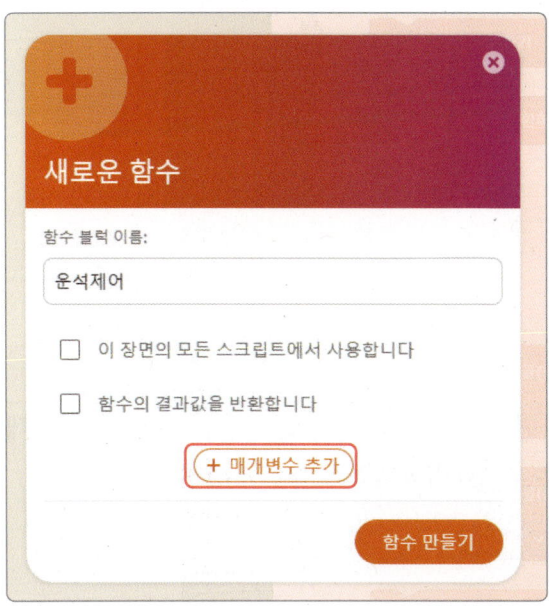

27. 매개변수의 이름을 '복제된운석'과 '복제된그림자'로 설정합니다. **[함수 만들기]** 버튼을 클릭합니다.

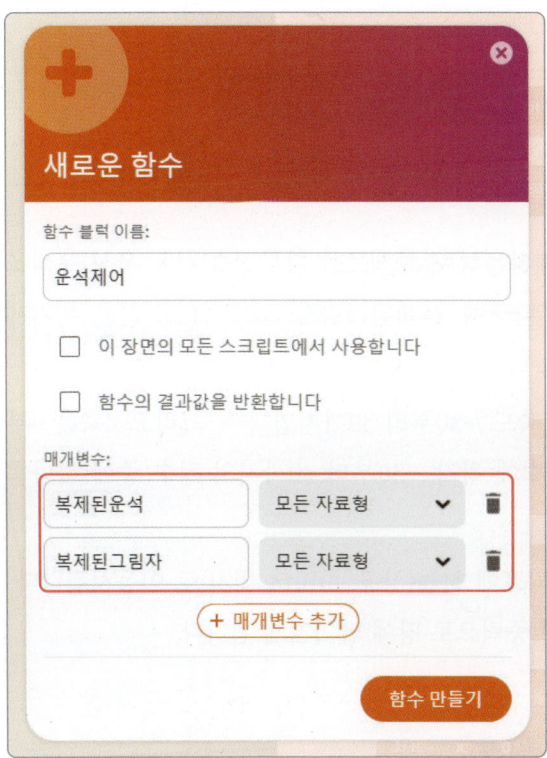

28. [운석제어] 함수를 정의하는 블록이 생깁니다. 그리고 매개변수 [복제된운석]과 [복제된그림자]도 보입니다.

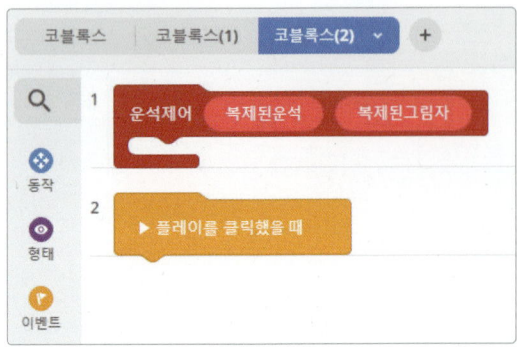

29. [플레이] 버튼을 클릭했을 때 무한 반복하면서 [운석제어] 함수를 실행합니다. 이때 [복제본 만들기] 블록을 사용하면 '운석'과 '그림자' 오브젝트의 복제본이 무한으로 만들어집니다.

30. [운석제어] 함수 정의하기 블록에서 '복제된운석' 오브젝트를 다루겠습니다. 우선 운석을 맵의 랜덤한 위치의 공중에 배치하겠습니다. 나중에 '복제된그림자' 오브젝트도 같은 위치에 나타나기 때문에 랜덤한 좌표를 변수에 넣어야 합니다.

맵의 좌표는 X축이 −30부터 30까지입니다. Y축도 −30부터 30까지입니다. 그리고 Z축은 0부터 40까지입니다. [랜덤X] 변수와 [랜덤Y] 변수에 각각 −30부터 30까지의 정수 중에 하나를 랜덤하게 넣습니다.

그리고 '복제된운석' 오브젝트를 랜덤한 X, Y좌표에 하늘(상공 40미터 위치)로 이동시킵니다. '복제된운석' 오브젝트에 물리 기능을 추가하면 중력으로 땅에 떨어지게 됩니다.

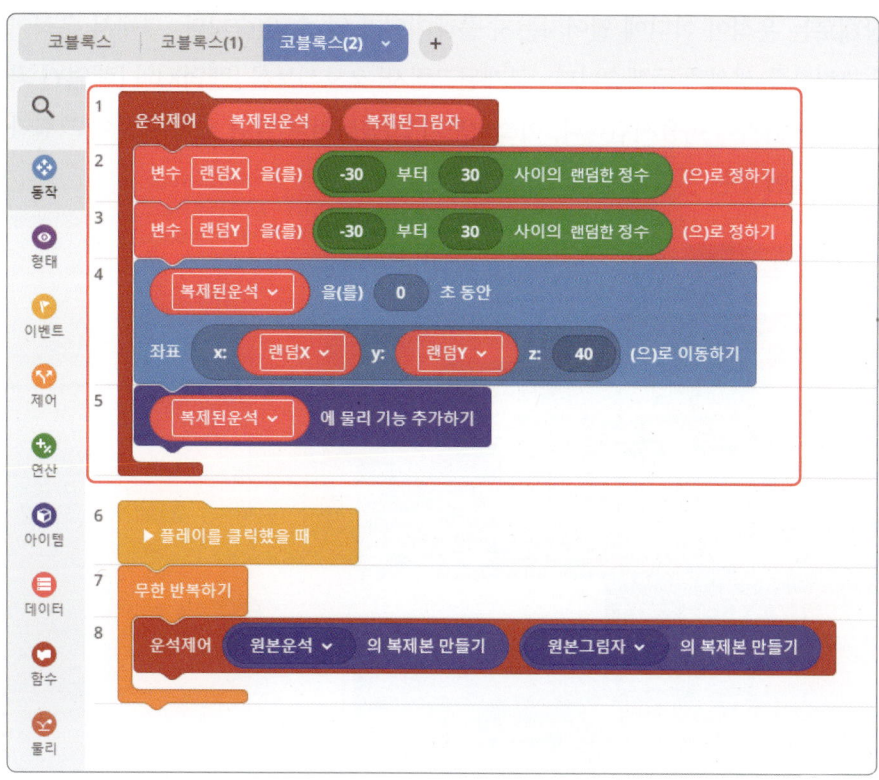

31. 플레이해 보면 하늘에서 운석이 무수히 많이 떨어지는 것을 볼 수 있습니다.

Chapter 16 | 운석 피하기 자동차 게임

32. 그런데 이 상태로는 운석이 어디에 떨어지는지 플레이어가 알 수 없습니다. 그래서 운석이 있는 위치의 땅에 그림자를 생성해 주겠습니다. '복제된그림자' 오브젝트를 [랜덤X]와 [랜덤Y] 좌표에, Z축은 20센티미터 위치에 이동시킵니다. 아스팔트가 20센티미터 깔려 있기 때문에 그림자도 20센티미터 위에 만들어 주는 것입니다.

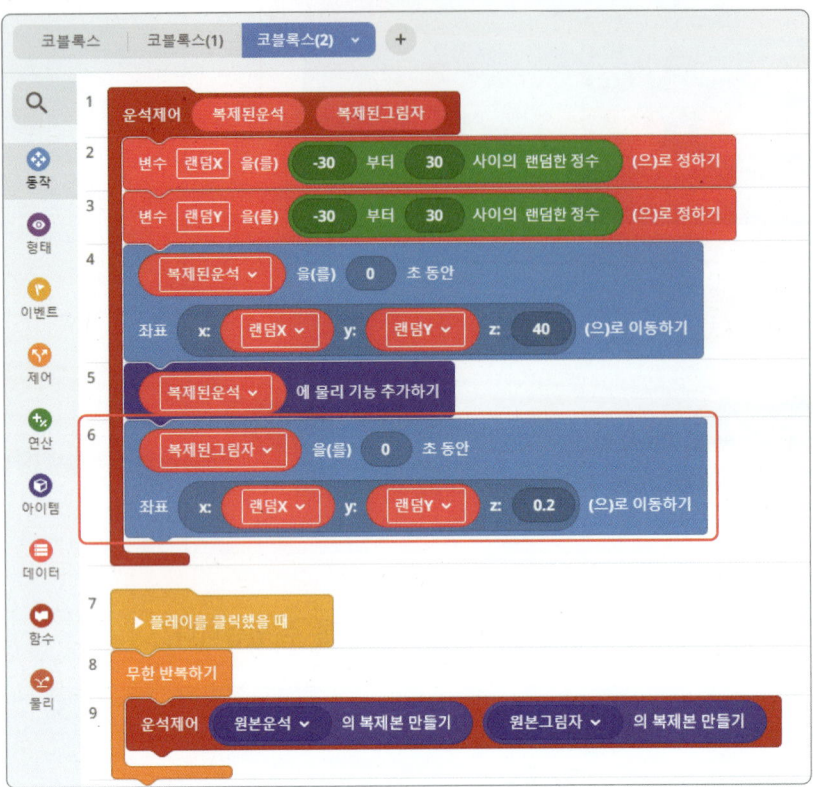

33. [플레이] 버튼을 클릭하면 운석이 떨어지기 전에 그림자가 먼저 나타나고 1~2초 후에 그 자리에 운석이 떨어집니다.

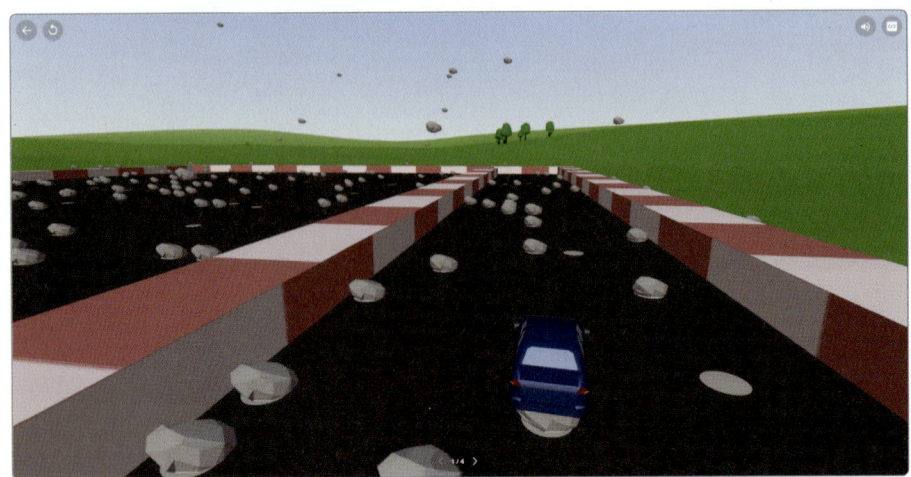

34. 그런데 떨어진 운석이 계속 바닥에 있으면 자동차가 지나갈 수 없습니다. 그래서 운석이 떨어지면 5초 후에 삭제해서 길을 청소하겠습니다.

복제된 오브젝트를 다루는 함수 안에는 **[~초 기다리기]** 블록을 주의해서 사용해야 합니다. 그냥 이 블록을 사용하면 기다리는 시간이 누적되어 작품이 작동하지 않게 됩니다. 예를 들어 복제본이 5개인데 **[5초 기다리기]** 블록을 그냥 사용하면 25초 동안 작동이 멈추게 됩니다.

따라서 복제본이 **[~초 기다리기]** 블록을 사용할 때는 꼭 **[개별로 실행하기]** 블록을 함께 사용해야 합니다. 이 블록을 사용하면 하나의 복제 오브젝트가 기다리는 동안 다른 복제 오브젝트는 그대로 작동하게 됩니다.

5초를 기다린 후에 '복제된운석'과 '복제된그림자' 오브젝트를 삭제합니다.

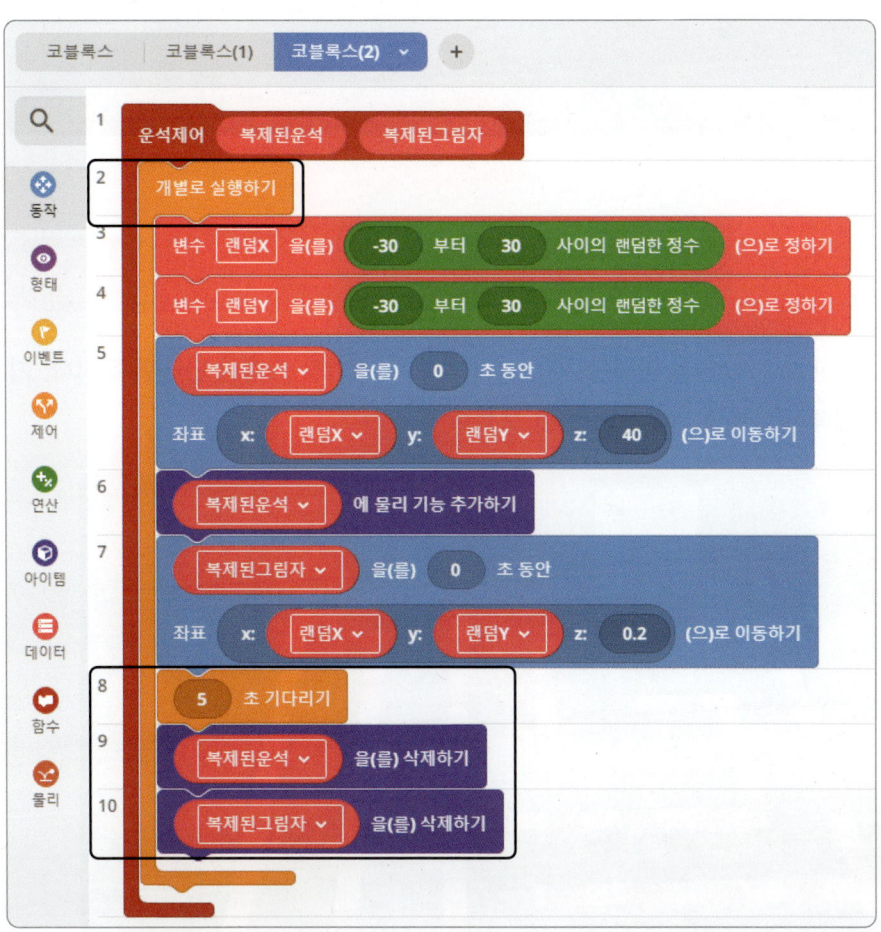

35. [플레이] 버튼을 클릭하면 떨어진 운석이 몇 초 후에 사라집니다.

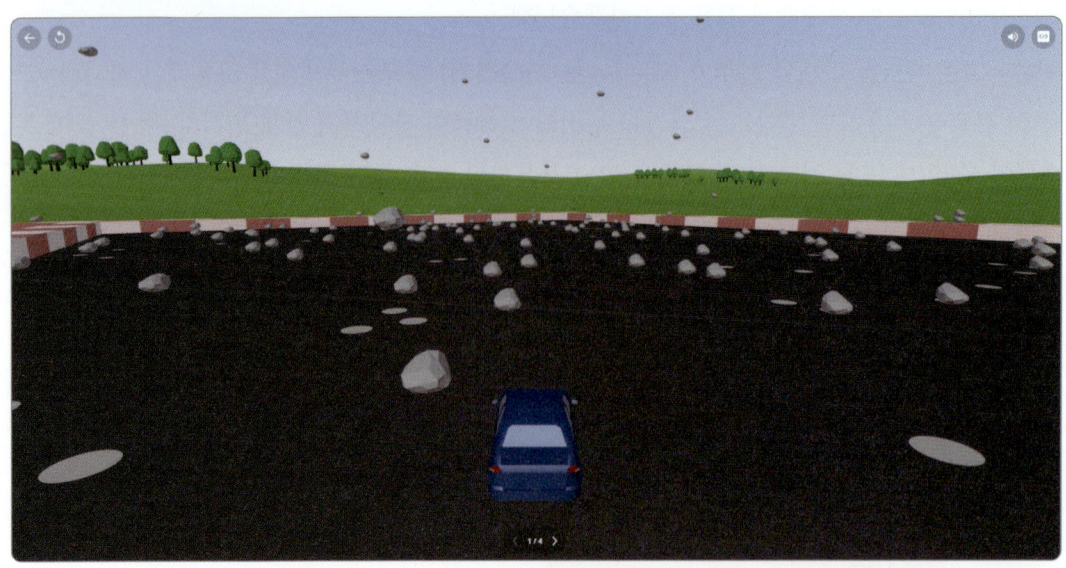

STEP 4. 경기장 트랙 완성하기

36. 게임 진행을 위한 모든 작업을 마쳤습니다. 이제 벽으로 경기장 트랙만 만들면 됩니다. 기존에 있던 벽을 복제해서 나만의 트랙을 만들어 보세요.

37. 트랙을 다 만들면 게임을 플레이해 보세요.

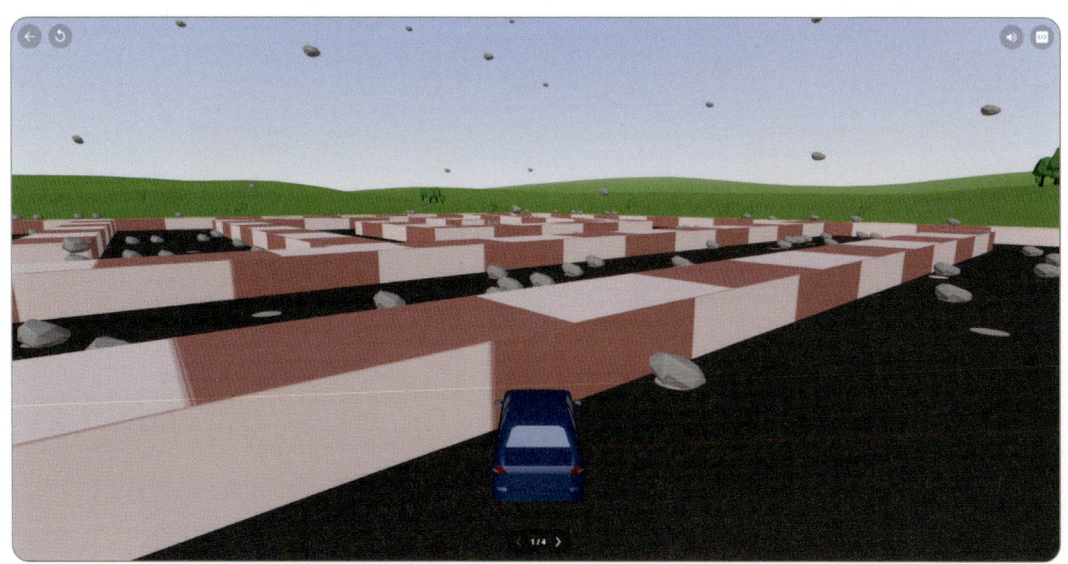

38. 중간에 떨어지는 운석을 잘못 맞거나 땅에 떨어진 운석에 부딪히면 차가 뒤집힐 수 있습니다. 차가 뒤집히지 않고 도착지점까지 도착하면 미션 성공입니다!

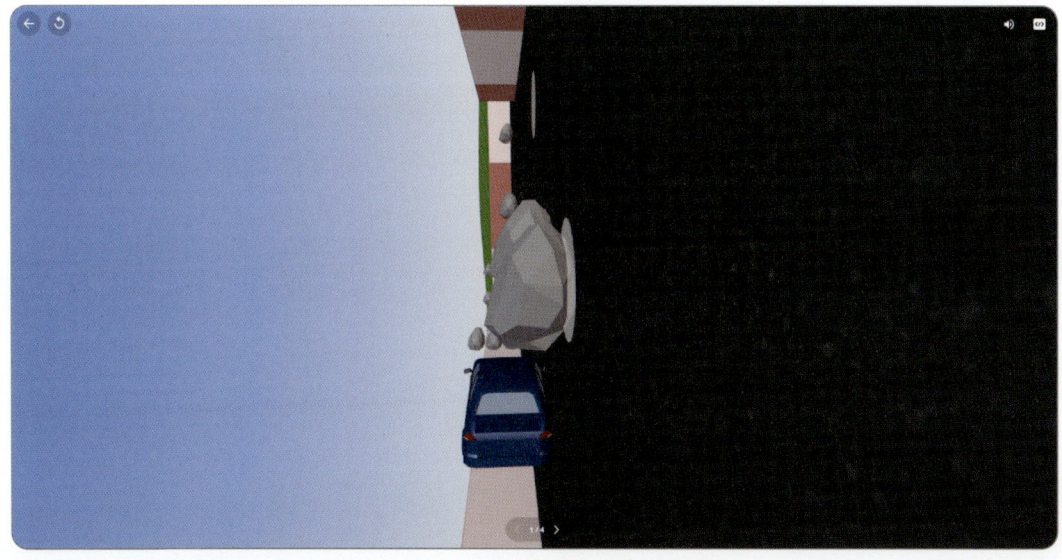

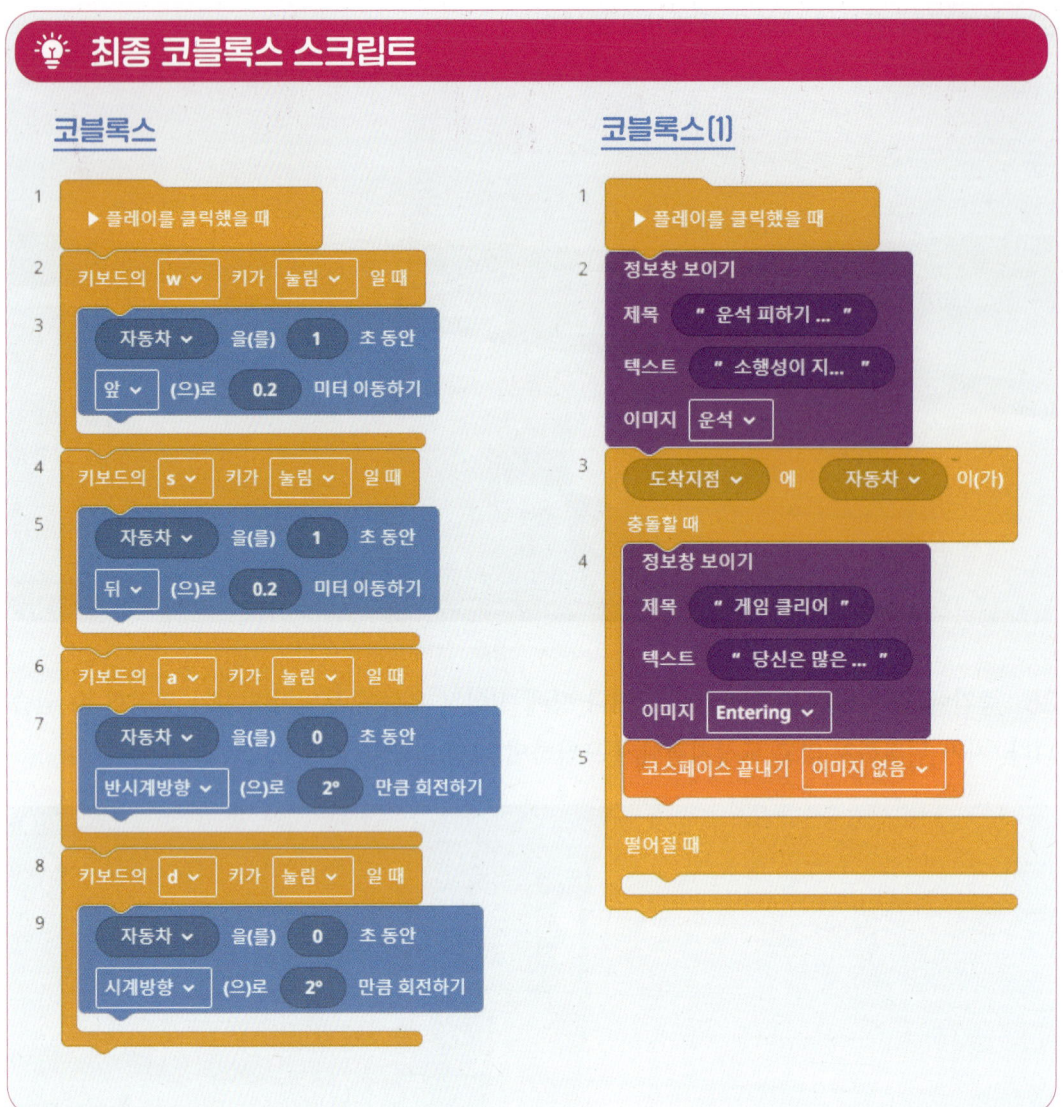

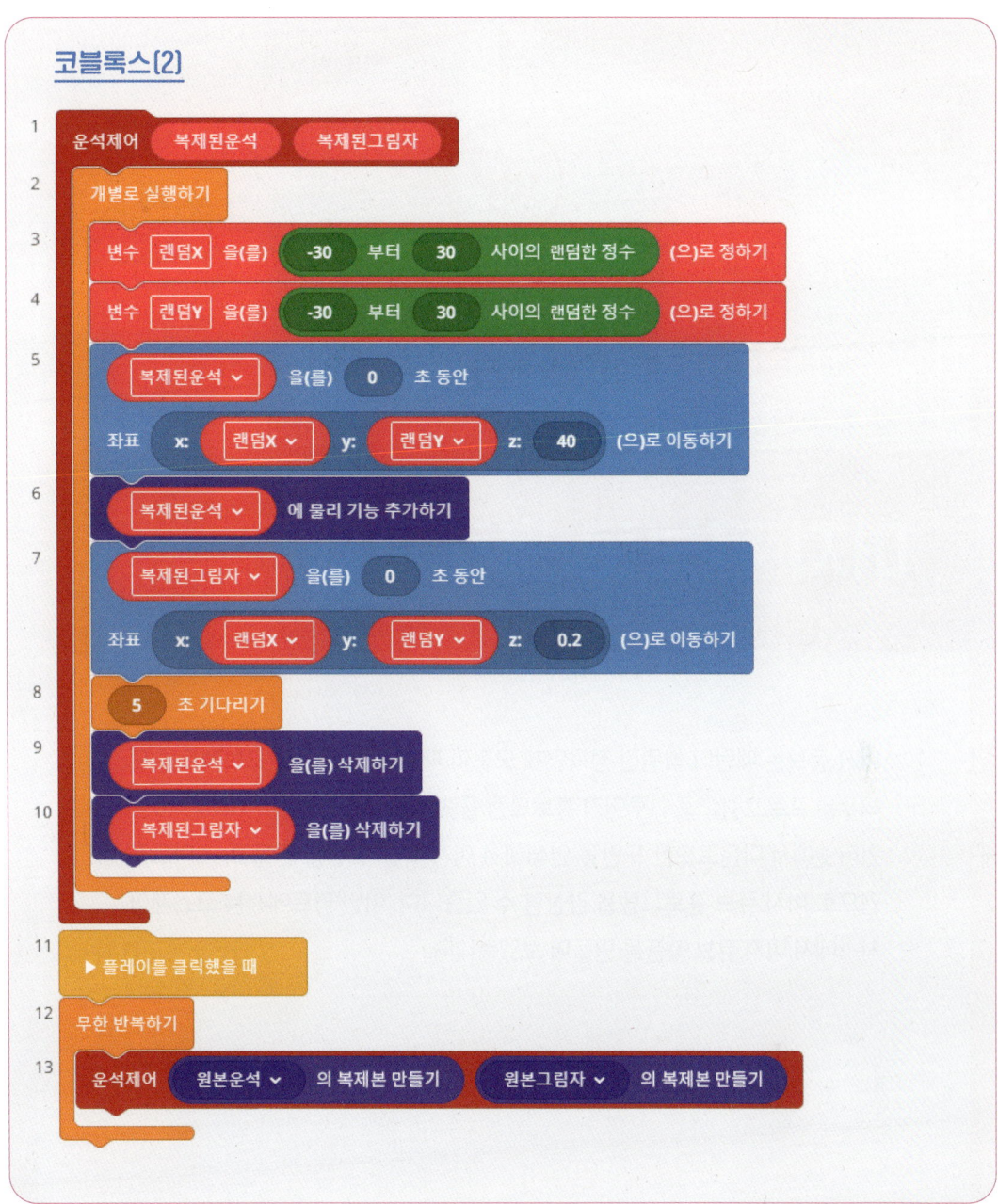

PART 03

머지 큐브로 홀로그램 만들기

머지 큐브는 패턴이 씌워진 정육면체 모형과 패턴 위에 디지털 오브젝트를 덧씌우는 프로그램으로 이루어진 홀로그램 플랫폼입니다.
인터넷에서 다운로드한 도안을 인쇄해서 머지 큐브 모형을 만들고, 스마트폰 앱으로 머지 큐브 홀로그램을 감상할 수 있습니다. 이번 파트에서는 코스페이시스에서 머지 큐브 작품을 만들어 보겠습니다.

머지 큐브란?

머지 큐브는 미국 머지 랩스(Merge Labs) 사에서 개발한 홀로그램 플랫폼입니다. 머지 큐브는 정해진 패턴 무늬를 가진 정육면체의 모형(하드웨어)과 모형을 카메라로 촬영하여 패턴무늬 위에 디지털 오브젝트를 덧씌우는 프로그램(소프트웨어)으로 이루어져 있습니다.

머지 큐브 정육면체의 모형의 오리지널 상품은 고무로 제작되어 미국에서 판매됩니다. 아직 국내에서 정식 판매가 되지 않아 해외 직구로 구매해야 하며 약 4만 원에 구매할 수 있습니다. 대신 국내에서는 골판지로 되어 있는 상품이 몇천 원에 판매되고 있습니다. 골판지로 된 모형도 기능에는 문제가 없습니다. 마지막으로 인터넷에서 다운로드한 도안을 A4 크기의 두꺼운 종이로 인쇄한 후에 오려서 모형을 만들 수 있습니다.

머지 큐브 인쇄용 도안은 네이버 '코스페이시스 사용자 카페'에서 무료로 다운로드할 수 있습니다.

주소: https://cafe.naver.com/cospaces

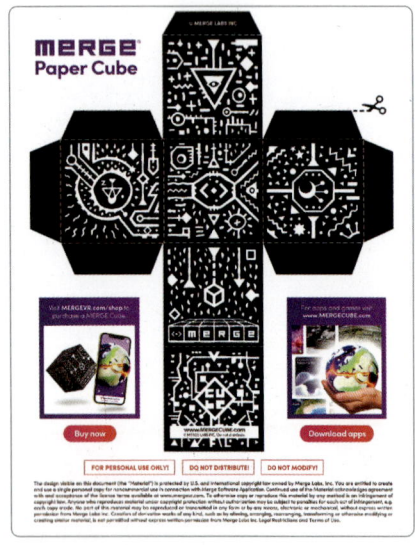

프로그램은 대부분 스마트폰 앱으로 만들어져 있습니다. 머지 큐브는 카메라로 패턴을 인식해서 그 위에 디지털 오브젝트를 배치하는 마커 기반 AR 기술을 기반으로 하고 있습니다. 이러한 기술은 카메라를 내장하고 있는 스마트폰에서 효율적으로 작동할 수 있습니다.

구글 플레이 또는 애플 앱스토어에서 'merge cube'로 앱을 검색하면 다양한 무료/유료 앱이 나타납니다. 스마트폰에 이런 앱을 설치해서 머지 큐브 홀로그램 콘텐츠를 감상할 수 있습니다.

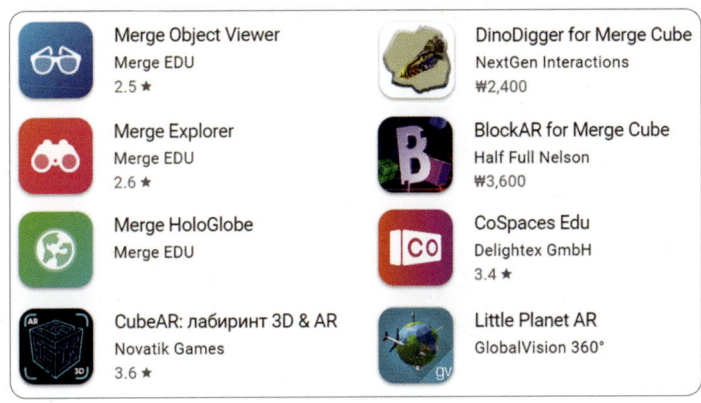

코스페이시스에서 머지 큐브 콘텐츠를 제작하고 감상하기 위해서는 3가지 요소가 필요합니다.

머지 큐브 도형   스마트폰   머지 큐브 애드온

❶ 머지 큐브 도형: 골판지로 된 제품을 구매하거나 도안을 인쇄해서 직접 만들 수 있습니다.

❷ 스마트폰: 카메라가 달려 있는 최근 5년 이내 출시된 안드로이드폰 또는 아이폰이면 됩니다.

❸ 머지 큐브 애드온: 코스페이시스 라이선스 구매 시 함께 구매하는 플러그인 개념의 애드온입니다. 이 애드온을 함께 구매해야 머지 큐브 작품을 제작할 수 있습니다.

머지 큐브 작품은 [코스페이시스 만들기]에서 장면 선택 유형 중 [머지 큐브] 카테고리에서 선택할 수 있습니다. 비어 있는 [Empty scene]을 선택하거나, 미리 다양한 유형으로 만들어져 있는 템플릿을 고를 수 있습니다.

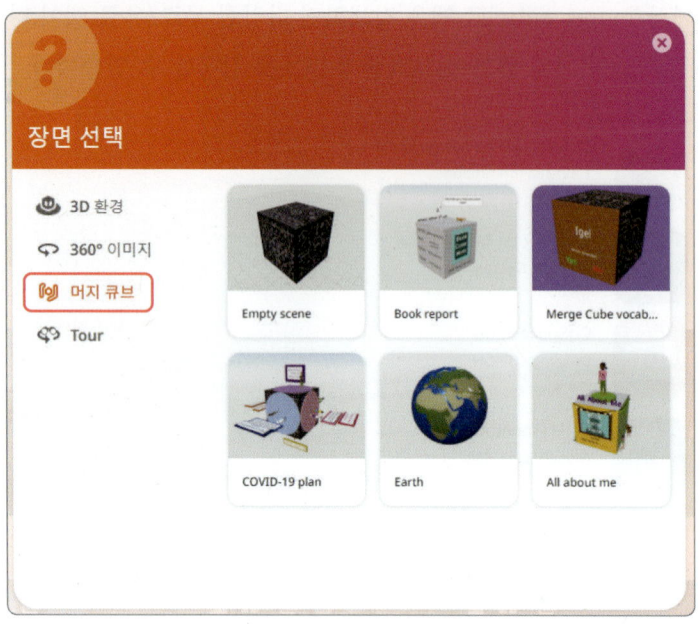

만약 머지 큐브 애드온을 구매하지 않은 경우 [코스페이시스 만들기]에서 장면 선택 유형이 잠겨 있습니다.

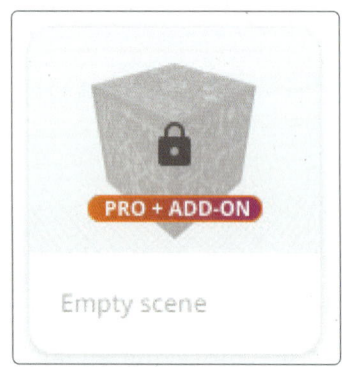
애드온이 없는 경우

애드온이 있는 경우

Chapter 17 : 머지 큐브 보물섬

템플릿: https://edu.cospaces.io/MMD-PVG
완성작: https://edu.cospaces.io/KLX-PCK

17장에서는 머지 큐브를 이용한 작품을 제작합니다. 작품을 제작하기 전에 '머지 큐브 모형'과 스마트폰을 준비해 주세요. 그리고 스마트폰은 와이파이 또는 모바일 데이터를 이용해서 인터넷 접속이 되어야 합니다.

머지 큐브를 이용한 작품은 [코스페이스 만들기]에서 작품 유형을 [머지 큐브]로 선택해야 합니다. 처음부터 머지 큐브 유형으로 만든 프로젝트는 이후에 다른 유형(3D 환경, 360도 등)으로 변경할 수 없습니다. 이번 시간에는 머지 큐브를 이용해서 멋진 보물섬을 꾸며 봅니다. 보물섬의 아래에 바다 환경을 꾸미고, 보물섬 위에도 자연 환경을 꾸며 줍니다. 완성된 작품은 스마트폰 앱에서 실행해서 홀로그램으로 감상합니다.

학습 목표
1. 간단한 머지 큐브 작품 만들기
2. 스마트폰에서 작품 실행하기
3. 머지 큐브 속성창 다루기
4. 머지 큐브 안에 보물섬 꾸미기

STEP 1. 간단한 머지 큐브 작품 만들기

01. 예제 작품을 열면 장면 한가운데에 머지 큐브 모형이 들어가 있습니다.

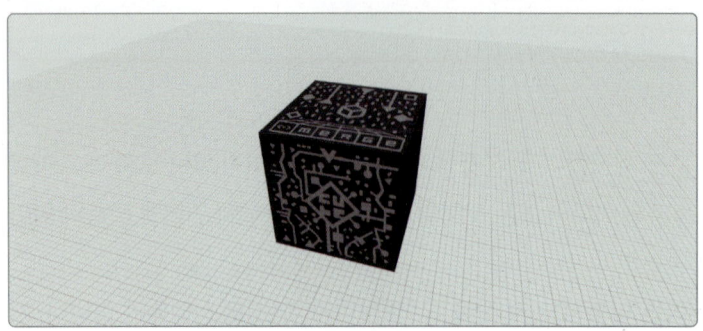

02. 동물 한 마리만 들어간 아주 간단한 작품을 만들어 보겠습니다. [라이브러리] → [자연] 카테고리에서 '토끼' 오브젝트를 추가합니다.

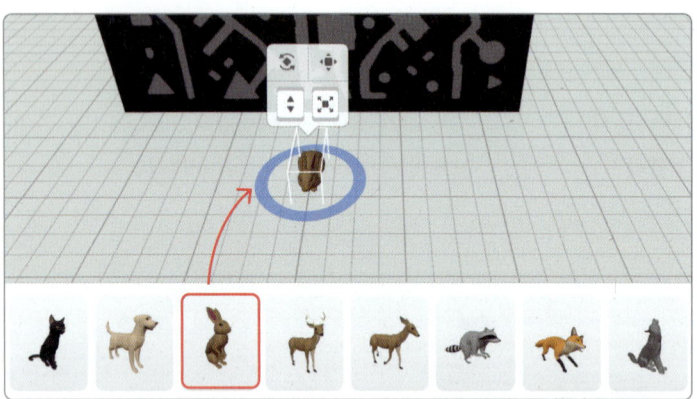

03. '토끼' 오브젝트의 크기와 위치를 조절해서 머지 큐브의 상단에 올려줍니다.

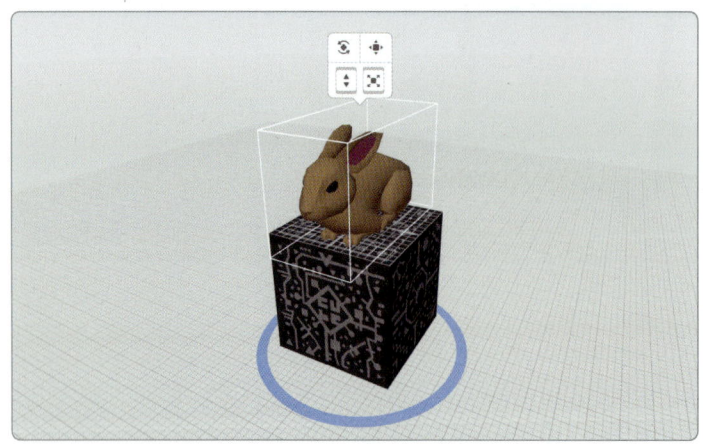

STEP 2. 스마트폰에서 작품 실행하기

04. 스마트폰을 켜고 구글 플레이 또는 앱스토어 한글로 '코스페이시스'를 검색합니다. 첫 번째 검색 결과에 'CoSpaces Edu' 앱의 **[설치]** 버튼을 눌러 앱을 설치하고 실행합니다. 처음에는 '갤러리' 화면이 나타나며, 로그인을 하지 않아도 갤러리에 공개된 모든 작품을 플레이할 수 있습니다. 화면 상단의 **[로그인]** 버튼을 클릭합니다.

05. 본인의 계정(아이디, 비밀번호)을 입력하여 로그인합니다. 로그인이 되면 오른쪽 상단에 'PRO' 로고가 나타납니다. 아바타를 클릭해서 로그인한 계정 정보를 확인할 수 있습니다.

하단 메뉴에서 **[학급]**, **[프리 플레이]** 또는 **[코스페이시스]** 버튼을 눌러 방금 만들었던 머지 큐브 작품을 찾아 열어 줍니다.

> **꿀팁** **선생님 계정과 학생 계정의 차이점**
>
> 선생님 계정과 학생 계정은 개인 작품을 만드는 메뉴의 이름이 다릅니다. 선생님 계정은 '코스페이스'라고 되어 있고 학생은 '프리 플레이'로 되어 있습니다. 자유롭게 작품을 만드는 기능은 똑같지만 메뉴명만 다릅니다.
>
>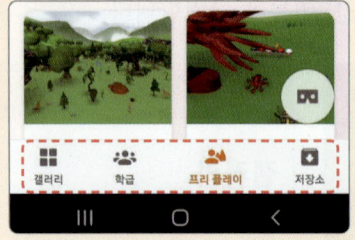
>
> 선생님 계정의 하단 메뉴   학생 계정의 하단 메뉴

06. 작품이 열리면 오른쪽 상단의 **[플레이]** 버튼을 클릭합니다.

07. 'AR 모드 안전하게 사용하기' 팝업창이 나타나면 **[알겠습니다]** 버튼을 눌러줍니다.

08. 스마트폰 카메라로 머지 큐브를 비추면 머지 큐브 위에 코스페이스 작품이 나타납니다. 앱이 머지 큐브 위에 있는 무늬 패턴을 인식해서 어떤 면이 어떠한 위치, 방향, 크기로 놓여져 있는지 계산합니다. 그리고 그 위에 디지털 콘텐츠의 위치, 방향, 크기를 적용하여 큐브 위에 표시하는 마커 기반 AR이 사용됩니다. 홀로그램으로 만들어진 화면은 고화질로 녹화할 수 있습니다. 화면 오른쪽 상단에 카메라 아이콘을 클릭합니다.

09. 오른쪽에 **[녹화]** 버튼이 보여집니다. **[녹화]** 버튼을 클릭합니다.

10. 화면 녹화가 시작됩니다. 카메라 또는 머지 큐브를 이리 저리 움직이며 작품을 감상합니다. 감상이 끝난 후 **[정지]** 버튼을 클릭합니다.

11. 녹화된 동영상은 바로 재생할 수 있습니다. 또는 공유 기능을 이용해서 다른 사람에게 보낼 수 있습니다.

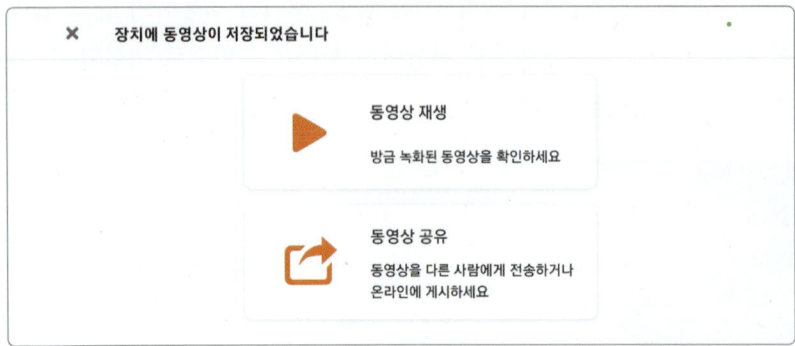

12. 혹시 안드로이드 스마트폰의 '갤러리 앱'에 동영상이 나타나지 않는다면 아직 사진 목록이 업데이트되지 않은 것입니다. 한 시간 정도 기다리면 자동으로 목록에 업데이트됩니다. 만약 그 전에 영상을 확인해야 한다면 [내 파일] 앱에서 [내장 메모리] → [Movies] 폴더로 들어가면 동영상 파일을 찾을 수 있습니다.

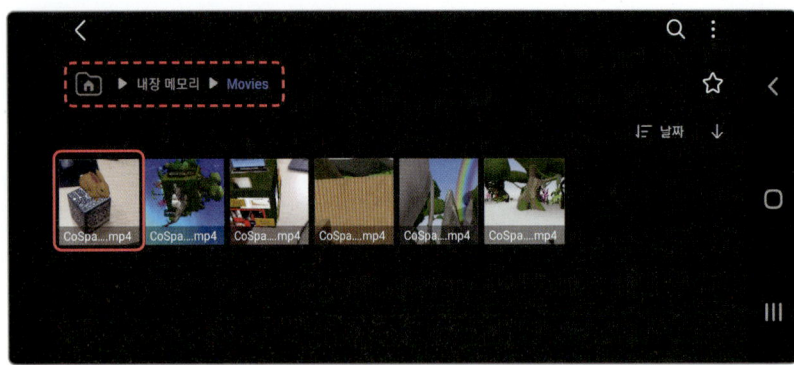

13. 동영상 파일을 클릭하면 영상이 바로 재생됩니다.

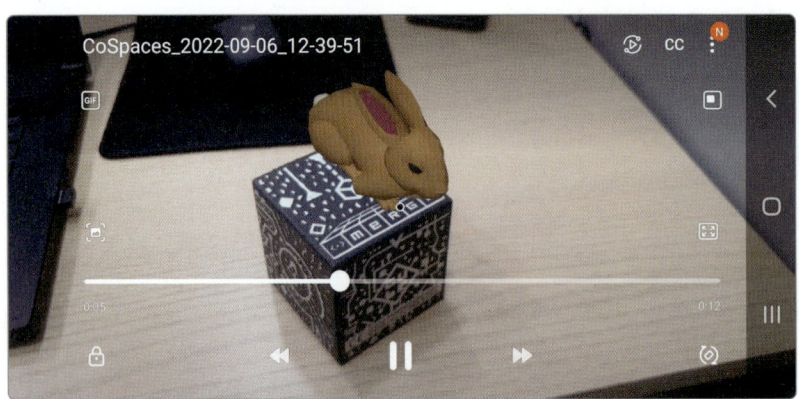

이렇게 스마트폰에서 머지 큐브 작품을 감상해 보았습니다.

STEP 3. 머지 큐브 속성창 다루기

14. 다시 컴퓨터 화면으로 돌아와서 머지 큐브 작품을 수정하겠습니다. 임시로 만들었던 토끼 오브젝트는 삭제합니다.

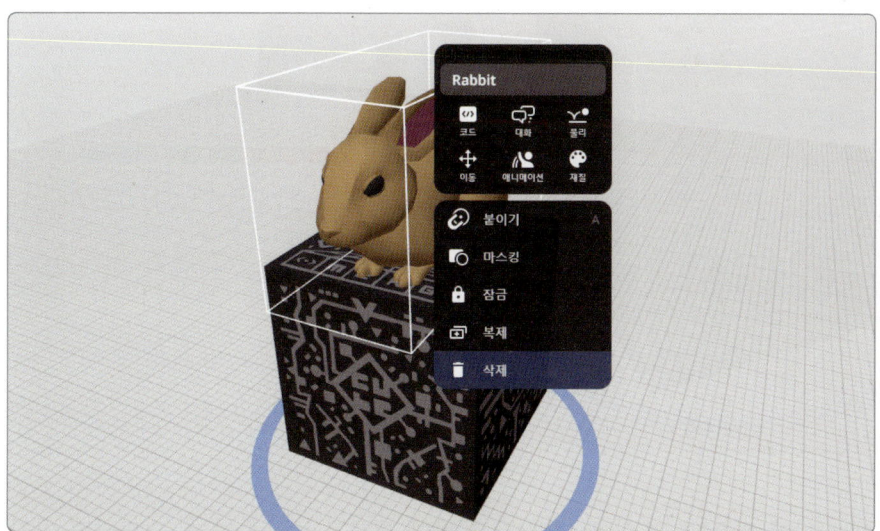

15. 머지 큐브 오브젝트는 기본적으로 '잠금' 설정되어 있어서 수정할 수 없습니다. **[잠금해제]** 메뉴를 눌러 수정 가능한 상태로 변경합니다.

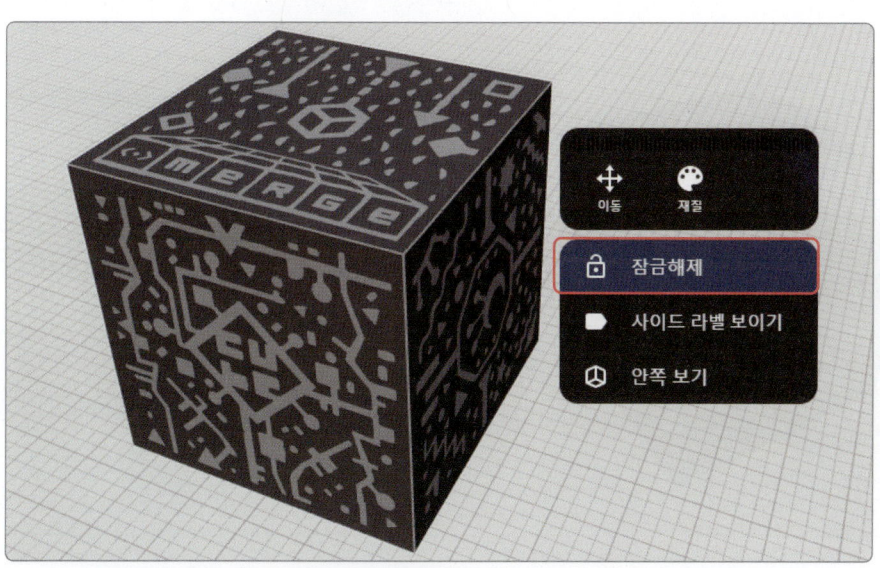

16. 머지 큐브의 기본 크기는 '5.0'으로 설정되어 있습니다. 이는 큐브의 가로×세로×높이가 각 5미터라는 뜻입니다. 이 크기는 이번 장의 보물섬을 꾸미기에는 작습니다. 20미터 크기로 키워 주겠습니다. [이동] 메뉴에서 크기를 '20'으로 변경해 줍니다. Z축 위치도 이에 맞추어 '10'으로 변경합니다.

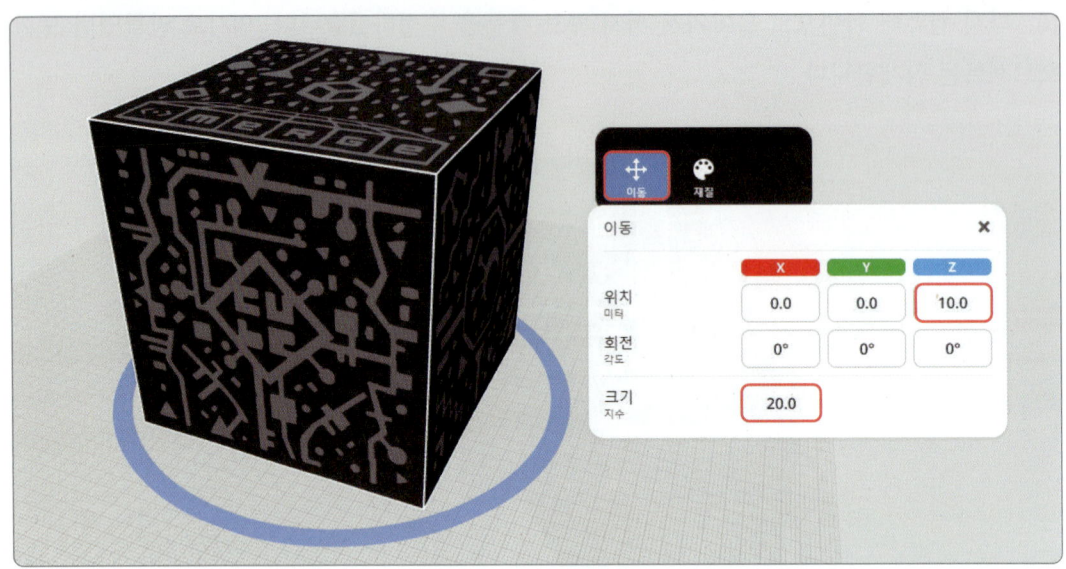

17. 보물섬 아래에 바다를 만들고 그 안에 고래 같은 바다 생물을 넣겠습니다. 그러려면 머지 큐브를 바다처럼 꾸며 주어야 합니다. 속성창에서 **[안쪽 보기]** 버튼을 클릭하면 머지 큐브의 안쪽을 들여다볼 수 있습니다.

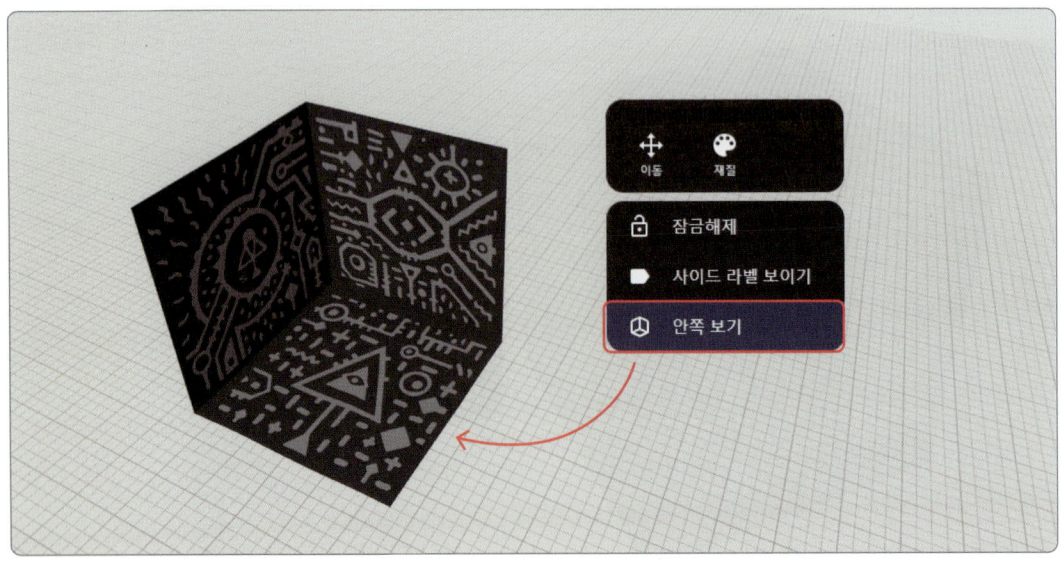

18. 속성창의 [재질]에서 무늬와 색상을 변경하여 바다처럼 만들어 줍니다.

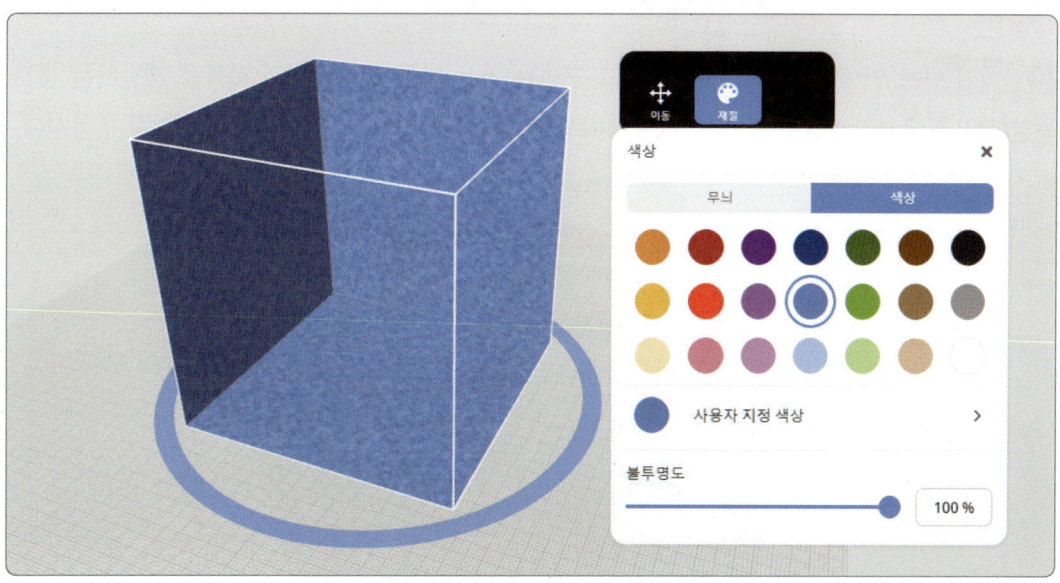

19. 작업이 끝나면 다시 오브젝트를 [잠금] 설정해 줍니다. 잠금 설정을 해 주어야 큐브 내부에 오브젝트를 추가하고 편집하는 작업이 쉬워집니다.

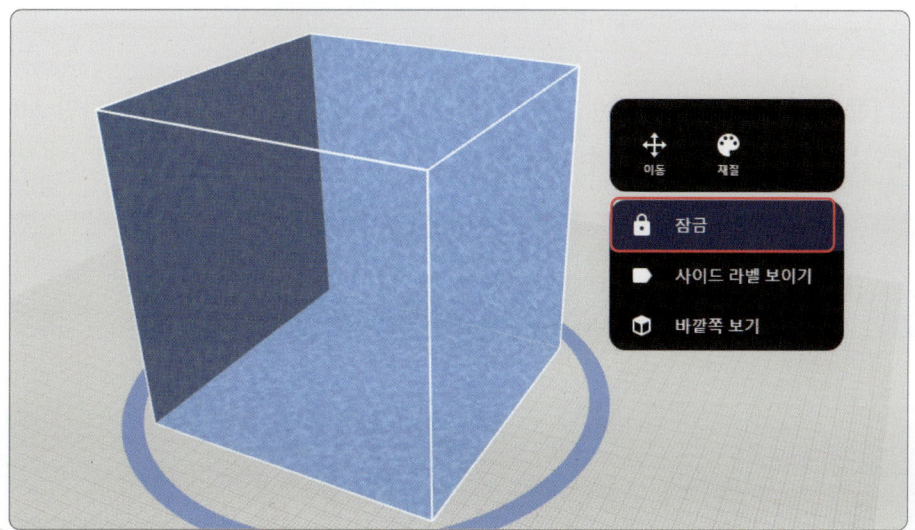

STEP 4. 머지 큐브 안에 보물섬 꾸미기

20. 머지 큐브 안에 오브젝트를 추가하고 꾸미는 것은 다른 코스페이스 작품을 제작하는 것과 동일합니다. 오브젝트를 추가하고, 애니메이션을 설정해서 생동감 넘치는 보물섬을 꾸며 봅시다.

21. 컴퓨터에서 **[플레이]** 버튼을 클릭하면 다음과 같이 작품을 미리 볼 수 있습니다. 다만 AR이 아니라 비어 있는 배경에서 작품을 볼 수 있습니다.

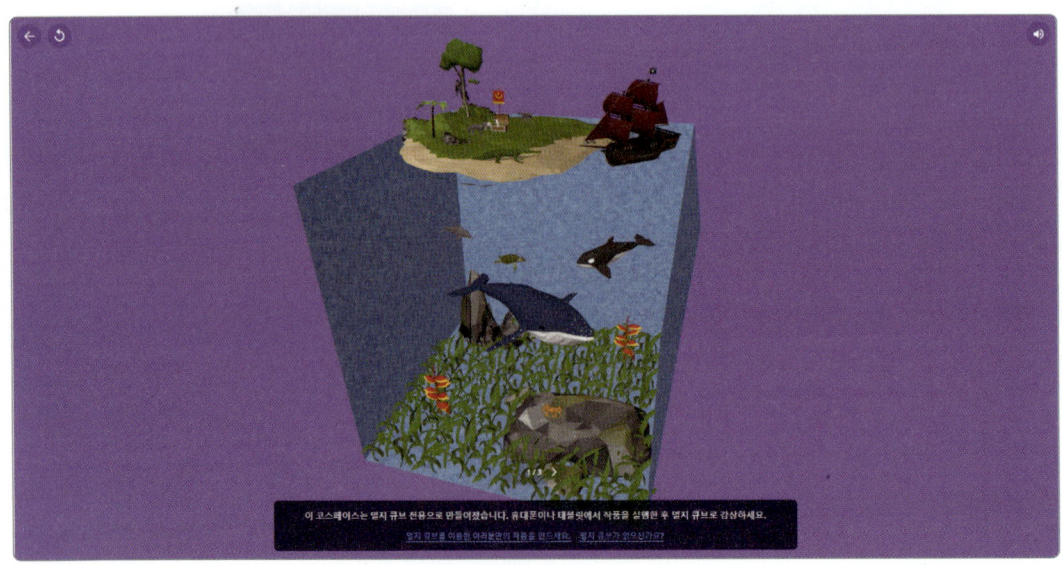

22. 스마트폰 앱에서 작품을 플레이하고, 카메라로 머지 큐브를 비추면 다음과 같이 작품이 실행됩니다. 화면 녹화 기능을 이용해서 자신의 작품을 영상으로 촬영해 보세요!

Chapter 18 머지 큐브 수수께끼

템플릿: https://edu.cospaces.io/FZX-FBF
완성작: https://edu.cospaces.io/QZQ-VRR

18장은 코딩 없이 머지 큐브를 이용한 수수께끼 문제 게임을 제작합니다. 난센스 퀴즈, 속담, 영화나 애니메이션 주제와 관련된 정답을 선정하고, 다양한 오브젝트를 이용해서 정답을 설명합니다. 플레이어는 머지 큐브를 회전시켜서 뒤쪽에 적혀 있는 정답을 확인할 수 있습니다.

우리는 정답을 설명하기 위해 다양한 디자인 기능을 사용합니다. 우선 적절한 오브젝트(캐릭터, 소품 등)를 선정하고 크기와 위치, 회전을 설정합니다. [재질] 메뉴에서 각 오브젝트의 색상을 설정하고 [애니메이션] 메뉴에서 적절한 동작을 만들어 냅니다. [대화] 메뉴에서 캐릭터가 말풍선을 이용해서 현재 상황을 설명합니다.

머지 큐브의 앞쪽에는 정답의 주제와 글자 수 등의 힌트가 들어갑니다. 그리고 머지 큐브의 뒤쪽에는 정답이 있습니다. 플레이어는 머지 큐브를 회전시키거나 또는 스마트폰을 이동시켜서 정답을 확인할 수 있습니다.

이번 수업은 코딩을 하지 않기 때문에 스마트폰만 이용해서 작품을 만들 수 있습니다. 컴퓨터가 없는 상태에서 스마트폰 앱을 이용해서 작품을 꾸미고, 공유하고, 실행할 수 있습니다.

학습 목표
1. 출제할 문제(정답) 선택하기
2. 주제와 정답 글자판 만들기
3. 캐릭터 배치하고 꾸미기
4. 문제(장면) 추가하기

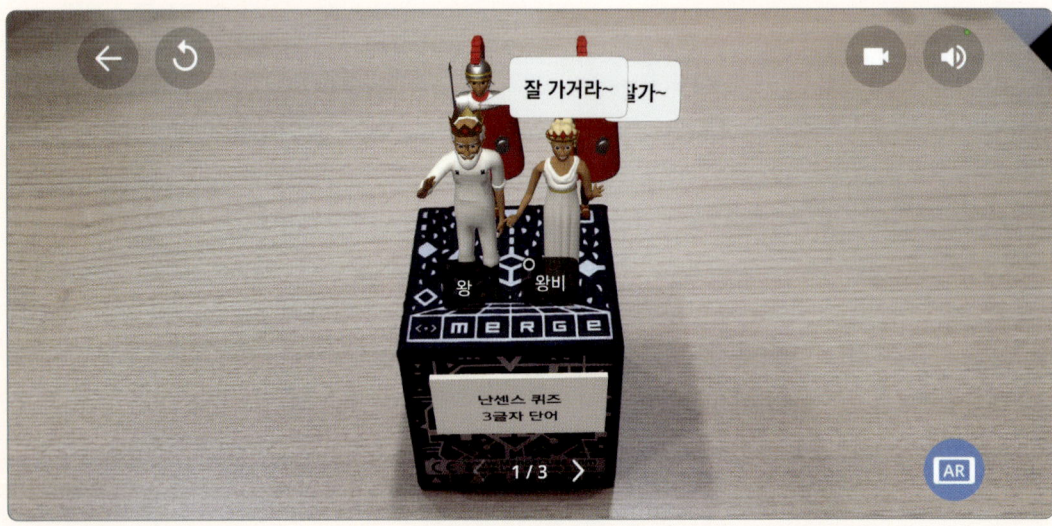

STEP 1. 출제할 문제(정답) 선택하기

01. 예제 작품에는 머지 큐브 오브젝트만 들어가 있습니다.

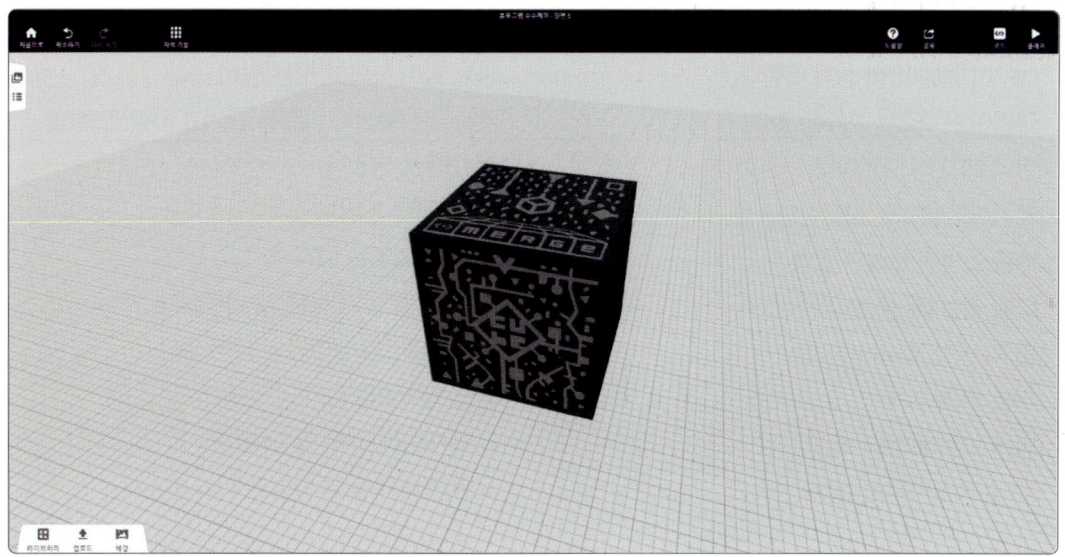

02. 먼저 어떤 문제를 출제할 것인지 정해야 합니다. 내가 좋아하는 가수, 연예인, 게임이나 노래 제목, 지역과 친구처럼 다양한 문제를 선택할 수 있습니다.

다음은 주제별로 출제할 수 있는 문제 예시입니다. 여기에 있는 문제를 선택해도 되고 다른 것을 선택해도 됩니다.

- 영화 주제

어벤져스, 매트릭스, 라라랜드, 메이즈러너, 택시운전사, 명량, 한산, 트랜스포머, 쏘우, 곤지암, 반지의 제왕, 해리포터, 캐리비안의 해적, 아바타, 실미도, 국제시장

- 애니메이션 주제

원피스, 나루토, 이누야샤, 명탐정 코난, 브레드 이발소, 엉덩이 탐정, 드래곤볼, 토토로, 시간을 달리는 소녀, 하울의 움직이는 성, 센과 치히로의 행방불명

– 속담 주제

우물에 가 숭늉 찾는다.
바늘 구멍으로 황소 바람 들어온다.
언 발에 오줌 누기.
뛰는 놈 위에 나는 놈 있다.
개구리 올챙이 적 생각 못한다.
굼벵이도 구르는 재주는 있다.
빈 수레가 더 요란하다.
지렁이도 밟으면 꿈틀한다.
개똥도 약에 쓰려면 없다.
바늘 가는 데 실 간다.
못 먹는 감 찔러나 본다.
우물 안 개구리
믿는 도끼에 발등 찍힌다.
세 살 적 버릇 여든까지 간다.

가재는 게 편
미꾸라지 한 마리가 온 웅덩이를 흐린다.
방귀 뀐 놈이 성낸다.
콩 심은 데 콩 나고 팥 심은 데 팥 난다.
가는 말이 고와야 오는 말이 곱다.
호랑이는 죽어서 가죽을 남기고 사람은 죽어서 이름을 남긴다.
남의 떡이 더 커보인다.
소 잃고 외양간 고친다.
똥 묻은 개가 겨 묻은 개 나무란다.
열 번 찍어 안 넘어가는 나무 없다.
등잔 밑이 어둡다.
고래 싸움에 새우 등 터진다.
낮말은 새가 듣고 밤말은 쥐가 듣는다.

– 난센스 퀴즈

미꾸라지보다 큰 것은? 미꾸X라지
세상에서 제일 큰 코는? 멕시코
세상에서 가장 지루한 중학교는? 로딩중
귀는 귀인데 소리가 나는 귀는? 까마귀
돈 낭비를 제일 많이 하는 동물은? 사자
홈 쇼핑에서 매출이 가장 많은 동물은? 판다
울다가 그친 사람을 다섯 글자로 하면? 아까운 사람
무가 넥타이를 매면? 무에타이
오이가 무를 치면? 오이무침
화장실에 다녀온 원숭이를 다섯 글자로? 일본원숭이
파란 소가 용을 구했다를 다섯 글자로? 청소용구함
밥만 먹고 나면 목욕하는 것은? 밥그릇
언제든지 손에 들고 다니는 금은? 손금
동생과 형이 싸우는데 모든 사람이 동생 편을 들면? 형편없는 세상
발은 발인데 허공에서 춤추는 발은? 깃발

게임기를 지키는 두 마리 용은? 일인용, 이인용
분홍집은 핑크하우스, 파란집은 블루하우스, 투명한 집은? 비닐하우스
병아리가 태어나면 제일 먼저 먹는 약은? 삐약
말은 못하지만 흉내는 잘 내는 것은? 거울
고기 먹을 때 항상 따라오는 개는? 이쑤시개
절을 앞으로 하지 않고 뒤로 하는 절은? 기절
미래를 내다볼 수 있는 벌레는? 무당벌레
눈 앞을 막았는데 더 잘 보이는 것은? 안경
어른은 탈 수 없지만 어른이 있어야 움직이는 차는? 유모차
먹기 싫어도 매년 먹는 것은? 나이
파 중에서 가장 유명한 파는? 파스타
오뎅을 우리말로 다섯 글자로 하면? 뎅뎅뎅뎅뎅
미소의 반대말은? 당기소
땅이 우는 소리는? 흙흙

STEP 2. 주제와 정답 글자판 만들기

03. 이번에 출제할 문제는 난센스 퀴즈로 '왕이 헤어지면? 바이킹(bye~ king)'입니다. 여러분은 다른 문제를 출제하면 됩니다.

머지 큐브의 앞면에 문제의 주제를, 뒷면에는 정답을 적어 놓겠습니다. 우선 앞면에 문제의 주제와 정답의 글자 수 등을 글로 표시합니다. **[라이브러리] → [만들기]** 카테고리에서 '글자판'(Text panel) 오브젝트를 장면에 추가합니다.

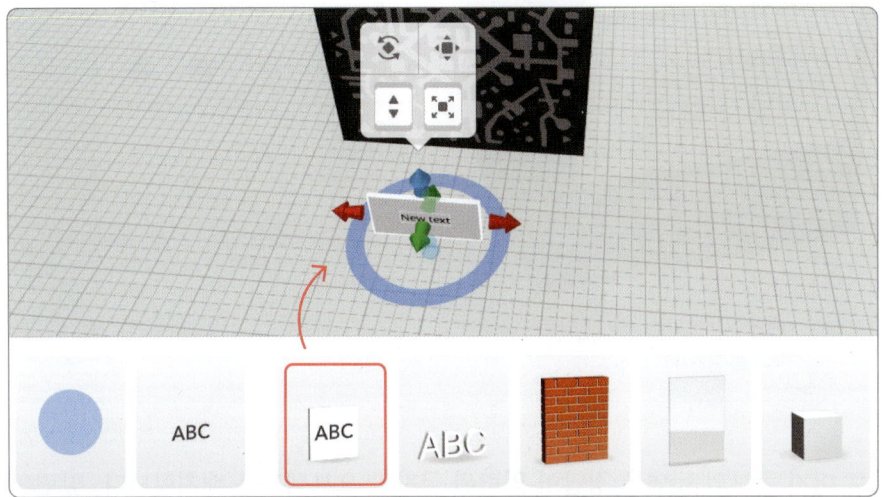

04. '글자판' 오브젝트의 크기와 위치를 적절하게 조절하여 머지 큐브의 앞면에 배치합니다.

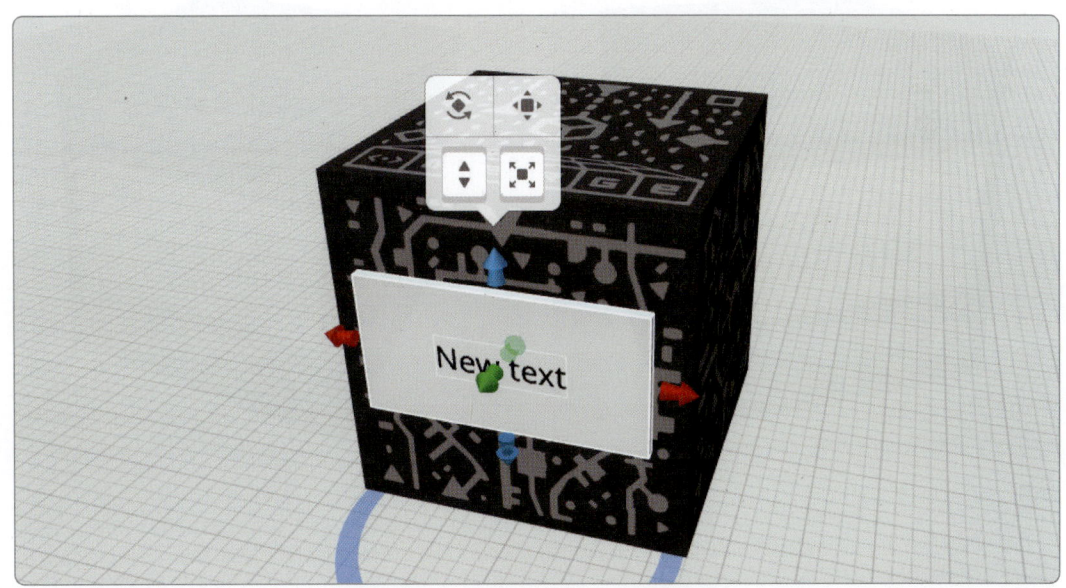

05. '글자판' 오브젝트에 붙어 있는 'New text' 오브젝트 속성창에서 **[텍스트]** 메뉴의 텍스트 값을 입력해 줍니다. 문제의 주제와 글자 개수 등의 힌트를 입력합니다.

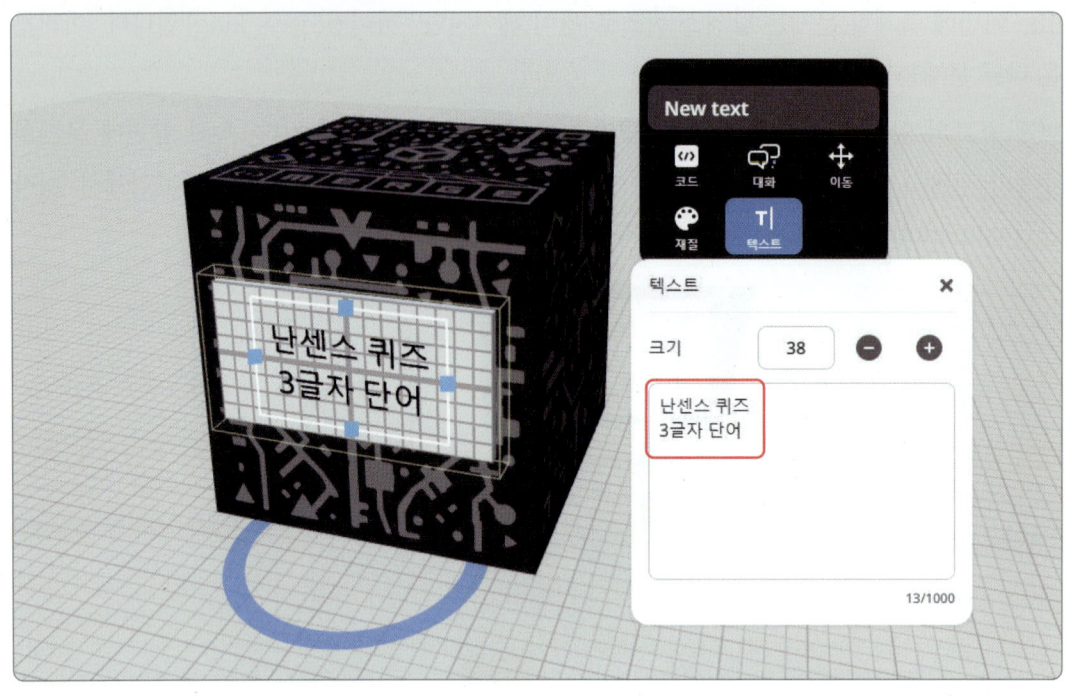

06. 같은 방식으로 머지 큐브의 뒷면에 정답이 입력된 글자판 오브젝트를 배치합니다. 앞면의 글자판 오브젝트를 복제해서 배치하면 더 간단합니다.

앞면   뒷면

STEP 3. 캐릭터 배치하고 꾸미기

07. 머지 큐브의 윗면에 캐릭터를 배치하고 정답을 나타내는 상황을 만들겠습니다. 왕이 잘 가라고 인사하는 모습을 만들어야 하는데, 라이브러리에는 왕 캐릭터가 없습니다. 그래서 할아버지 캐릭터에 왕관을 씌우고, 옷 색상을 흰색으로 만들어서 마치 왕처럼 꾸며 줍니다.

08. 그리고 혹시 캐릭터가 누구인지 정확하게 알리고 싶다면, 속성창의 **[코드]** 메뉴에서 '이름 보이기' 항목에 체크하면 오브젝트의 이름이 플레이 화면에 표시됩니다.

09. 왕의 모습을 제대로 꾸며주기 위해서 왕비와 뒤에 병사도 배치하겠습니다.

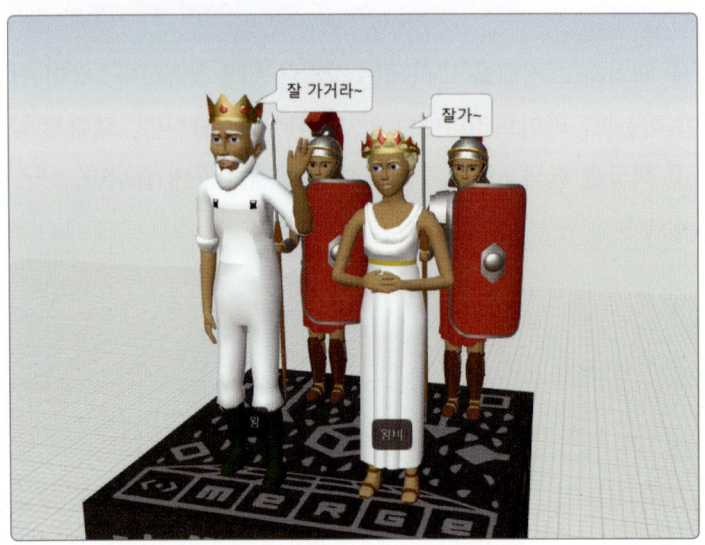

문제 하나가 완성되었습니다. 스마트폰에서 실행해 보세요!

STEP 4. 문제(장면) 추가하기

10. 문제가 하나밖에 없으면 재미가 없습니다. 최소 3개 정도의 문제를 만들겠습니다. 글자판 오브젝트를 다시 만들기가 귀찮으니 지금 장면을 복제해서 편집하겠습니다. 장면 목록에서 **[복제]**를 클릭해서 '장면 2'를 만듭니다.

11. '글자판' 오브젝트를 제외한 나머지 오브젝트는 삭제한 후 새로운 문제를 만듭니다.

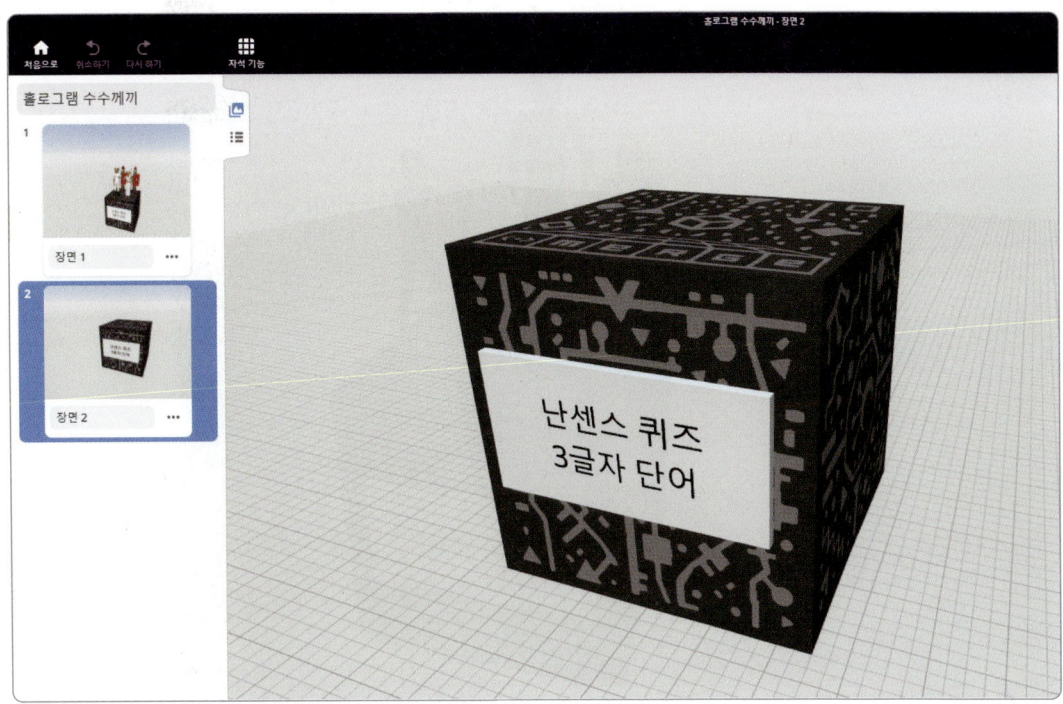

12. 다음은 새로운 문제 예시입니다. 정답은 무엇일까요? 다음은 속담 문제 예시입니다.

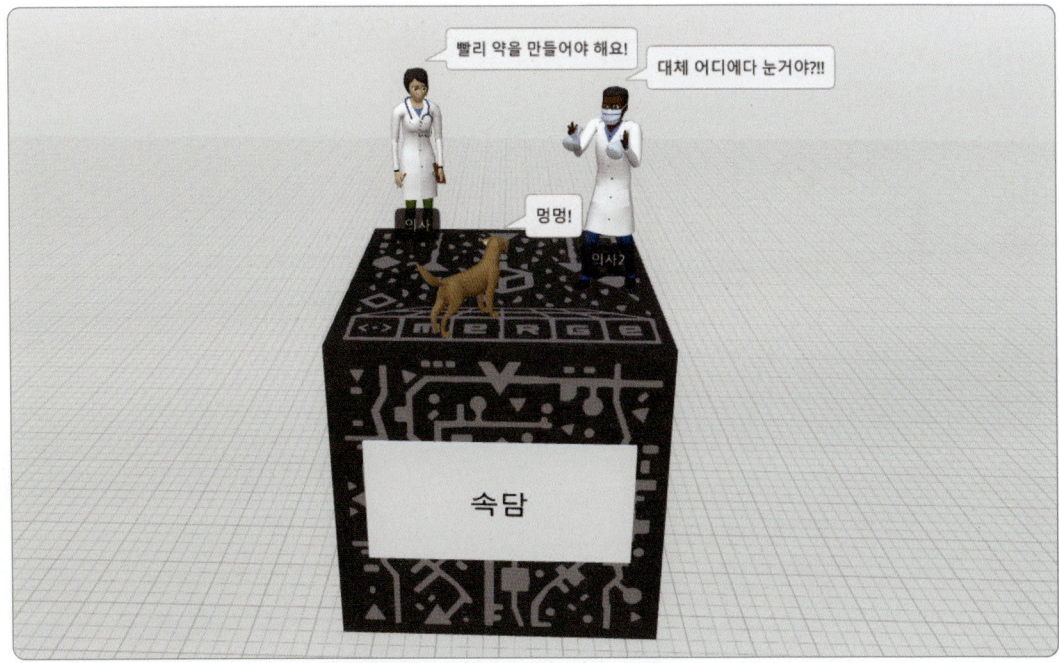

13. 영화 제목 문제 예시입니다.

스마트폰에서 실행해 봅시다. **[장면 이동]** 버튼을 눌러서 다음 문제로 이동할 수 있습니다.

Chapter 19 머지 큐브 디펜스 게임

템플릿: https://edu.cospaces.io/KBV-QSP
완성작: https://edu.cospaces.io/GWQ-ZPW

19장에서는 홀로그램을 이용한 재미있는 성 지키기(디펜스) 게임을 제작합니다. 머지 큐브 안에 성이 있습니다. 주변의 여기저기에서 몬스터가 나타나서 성을 공격하기 위해 달려옵니다. 플레이어는 몬스터를 클릭해서 없애야 합니다. 만약 몬스터가 성에 도착하면 성의 체력이 1씩 줄어들고, 체력이 0이 되면 게임이 오버됩니다.

스마트폰으로 머지 큐브 작품을 플레이하면 화면 중앙에 조준점(Reticle)이 나타납니다. 조준점은 마우스 포인터와 같이 오브젝트를 선택하는 역할을 합니다. 그리고 화면을 터치하면 마우스를 클릭한 효과가 나타납니다. 그래서 스마트폰에서 마우스를 클릭하는 이벤트를 만들어 낼 수 있습니다.

본문에서는 성을 '과자집'으로 표현하고, 몬스터를 '돼지'로 표현합니다. 성과 몬스터 오브젝트는 다른 것으로 다양하게 바꿀 수 있습니다. 오브젝트를 변경해서 여러분만의 작품을 만들어 보세요.

학습 목표
1. 성과 몬스터 배치하기
2. 몬스터 복제하고 움직이기
3. 성에 몬스터가 닿으면 체력 깎기
4. 몬스터 클릭해서 삭제하기
5. 게임 클리어 만들기

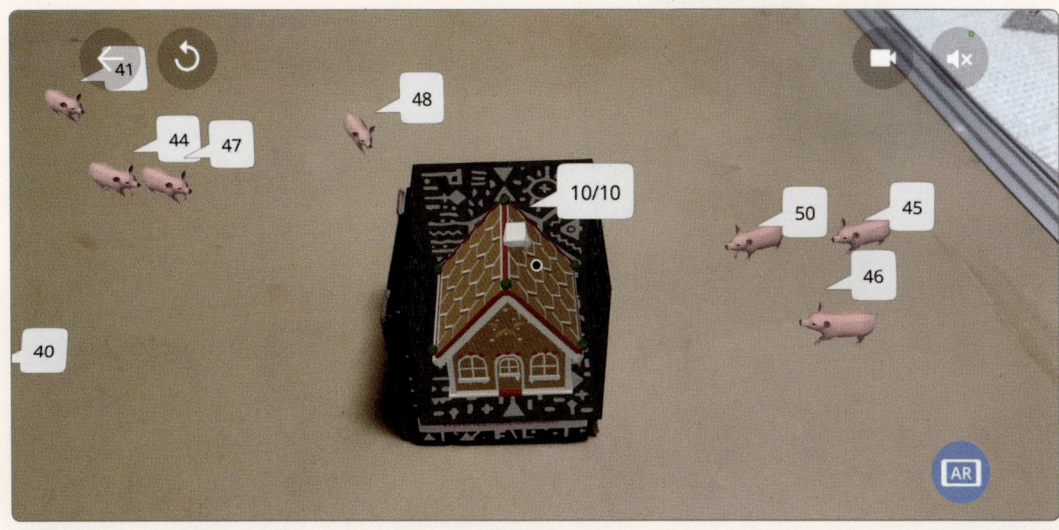

STEP 1. 성과 몬스터 배치하기

01. 머지 큐브 유형의 예제 작품은 완전히 비어 있으므로 처음부터 만들어야 합니다. 먼저 머지 큐브 오브젝트를 수정합니다. 속성창의 **[안쪽 보기]**를 클릭해서 큐브 내부를 볼 수 있도록 만듭니다.

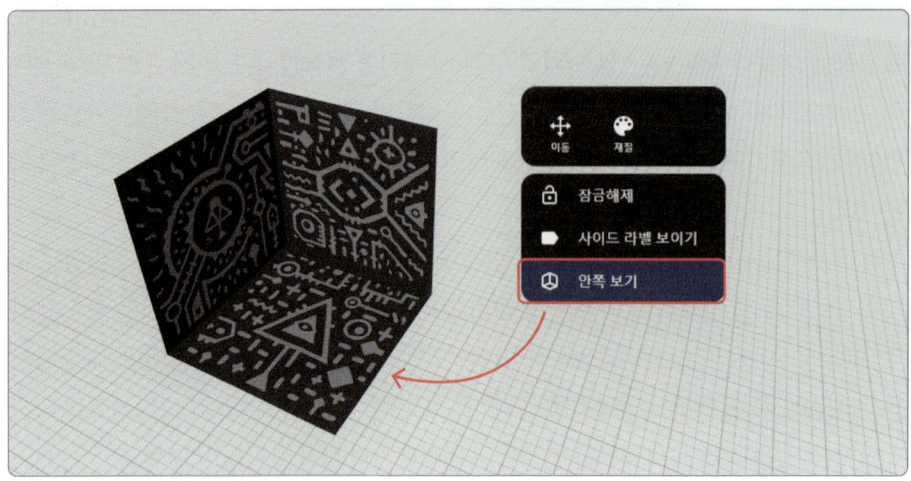

02. 큐브 안에 성을 추가합니다. 교재에서는 과자집을 사용하지만 여러분은 다른 오브젝트를 사용해도 됩니다. **[라이브러리]** → **[아이템]** 카테고리의 '과자집'(Gingerbread house) 오브젝트를 추가합니다.

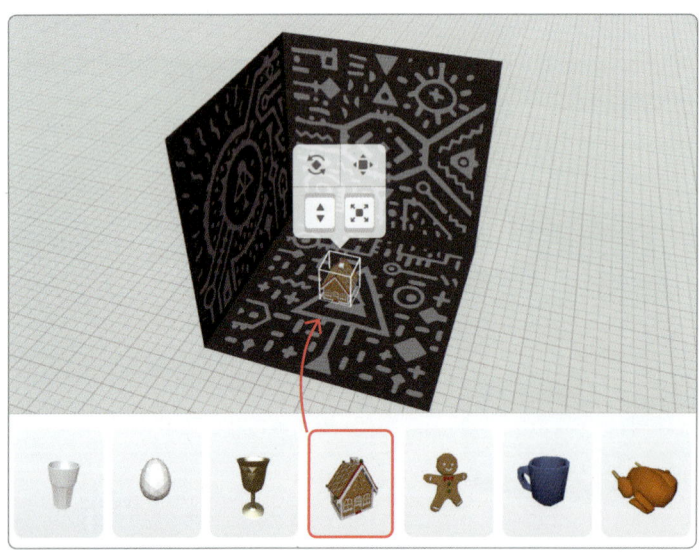

03. 오브젝트의 이름을 '성'으로 변경합니다. 미리 **[코블록스에서 사용]**을 활성화합니다.

04. '성' 오브젝트의 **[이동]** 메뉴에서 위치, 회전, 크기를 다음과 같이 수정합니다.

05. 다음으로 몬스터 오브젝트를 추가합니다. 본문에서는 '돼지'를 사용합니다. **[라이브러리]** → **[자연]** → **[땅]** 카테고리의 '돼지'(Pig) 오브젝트를 장면에 추가합니다.

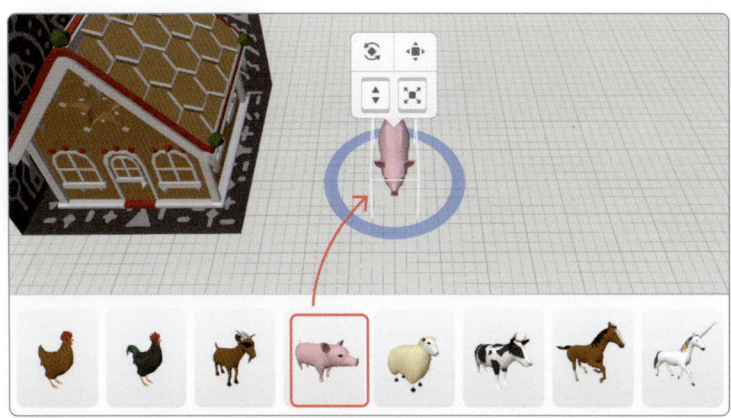

06. 오브젝트의 이름을 '원본몬스터'로 변경합니다. **[코블록스에서 사용]**을 활성화합니다.

07. **[애니메이션]** 메뉴에서 애니메이션을 **[Walk]**(걷기)로 변경합니다.

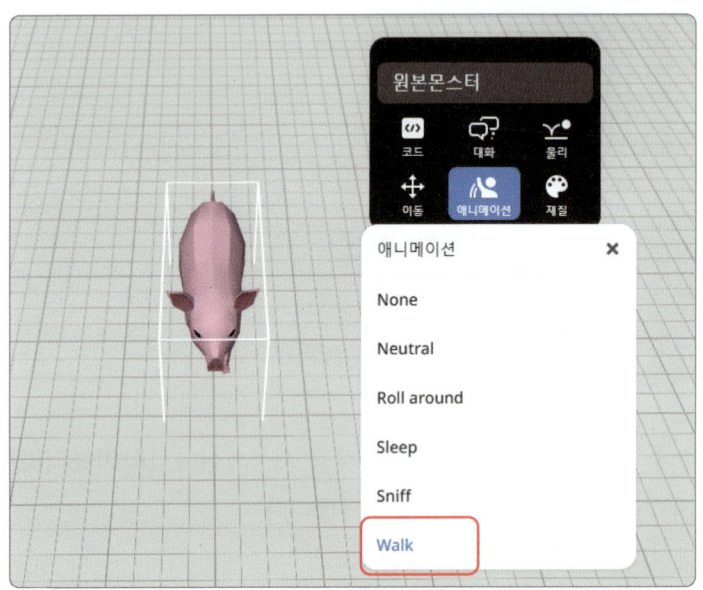

08. '원본몬스터' 오브젝트는 장면에 있을 필요가 없습니다. 오히려 복제된 몬스터와 혼동되어 게임에 방해가 됩니다. 그래서 오브젝트를 구석으로 이동시킨 후 **[재질]** 메뉴에서 불투명도를 '0%'로 설정하여 화면에서 숨깁니다.

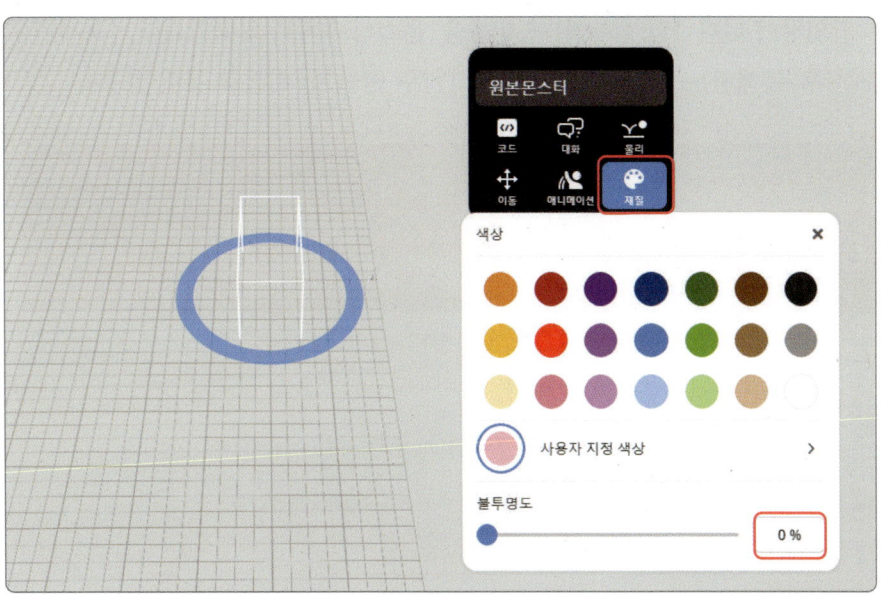

STEP 2. 몬스터 복제하고 움직이기

09. [코드]에서 새로운 [코블록스] 스크립트를 만듭니다. [함수] 카테고리에 [함수 만들기] 버튼을 클릭합니다.

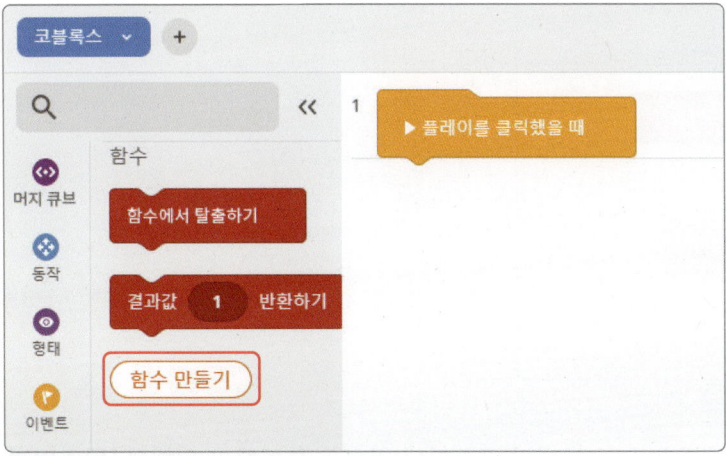

10. '새로운 함수' 팝업창이 나타나면 함수 블록 이름을 '몬스터제어'로 입력합니다. **[매개변수 추가]** 버튼을 클릭한 후 '복제된몬스터'를 입력합니다. **[함수 만들기]** 버튼을 클릭합니다.

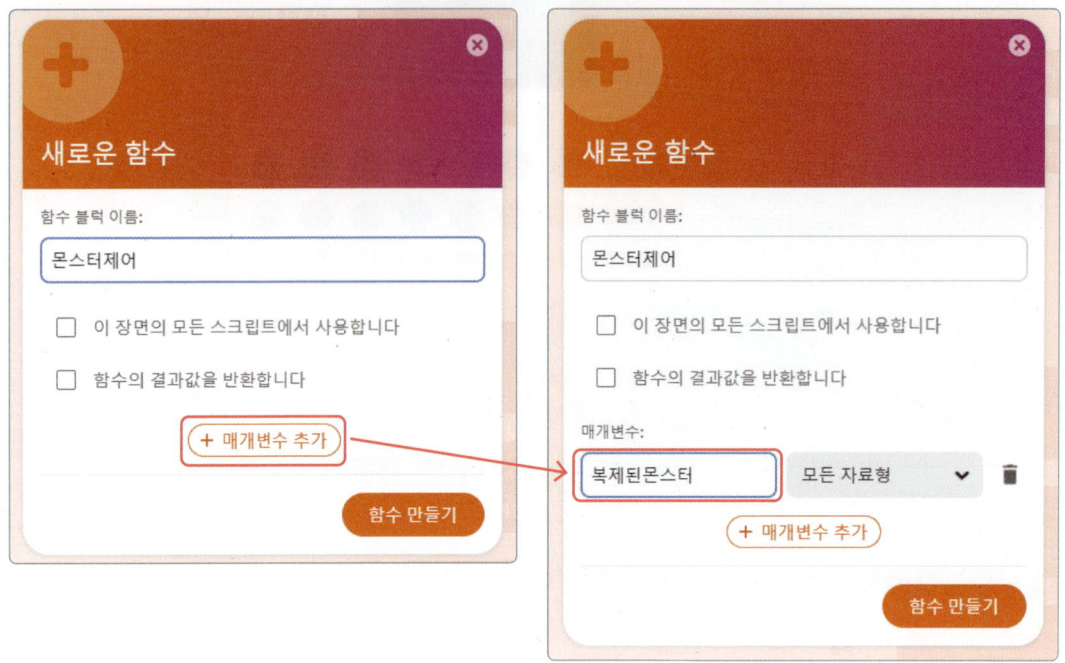

11. 스크립트의 최상단에 **[몬스터제어]** 함수 정의하기 블록이 생깁니다.

12. 우선 몬스터를 50번 복제하겠습니다. 복제된 몬스터에 번호를 부여하기 위해서 **[몬스터번호]** 변수를 만들고 **[50]**으로 정합니다. 첫 번째 몬스터가 50번이고, 마지막 몬스터가 1번입니다.

50번 반복하면서 '원본몬스터'의 복제본을 만든 후 **[몬스터제어]** 함수에 집어넣습니다. **[몬스터번호]** 값을 **[1]**만큼 감소시키고 1초 기다립니다. 이제 1초마다 몬스터가 복제됩니다. 하지만 플레이를 해도 몬스터는 나타나지 않습니다. 아직 [몬스터제어] 함수에 아무것도 없기 때문입니다.

13. [몬스터제어] 함수에서 '복제된몬스터' 오브젝트가 랜덤하게 사방에서 나타나도록 하겠습니다. 네 방향에서 나타나게 하기 위해서 [방향] 변수를 만들어 사용합니다. 만약 [방향] 변숫값이 1이라면 X좌표는 30으로, Y좌표는 -30부터 30 사이의 랜덤한 정수로 설정합니다. 그러면 그림의 파란색(왼쪽) 영역에 오브젝트가 배치됩니다.

같은 원리로 [방향] 변수가 2라면 빨간색 영역에 배치하고, 변수가 3이라면 노란색 영역, 변수가 4라면 초록색 영역에 랜덤하게 배치합니다.

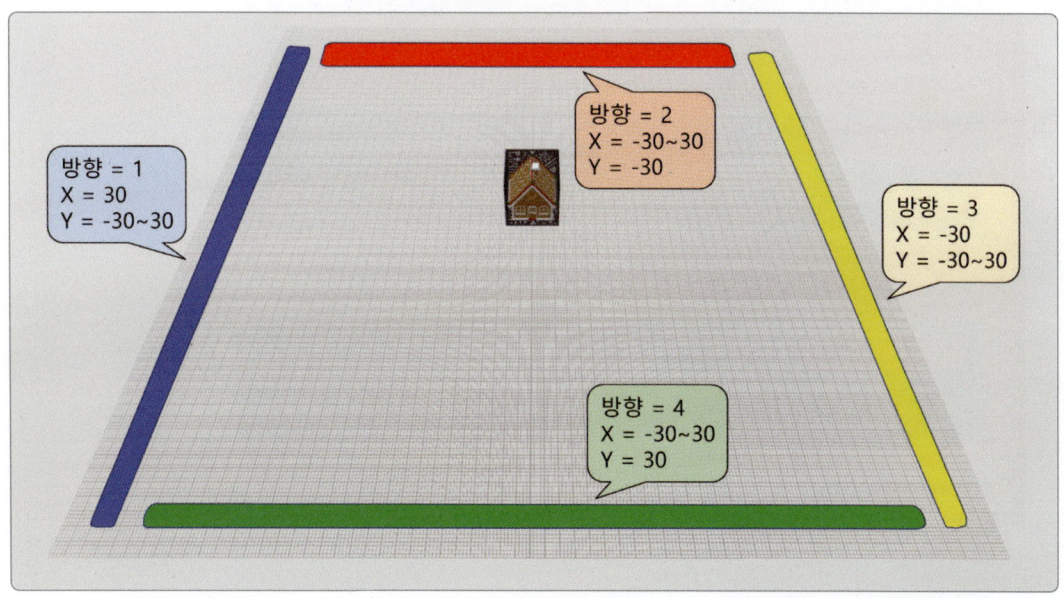

14. 이제 스크립트를 만들겠습니다. 나중에 [**무한 반복하기**] 블록을 쓸 것이라서 미리 [**개별로 실행하기**] 블록을 제일 먼저 넣어줍니다. 현재 투명하게 되어 있는 오브젝트의 불투명도를 100%로 설정해서 다시 화면에 드러나게 합니다. 그리고 현재 '몬스터번호'를 말풍선으로 표시합니다.

[**방향**] 변수를 만들어서 1부터 4까지 랜덤한 숫자를 만들어 냅니다. 만약 그렇게 만들어진 변숫값이 1이라면, X좌표는 30으로 설정하고, Y좌표는 -30부터 30 사이의 무작위 정수로 설정합니다. 같은 방식으로 나머지 방향도 모두 설정합니다.

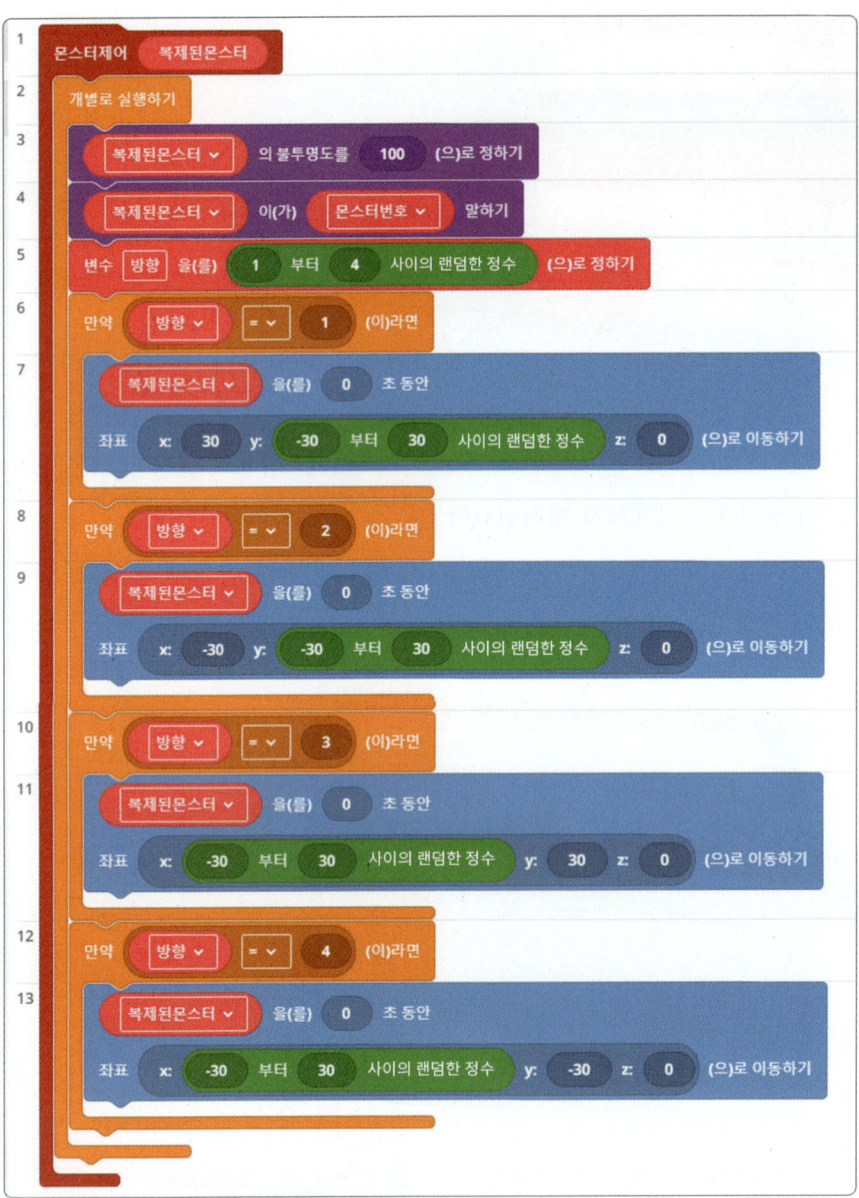

15. 컴퓨터에서 작품을 플레이하면 다음과 같이 번호를 가진 몬스터(돼지)가 1초마다 사방에 랜덤하게 나타납니다.

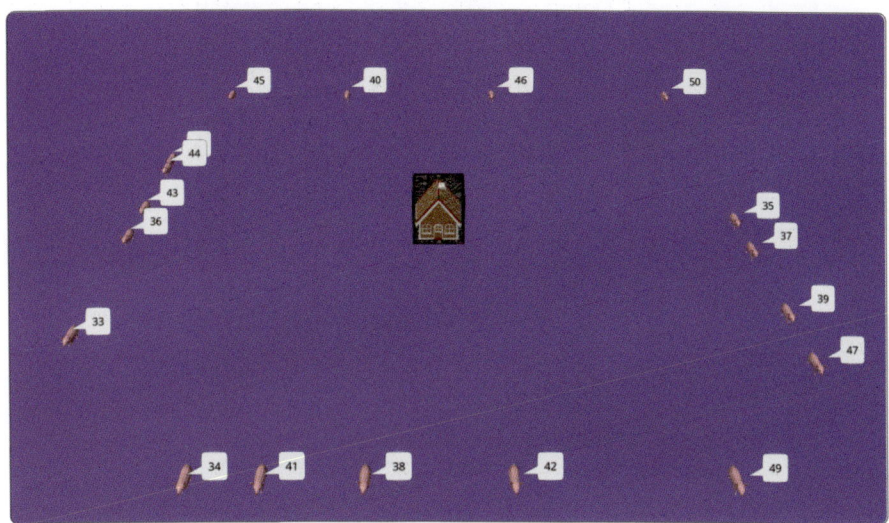

16. 복제된 몬스터(돼지)가 성(과자집)을 향해 달려오도록 만들겠습니다. 우선 몬스터가 성을 바라보도록 합니다. 그리고 **[무한 반복하기]** 블록으로 앞으로 걸어갑니다.

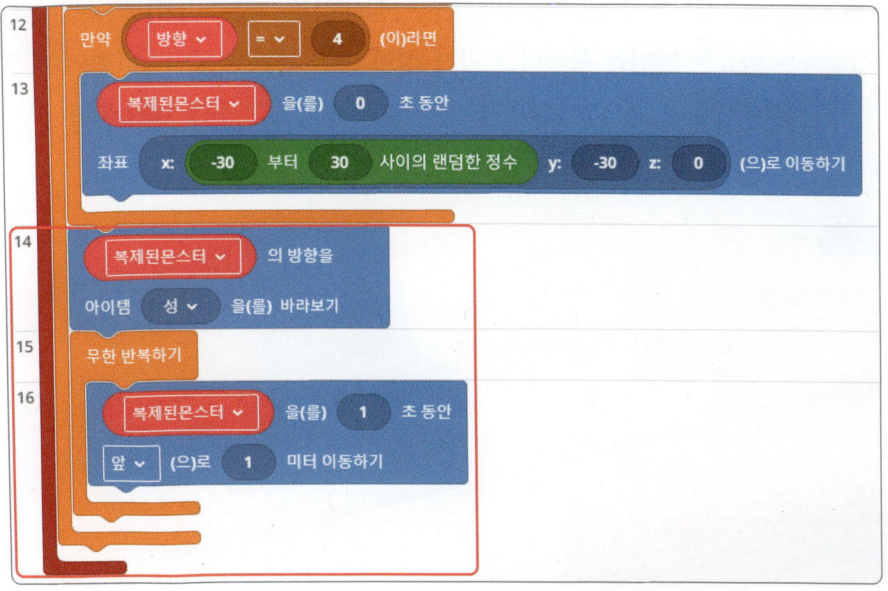

17. 작품을 플레이하면 몬스터가 점점 성으로 다가옵니다.

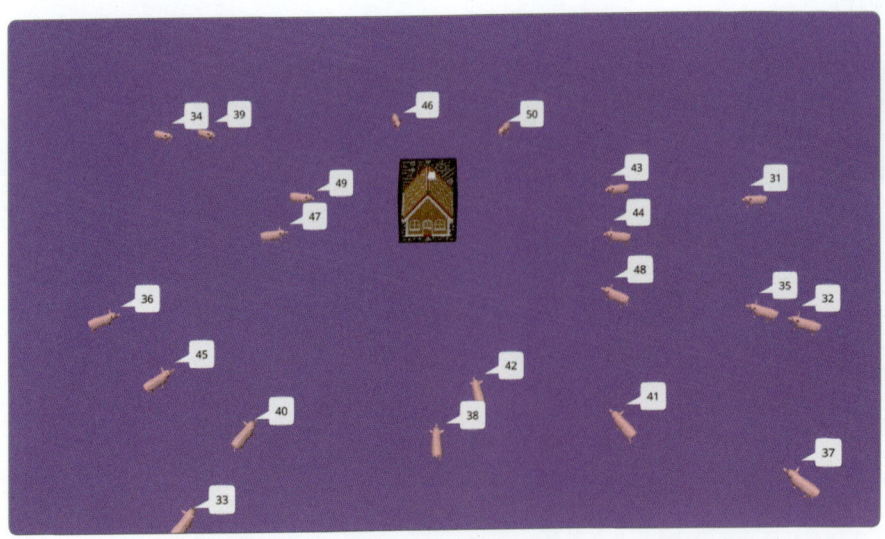

> **STEP 3. 성에 몬스터가 닿으면 체력 깎기**

18. 새로운 [코블록스(1)] 스크립트를 만듭니다. 우선 변수 [성체력]을 만들고 [11]로 정합니다. 10이 아닌 11로 설정하는 이유는 게임을 시작하자 마자 성이 머지 큐브에 닿아서 1점이 빠지기 때문입니다. 성이 다른 아이템에 닿으면 [성체력] 변수를 1 감소시킨 후에 남아 있는 체력을 말풍선으로 알려주고 성의 크기를 줄여서 시각적으로 표시해 줍니다.

19. 작품을 플레이하면 몬스터가 성에 닿을 때마다 성의 체력이 줄어드는 것을 확인할 수 있습니다.

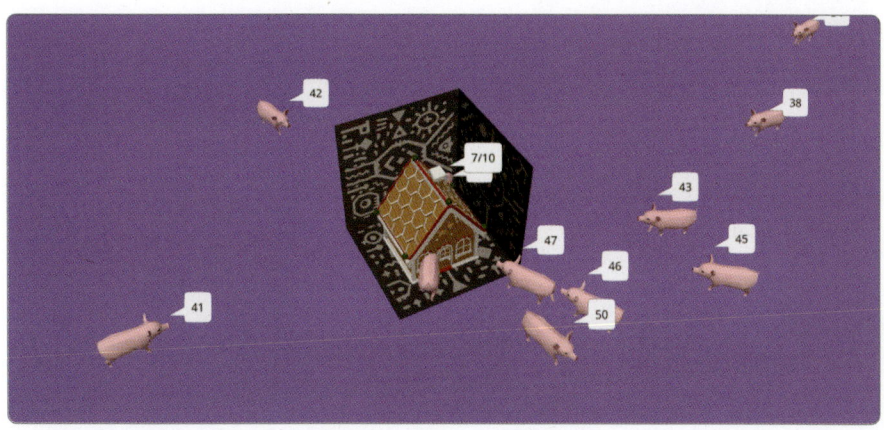

20. 만약 성의 체력이 0이 된다면 게임을 재시작하겠습니다. **[만약]** 블록과 **[정보창 보이기]** 블록을 이용해서 '게임 오버'를 표시해 주고 장면을 재시작합니다.

21. 작품을 플레이하고 성의 체력이 0이 되면 팝업창이 나타납니다.

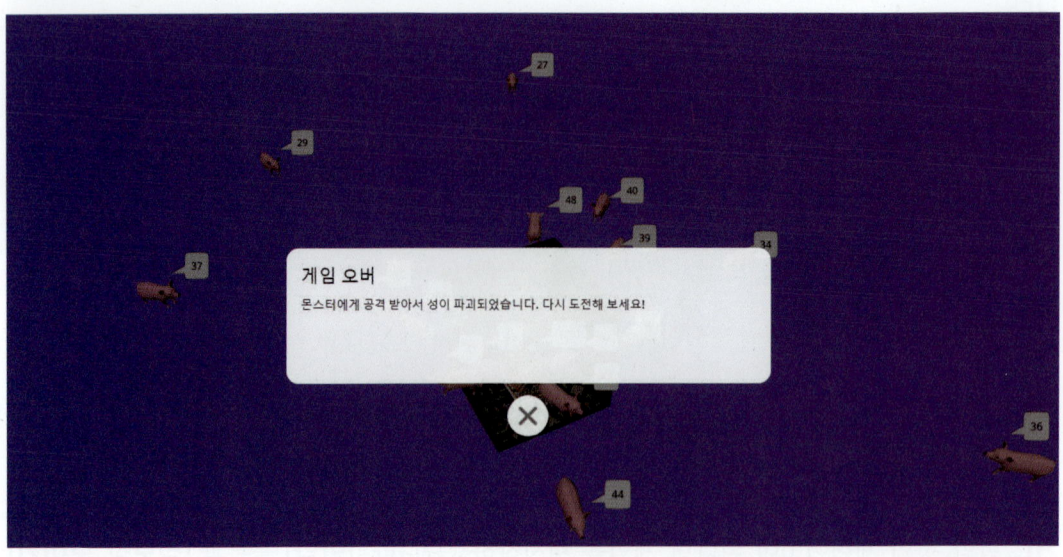

STEP 4. 몬스터 클릭해서 삭제하기

22. 몬스터를 클릭하면 해당 오브젝트를 삭제하겠습니다. **[코블록스]** 스크립트의 **[몬스터제어]** 함수 정의 블록에 **[복제된몬스터를 클릭했을 때]** 블록을 추가한 후 복제된 몬스터를 삭제합니다.

23. 이제 작품을 플레이한 후 몬스터를 클릭하면 몬스터가 삭제됩니다.

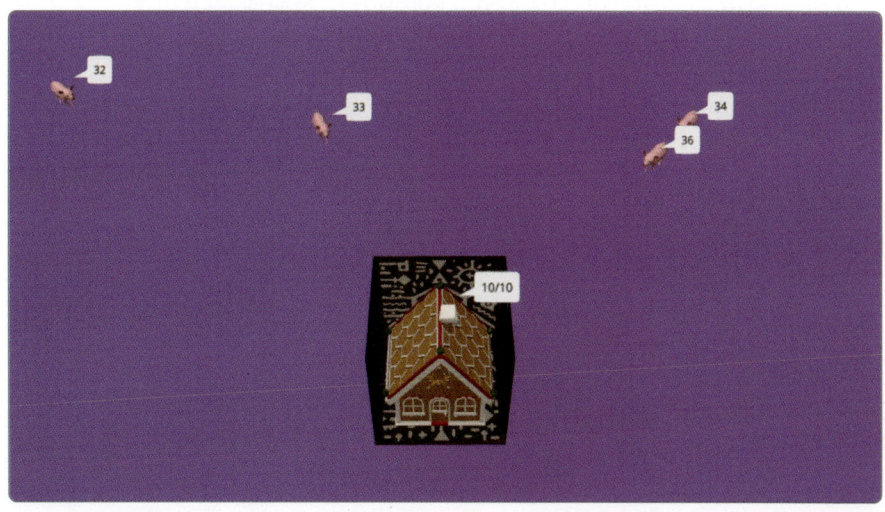

STEP 5. 게임 클리어 만들기

24. 만약 50마리의 몬스터를 모두 막아냈다면 게임 클리어 메시지를 표시하겠습니다. 다음과 같이 [코블록스] 스크립트에서 50마리 몬스터를 복제한 후에 30초 정도 기다리고 '게임 클리어' 메시지를 나타냅니다.

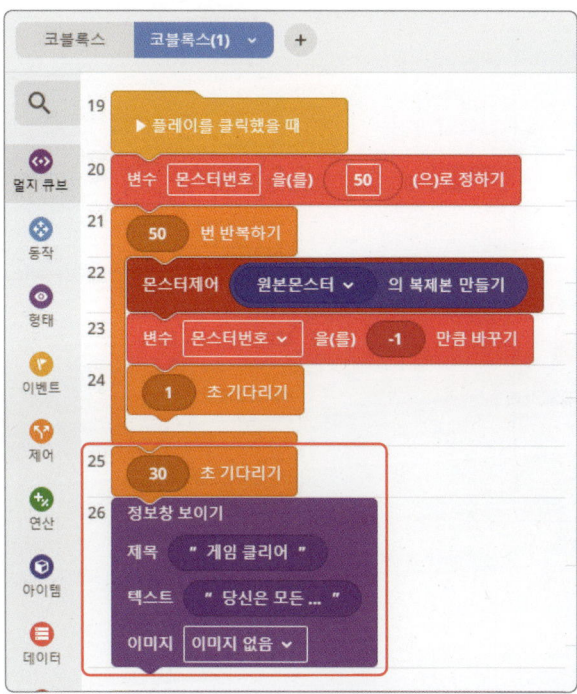

25. 이제 스마트폰에서 작품을 실행한 후 머지 큐브를 인식시켜 보세요. 화면 한가운데 조준점을 몬스터 위에 올리고 화면을 터치하면 몬스터가 삭제됩니다. 그런데 컴퓨터로 작품을 플레이할 때보다 게임 난이도가 매우 높은 것을 볼 수 있습니다. 조준점을 이용해서 몬스터를 클릭하는 것이 생각보다 어렵습니다. 또 큐브가 화면에서 벗어나면 홀로그램이 사라집니다.

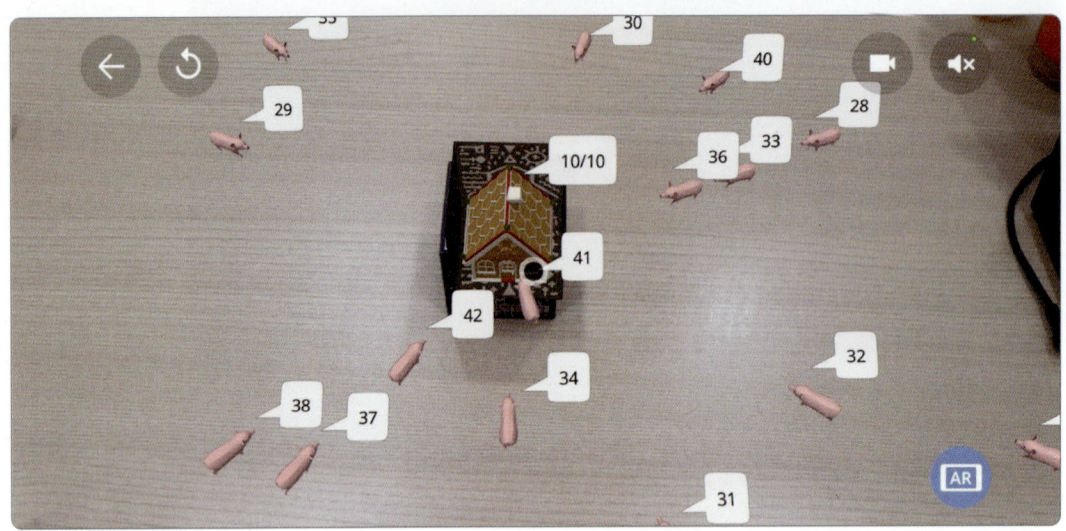

26. 스크립트를 수정해서 게임의 난이도를 조절하겠습니다. 우선 [코블록스] 스크립트의 [50번 반복하기] 블록 안에서 몬스터를 복제하는 시간 간격을 늘릴 수 있습니다. 현재 1초로 설정되어 있는 값을 2~3초로 늘려주세요.

27. [코블록스] 스크립트의 [몬스터제어] 함수 정의하기 블록의 맨 하단에 [앞으로 이동하기] 블록이 있습니다. 원래 1초에 1미터씩 이동인데, 이것을 1초에 0.5미터 이동하기로 바꾸면 돼지가 달려오는 속도가 줄어들어서 게임이 쉬워집니다.

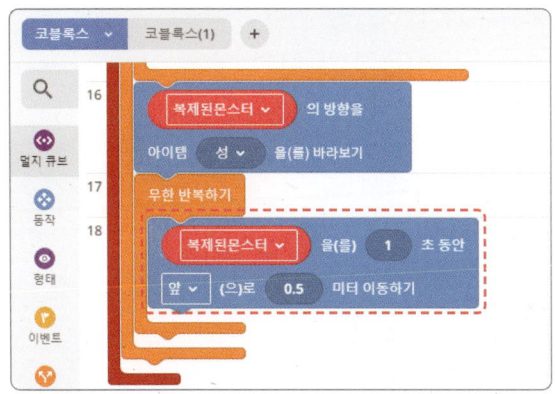

28. 이제 스마트폰으로 여러분들이 만든 게임을 즐겨 보세요!

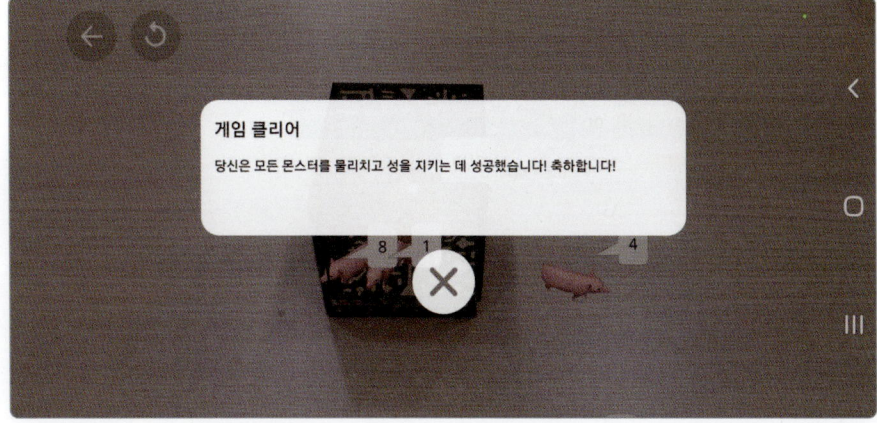

최종 코블록스 스크립트

코블록스

1. 몬스터제어 복제된몬스터
2. 복제된몬스터 을(를) 클릭했을 때
3. 복제된몬스터 을를 삭제하기
4. 개별로 실행하기
5. 복제된몬스터 의 불투명도를 100 (으)로 정하기
6. 복제된몬스터 이(가) 몬스터번호 말하기
7. 변수 방향 을(를) 1 부터 4 사이의 랜덤한 정수 (으)로 정하기
8. 만약 방향 = 1 (이)라면
9. 복제된몬스터 을(를) 0 초 동안 좌표 x: 30 y: -30 부터 30 사이의 랜덤한 정수 z: 0 (으)로 이동하기
10. 만약 방향 = 2 (이)라면
11. 복제된몬스터 을(를) 0 초 동안 좌표 x: -30 y: -30 부터 30 사이의 랜덤한 정수 z: 0 (으)로 이동하기
12. 만약 방향 = 3 (이)라면
13. 복제된몬스터 을(를) 0 초 동안 좌표 x: -30 부터 30 사이의 랜덤한 정수 y: 30 z: 0 (으)로 이동하기
14. 만약 방향 = 4 (이)라면
15. 복제된몬스터 을(를) 0 초 동안 좌표 x: -30 부터 30 사이의 랜덤한 정수 y: -30 z: 0 (으)로 이동하기
16. 복제된몬스터 의 방향을 아이템 성 을(를) 바라보기
17. 무한 반복하기
18. 복제된몬스터 을(를) 1 초 동안 앞 (으)로 0.5 미터 이동하기

19	▶ 플레이를 클릭했을 때
20	변수 몬스터번호 을(를) 50 (으)로 정하기
21	50 번 반복하기
22	몬스터제어 원본몬스터 의 복제본 만들기
23	변수 몬스터번호 을(를) -1 만큼 바꾸기
24	2 초 기다리기
25	30 초 기다리기
26	정보창 보이기 제목 " 게임 클리어 " 텍스트 " 당신은 모든 ... " 이미지 이미지 없음

코블록스(1)

1	▶ 플레이를 클릭했을 때
2	변수 성체력 을(를) 11 (으)로 정하기
3	성 에 다른 아이템 이(가) 충돌할 때
4	변수 성체력 을(를) -1 만큼 바꾸기
5	만약 성체력 = 0 (이)라면
6	정보창 보이기 제목 " 게임 오버 " 텍스트 " 몬스터에게 ... " 이미지 이미지 없음
7	장면 재시작하기
8	성 이(가) 문자열 합치기 (성체력 , " /10 ") 말하기
9	성 의 크기를 1 초 동안 0.9 (으)로 바꾸기
	떨어질 때

Chapter 20 - 머지 큐브 태양계

템플릿: https://edu.cospaces.io/TSY-KBQ
완성작: https://edu.cospaces.io/PQG-MNW

20장에서는 머지 큐브를 이용해서 태양계를 표현합니다. 홀로그램을 이용하면 그림으로 보는 태양계를 3차원 입체로 볼 수 있기 때문에 더 명확하게 이해할 수 있습니다. 이번 시간에는 태양과 8개의 행성의 크기와 공전 주기를 표현하기 위해 할 일이 많습니다. 우선 태양을 비롯해 수성, 금성, 지구, 화성, 목성, 토성, 천왕성, 해왕성을 장면에 배치합니다. 이때 행성의 크기는 과학적 사실에 기반을 하면서 작품을 잘 표현하기 위해 보정하겠습니다.

다음으로 코딩으로 행성을 공전시키는데 이때도 공전하는 속도를 사실에 맞추어 제작합니다. 작품을 사실적으로 만들기 위해서 지구의 공전 주기(1년, 365일)를 기준으로 다른 행성의 공전 주기를 비교하고 그에 맞추어 한바퀴를 도는데 걸리는 시간을 계산합니다.

학습 목표
1. 태양과 행성 배치하기
2. 공전 경로 배치하기
3. 코딩으로 행성 공전시키기
4. 달 공전시키기

STEP 1. 태양과 행성 배치하기

01. 머지 큐브 유형의 예제 작품은 완전히 비어 있으므로 처음부터 만들어야 합니다. 먼저 머지 큐브 오브젝트를 수정합니다. 속성창의 **[안쪽 보기]** 메뉴를 클릭해서 큐브 내부를 볼 수 있도록 만듭니다.

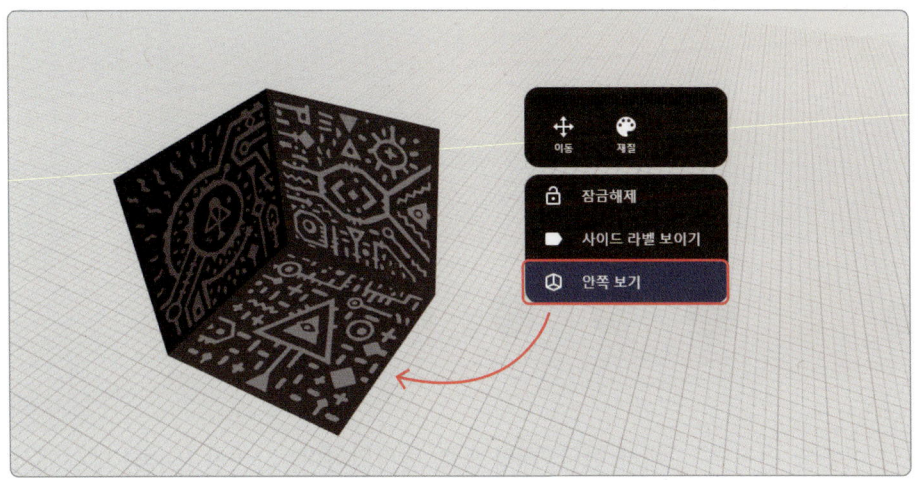

02. **[재질]**에서 불투명도를 '0%'로 설정해서 투명하게 만듭니다.

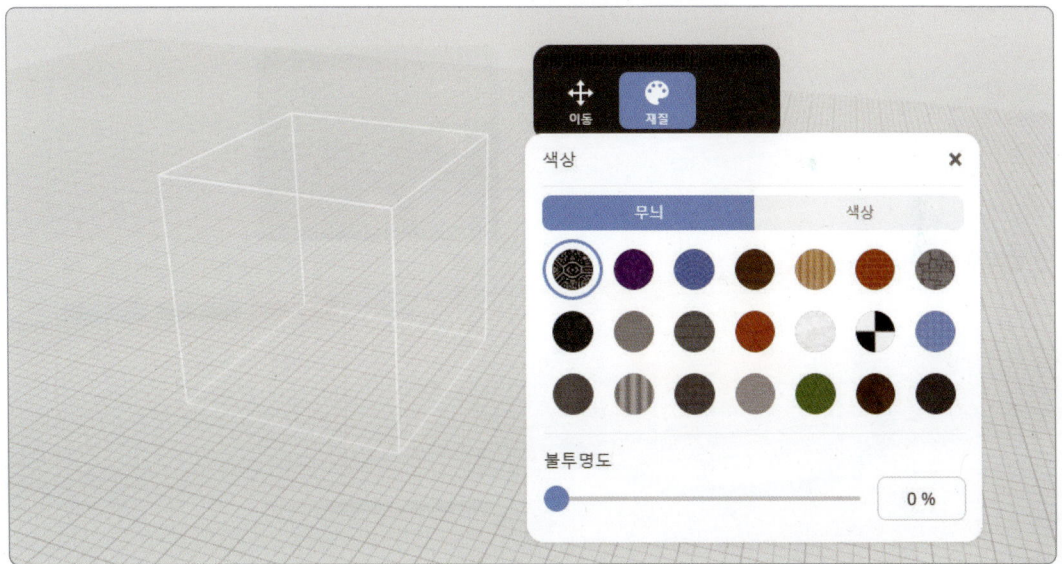

03. [라이브러리] → [자연] → [기타] 카테고리의 '태양'(Sun) 오브젝트를 장면에 추가합니다.

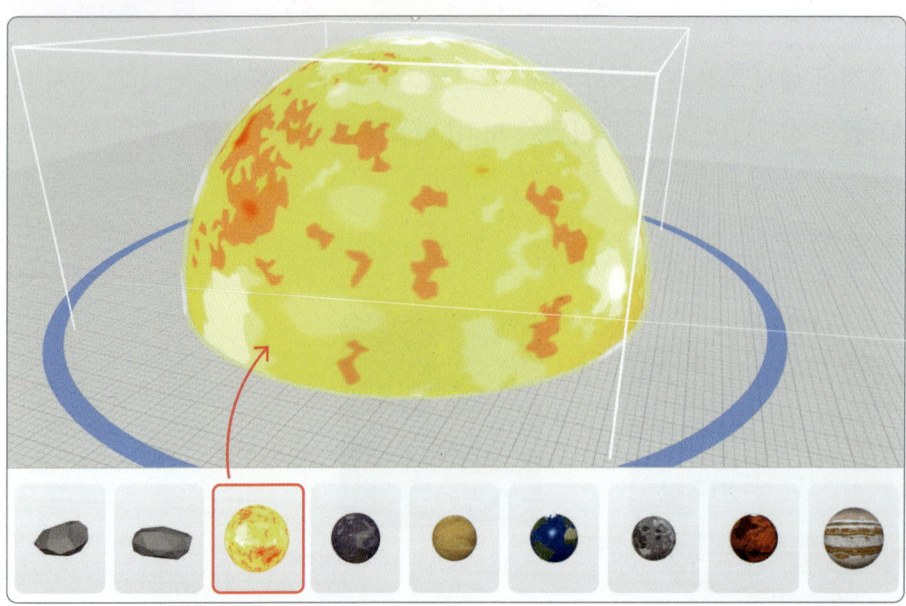

04. 오브젝트의 이름을 영어 'Sun'에서 한글 '태양'으로 변경합니다. 그리고 [이동] 메뉴에서 다음과 같이 위치와 크기를 변경합니다. 그러면 태양이 머지 큐브의 한가운데에 자리잡게 됩니다.

05. 이제 태양에서 가까운 순서부터 나머지 행성을 모두 배치합니다. 특히 목성과 토성은 오브젝트의 크기가 매우 크기 때문에 적당하게 크기를 줄여서 배치합니다.

[라이브러리] → [자연] → [기타] 카테고리에 있는 태양계 행성은 다음과 같은 순서로 되어 있습니다.

06. 이 중에서 '달'(Moon)을 제외한 나머지 행성들을 장면에 순서대로 배치합니다.

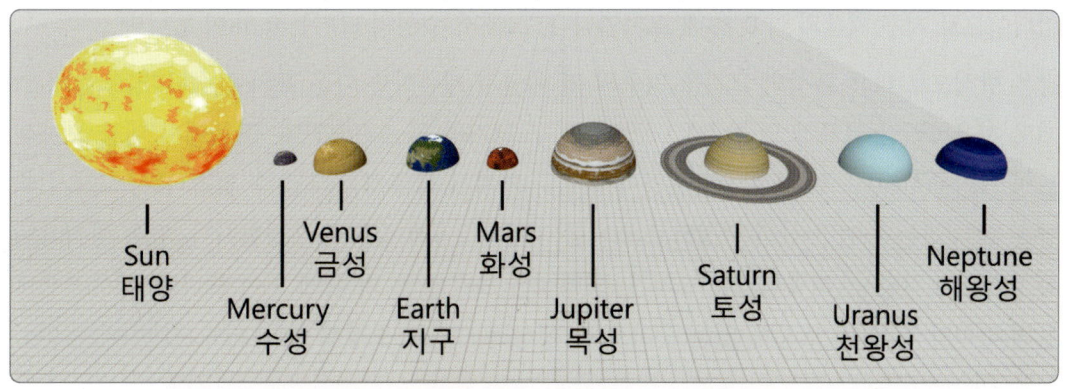

07. 이제 행성의 이름, Z축 위치, 크기를 바꿔야 합니다. 모든 행성의 이름을 영어에서 한글로 바꾸어 줍니다. 한글로 바꾸어야 나중에 [코블록스] 스크립트에서 혼란이 생기는 것을 방지할 수 있습니다. 바뀐 이름은 오브젝트 목록창에서 쉽게 확인할 수 있습니다.

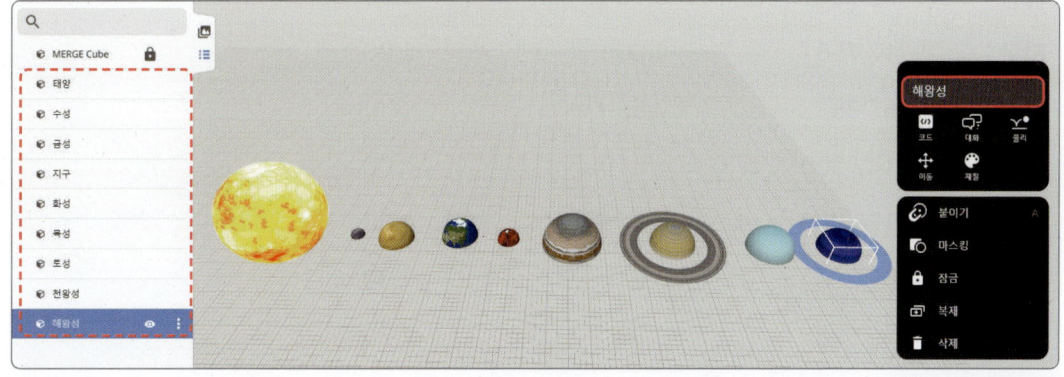

08. 모든 행성의 Z축 위치를 태양, 머지 큐브와 동일하게 '2.5'로 수정합니다. 그래서 모든 행성의 수평을 맞춥니다.

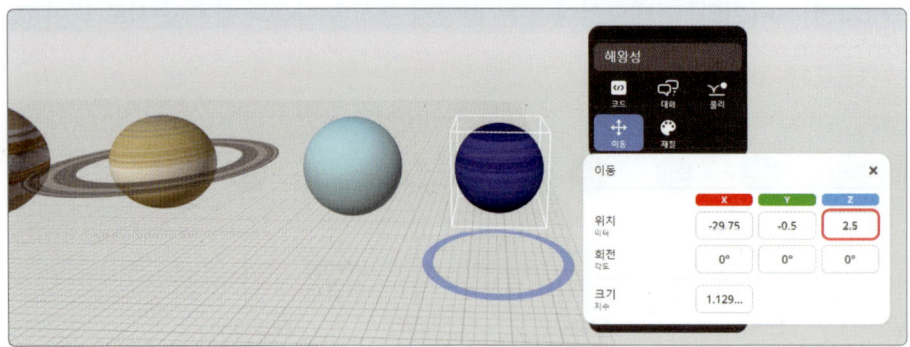

09. 행성의 크기는 과학적인 사실을 기반으로 하되 약간 보정하겠습니다. 지구의 지름은 12,756킬로미터인데 이 크기를 기준점(크기 1.00)으로 잡겠습니다. 수성의 지름은 4,880킬로미터이므로 지구 지름의 약 0.38배 크기입니다. 그래서 수성의 크기는 0.38이 됩니다.

같은 방식으로 다른 행성의 크기를 지구의 몇 배인지 계산하면 다음 표와 같습니다. 그런데 그대로 사용하려면 문제가 있습니다. 태양은 지구 크기의 약 109배인데, 작품에서 태양 오브젝트의 크기를 109.0으로 설정하면 태양이 너무나 커져서 작품에 나타낼 수 없습니다. 그래서 태양은 '크다'라는 느낌만 살리는 정도로 크기를 지구의 2.5배 정도로 수정합니다. 같은 방식으로 목성, 토성, 천왕성, 해왕성처럼 크기가 큰 행성은 크기를 좀 더 작게 줄여 줍니다. 최종적으로 표의 마지막 열 '크기 보정'에 있는 숫자로 각 행성의 크기를 수정해 줍니다.

행성 이름	행성 지름(km)	지구 비교 (지구 크기가 1일 때)	크기 보정 (화면에 잘 보이게)
태양	1,392,684	109.18	2.50
수성	4,880	0.38	0.38
금성	12,104	0.95	0.95
지구	12,756	1.00	1.00
화성	6,788	0.53	0.53
목성	142,800	11.19	2.00
토성	120,000	9.41	1.80
천왕성	51,200	4.01	1.30
해왕성	49,528	3.88	1.30

10. 위 표의 내용을 참고하여 다음과 같이 행성의 크기를 수정해 주세요.

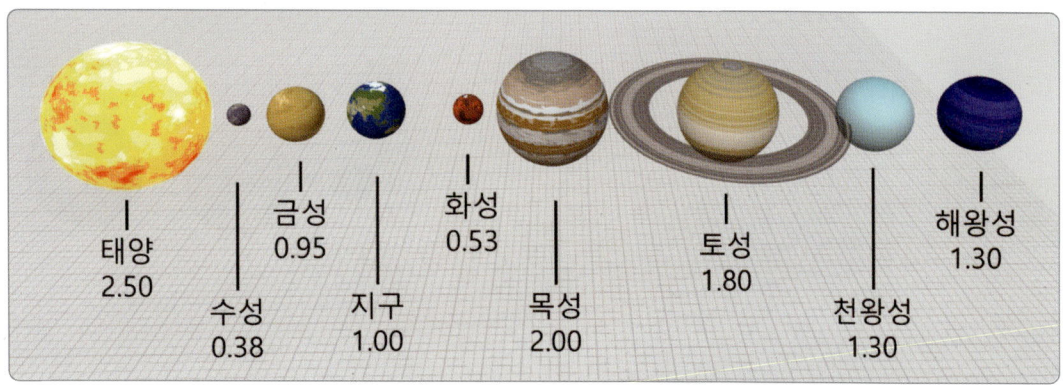

11. 마지막으로 모든 행성의 속성창에서 **[코블록스에서 사용]**을 활성화합니다.

STEP 2. 공전 경로 배치하기

12. 행성을 태양을 중심으로 공전시키는 방법에는 여러 가지가 있습니다. 여기서는 '둥근 경로' 오브젝트를 이용해서 공전시키겠습니다. '둥근 경로' 오브젝트는 화면에 공전 궤도를 표시할 수도 있고, 달처럼 지구를 공전하는 위성을 만들 때 필요합니다.

[라이브러리] → **[특수]** 카테고리의 '둥근 경로'(Round path) 오브젝트를 장면에 추가합니다.

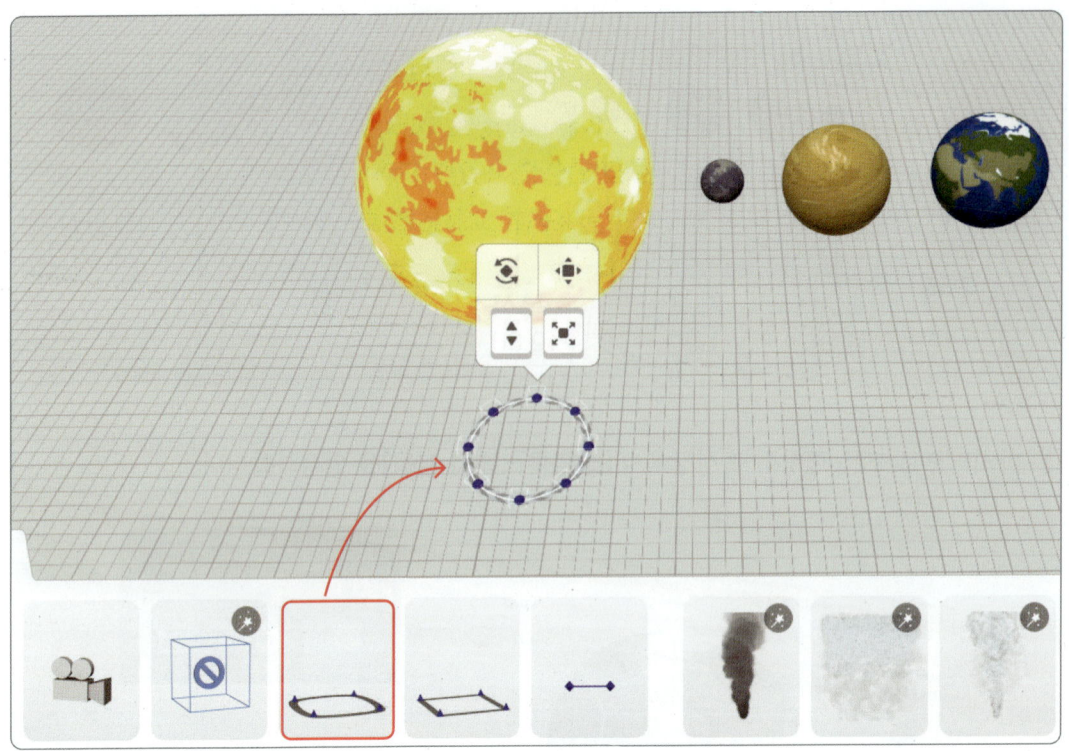

13. 둥근 경로 오브젝트의 이름을 '수성경로'로 변경합니다.

14. [이동] 메뉴에서 다음과 같이 위치와 크기를 수정합니다.

15. [경로] 메뉴에서 [플레이 모드에 표시]를 활성화합니다. 만약 이 표시가 없으면 작품을 플레이할 때 오브젝트가 숨겨집니다. 너비는 '1.0'으로 수정합니다. 마지막으로 [Flip direction(방향 바꾸기)] 버튼을 한 번 클릭해서 현재 시계 방향으로 되어 있는 것을 반시계 방향으로 바꿉니다.

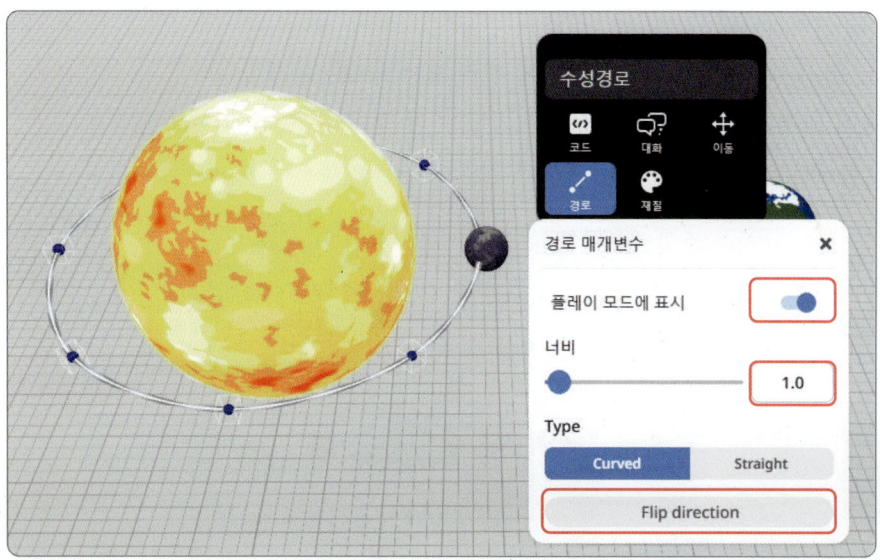

> **꿀팁** **경로의 파란색 공(지점)**
>
> 경로 오브젝트는 파란색 공(지점)으로 구성되어 있습니다. 파란색 공을 이동시켜서 경로의 모양을 바꿀 수 있습니다. 만약 파란색 공 위에서 마우스 오른쪽 버튼을 클릭하면 '경로' 오브젝트의 속성창이 아니라 '지점'의 속성창이 나타나므로 주의합니다.
>
>

16. 이제 이런 경로 오브젝트를 행성별로 하나씩 만들어야 합니다.

'수성경로' 오브젝트를 복제해서 각각의 행성을 관통하는 오브젝트를 만들어 줍니다. 이때 다음과 같은 방법을 사용하면 쉽게 만들 수 있습니다.

- 경로 오브젝트를 선택합니다.
- 단축키 Ctrl+C, Ctrl+V를 이용해서 제자리에 경로 오브젝트를 복제합니다.
- **[드래그해서 크기 바꾸기]** 버튼을 이용해서 크기를 키워 줍니다.
- 이 과정을 반복합니다.

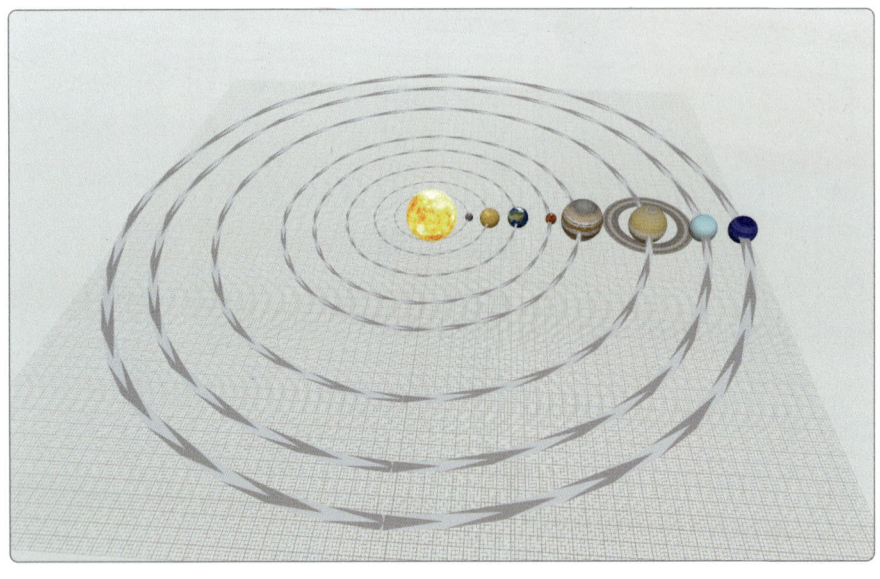

17. 복제된 모든 경로 오브젝트의 이름을 '행성 이름+경로'로 수정합니다.

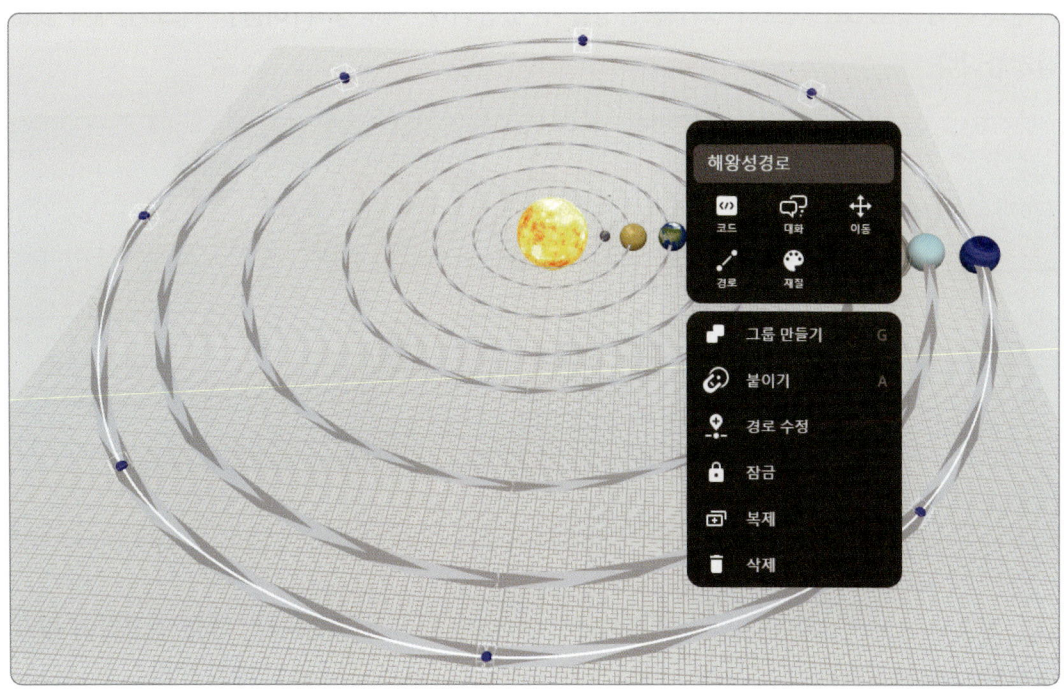

18. 경로 오브젝트의 크기가 커지면서 자연스럽게 너비도 커졌습니다. 너비를 같은 두께로 만들기 위해서는 큰 경로 오브젝트의 너비를 더 줄여야 합니다. 경로 오브젝트의 속성창에서 **[경로] → [너비]** 항목을 다음과 같이 수정해 줍니다.

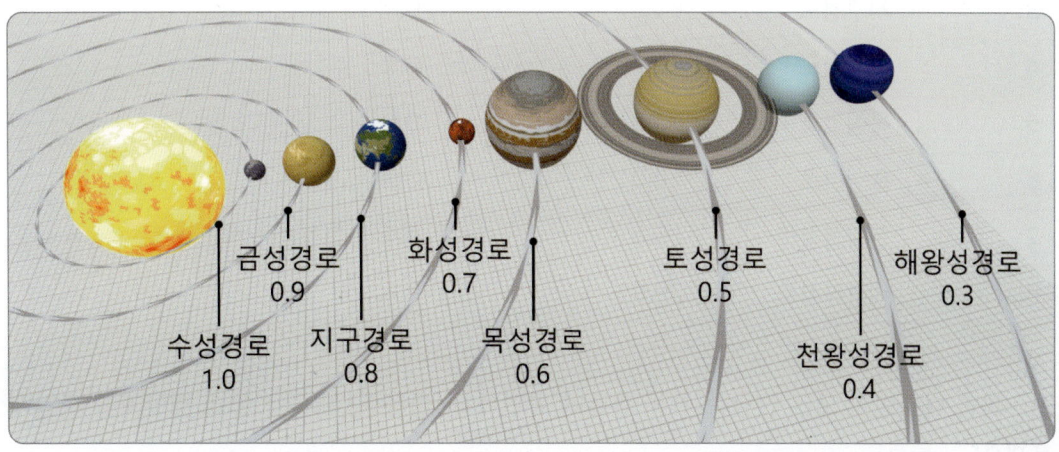

19. 경로 오브젝트의 크기는 눈대중으로 맞추어도 괜찮습니다. 좀 더 정확하게 만들고 싶다면 아래와 같이 경로 오브젝트의 크기를 설정할 수 있습니다. 속성창의 **[이동]** → **[크기]**에서 값을 설정합니다.

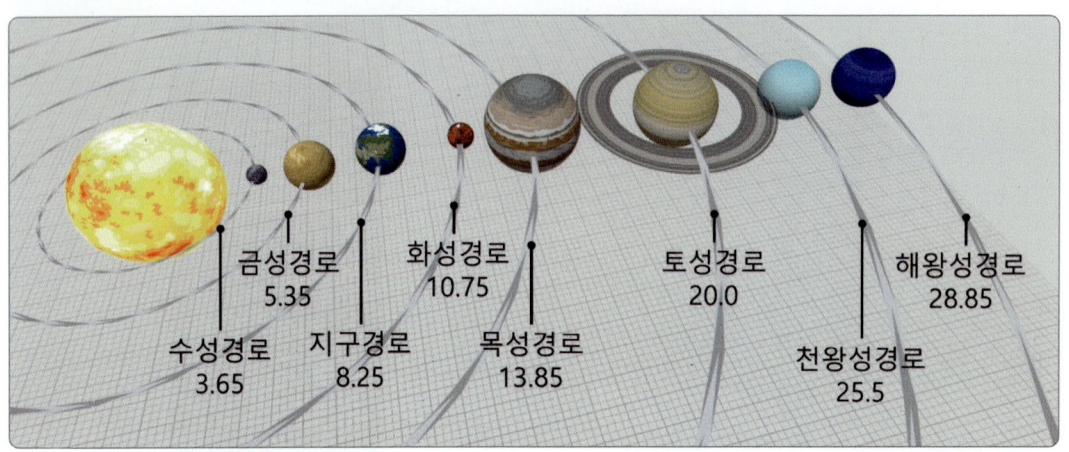

20. 경로의 오브젝트의 크기와 너비를 표로 나타내면 다음과 같습니다. 표를 참고하여 값을 수정해도 괜찮습니다.

번호	경로 이름	속성 → 이동 → 크기	속성 → 경로 → 너비
1	수성경로	3.65	1.0
2	금성경로	5.35	0.9
3	지구경로	8.25	0.8
4	화성경로	10.75	0.7
5	목성경로	13.85	0.6
6	토성경로	20.0	0.5
7	천왕성경로	25.5	0.4
8	해왕성경로	28.85	0.3

21. 화면 디자인이 모두 끝났습니다. 컴퓨터 화면에서 **[플레이]** 버튼을 눌러 태양계를 확인해 보세요!

22. 스마트폰에서 작품을 실행하면 다음과 같이 나타납니다.

STEP 3. 코딩으로 행성 공전시키기

23. 코블록스를 이용해서 행성을 공전시키겠습니다. [코드] 메뉴에서 새로운 [코블록스] 스크립트를 생성합니다. 8개의 행성을 각각 무한 반복으로 공전시켜야 하기 때문에 [동시에 실행하기] 블록을 사용하겠습니다. [작업 추가] 버튼을 이용해서 동시에 실행하기 내부 칸을 8개 만들어 줍니다.

24. 8칸 모두 안에 [**무한 반복하기**] 블록을 넣습니다. 그리고 [**무한 반복하기**] 블록 안에 [**수성**]을 [**2.4**]초 동안 [**수성경로**] 경로를 따라 [**앞으로 이동하기**] 블록을 추가합니다.

25. 8개 **[무한 반복하기]** 블록 안에 **[경로를 따라 이동하기]** 블록을 추가합니다. 여기서 '~초'는 한 바퀴 공전하는데 걸리는 시간으로 '공전 주기'라고 합니다.

공전 주기도 과학적으로 구현하겠습니다. 다음 표는 행성별 공전 주기를 나타낸 것입니다. 기준은 지구입니다. 지구의 공전 주기(1년, 365일)를 10초로 놓고, 다른 행성의 공전 주기를 지구를 기준으로 몇 배인지 계산합니다. 다시 지구의 회전 시간(10초)을 기준으로 각 행성의 회전 시간을 계산합니다.

행성 이름	공전 주기	지구 비교 (지구 공전이 1일 때)	시간 보정 (1년=10초)
수성	88일	0.24	2.4초
금성	225일	0.62	6.2초
지구	365일	1.00	10초
화성	687일	1.88	18.8초
목성	12년	12.00	120초
토성	29년	29.00	290초
천왕성	84년	84.00	840초
해왕성	165년	165.00	1650초

26. 행성별 경로 회전 시간을 그림으로 나타내면 다음과 같습니다.

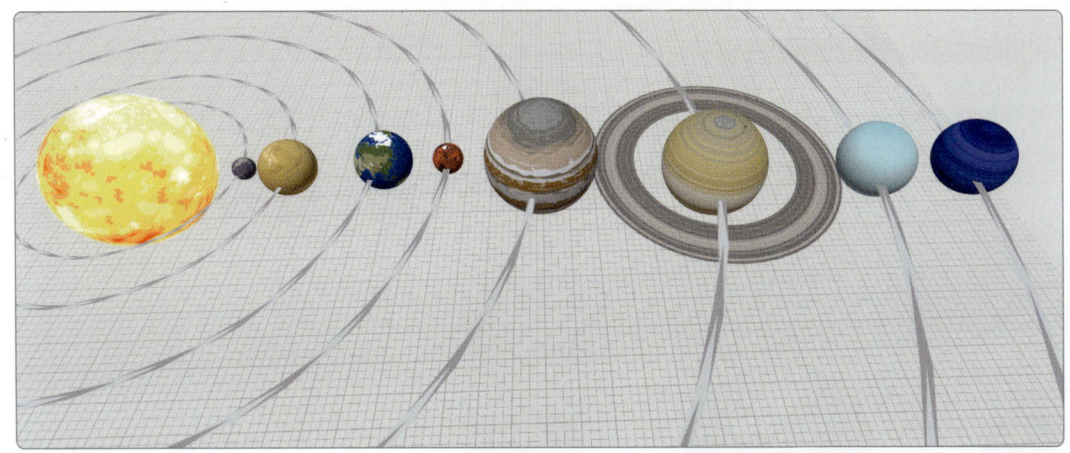

27. 코블록스를 다음과 같이 작성합니다.

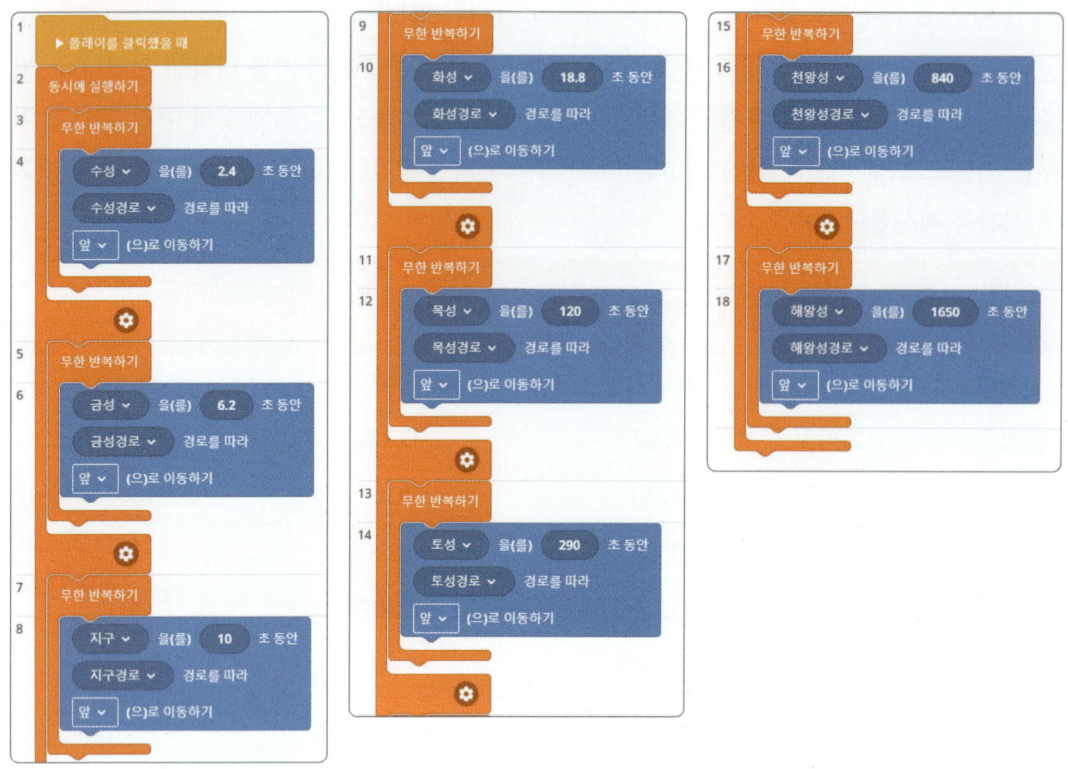

스마트폰에서 작품을 플레이하면 각각의 행성이 태양을 공전하는 모습을 볼 수 있습니다.

STEP 4. 달 공전시키기

28. 추가로 달은 지구를 공전하도록 만들겠습니다. 방식은 다른 행성과 유사합니다. 우선 '둥근 경로' 오브젝트를 하나 생성한 후에 지구를 중심으로 회전하도록 배치합니다.

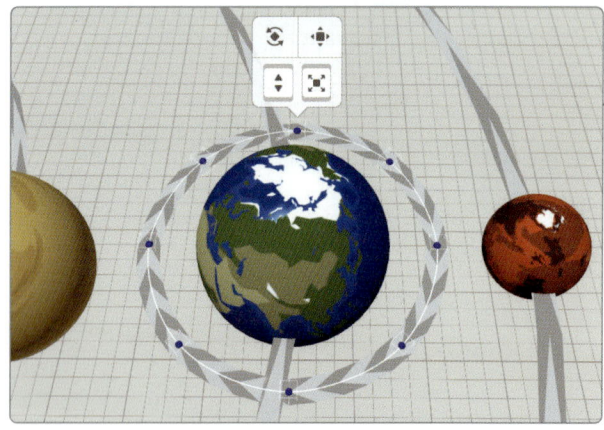

29. 오브젝트의 속성창에서 이름을 '달경로'로 설정합니다. **[이동]** 메뉴에서 Z축 위치를 '2.5'로 설정합니다. 크기는 '1.65'로 수정합니다.

30. **[경로]** 메뉴에서 너비를 '2.0'으로 수정하고, **[플레이 모드에 표시]**를 활성화합니다. **[Flip direction]** 버튼을 한 번 클릭해서 회전 방향을 반시계 방향으로 바꿉니다.

31. **[라이브러리]** → **[자연]** 카테고리에서 '달'(Moon) 오브젝트를 장면에 추가하고 '달경로' 오브젝트 근처에 배치합니다. 속성창에서 이름을 '달'로 변경합니다. **[이동]** 메뉴에서 Z축 위치를 '2.5'로, 크기는 '0.27'로 수정합니다. 참고로 달의 지름은 3,456킬로미터로 지구 지름의 약 0.27배입니다.

32. [코블록스에서 사용] 항목에 체크합니다.

33. 달을 지구를 중심으로 공전시키기 위해서는 동시에 두 가지 블록이 작동해야 합니다. 첫 번째는 '달 경로' 오브젝트가 항상 지구를 따라다녀야 합니다. 두 번째로 '달' 오브젝트가 '달 경로' 오브젝트를 따라서 회전해야 합니다.

코드에서 새로운 [코블록스(1)] 스크립트를 만듭니다. [동시에 실행하기] 블록 안에 [무한 반복하기] 블록을 넣습니다.

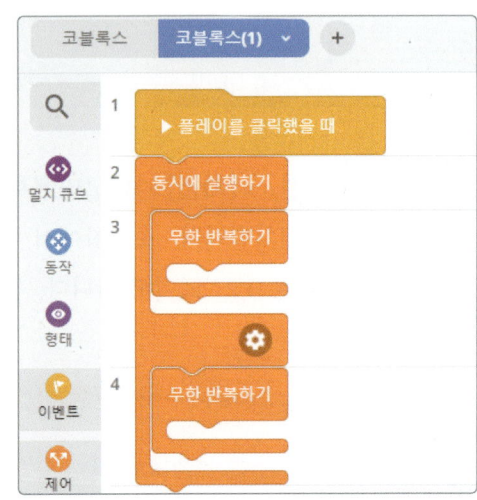

34. 다음과 같이 스크립트를 작성합니다. 달의 공전 주기는 27일로 지구의 공전 주기 365일의 약 0.07배입니다. 이 작품에서 지구의 공전 시간이 10초이므로, 달의 공전 시간은 0.7초로 설정합니다.

과학적 사실을 바탕으로 한 홀로그램 태양계 작품이 완성되었습니다. 스마트폰에서 실행해 보세요. 배경 음악을 추가하면 더 멋진 작품이 됩니다!

최종 코블록스 스크립트

코블록스

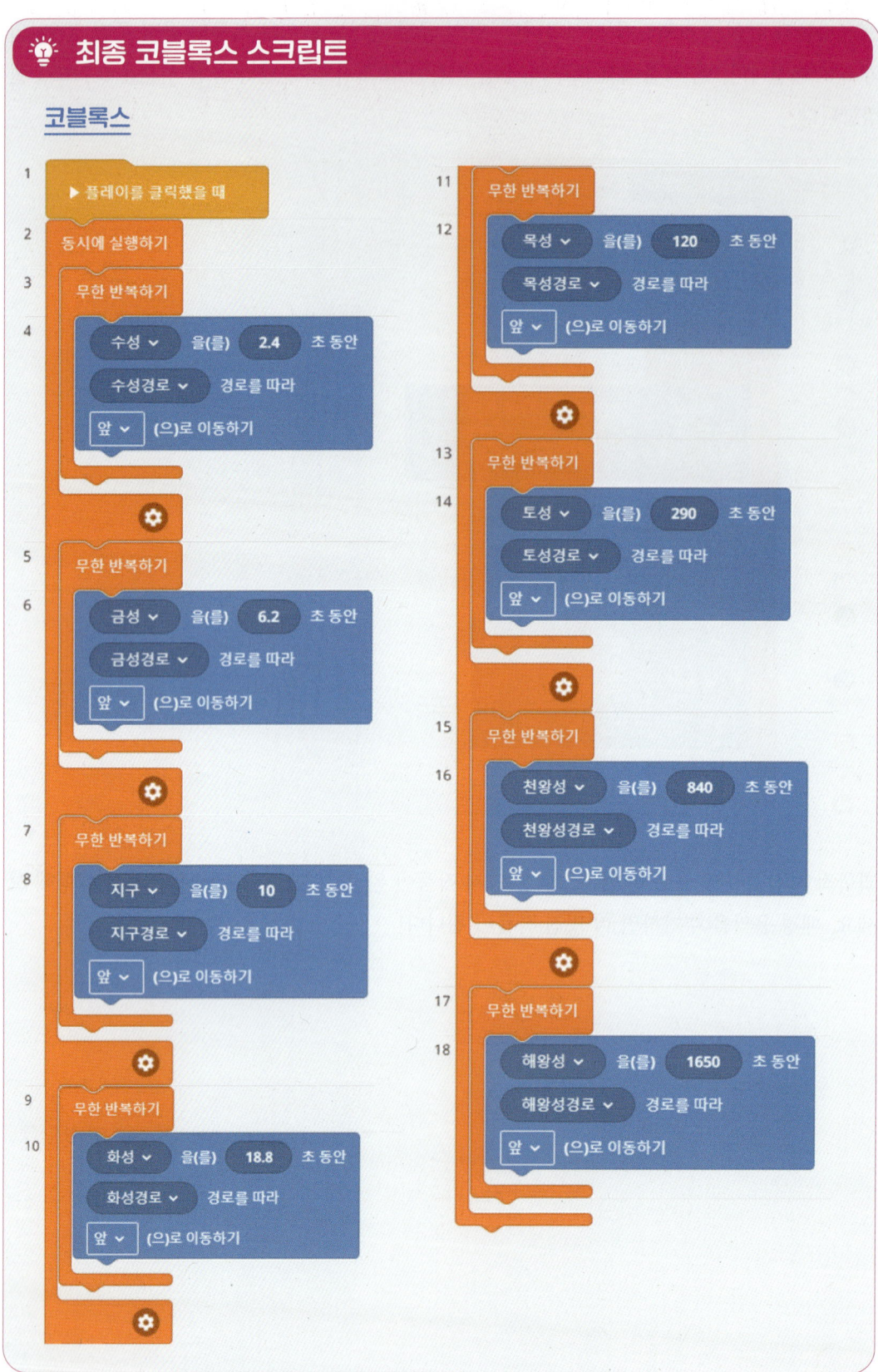

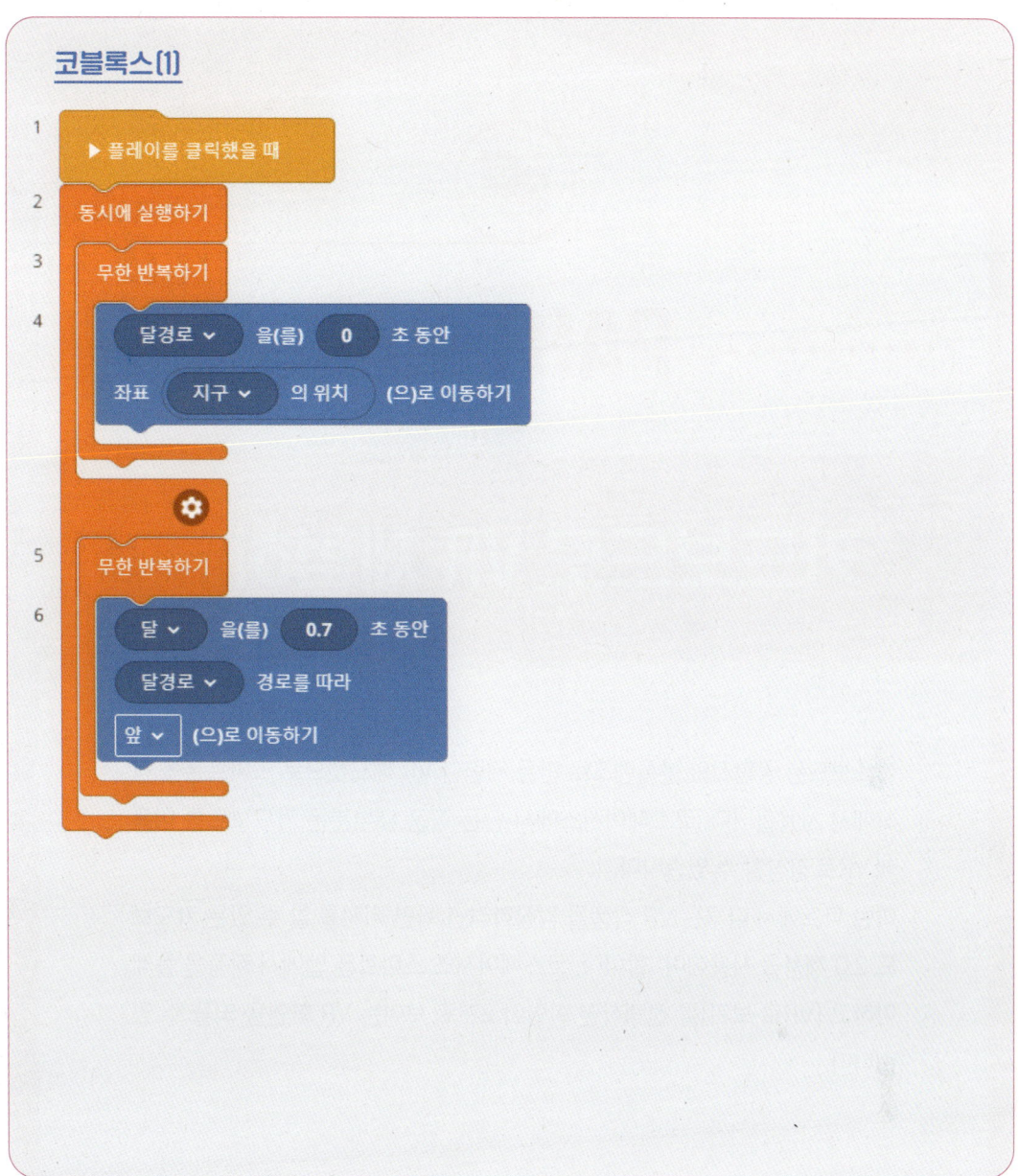

PART 04

카드보드로 VR 체험하기

카드보드는 골판지와 볼록렌즈로 만든 저렴한 VR 헤드셋으로 스마트폰을 장착해서 사용합니다. 코스페이시스에서 만든 작품 대부분은 카드보드를 이용해 VR로 감상할 수 있습니다.

이번 파트에서 다루는 VR 작품을 감상하려면 화면 터치를 할 수 있는 카드보드 2.0 제품을 사용해야 합니다. 코스페이시스 스마트폰 앱에서 작품을 플레이하고 [VR로 보기]를 선택하면 화면이 2개로 보이는 VR 화면을 띄울 수 있습니다.

카드보드란?

카드보드는 구글에서 만든 저렴한 VR 헤드셋으로, 골판지와 볼록렌즈처럼 간단한 재료로 만들어져 있습니다. 일반적인 VR 헤드셋은 자체 디스플레이와 전용 컨트롤러를 가지고 있으며 가격이 최소 50만 원 정도입니다. 하지만 구글 카드보드는 단순히 스마트폰의 화면을 VR로 보여주기만 하기 때문에 3천 원 이내의 가격으로 구매할 수 있습니다.

스마트폰을 이용하는 VR 헤드셋은 튼튼한 헤드 밴드와 렌즈 초점 기능을 가진 고급형 모델과 플라스틱으로 만들어져서 재사용할 수 있는 보급형 모델, 그리고 골판지로 만들어져서 간편하게 VR 체험을 할 수 있는 골판지 모델이 있습니다.

 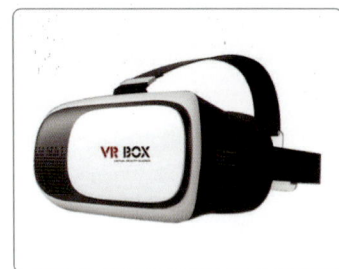 

고급형 모델(3만 원 대)　　보급 모델(5천 원 대)　　골판지 모델(2천 원 대)

카드보드는 저렴하고 구하기 쉽다는 장점이 있는 대신에 단점도 있습니다. 첫 번째는 즐길 수 있는 콘텐츠가 부족합니다. 하드웨어의 한계 때문에 고화질이나 전용 컨트롤러가 필요한 기존의 VR 전용 게임을 플레이할 수 없습니다. 두 번째는 화면을 조작하기 힘듭니다. 헤드셋에 스마트폰을 결합하면 화면 터치 기능을 사용할 수 없고, 전용 컨트롤러가 없기 때문에 화면을 조작하는 것이 거의 불가능합니다.

그래서 콘텐츠를 제작할 때 한 지점을 오랫동안 응시하면 자동으로 클릭이 되는 응시 클릭 기능을 추가하기도 합니다. 그리고 최신 버전인 카드보드 2.0 모델은 기계식 버튼을 이용해서 버튼을 누르면 화면을 클릭하는 효과를 만듭니다.

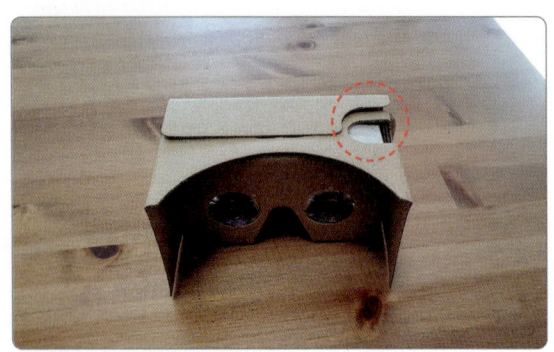

코스페이시스에서 만들어진 작품들은 머지 큐브 유형을 제외하고 모두 카드보드를 이용한 VR 형태로 감상할 수 있습니다. 다만 사용자 입력은 클릭만 가능하기 때문에, 클릭만으로 작품을 감상할 수 있도록 작품을 수정해야 합니다.

본문에서 다루는 21~24장의 모든 VR 작품을 VR 모드에서 감상하기 위해서는 화면 터치 기능이 있는 카드보드 2.0 제품을 사용해야 합니다. 이전 버전의 카드보드는 화면 터치 기능이 없어서 단순히 둘러보는 기능만 있습니다. 이 책에 있는 작품들은 화면을 클릭하는 이벤트를 사용하기 때문에 꼭 화면 터치 기능이 있는 카드보드를 사용해야 합니다.

코스페이스 작품을 VR 모드에서 감상하는 방법은 다음과 같습니다. 스마트폰에서 'CoSpaces' 앱을 실행합니다. 오른쪽 상단에 [로그인] 버튼을 클릭해서 본인 계정으로 로그인합니다. '학급' 또는 '프리 플레이'에 있는 방금 만든 작품을 선택합니다.

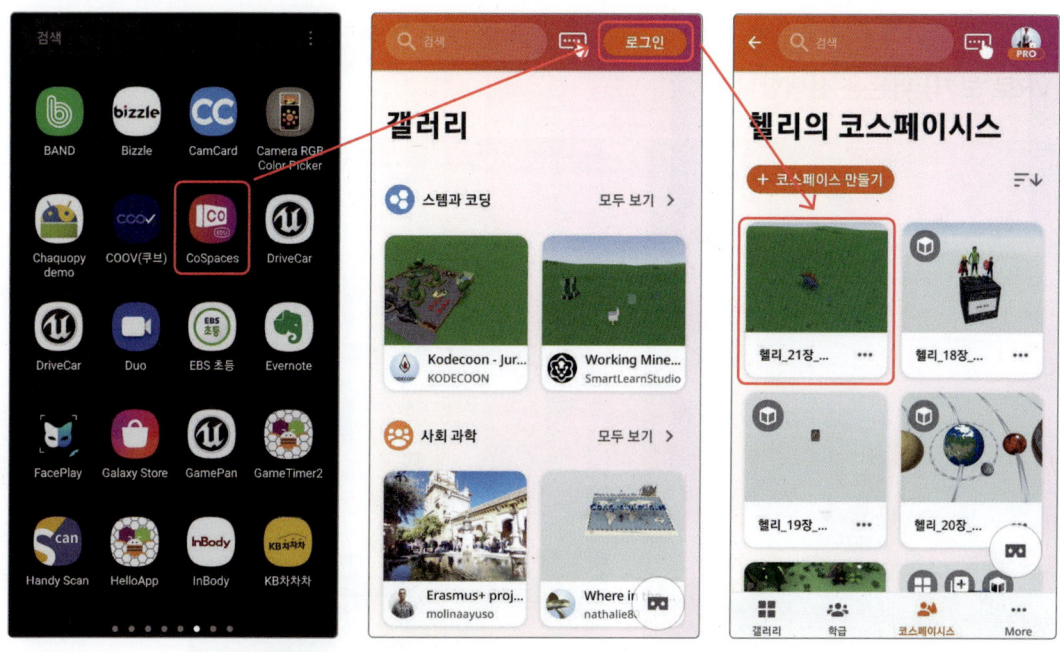

작품 편집 화면에서 [플레이] 버튼을 클릭합니다. 참고로 스마트폰에서도 오브젝트를 이동시키거나 새 오브젝트를 추가할 수 있습니다.

우선 작품이 3D 모드로 실행됩니다. 3D 모드에서는 앞뒤 이동 버튼과 점프 버튼, 그리고 화면 드래그를 이용해서 작품을 둘러볼 수 있습니다. 화면 오른쪽 하단의 VR 아이콘을 클릭합니다. **[VR로 보기]** 버튼을 선택합니다.

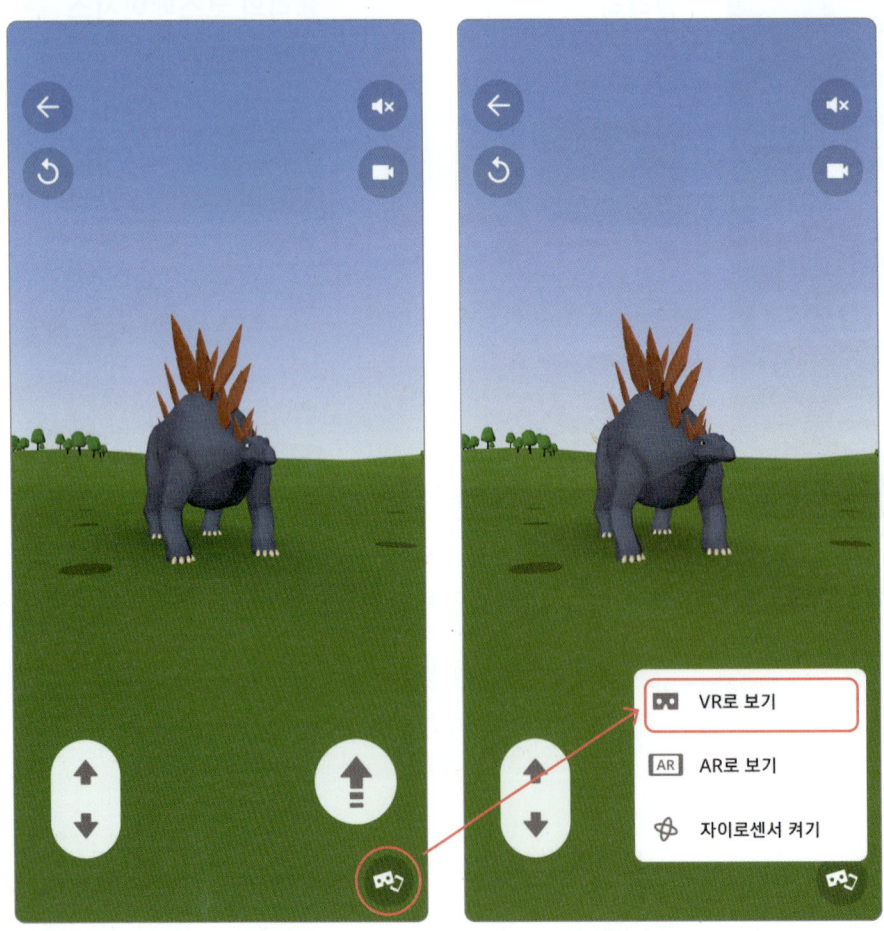

화면이 2개로 분리되어 보이기 시작합니다. 이 상태를 스테레오스코픽(Stereoscopic)이라고 합니다. 우리의 왼쪽 눈과 오른쪽 눈은 약 6.5센티미터 떨어져 있는데 이때 양쪽 눈에서 들어오는 이미지의 각도 차이 때문에 원근감을 느끼게 됩니다.

스테레오스코픽은 이런 원리를 이용해서 왼쪽 화면과 오른쪽 화면이 오브젝트를 바라보는 각도에 차이를 줍니다. 눈에서 가까운 오브젝트는 각도 차이를 많이 주고, 먼 오브젝트는 각도 차이를 조금 주면 우리의 눈이 작품을 입체적으로 인식하게 됩니다.

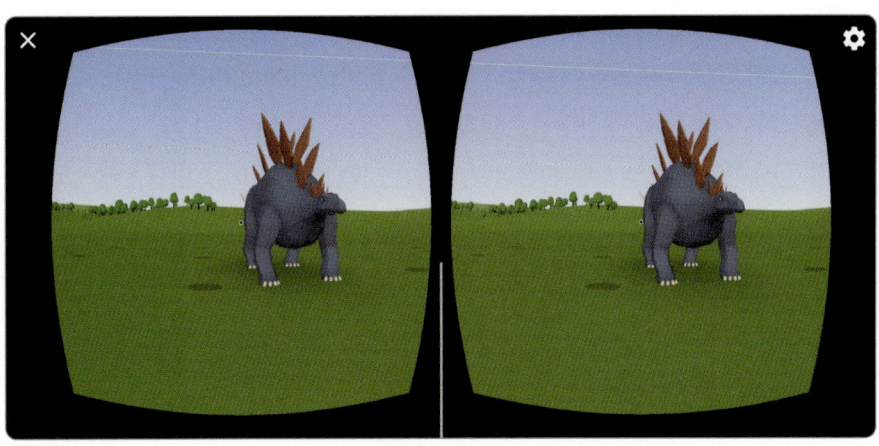

화면 한가운데 흰색 실선이 있습니다. 카드보드의 커버를 오픈한 뒤 한가운데를 맞추어 스마트폰을 집어넣습니다. 그리고 커버를 닫은 후 렌즈를 통해 작품을 감상합니다.

Chapter 21

VR 상어 체험

템플릿: https://edu.cospaces.io/RZY-AYK
완성작: https://edu.cospaces.io/RFU-SMJ

21장에서는 우리가 바닷속을 헤엄치는 상어가 되어 물고기를 찾아서 잡아먹는 작품을 만듭니다. 특히 VR 모드에서 작품을 실행하면 바닷속 세상을 더욱 실감 나게 볼 수 있습니다. 그리고 플레이어가 바라보는 방향으로 상어가 움직이니까 고개를 움직여서 이동 방향을 조절할 수 있습니다.

이 작품은 별다른 입력이 필요하지 않고 방향만 설정하면 되기 때문에 PC에서도, 스마트폰에서도, VR 모드에서도 잘 작동합니다.

학습 목표
1. 상어를 카메라에 붙이기
2. 게임 시작하면 게임 설명하기
3. 바라보는 방향으로 계속 전진하기
4. 물고기에 닿으면 잡아먹고 점수 올리기
5. 3마리 잡아먹으면 게임 끝내기

STEP 1. 상어를 카메라에 붙이기

01. 예제 작품을 실행하면 바닷속 배경에 여러 오브젝트가 들어 있는 장면이 나타납니다.

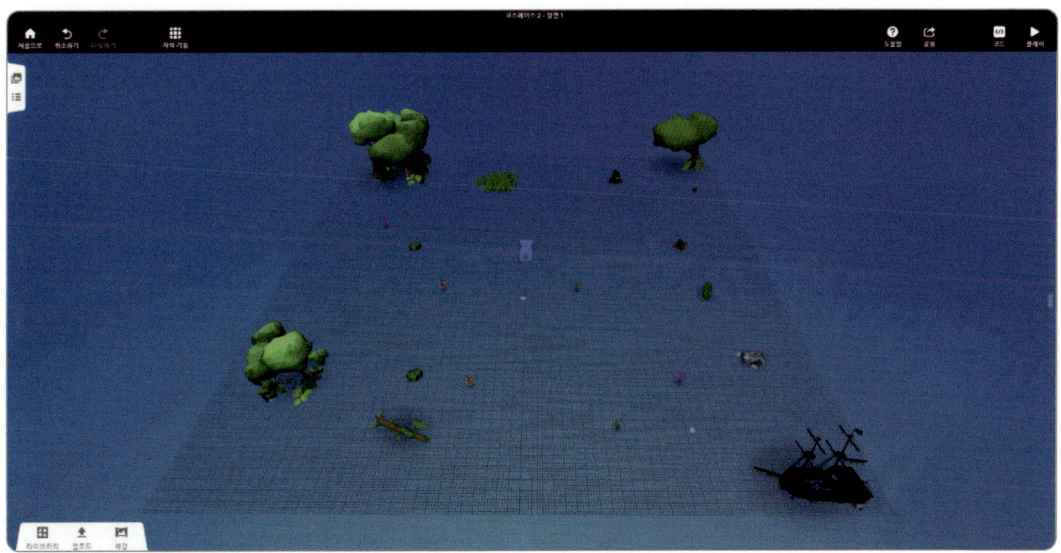

02. 카메라가 상어를 쫓아다니도록 만들겠습니다. 우선 카메라를 위로 대략 3미터 정도 올립니다.

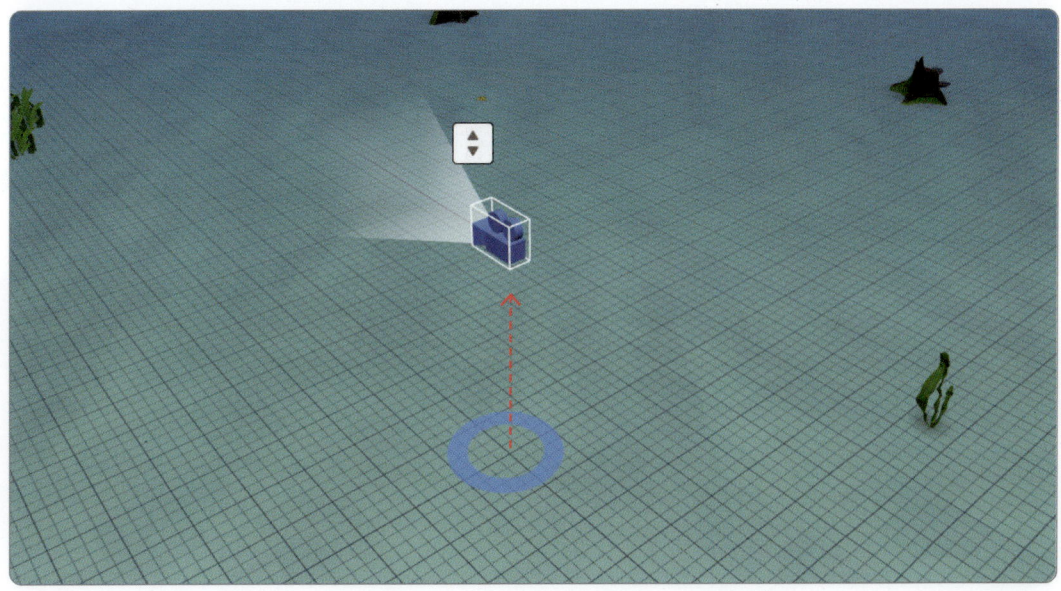

03. 카메라 앞에 '상어'(Shark) 오브젝트를 추가합니다.

04. 플레이했을 때 카메라 앞에 상어의 뒷모습이 나타나면 됩니다. 상어의 위치를 조절하여 마치 플레이어가 상어가 된 것처럼 3인칭 화면으로 만들어 줍니다.

05. '상어'(Shark) 오브젝트의 [코블록스에서 사용]을 활성화합니다.

06. '카메라'(Camera) 오브젝트도 [코블록스에서 사용]을 활성화합니다.

07. [코드] 메뉴에서 [코블록스] 스크립트를 추가합니다. [플레이]를 클릭했을 때 'Shark' 오브젝트를 'Camera' 오브젝트의 자식 아이템으로 추가해 줍니다. 그러면 상어가 계속 카메라 오브젝트의 앞에서 카메라를 따라다니게 됩니다.

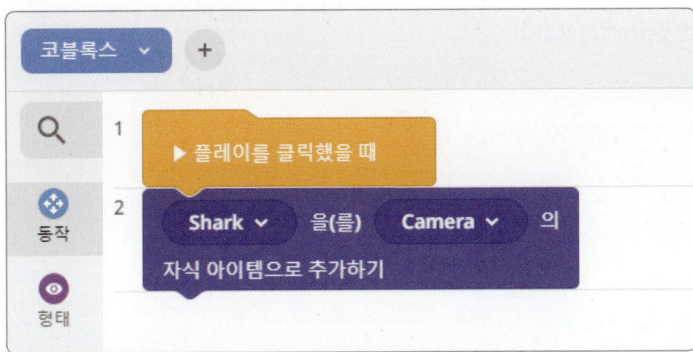

08. [플레이] 버튼을 클릭하고 카메라를 회전시키면 상어가 항상 따라다니는 것을 볼 수 있습니다.

STEP 2. 게임 시작하면 게임 설명하기

09. [정보창 보이기]를 이용해서 게임이 시작되면 게임 소개를 해 줍니다. 다음은 내용 예시입니다.

> **정보창 보이기**
> - **제목:** VR 상어 체험
> - **텍스트:** 이곳은 깊은 바다입니다. 당신은 상어가 되어 3마리의 물고기를 잡아먹어야 합니다. 물고기는 바닷속에 숨어 있습니다.
> - **이미지:** 상어 이미지

10. **[업로드]** → **[이미지]** → **[웹 검색]** 기능을 이용해서 정보창에 상어 이미지도 추가합니다.

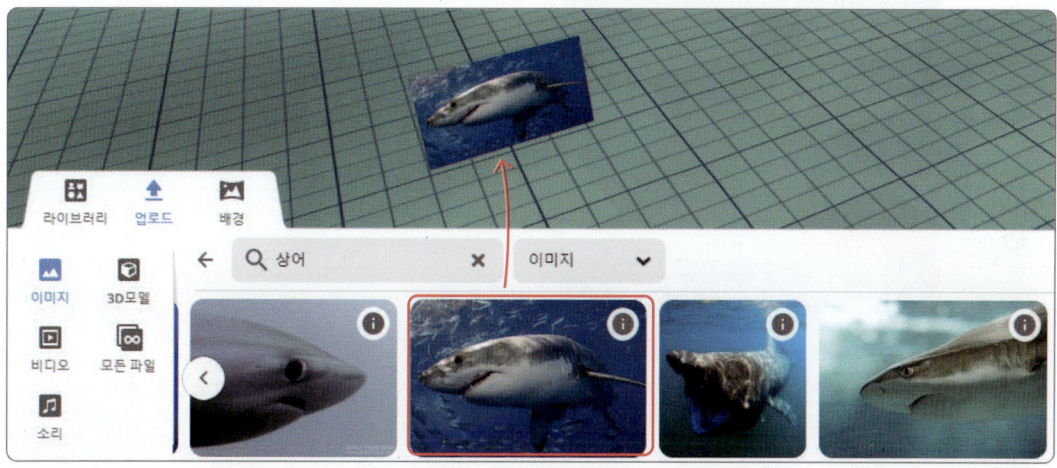

11. **[플레이]** 버튼을 클릭하면 게임 소개 팝업창이 나타나게 됩니다.

STEP 3. 바라보는 방향으로 계속 전진하기

12. VR 모드에서는 키보드를 이용해서 카메라를 이동시킬 수 없습니다. 다만 스마트폰을 움직여 내가 원하는 방향으로 카메라를 회전할 수는 있습니다. 그래서 코딩으로 카메라가 바라보는 방향으로 전진하도록 만들면 내가 원하는 곳으로 이동할 수 있습니다.

[무한 반복하기] 블록을 이용해서 항상 카메라가 앞으로 조금씩 이동하도록 만듭니다.

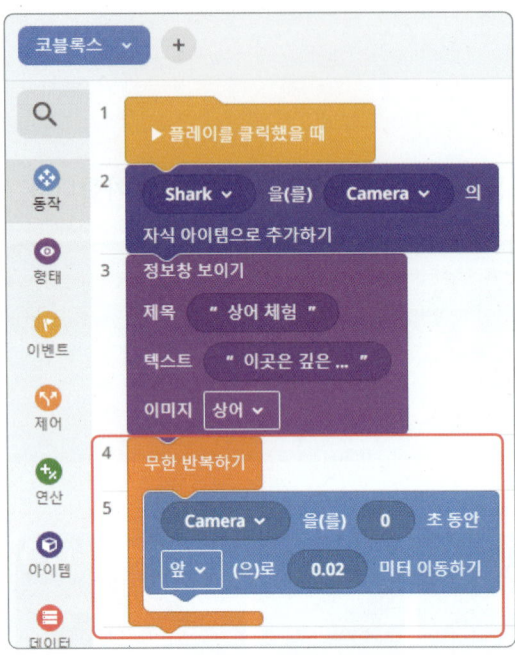

13. [플레이] 버튼을 클릭하면 카메라와 상어가 계속 앞으로 나아가는 것을 볼 수 있습니다.

STEP 4. 물고기에 닿으면 잡아먹고 점수 올리기

14. 잡아먹을 물고기를 추가하겠습니다. '물고기'(Fish) 오브젝트를 장면에 3개 추가합니다.

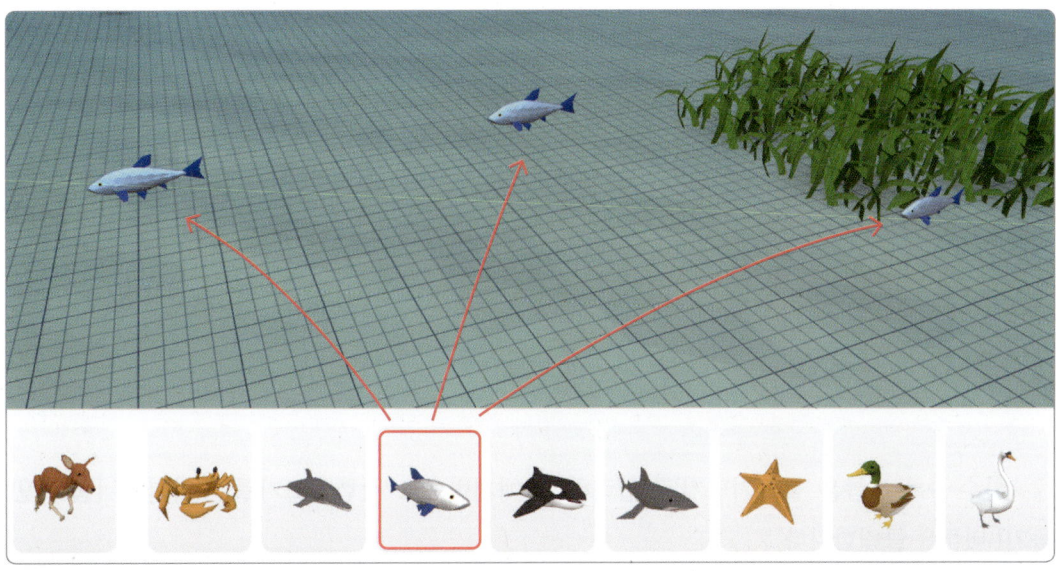

15. 물고기 오브젝트의 이름은 각각 'Fish', 'Fish1', 'Fish2'가 됩니다. 세 물고기 오브젝트의 **[코블록스에서 사용]** 항목을 모두 체크합니다.

3개 물고기 오브젝트의 애니메이션을 **[Swim]**(헤엄치기)으로 바꾸어 줍니다.

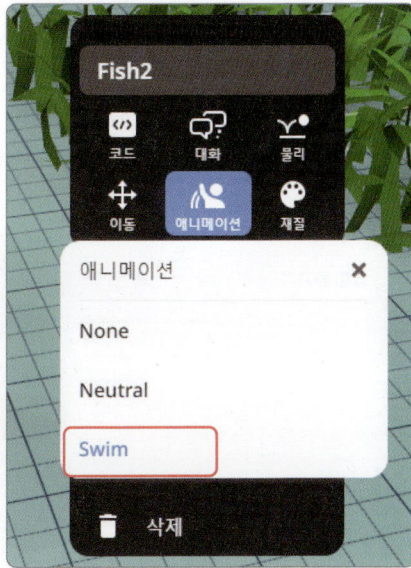

16. [코드] 메뉴에서 새로운 [코블록스(1)] 스크립트를 생성합니다. 물고기 3마리를 잡아먹은 코드가 동일하기 때문에 함수를 이용해서 코드를 간단하게 만들겠습니다. [함수] 카테고리에서 [함수 만들기] 버튼을 클릭합니다.

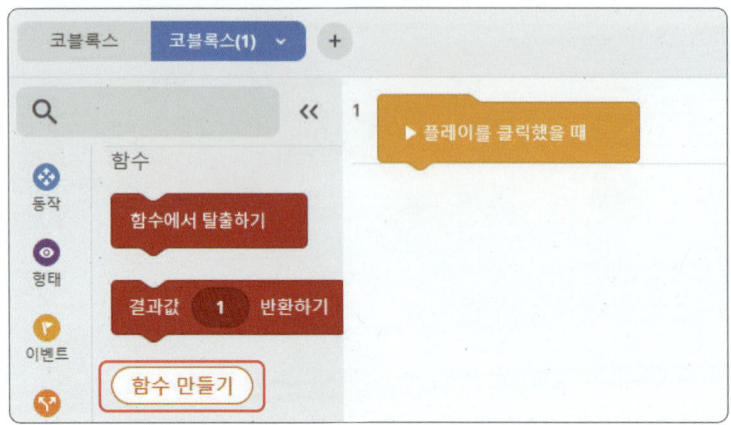

17. 함수 블록 이름은 '물고기먹기'로 입력하고, 매개변수로 '잡힌물고기'를 추가한 후 [함수 만들기] 버튼을 클릭합니다.

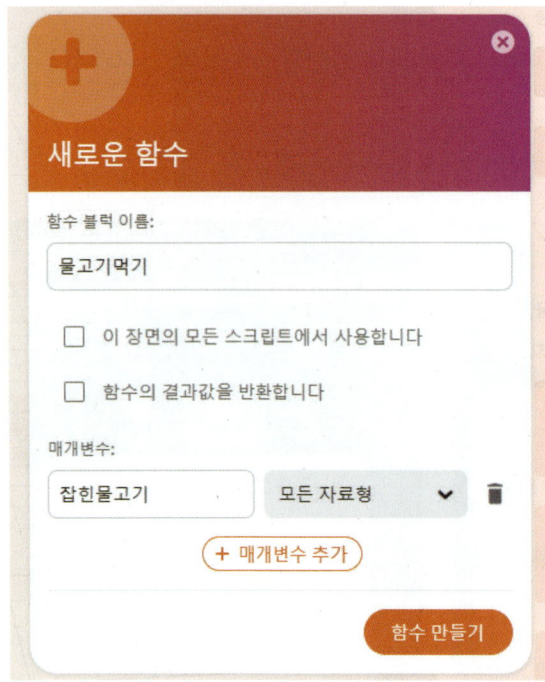

18. 스크립트에 [물고기먹기] 함수 정의하기 블록이 생깁니다.

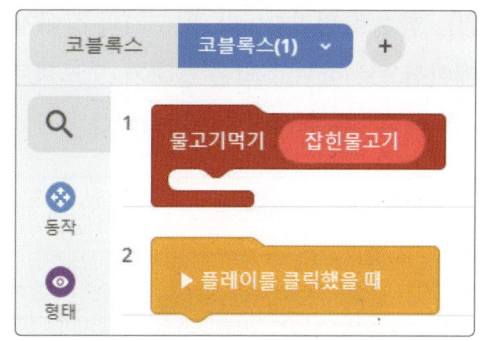

19. 물고기 오브젝트와 상어 오브젝트가 서로 닿으면 함수를 실행합니다. 물고기 3마리(Fish, Fish1, Fish2) 오브젝트가 상어(Shark)에 닿으면 각각 [물고기먹기] 함수를 실행합니다. 이때 매개변수로 각각 자신의 오브젝트를 넘겨 줍니다.

주의할 점은 [~에 충돌할 때] 블록은 첫 번째 오브젝트가 중복되면 작동하지 않는다는 점입니다. 'Shark에 Fish가 충돌할 때', 'Shark에 Fish1이 충돌할 때'처럼 주어가 중복되면 안 됩니다. 그래서 여기서는 [Fish에 Shark가 충돌할 때]로 순서를 바꾸어 놓았습니다.

Chapter 21 | VR 상어 체험

20. 함수를 편집합니다. 물고기와 상어가 닿으면 실행되는 함수에서는 상어가 잡아먹는 애니메이션으로 바뀌고 닿은 물고기 오브젝트를 삭제합니다. 상어가 "먹었다!"라고 말한 후 다시 애니메이션을 원래대로 되돌립니다.

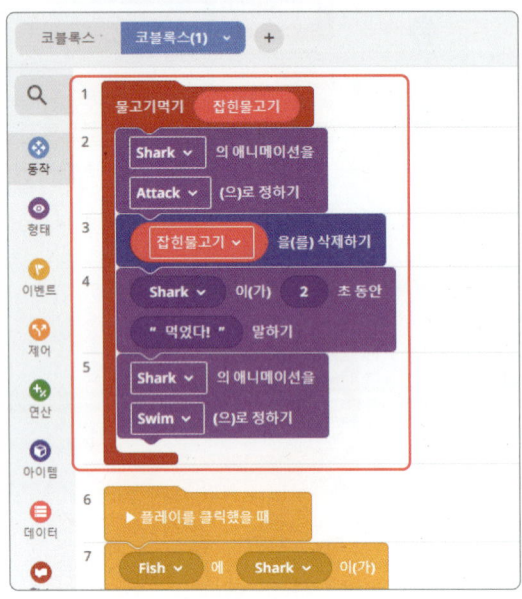

21. [플레이] 버튼을 클릭하고 상어를 움직여 물고기와 닿게 만듭니다. 물고기 오브젝트가 사라지고 상어가 "먹었다!"라고 말풍선으로 얘기합니다.

STEP 5. 3마리 잡아먹으면 게임 끝내기

22. 물고기 3마리를 잡아먹으면 게임을 끝내겠습니다. 물고기를 잡아먹은 순서가 따로 없기 때문에 '변수'를 만들어서 물고기를 한 마리 잡아먹을 때마다 변수를 1씩 증가시키고, 변숫값이 3이 되면 게임을 종료시킵니다. 우선 **[플레이]**를 클릭했을 때 **[먹은개수]** 변수를 만들고 초깃값을 **[0]**으로 설정합니다.

23. **[물고기먹기]** 함수 안에서 **[먹은개수]** 변수를 1 증가시킵니다. 그리고 상어가 그냥 "먹었다!"라고 말하는 것이 아니라 **[문자열 합치기]** 블록을 사용해서 "1마리 먹었다!"라고 말하도록 합니다.

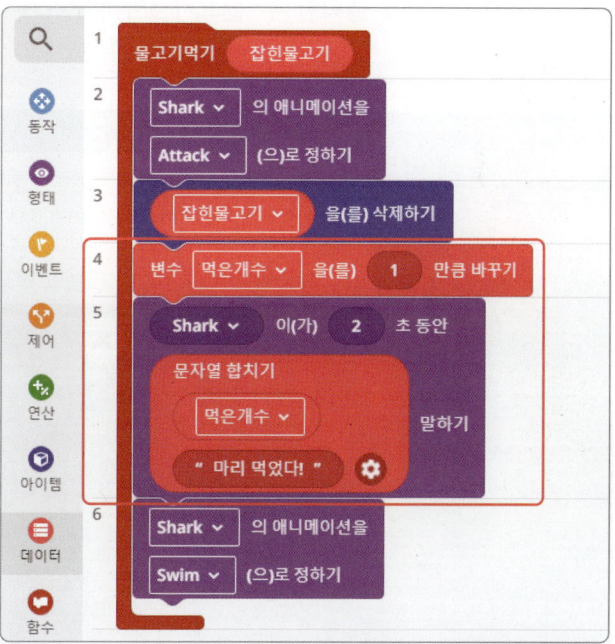

24. 만약 증가시킨 [먹은개수] 변숫값이 [3]이 되면 정보창을 보이고 게임을 종료합니다.

> **정보창 보이기**
> – **제목:** 게임 클리어
> – **텍스트:** 물고기 3마리를 모두 찾아서 먹었습니다. 축하합니다! 게임을 종료합니다.
> – **이미지:** 이미지 없음

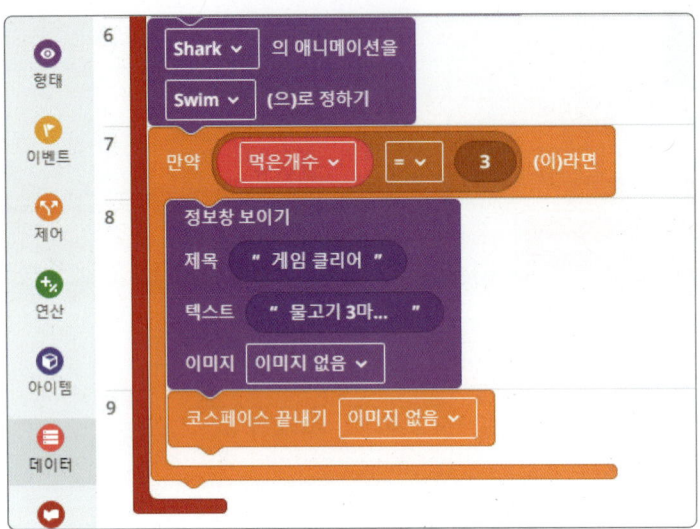

25. [플레이] 버튼을 클릭한 후 물고기 3마리를 모두 잡아먹으면 팝업창이 나타나고 게임이 종료됩니다.

26. 스마트폰에서 작품을 실행하고 VR 모드로 감상해 보세요!

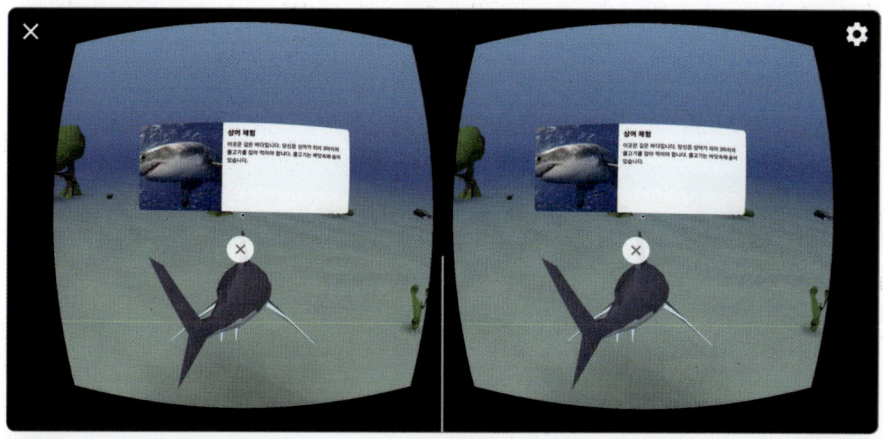

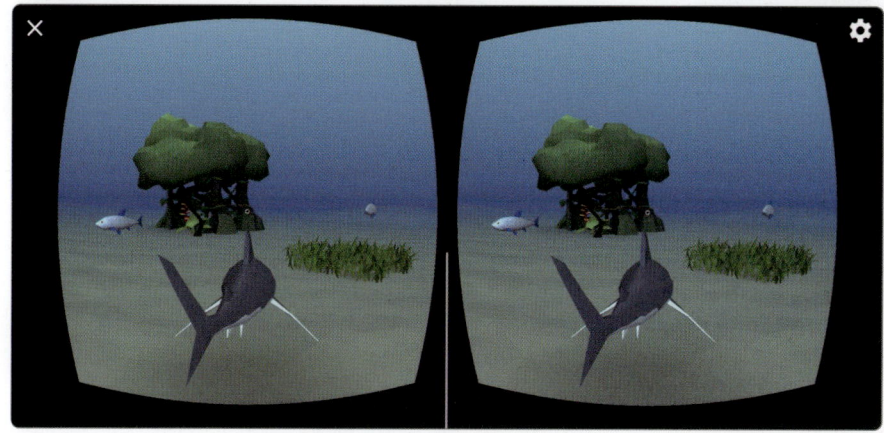

최종 코블록스 스크립트

코블록스

1. ▶ 플레이를 클릭했을 때
2. Shark 을(를) Camera 의 자식 아이템으로 추가하기
3. 정보창 보이기
   - 제목 " 상어 체험 "
   - 텍스트 " 이곳은 깊은 ... "
   - 이미지 상어
4. 무한 반복하기
5. Camera 을(를) 0 초 동안 앞 (으)로 0.02 미터 이동하기

코블록스(1)

1. 물고기먹기 잡힌물고기
2. Shark 의 애니메이션을 Attack (으)로 정하기
3. 잡힌물고기 을(를) 삭제하기
4. 변수 먹은개수 을(를) 1 만큼 바꾸기
5. Shark 이(가) 2 초 동안 문자열 합치기 먹은개수 " 마리 먹었다 " 말하기
6. Shark 의 애니메이션을 Swim (으)로 정하기
7. 만약 먹은개수 = 3 (이)라면
8. 정보창 보이기
   - 제목 " 게임 클리어 "
   - 텍스트 " 물고기 3마... "
   - 이미지 이미지 없음
9. 코스페이스 끝내기 이미지 없음

10. ▶ 플레이를 클릭했을 때
11. 변수 먹은개수 을(를) 0 (으)로 정하기
12. Fish 에 Shark 이(가) 충돌할 때
13. 물고기먹기 아이템 Fish 떨어질 때
14. Fish1 에 Shark 이(가) 충돌할 때
15. 물고기먹기 아이템 Fish1 떨어질 때
16. Fish2 에 Shark 이(가) 충돌할 때
17. 물고기먹기 아이템 Fish2 떨어질 때

Chapter 22
VR 틀린 그림 찾기

템플릿: https://edu.cospaces.io/QBZ-QDK
완성작: https://edu.cospaces.io/UUQ-SUD

22장에서는 360도 이미지 프로젝트를 사용해서 3차원 틀린 그림 찾기 게임을 제작하고, VR 모드에서 플레이해 보겠습니다. 완성된 작품은 오브젝트 클릭 이벤트를 사용합니다. PC, 스마트폰에서 실행할 수 있으며 터치 기능이 있는 카드보드 2.0을 이용해서 VR 모드로 실행할 수도 있습니다. 터치 기능이 없는 카드보드 이전 버전은 실행이 불가능합니다.

학습 목표
1. 같은 그림, 틀린 그림 선정하기
2. 같은 그림 500개 복제하기
3. 틀린 그림 5개 복제하기
4. 같은 그림 클릭하면 삭제하기
5. 틀린 그림 찾으면 점수 올리기
6. 틀린 그림 5개 찾으면 게임 끝내기

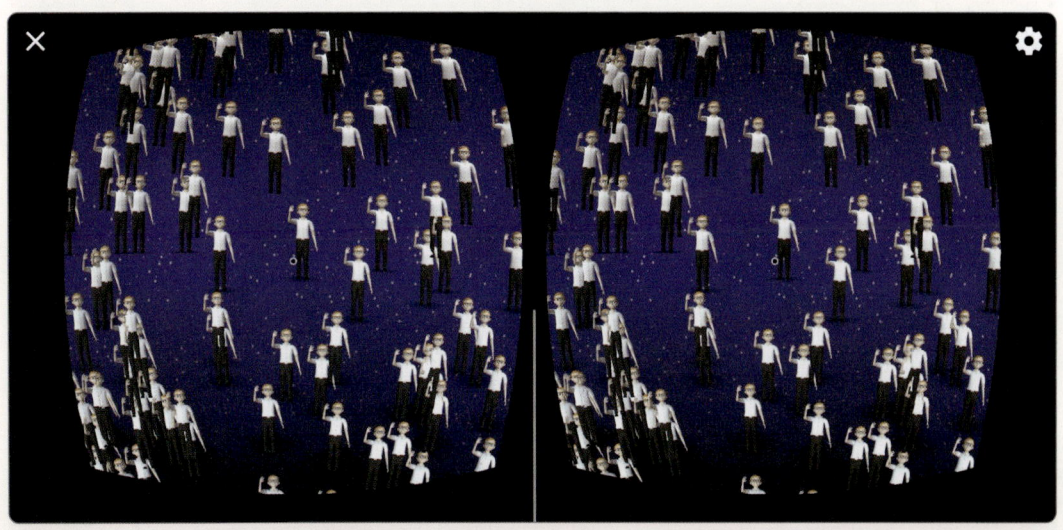

STEP 1. 같은 그림, 틀린 그림 선정하기

01. 예제 작품을 실행하면 비어 있는 '360도 이미지' 유형의 장면이 보여집니다. 360도 이미지 유형의 장면에서는 카메라가 이동할 수 없고 단순히 방향을 회전해서 둘러볼 수만 있습니다.

02. 여기에 같은 그림 500개와 틀린 그림 5개를 랜덤하게 배치하겠습니다. 우선 같은 그림과 틀린 그림으로 사용할 오브젝트를 선정해야 합니다. 여기서는 '남자 학생' 캐릭터를 사용하는데, 같은 그림은 안경을 쓰고 있고 틀린 그림은 안경을 안 쓰고 있는 것으로 하겠습니다. 우선 안경을 쓰고 있는 '남자 아이'(Fancy boy) 캐릭터를 장면에 추가합니다.

03. 오브젝트의 이름을 '같은그림원본'으로 변경합니다. **[코블록스에서 사용]** 항목에 체크합니다.

04. **[이동]** 메뉴에서 오브젝트의 크기를 '5.0' 정도로 설정합니다. 위치는 아무 곳에나 있어도 상관없습니다.

05. 오브젝트를 복제해서 새 오브젝트를 하나 더 만듭니다.

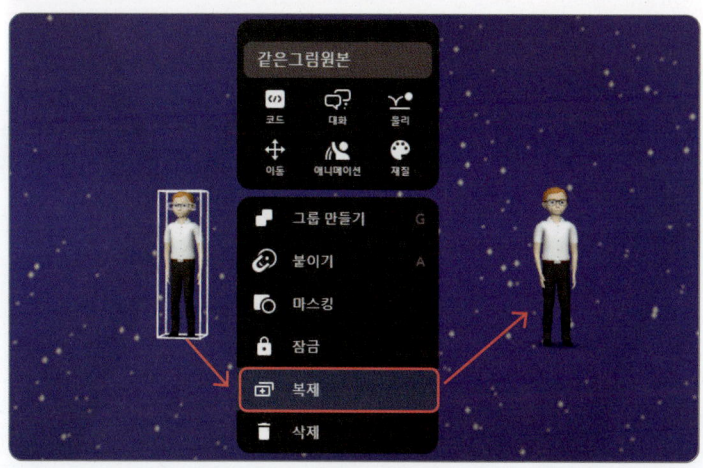

06. 복제된 오브젝트에서 안경만 선택해서 삭제합니다. 그러면 안경을 벗은 캐릭터가 됩니다. 오브젝트의 이름을 '틀린그림원본'으로 변경합니다.

07. 두 오브젝트 모두 애니메이션을 [Wave](손 흔들기)로 변경해 줍니다.

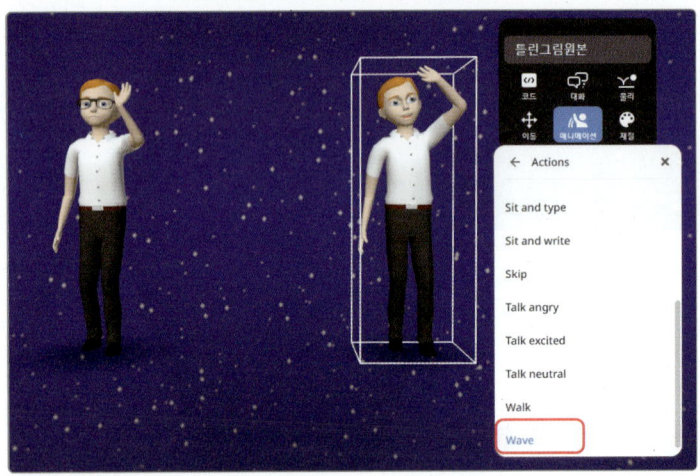

STEP 2. 같은 그림 500개 복제하기

08. '같은그림원본' 오브젝트를 500개 복제해서 화면 사방에 뿌리겠습니다. 복제본을 만들 때는 매개변수가 있는 함수를 사용합니다.

[코드] 메뉴에서 새로운 [코블록스] 스크립트를 생성합니다. [함수] 카테고리의 [함수 만들기] 버튼을 클릭합니다.

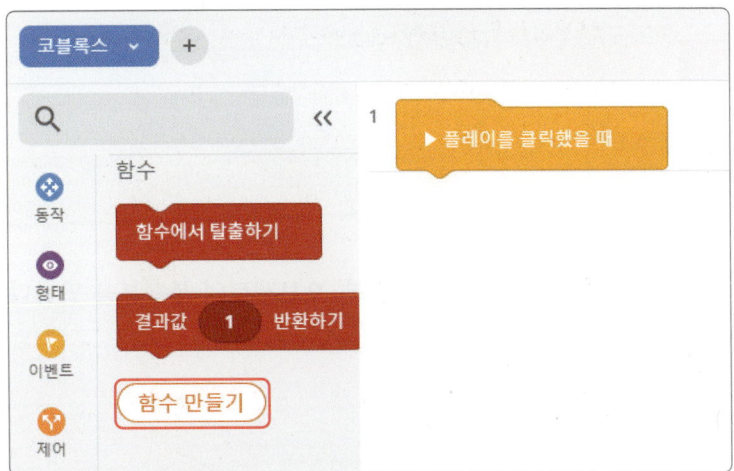

09. 새로운 함수의 이름은 '같은그림제어'로 하고 매개변수를 하나 추가해서 '복제된같은그림' 으로 설정하고 함수를 만들어 줍니다.

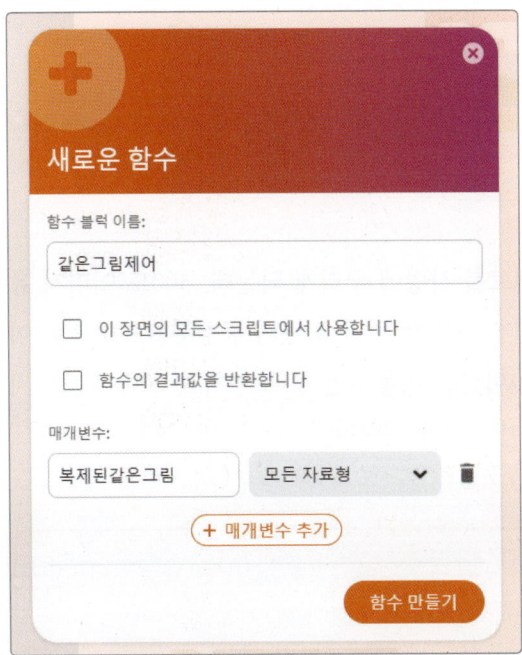

10. [같은그림제어] 함수 정의하기 블록이 생깁니다.

11. [플레이] 버튼을 클릭하면, 500번 반복하면서 '같은그림원본' 오브젝트의 복제본을 만듭니다. 복제가 완료되면 '같은그림원본' 오브젝트는 삭제합니다.

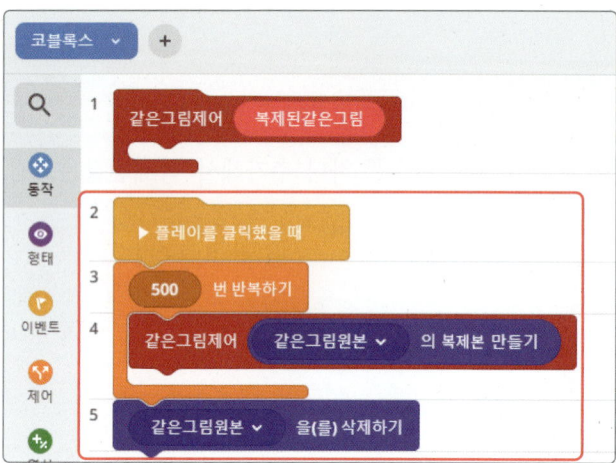

12. 함수를 편집합니다. '복제된같은그림' 오브젝트를 사방에 뿌리게 되는데, 360도 이미지 유형의 장면은 동그란 공의 형태를 가지고 있습니다. 그래서 일단 장면의 중심점(0,0,0)으로 이동한 후 랜덤한 방향을 바라본 후에 직선으로 30미터를 이동하면 공 모양처럼 그림이 보여지게 됩니다. 이때 뒤로 이동하면 캐릭터가 원점을 바라보게 됩니다.

13. [플레이] 버튼을 클릭하면 500명의 남자아이가 360도 사방에 나타나게 됩니다.

STEP 3. 틀린 그림 5개 복제하기

14. '같은그림원본' 500개를 복제한 것과 같은 방식으로 '틀림그림원본' 5개를 복제하겠습니다. 새로운 [코블록스(1)] 스크립트를 생성합니다.

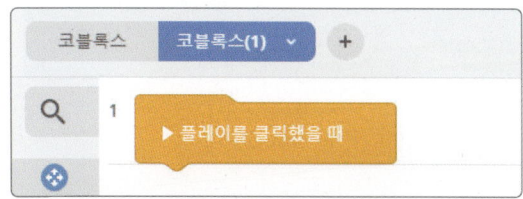

15. 그림을 복제하는 과정이 같으므로 함수를 복제해서 사용하겠습니다. 기존의 [코블록스] 스크립트에서 '같은그림제어' 함수 정의 블록을 마우스 오른쪽 버튼을 클릭하고 [복사하기] 메뉴를 클릭합니다.

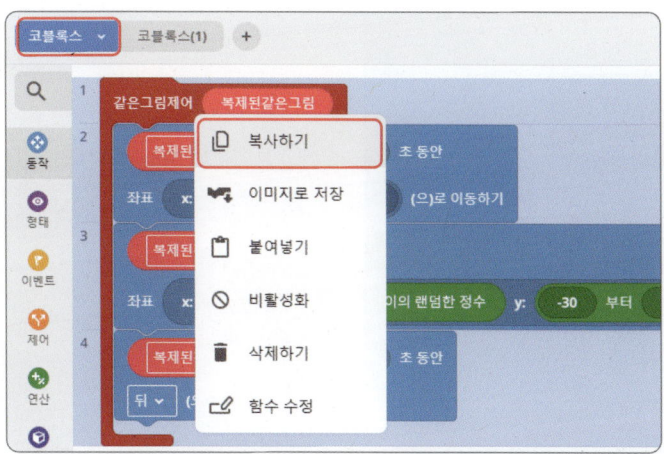

16. [코블록스(1)] 스크립트로 돌아와서 마우스 오른쪽 버튼을 클릭한 후 [붙여넣기] 메뉴를 클릭합니다.

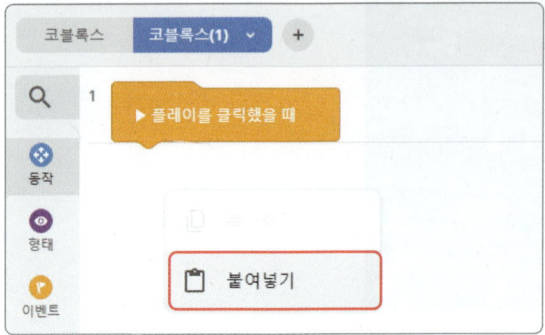

17. '같은그림제어' 함수 정의 블록이 복제됩니다.

18. 함수 정의 블록 위에서 마우스 오른쪽 버튼을 클릭한 후 [함수 수정] 버튼을 클릭합니다.

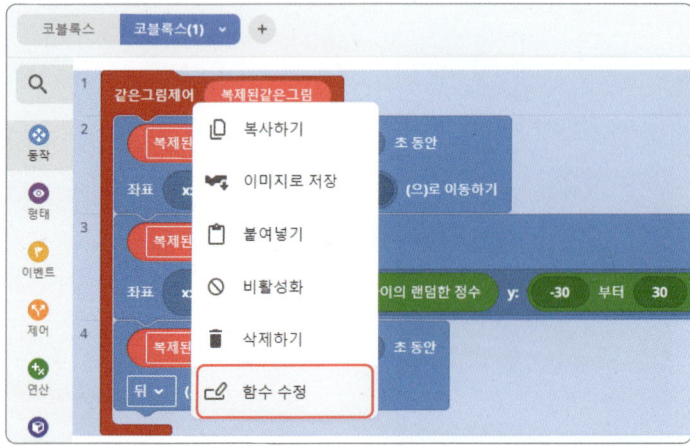

19. 함수 편집 팝업창이 나타나면 이름은 '틀린그림제어'로 하고, 매개변수는 '복제된틀린그림'으로 수정한 후에 [업데이트] 버튼을 클릭합니다.

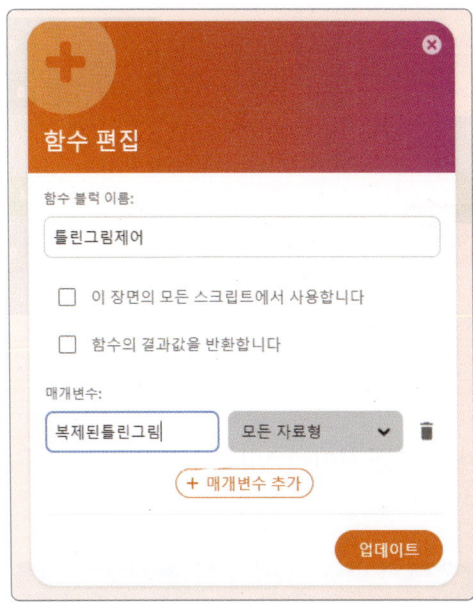

20. 함수의 이름과 매개변수가 변경됩니다.

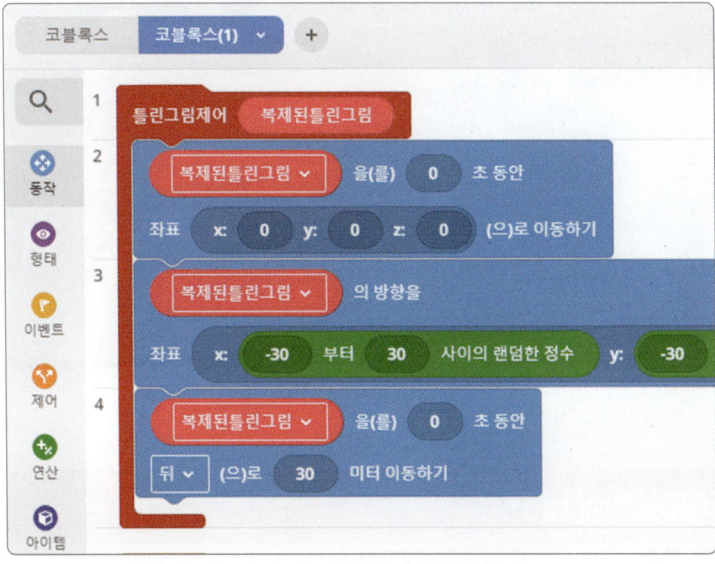

21. [플레이] 버튼을 클릭했을 때 [코블록스] 스크립트와 마찬가지로 오브젝트를 5개 복제해서 함수로 넘깁니다. 그리고 '틀린 그림원본' 오브젝트를 삭제합니다.

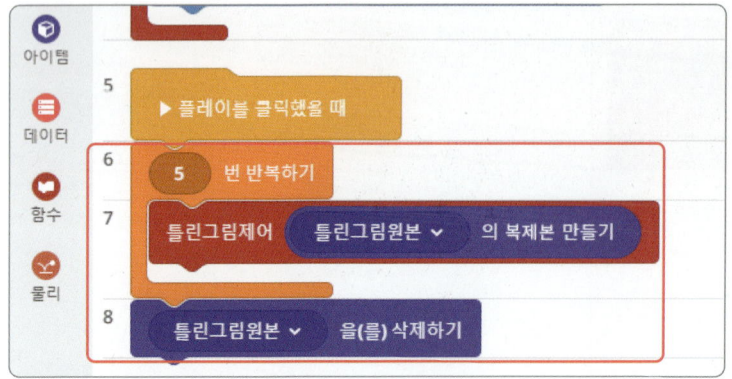

22. [플레이] 버튼을 클릭하면 500명의 안경 쓴 남자 아이들 사이에 5명의 안경을 쓰지 않은 남자아이를 찾을 수 있습니다.

STEP 4. 같은 그림 클릭하면 삭제하기

23. 게임을 플레이해 보면 랜덤하게 분포된 캐릭터가 서로 겹치는 경우가 있습니다. 그런데 이런 경우 '틀린 그림' 캐릭터가 '같은그림' 캐릭터 뒤에 있으면 절대 찾아낼 수 없으므로 결국 게임을 해결할 수 없는 문제가 생깁니다. 이런 문제를 막기 위해 '같은그림' 캐릭터를 클릭하면 해당 오브젝트를 삭제할 필요가 있습니다.

24. [코블록스] 스크립트의 '같은그림제어' 함수 정의하기 블록 맨 아래에 '클릭했을 때' 이벤트 블록을 추가합니다. 캐릭터가 말을 한 후에 오브젝트를 삭제합니다.

25. [플레이] 버튼을 클릭한 후 '같은그림' 캐릭터를 클릭하면 말풍선이 나타나고 오브젝트가 삭제됩니다.

STEP 5. 틀린 그림 찾으면 점수 올리기

26. 틀린 그림을 찾아 클릭하면 화면에 표시하고, 점수를 1점 올리겠습니다. **[코블록스(1)]** 스크립트에서 **[플레이]**를 클릭했을 때 **[찾은개수]** 변수를 만들고 초깃값을 **[0]**으로 정합니다.

27. **[틀린그림제어]** 함수 정의 블록의 하단에 **[오브젝트를 클릭했을 때]** 블록을 추가합니다. 틀린 그림 캐릭터의 색상을 빨갛게 만들어서 눈에 띄도록 합니다. 그리고 변숫값을 1 증가시킵니다. 마지막에는 해당 오브젝트에서 **[클릭했을 때]** 이벤트를 삭제해야 오브젝트를 중복 클릭해서 점수를 무한정 올리는 버그를 해결할 수 있습니다.

28. [플레이] 버튼을 클릭한 후 '틀린그림' 캐릭터를 찾아 클릭하면 옷 색상이 빨갛게 변하고 말풍선이 나타납니다.

STEP 6. 틀린 그림 5개 찾으면 게임 종료하기

29. 마지막으로 틀린 그림 5개를 찾으면 게임을 끝내겠습니다. [코블록스(1)] 스크립트의 [틀린그림제어] 함수 정의 블록에서 하단에 [만약] 조건문을 추가합니다. 만약 [찾은개수] 변숫값이 [5]가 되면 '게임 클리어' 팝업창을 보여 주고 게임을 종료합니다.

30. 작품 제작이 끝났습니다! 게임을 플레이한 후 '틀린 그림' 5개를 모두 찾아보세요!

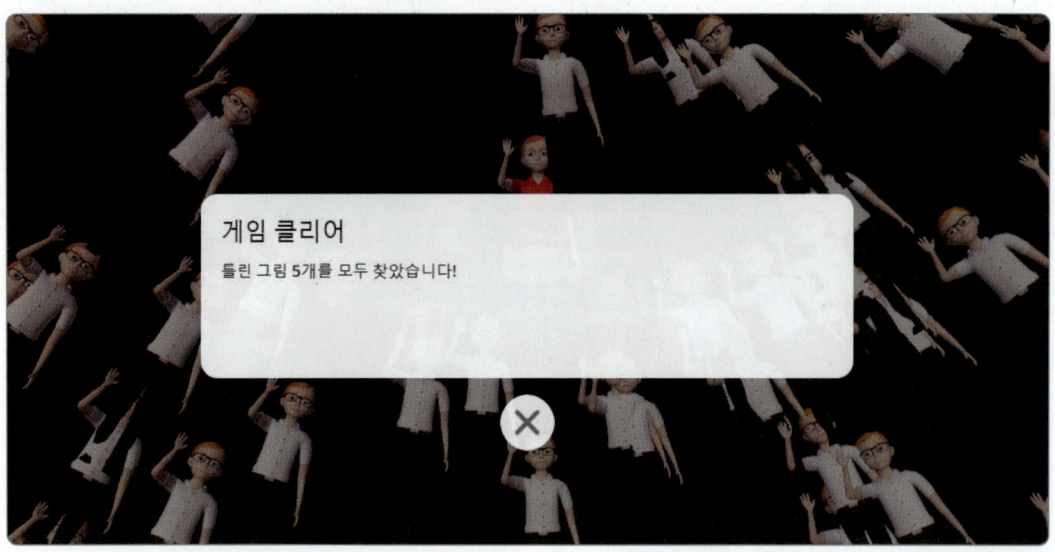

31. 그림이 랜덤하게 생성되기 때문에 할 때마다 문제가 달라집니다. PC에서도 문제를 풀어 보고 스마트폰과 VR 모드에서도 게임을 실행해 보세요.

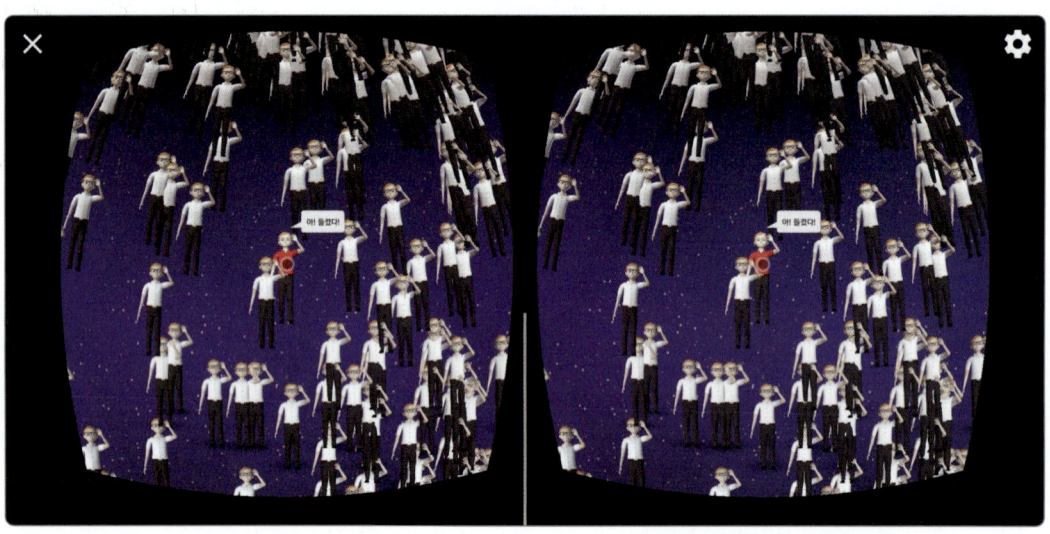

최종 코블록스 스크립트

코블록스

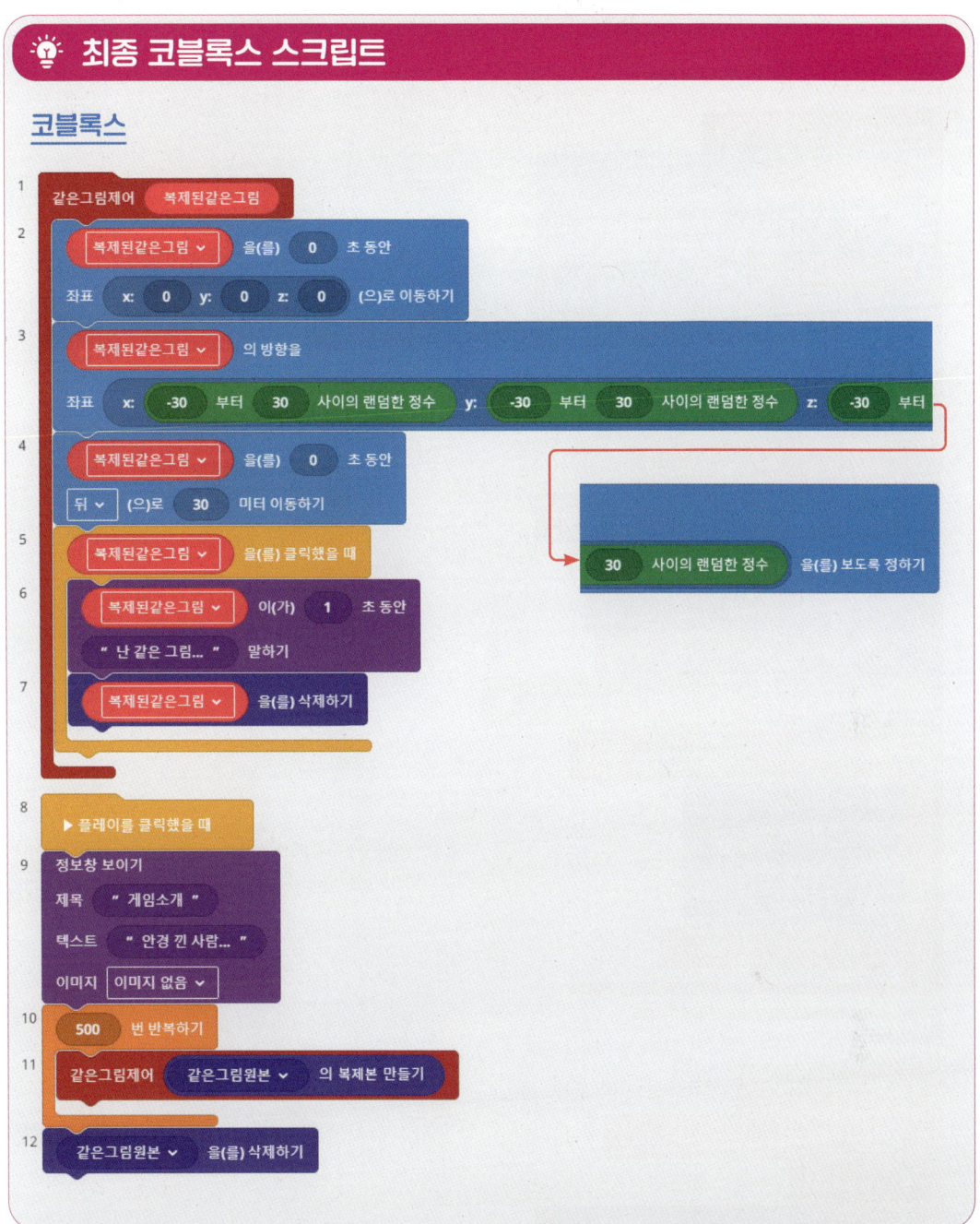

코블록스(1)

1. 틀린그림제어 복제된틀린그림
2. 복제된틀린그림 을(를) 0 초 동안 좌표 x: 0 y: 0 z: 0 (으)로 이동하기
3. 복제된틀린그림 의 방향을 좌표 x: -30 부터 30 사이의 랜덤한 정수 y: -30 부터 30 사이의 랜덤한 정수 z: -30 부터 30 사이의 랜덤한 정수 을(를) 보도록 정하기
4. 복제된틀린그림 을(를) 0 초 동안 뒤 (으)로 30 미터 이동하기
5. 복제된틀린그림 을(를) 클릭했을 때
6. 복제된틀린그림 의 색상을 ● (으)로 정하기
7. 복제된틀린그림 이(가) 1 초 동안 " 아! 들켰다! " 말하기
8. 변수 찾은개수 을(를) 1 만큼 바꾸기
9. 복제된틀린그림 에서 클릭했을 때 이벤트 제거하기
10. 만약 찾은개수 = 5 (이)라면
11. 정보창 보이기
    제목 " 게임 클리어 "
    텍스트 " 틀린 그림 5... "
    이미지 이미지 없음
12. 코스페이스 끝내기 이미지 없음

13. ▶ 플레이를 클릭했을 때
14. 변수 찾은개수 을(를) 0 (으)로 정하기
15. 5 번 반복하기
16. 틀린그림제어 틀린그림원본 의 복제본 만들기
17. 틀린그림원본 을(를) 삭제하기

Chapter 23

VR 공룡 탐험

템플릿: https://edu.cospaces.io/JAB-ENL
완성작: https://edu.cospaces.io/GJU-HCS

23장에서는 다양한 공룡이 함께 살고 있는 장면을 꾸미고 스마트폰과 터치 기능이 있는 카드보드 2.0을 이용해서 VR 모드에서 작품을 감상하게 됩니다.

VR 모드에서는 사용자 입력은 오직 오브젝트 클릭만 가능합니다. 예제 파일에는 바닥에 '지점' 오브젝트가 설치되어 있는데, '지점' 오브젝트를 클릭하면 해당 위치로 카메라가 이동하게 됩니다. 덕분에 추가적인 코딩 작업 없이 바닥의 '지점' 오브젝트를 클릭해서 VR 모드에서 카메라가 자유롭게 이동할 수 있습니다.

학습 목표
1. 지점 클릭해서 이동하기
2. 공룡 시대 작품 꾸미기
3. 효과음(mp3) 넣기
4. 상호작용 만들기

STEP 1. 지점 클릭해서 이동하기

01. 예제 파일을 실행하면 비어 있는 장면에 바닥에 49개의 동그란 '지점' 오브젝트가 일정하게 배치되어 있습니다.

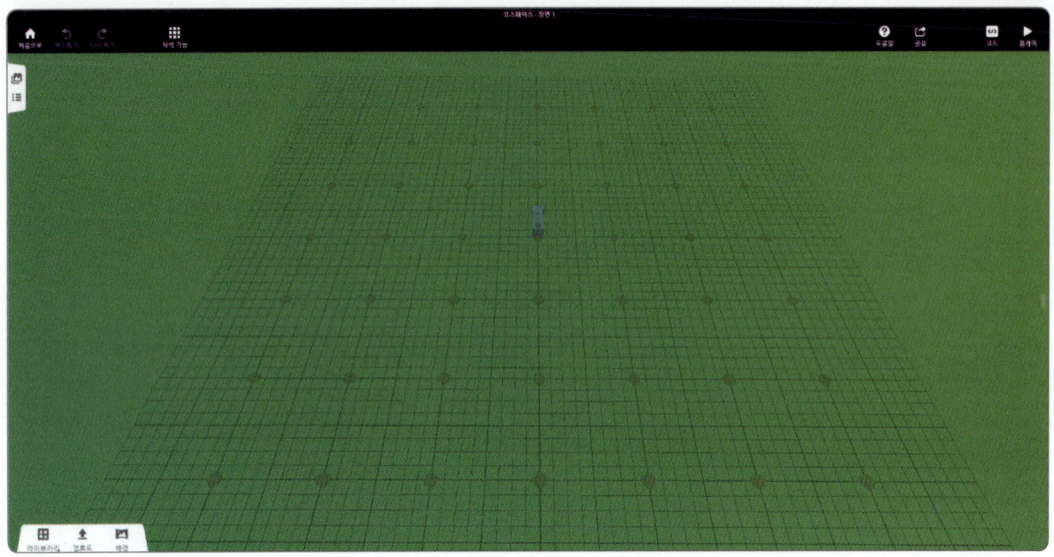

02. 카메라 앞에 공룡 오브젝트 하나를 추가합니다.

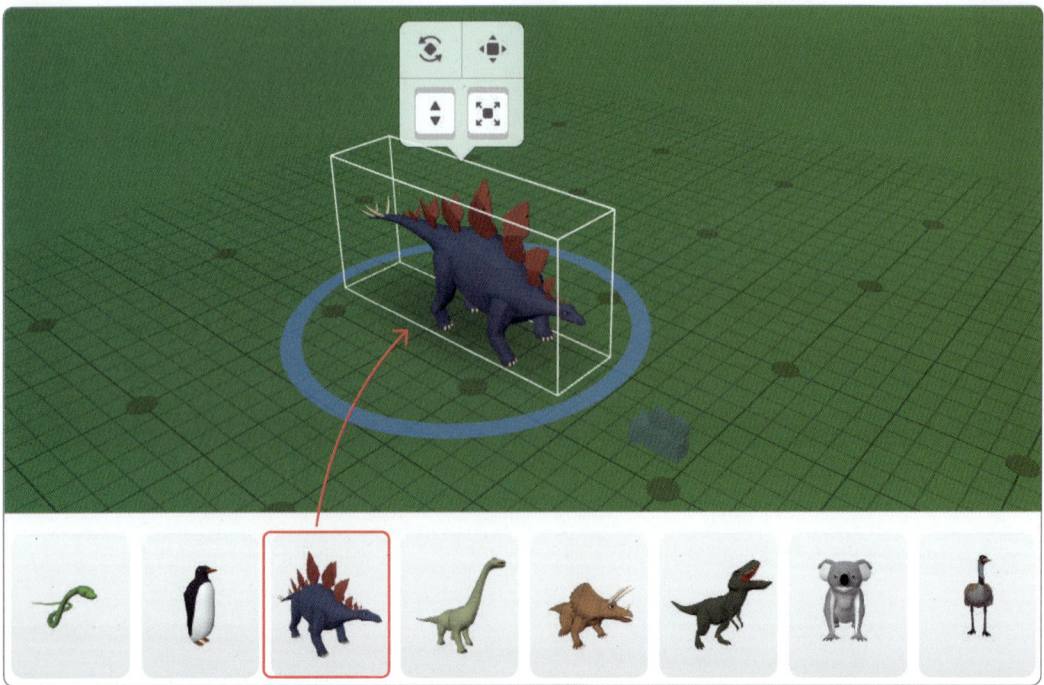

03. [플레이] 버튼을 클릭합니다. 바닥의 '지점' 오브젝트를 클릭하면 카메라가 해당 지점 위치로 이동하는 것을 볼 수 있습니다.

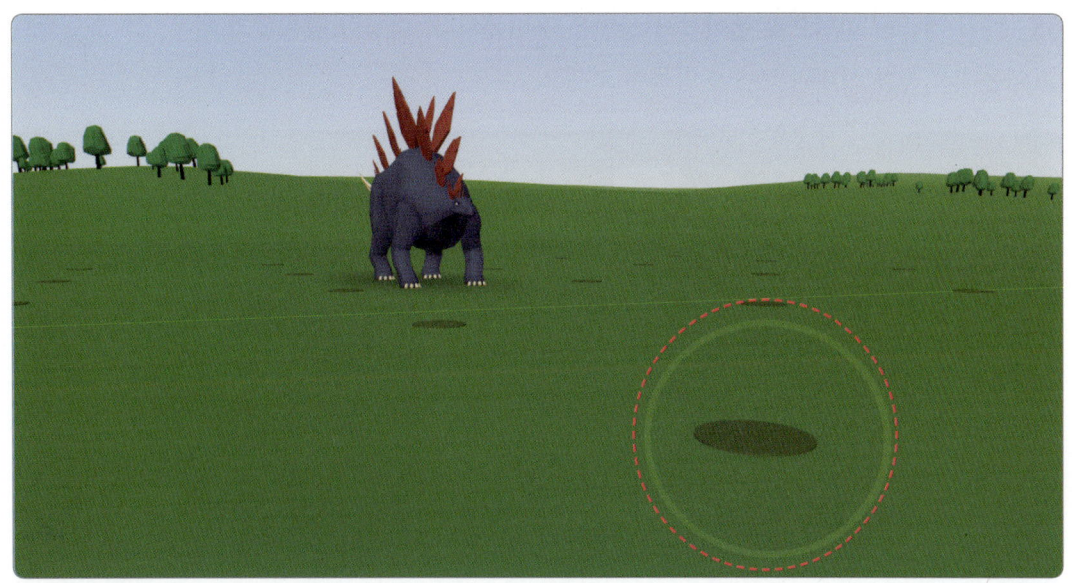

04. 카드보드 2.0 버전의 경우 쇠로 된 기계식 버튼이 있습니다. 화면 중앙에 있는 검은색 조준점을 바닥의 '지점' 오브젝트 위에 올린 후 기계식 버튼을 누르면 화면을 클릭하게 되고, 해당 지점으로 이동하게 됩니다. VR 모드에서 지점 이동이 잘 작동하는지 확인해 보세요.

STEP 2. 공룡 시대 작품 꾸미기

05. 다시 컴퓨터 화면으로 돌아와서 장면을 꾸며봅시다. 다양한 공룡들과 나무, 돌 오브젝트를 이용해서 공룡 시대의 모습을 만들어 보세요.

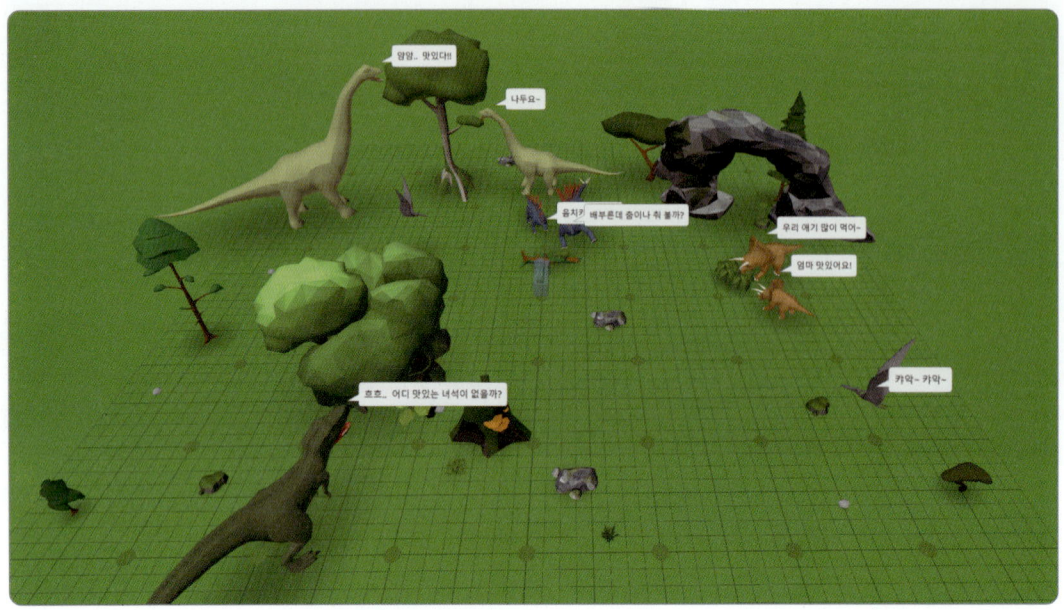

STEP 3. 효과음(mp3) 넣기

06. 이번 작품은 스마트폰으로 실행하는데, 화면이 작기 때문에 소리가 잘 나와야 작품이 재미있어집니다. 배경 음악이나 짧은 효과음을 많이 넣어 주는 것이 좋습니다. 효과음은 박수 소리나 웃음 소리 같은 5초 이내의 짧은 사운드를 말합니다. 배경 음악은 코딩 없이 업로드만 하면 재생되도록 할 수 있습니다. 장면에 배경 음악을 넣는 방법은 본문 4장에 나와 있습니다.

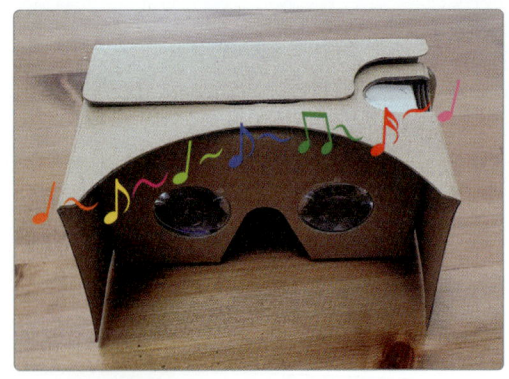

07. 반면에 효과음은 코딩을 통해서만 재생할 수 있습니다. 코스페이시스에서는 따로 효과음을 제공하지 않습니다. 따라서 ① 인터넷에서 효과음(mp3 파일)을 다운로드하고, ② 효과음 파일을 장면에 업로드하고, ③ 코드 스크립트에서 블록으로 재생해야 합니다.

현재의 코스페이시스 작업창은 그대로 두고, 웹 브라우저 상단의 **[+]** 버튼을 눌러서 새 창을 실행합니다.

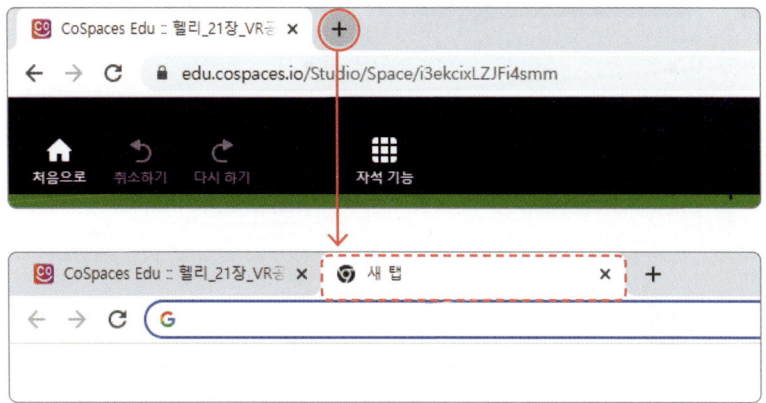

08. 웹 브라우저 주소창에 'soundbible.com'을 입력합니다.

09. 웹사이트 상단에 있는 **[Sound Effects]** 메뉴를 클릭합니다. 바로 아래에 검색창이 나타나면 'dino'(다이노, 공룡의 줄임말)를 입력합니다.

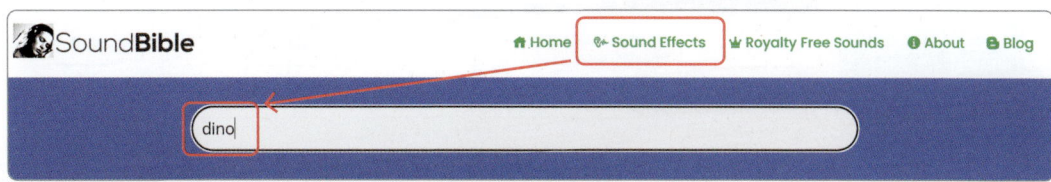

10. 아래 검색 결과가 표시됩니다. 중간중간에 광고가 있는데 건너 뛰면 됩니다. **[플레이]** 버튼을 클릭하면 소리 미리 듣기가 됩니다. 마음에 드는 소리를 찾으면 제일 큰 글자로 적힌 이름을 클릭합니다.

  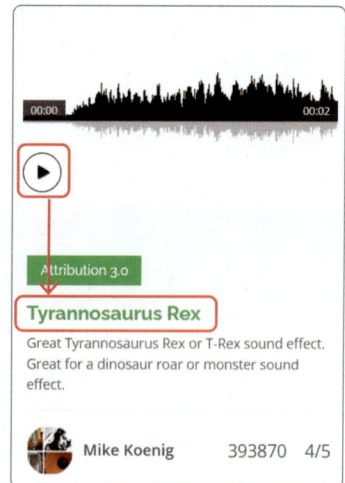

11. 상세 페이지에서 오른쪽 **[MP3]** 다운로드 아이콘을 클릭합니다. 광고 팝업창이 나타나면 **[Close]**(닫기) 버튼을 클릭합니다.

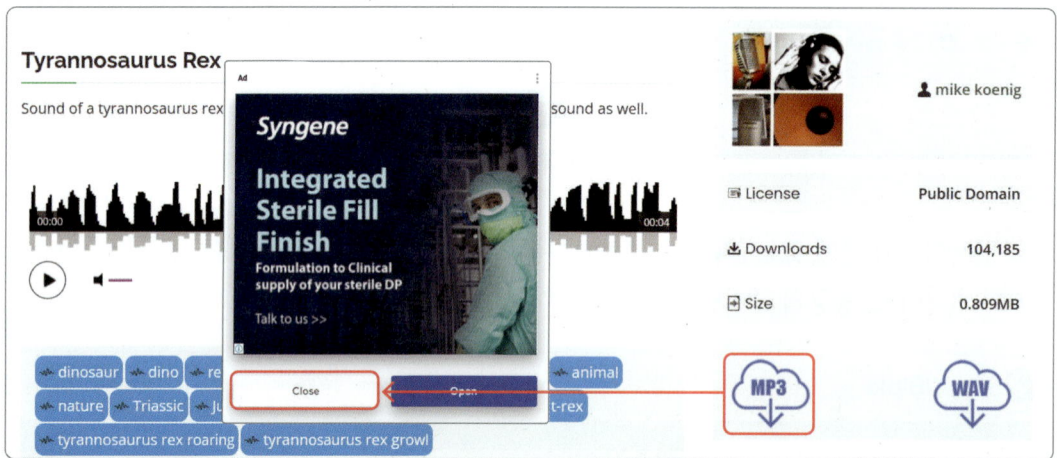

12. 뒤가 mp3로 끝나는 소리 파일이 다운로드됩니다. 대부분의 컴퓨터에서 '내 PC' → '다운로드' 폴더에 저장됩니다.

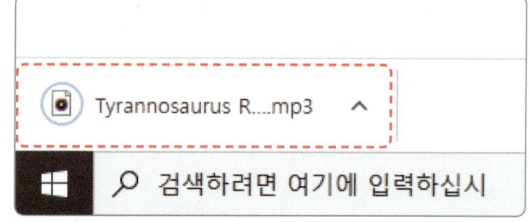

13. 경우에 따라서 파일이 다운로드되지 않는 경우가 있습니다. 이럴 때는 마우스 오른쪽 버튼을 클릭한 후 **[새 창에서 열기]** 메뉴를 클릭하면 해결됩니다. 아래는 구글 크롬 기준입니다.

[MP3 다운로드] 버튼 위에서 마우스 오른쪽 버튼을 클릭하면 팝업창이 나타납니다. 두 번째 메뉴인 **[새 창에서 링크 열기]**를 클릭합니다.

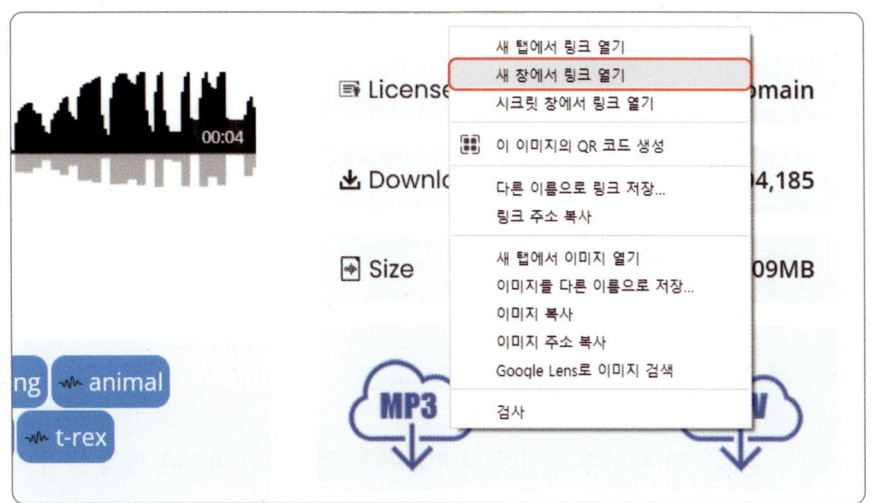

14. 새 인터넷 창이 나타납니다. **[새로고침]** 버튼을 클릭해 주세요. 화면 왼쪽 하단에 파일이 다운로드되는 걸 볼 수 있습니다.

15. 다시 작품 편집화면으로 돌아옵니다. 하단 **[업로드]** → **[소리]** → **[업로드]** 버튼을 클릭합니다.

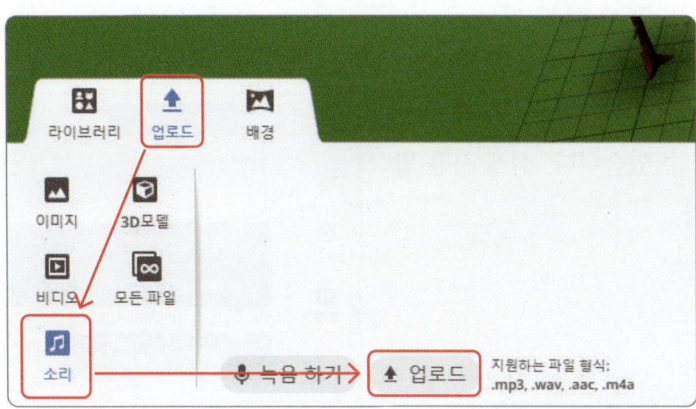

16. '열기' 팝업창이 나타나면 '내 PC' → '다운로드' 폴더에 있는 방금 다운로드한 파일을 선택하고 **[열기]** 버튼을 클릭합니다. 만약 음악 파일을 찾을 수 없다면, 아마도 음악 파일을 다른 폴더에 다운로드한 것입니다.

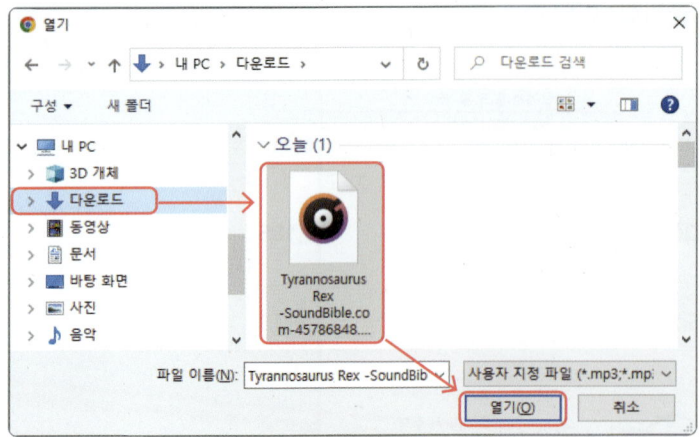

17. 효과음 파일이 업로드 완료되면 목록에 파일이 나타납니다. 업로드된 파일은 배경 음악으로 설정하거나, 이름을 바꾸거나, 삭제할 수 있습니다.

18. 업로드된 효과음 소리는 **[형태]** 카테고리의 **[소리 재생하기]** 블록을 이용해서 플레이할 수 있습니다. 실제 사용 방법은 다음 장에서 알아보겠습니다.

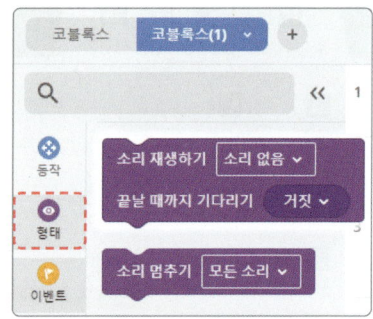

> **꿀팁** 효과음 다운로드 사이트

효과음(Sound Effect) 파일은 여러 사이트에서 무료로 제공하고 있습니다. 다만 그 수가 적거나 회원가입(이메일 인증) 등의 복잡한 절차를 거쳐야 다운로드할 수 있는 경우가 많습니다. 여기에 회원가입 없이 바로 효과음을 다운로드할 수 있는 사이트를 소개합니다.

· 픽사베이 사운드 이펙트(pixabay.com/sound-effects)

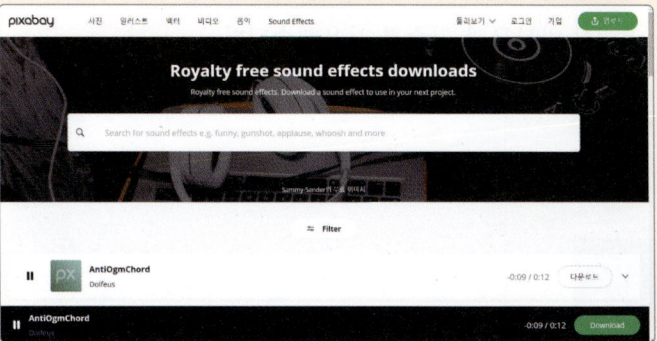

· BBC 사운드 이펙트(sound-effects.bbcrewind.co.uk/search)

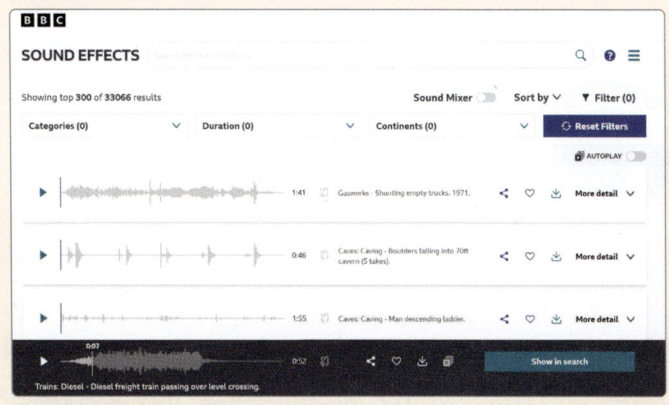

· 프리사운드(freesound.org)

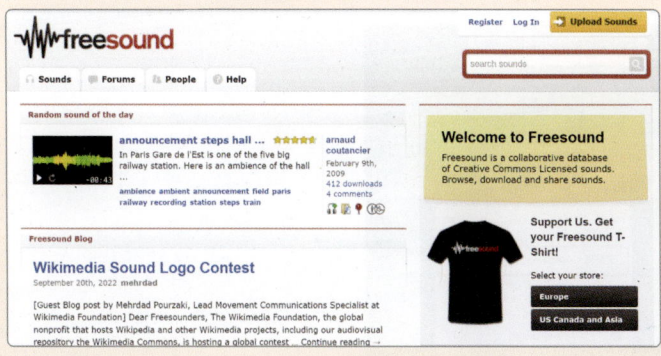

STEP 4. 상호작용 만들기

19. 만약 오브젝트에 상호작용을 추가하고 싶다면 코블록스 스크립트를 만들 수 있습니다. 코블록스 스크립트는 스마트폰에서는 만들 수 없고, PC에서만 만들 수 있습니다.

[코드] 버튼을 누르면 미리 만들어져 있는 **[코블록스]** 스크립트를 볼 수 있습니다. 이 스크립트는 '지점1'부터 '지점49'까지 오브젝트를 클릭했을 때 '카메라'를 해당 오브젝트 위치로 이동시키는 내용입니다. 코드를 줄이기 위해서 반복문과 함수를 사용했습니다.

이미 만들어져 있는 지점 이동 스크립트

20. 공룡을 클릭하면 공룡이 반응하도록 만들겠습니다. 코블록스에서 공룡 오브젝트를 사용하기 위해서는 **[코블록스에서 사용]**을 활성화해야 합니다. 하나의 공룡을 고른 후에 **[속성창]** → **[코드]** 메뉴에서 **[코블록스에서 사용]**을 활성화합니다.

21. [코드] 버튼을 클릭한 후 [+] 버튼을 클릭해서 [코블록스(1)] 스크립트를 새로 만듭니다. 다음과 같이 스크립트를 만들어 줍니다. 이 스크립트는 공룡 오브젝트 '티라노사우루스 렉스'(Tyrannosaurus Rex)를 클릭했을 때 공룡이 카메라 방향으로 몸을 회전한 후 5미터 다가오고, 소리를 내면서 "저리가"라고 말합니다. 이 단계에서 플레이어의 클릭에 반응합니다.

5초 후에는 공룡이 다시 뒤로 돌아가고, 애니메이션도 되돌리고, 말하기 내용도 되돌립니다. 이 단계에서 공룡의 모습을 처음 상태로 되돌립니다. 그래야 다시 공룡을 클릭하더라도 똑같이 반응하게 됩니다.

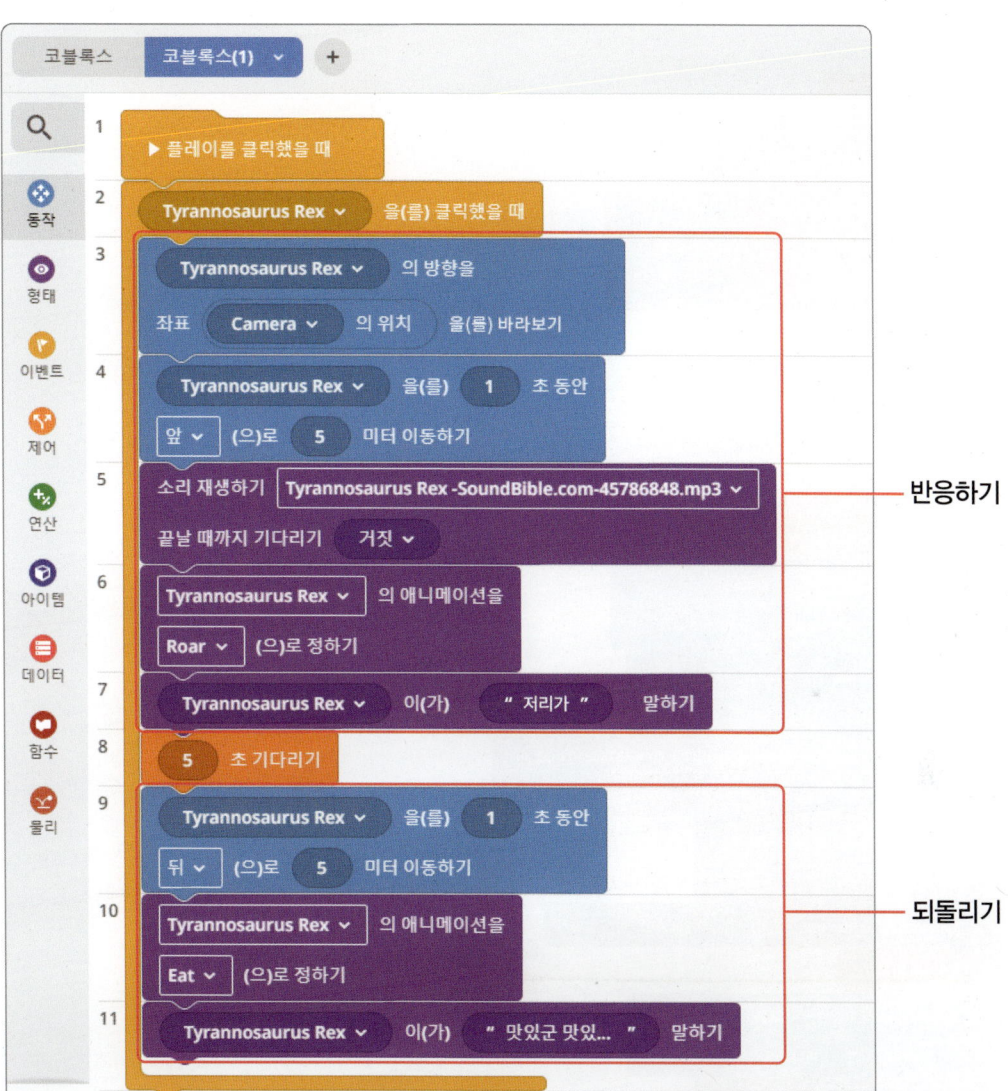

이런 상호작용은 모든 오브젝트에 설정할 수 있습니다. 다양한 오브젝트에 각기 다른 상호작용 이벤트를 만들어 보세요! 멋진 VR 작품이 완성됩니다.

최종 코블록스 스크립트

코블록스

1. 카메라이동 이동할지점
2. 이동할지점 을(를) 클릭했을 때
3. Camera 을(를) 1 초 동안 좌표 이동할지점 의 위치 (으)로 이동하기

4. ▶ 플레이를 클릭했을 때
5. 인덱스 i 을(를) 1 부터 49 까지 1 씩 바꾸면서 반복하기
6. 카메라이동 문자열 합치기 " 지점 " i 이름의 아이템

코블록스(1)

1. ▶ 플레이를 클릭했을 때
2. Tyrannosaurus Rex 을(를) 클릭했을 때
3. Tyrannosaurus Rex 의 방향을 좌표 Camera 의 위치 을(를) 바라보기
4. Tyrannosaurus Rex 을(를) 1 초 동안 앞 (으)로 5 미터 이동하기
5. 소리 재생하기 Tyrannosaurus Rex -SoundBible.com-45786848.mp3 끝날 때까지 기다리기 거짓
6. Tyrannosaurus Rex 의 애니메이션을 Roar (으)로 정하기
7. Tyrannosaurus Rex 이(가) " 저리가 " 말하기
8. 5 초 기다리기
9. Tyrannosaurus Rex 을(를) 1 초 동안 뒤 (으)로 5 미터 이동하기
10. Tyrannosaurus Rex 의 애니메이션을 Eat (으)로 정하기
11. Tyrannosaurus Rex 이(가) " 맛있군 맛있... " 말하기

Chapter 24

VR 롤러코스터

템플릿: https://edu.cospaces.io/KPQ-MFX
완성작: https://edu.cospaces.io/TCV-BXQ

24장에서는 놀이공원의 롤러코스터를 제작하고 스마트폰의 VR 모드에서 체험합니다. 롤러코스터는 VR 체험의 꽃이라고 할 수 있을 정도로 VR 체험장에서 많이 사용되는 콘텐츠입니다.

특히 그냥 '경로' 오브젝트를 이용해서 하늘을 날아다니는 작품이 아니라, 롤러코스터 트랙을 정교하게 만든 후에 그 위에서 카트가 움직이기 때문에 진짜 같은 롤러코스터 체험을 할 수 있습니다.

이번 작품은 디자인에 많은 시간이 걸리지만 코딩은 매우 간단합니다. 롤러코스터 트랙과 경로 오브젝트를 세심하게 만들수록 더욱 실감 나는 경험을 하게 됩니다.

학습 목표
1. 롤러코스터 트랙 만들기
2. 롤러코스터 경로 만들기
3. 속도 바꾸며 카트 움직이기
4. 주변 환경 꾸미고 VR로 감상하기

STEP 1. 롤러코스터 트랙 만들기

01. 예제 작품을 열면 들판 배경에 한가운데 아이들이 타고 있는 카트가 있습니다. 그리고 롤러코스터 트랙을 조립하기 위한 부품 5개가 준비되어 있습니다.

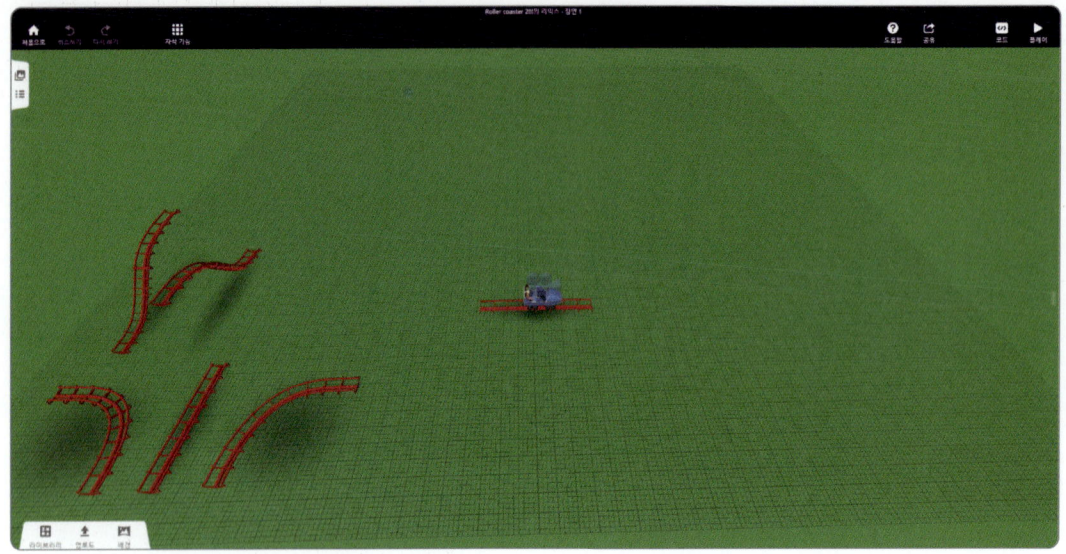

02. 카트는 미리 조립되어 있습니다. 카트에 두 아이와 카메라 오브젝트가 붙어 있어서 카트를 따라다니게 됩니다.

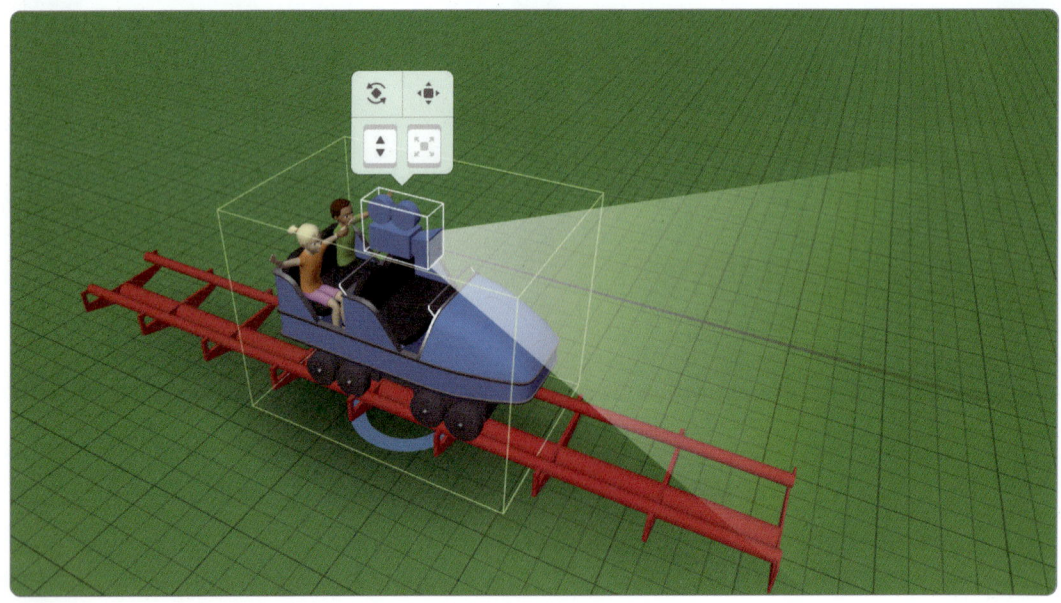

03. [플레이] 버튼을 클릭하면 마치 카트에 함께 타고 있는 것처럼 1인칭 시점의 화면을 볼 수 있습니다.

04. 롤러코스터 트랙을 만들기 위한 부품으로 5가지 오브젝트가 있습니다. 각각 '직진', '좌회전', '우회전', '오르막길', '내리막길' 오브젝트입니다.

'좌회전'과 '우회전' 오브젝트는 같은 모양을 가지고 있습니다. 하지만 부품에는 각각 입구와 출구가 있기 때문에 두 오브젝트는 서로 다릅니다. 트랙을 조립할 때는 각각의 방향에 맞게 오브젝트를 사용해야 합니다. '오르막길'과 '내리막길' 오브젝트도 마찬가지입니다.

특히 '직진', '오르막길', '내리막길' 오브젝트는 '마술봉' 유형입니다. [만들기] 카테고리에 있는 기본 도형 오브젝트처럼 화살표를 드래그해서 길이와 높이를 조절할 수 있습니다.

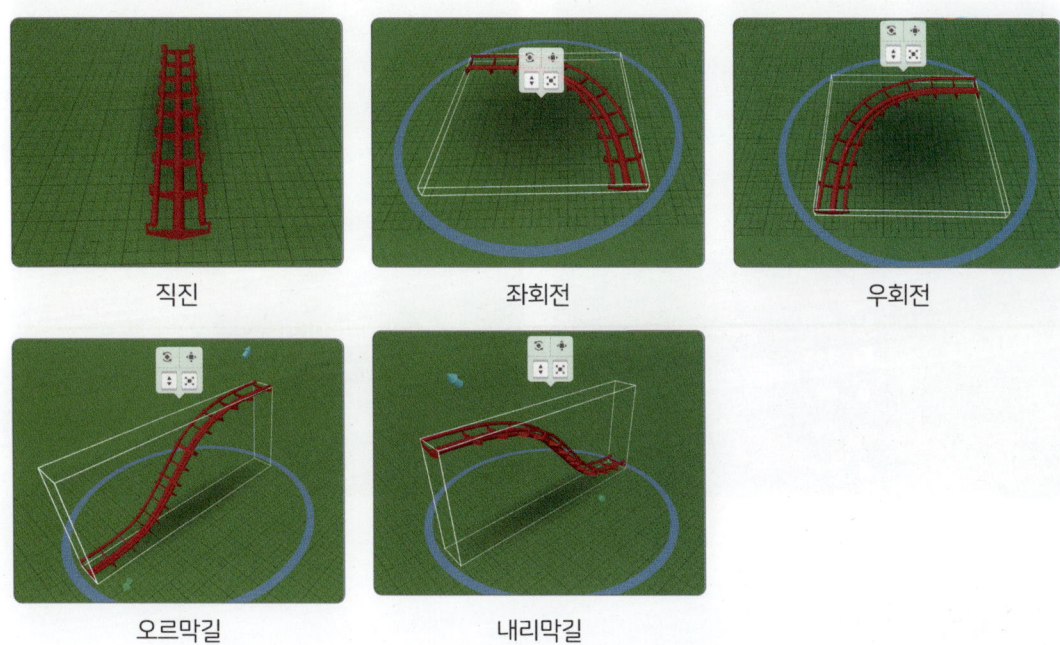

직진   좌회전   우회전

오르막길   내리막길

05. 이제 트랙을 조립해 보겠습니다. 트랙 조립에는 규칙이 있기 때문에 처음에는 책을 따라 하면서 사용법을 익혀야 합니다. 먼저 직진 오브젝트를 기존 트랙 앞에 붙이겠습니다.

부품으로 나와 있는 5개의 오브젝트는 계속 사용해야 하기 때문에, 트랙을 조립하기 전에 복제해야 합니다. Alt를 이용해서 직진 오브젝트를 복제합니다.

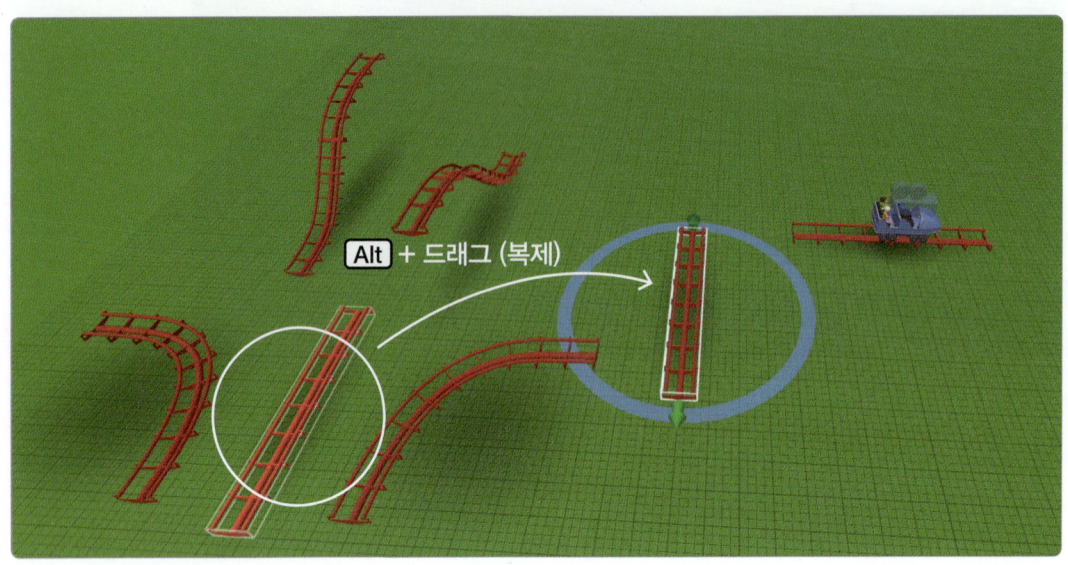

06. '직진2' 오브젝트가 생기면, 속성창에서 '붙이기'를 클릭합니다. 그리고 기존 트랙의 앞 부분에 'Back' 하늘색 공을 클릭합니다. 그러면 직진 오브젝트가 앞에 붙게 됩니다. 앞으로 새 오브젝트는 항상 기존 트랙의 'Back' 자리에 붙여야 합니다.

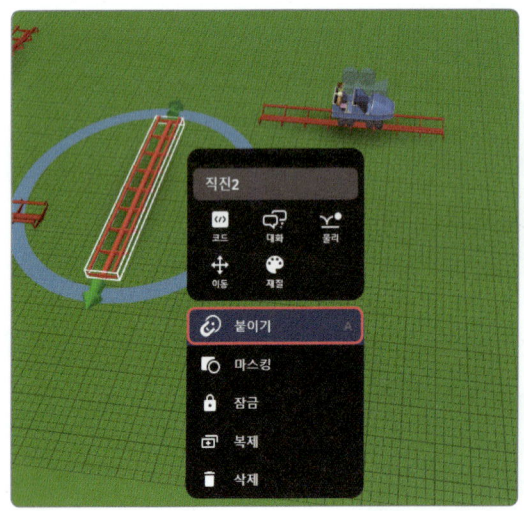
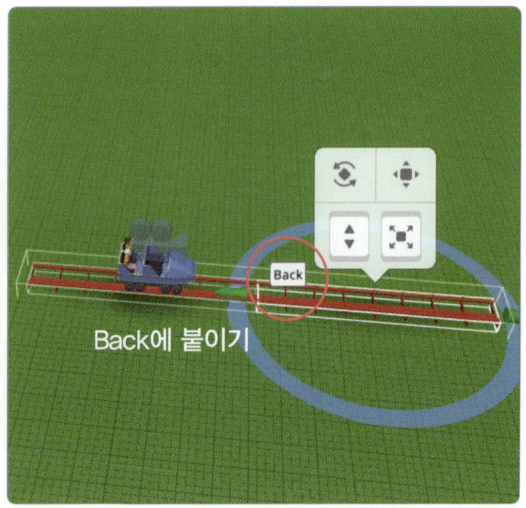

07. 직진 오브젝트는 붙여진 상태에서도 화살표 아이콘을 드래그해서 길이를 조절할 수 있습니다.

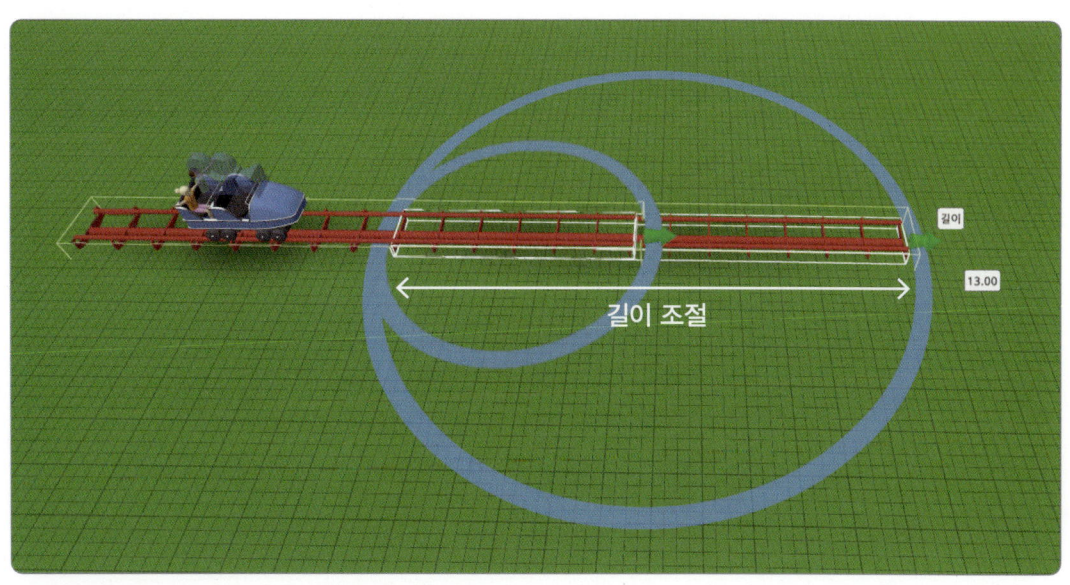

08. 이번에는 '좌회전' 오브젝트를 트랙에 붙이겠습니다. Alt 를 이용해서 좌회전 오브젝트를 복제합니다.

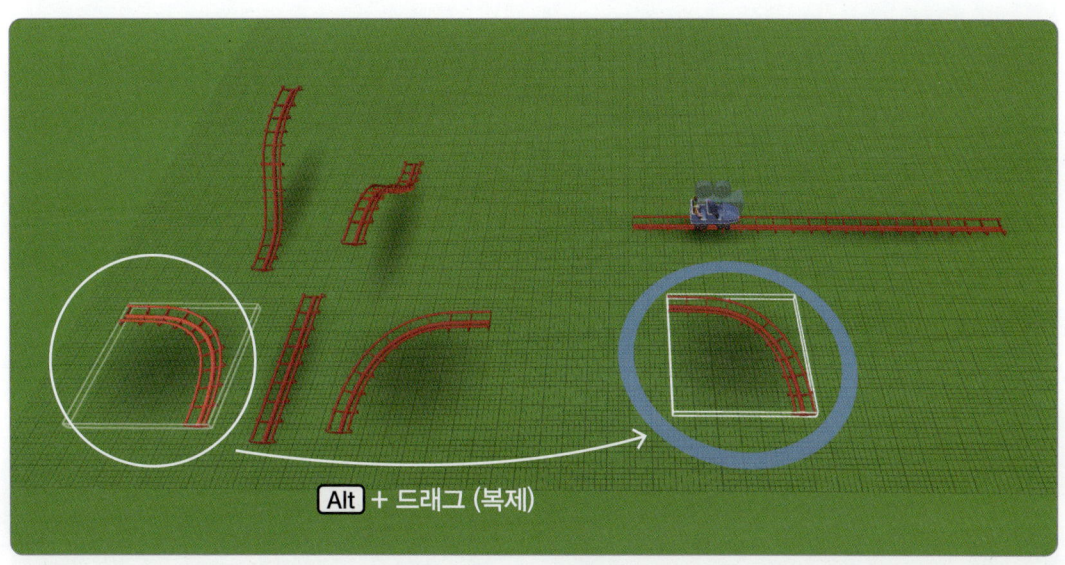

09. [붙이기] 기능을 이용해서 기존 트랙의 'Back' 위치에 붙입니다. 좌회전과 우회전 오브젝트는 크기를 조절할 수 없습니다.

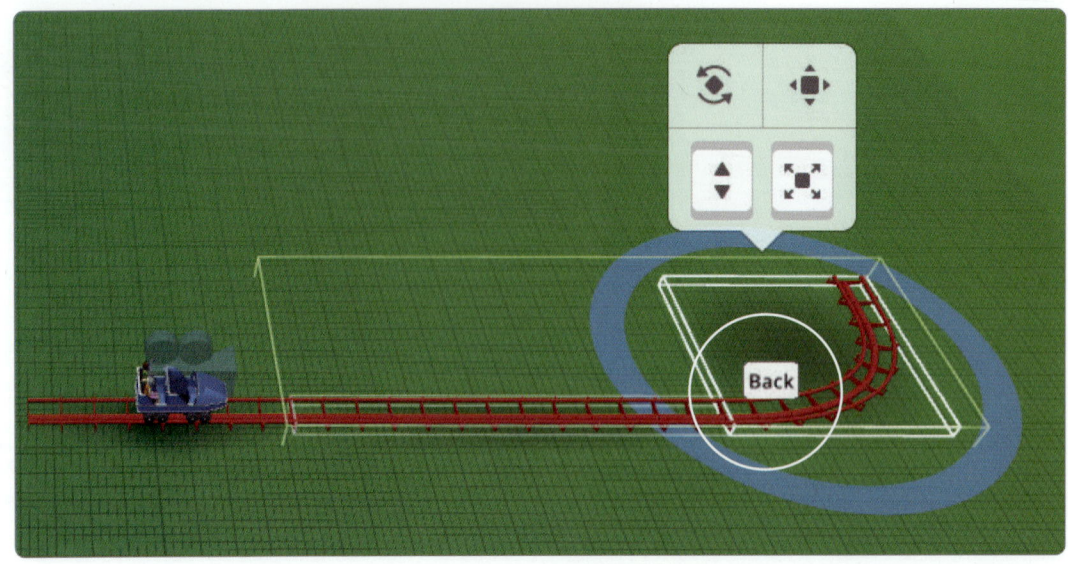

10. 이번에는 '오르막길' 오브젝트를 추가하겠습니다. 우선 오브젝트를 복제합니다.

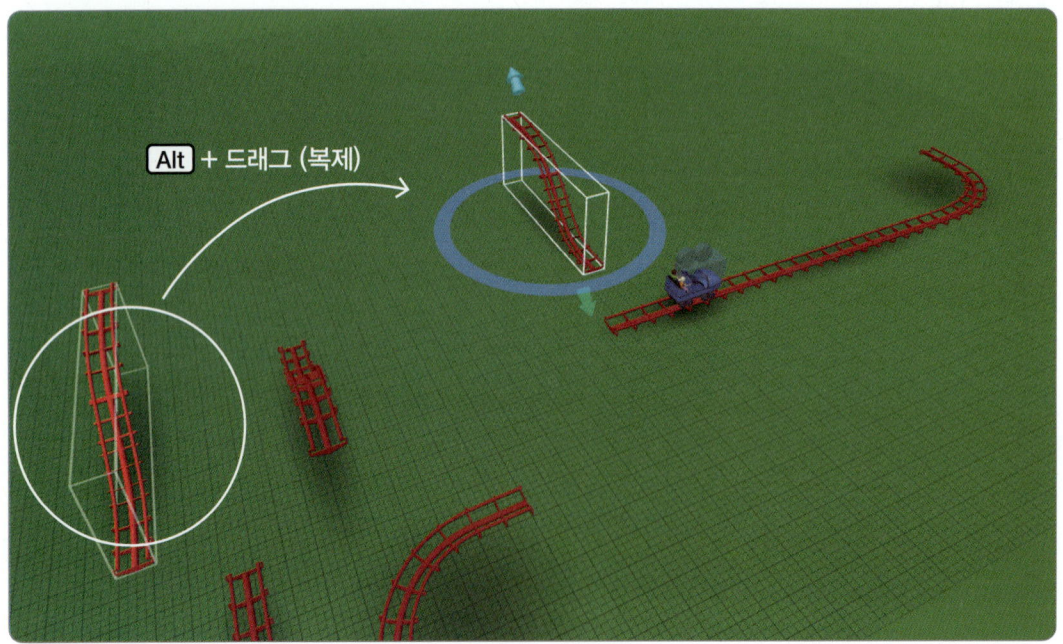

11. 복제된 '오르막길' 오브젝트를 '붙이기' 해서 기존 트랙의 마지막 '좌회전' 오브젝트의 'Back' 위치에 붙입니다.

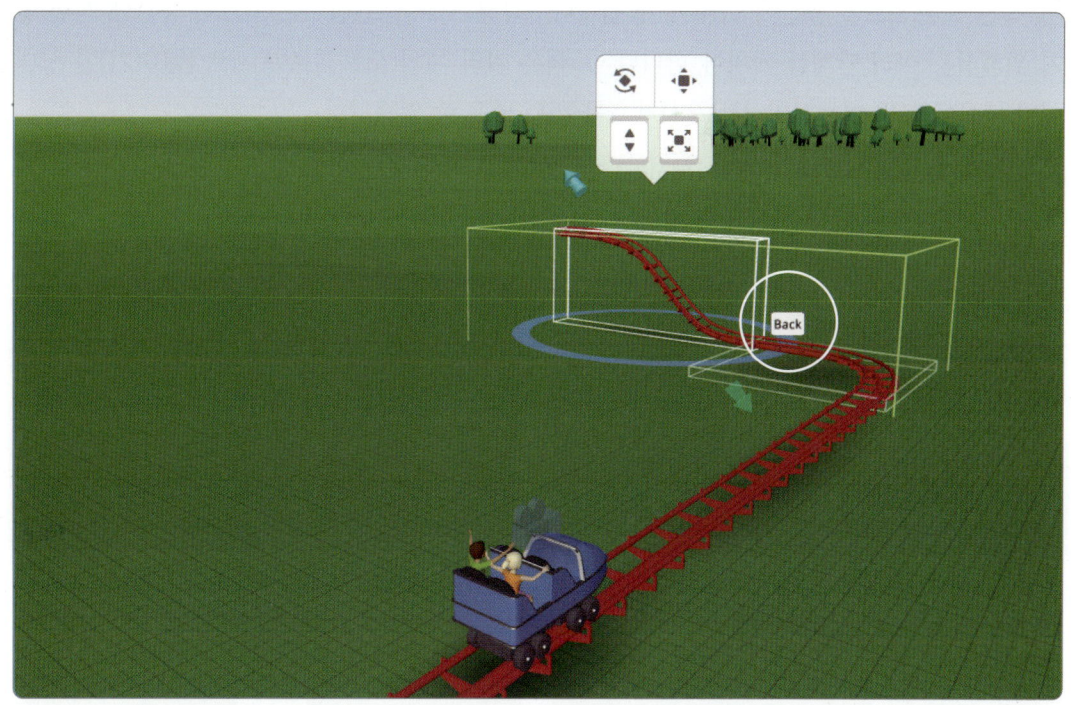

12. '오르막길' 과 '내리막길' 오브젝트는 화살표를 대각선으로 움직여서 길이를 조절할 수 있습니다. 길이와 높이가 동시에 움직이기 때문에 크기 조절을 잘 계산해야 합니다.

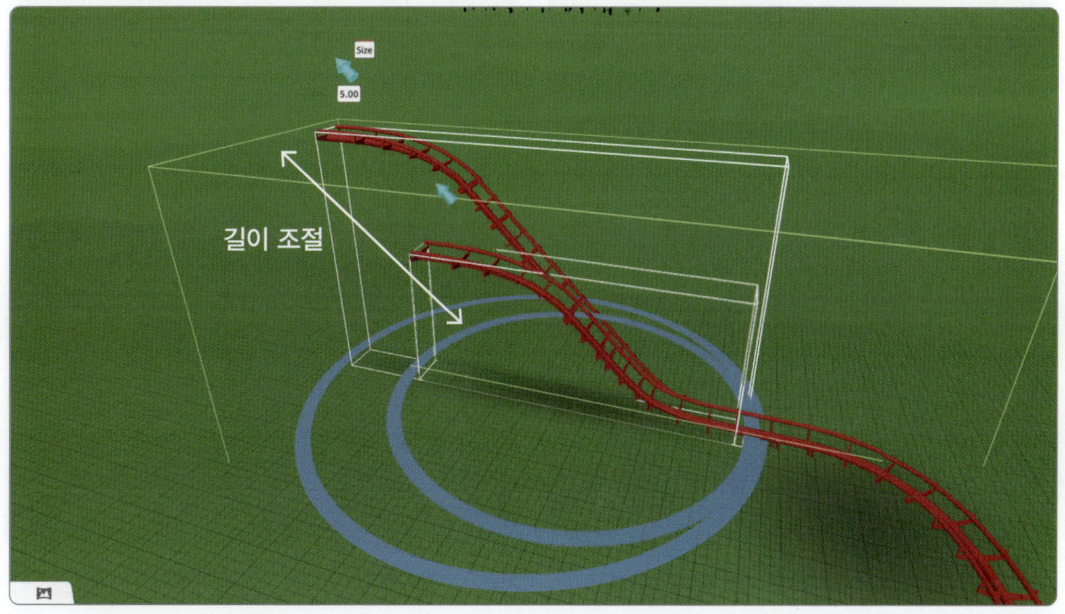

13. 이와 같은 방식으로 한바퀴가 연결된 트랙을 제작하면 됩니다. 그런데 처음 해 보면 트랙의 시작지점과 끝지점이 서로 연결되지 않는 경우가 많습니다. 이런 경우 길이를 맞추기 위해서 '직진' 오브젝트를 중간에 끼워 넣게 됩니다. '직진' 오브젝트를 기존의 트랙 중간에 끼워 넣기 위해서는 여러 단계를 거쳐야 합니다. 트랙은 여러 개의 오브젝트가 서로 **[붙이기]**된 상태이기 때문에 그냥 이동시켜서는 오브젝트를 끼워 넣을 수 없습니다.

다음은 '우회전(A)', '좌회전(B)', '직진(C)' 오브젝트가 트랙으로 만들어진 상태에서 새롭게 '직진(D)' 오브젝트를 A, B 사이에 추가하는 방법입니다.

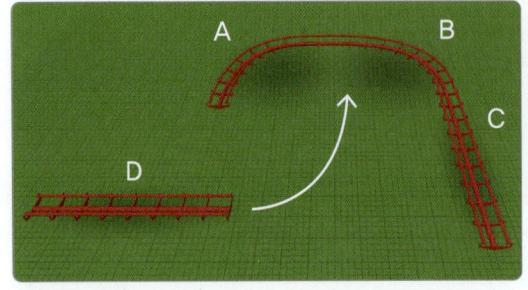

① 서로 결합된 A-B-C 트랙이 있습니다. D를 A와 B 사이에 삽입하고자 합니다.

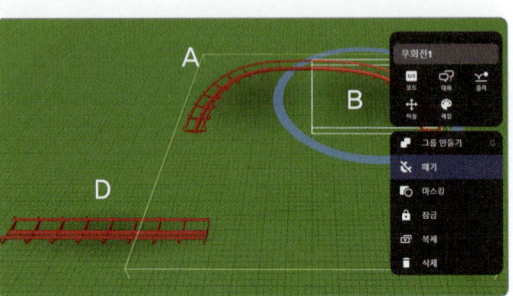

② B를 [떼기] 해서 A 와 B-C로 분리합니다.

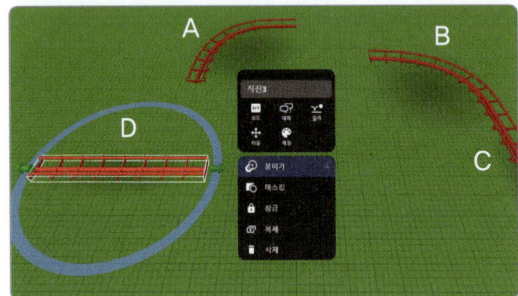

③ D에서 [붙이기]를 클릭합니다.

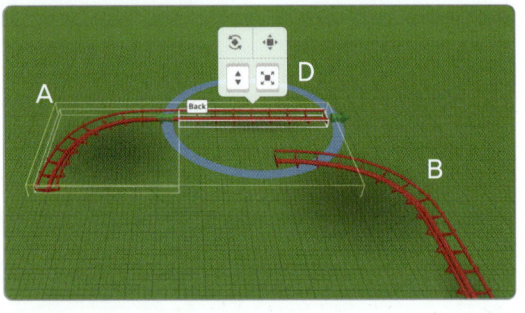

④ A의 'Back'에 붙입니다. A-D 트랙과 B-C 트랙이 생깁니다.

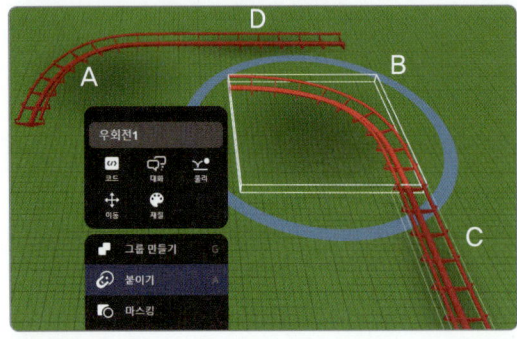

⑤ B에서 [붙이기]를 클릭합니다.

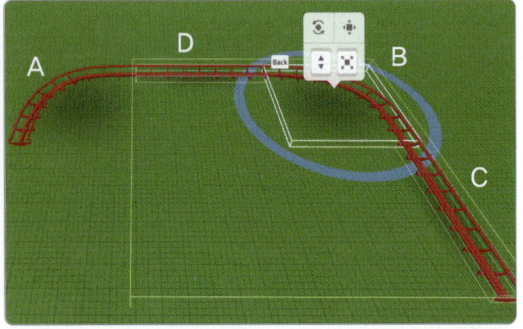

⑥ D의 'Back'에 붙입니다. A-D-B-C 트랙이 완성됩니다.

14. 처음에는 간단한 형태의 트랙을 제작하는 것이 좋습니다. 끝지점을 시작지점에 겹치도록 트랙을 완성합니다.

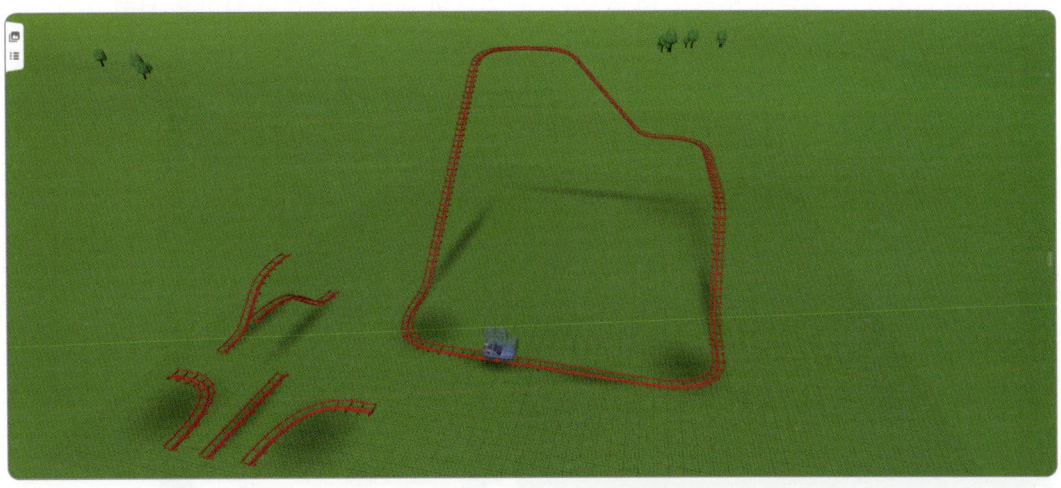

STEP 2. 롤러코스터 경로 만들기

15. '카트' 오브젝트가 완성된 트랙을 따라 이동하게 하려면 '경로' 오브젝트가 필요합니다. '경로' 오브젝트는 오브젝트가 길을 따라 일정한 속도로 이동하게 만드는 특수한 기능의 오브젝트입니다. 이번에는 '직선 경로'(Straight Path) 오브젝트를 사용해 보겠습니다. 보통 '둥근 경로' 오브젝트를 많이 사용하지만 트랙을 따라 경로를 만들 때는 '직선 경로'를 사용하는 것이 훨씬 편합니다. **[라이브러리]** → **[특수]** 카테고리에서 '직선 경로' 오브젝트를 장면에 추가합니다.

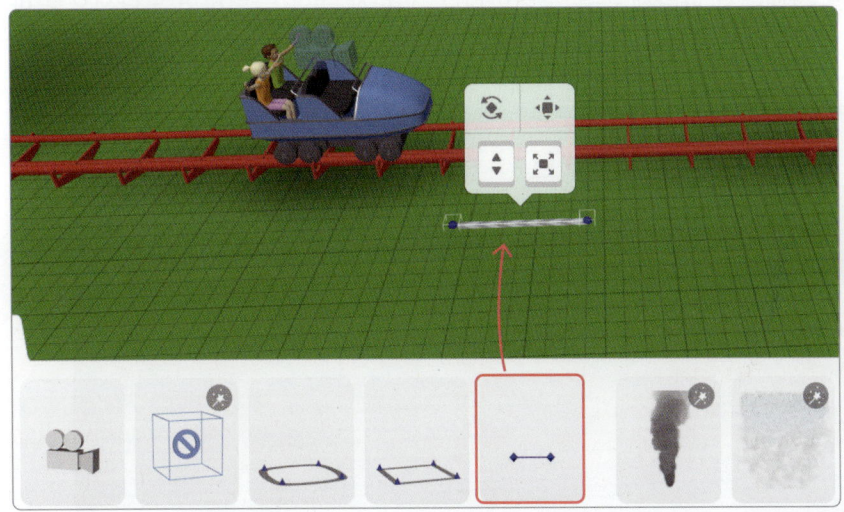

16. '직선 경로' 오브젝트의 속성창에서 **[경로]** 메뉴를 클릭합니다. Type(연결 유형)을 **[Curved]**(곡선)으로 설정합니다. 그리고 **[Flip direction]**(경로 변환) 버튼을 한 번 클릭해서 카트의 앞쪽 방향으로 경로의 방향을 바꿔 줍니다. 경로의 방향은 경로의 모양을 보고 알 수 있습니다.

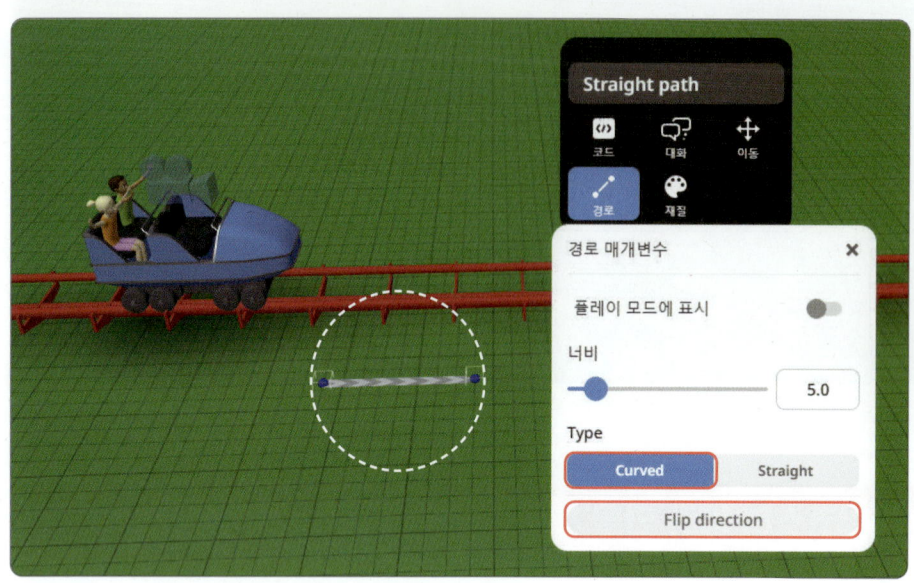

17. '경로' 오브젝트는 파란색 공으로 표시된 지점 오브젝트를 통해서 서로 연결됩니다. 비유하자면 '경로' 오브젝트는 완성된 버스 노선도이고, '지점' 오브젝트는 버스가 경유하는 버스 정류장이라고 보면 됩니다.

파란색 공 모양의 지점 오브젝트는 '키보드 Alt + 마우스 드래그' 방식으로 복제해서 추가할 수 있습니다. Alt를 누른 상태에서 파란색 공을 클릭합니다. 파란색 공을 클릭하면 노란색으로 바뀝니다.

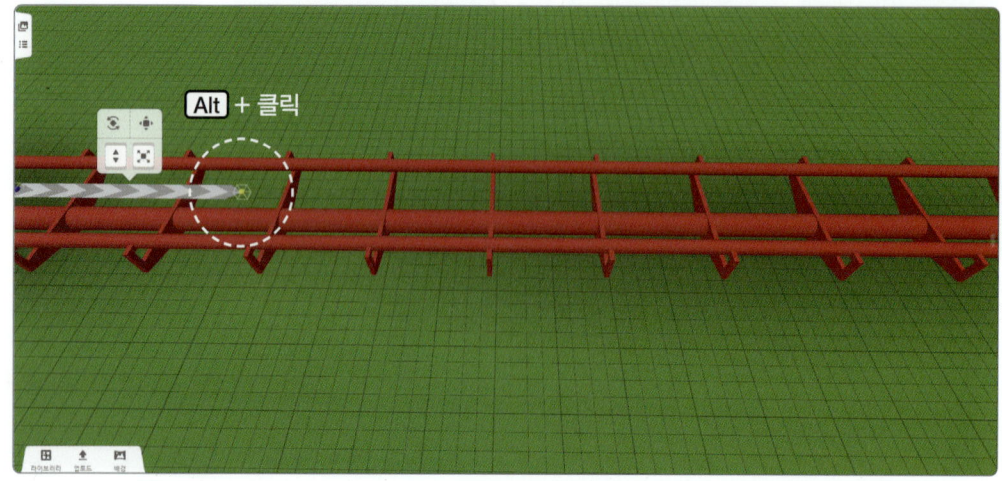

18. 마우스로 파란색 공을 옆으로 이동시킵니다. 새로운 지점(파란색 공)이 만들어지고 경로가 연장됩니다.

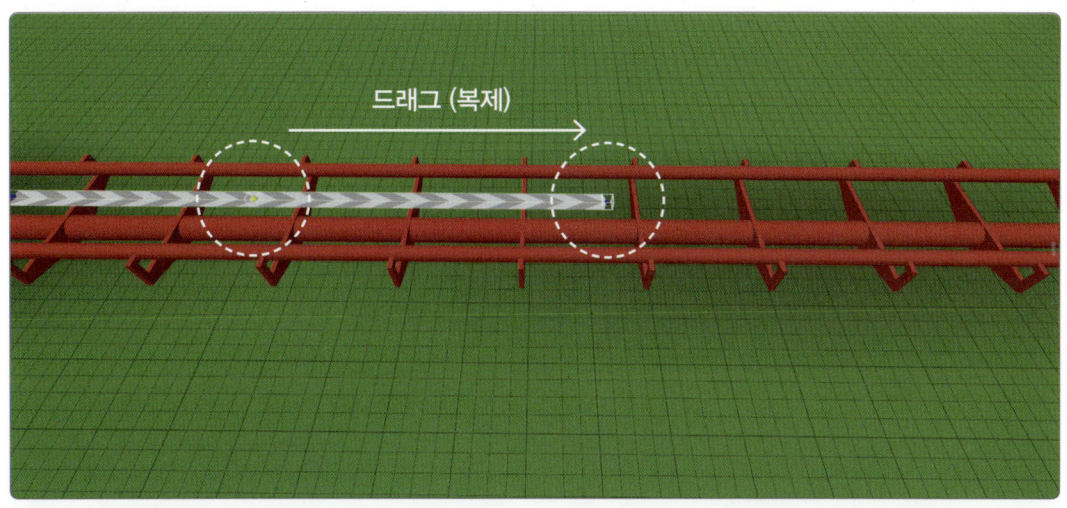

19. 오르막길 트랙을 따라 경로를 만들 때는 '지점'이 수평으로 이동할 뿐만 아니라 수직으로도 이동해야 합니다. 이때는 두 가지 방식을 사용할 수 있습니다.

첫 번째 방식은 우선 수평으로 이동한 다음에 **[드래그해서 올리기]** 버튼을 이용해서 수직으로 올리는 방식입니다. 이 방식은 오르막길 트랙에서는 파란색 공이 기존의 트랙 속에 숨어 버리는 경우가 있습니다. 이때는 Ctrl+Z(취소하기) 기능을 이용해서 작업을 취소한 다음 다시 파란색 공을 복제하면 됩니다.

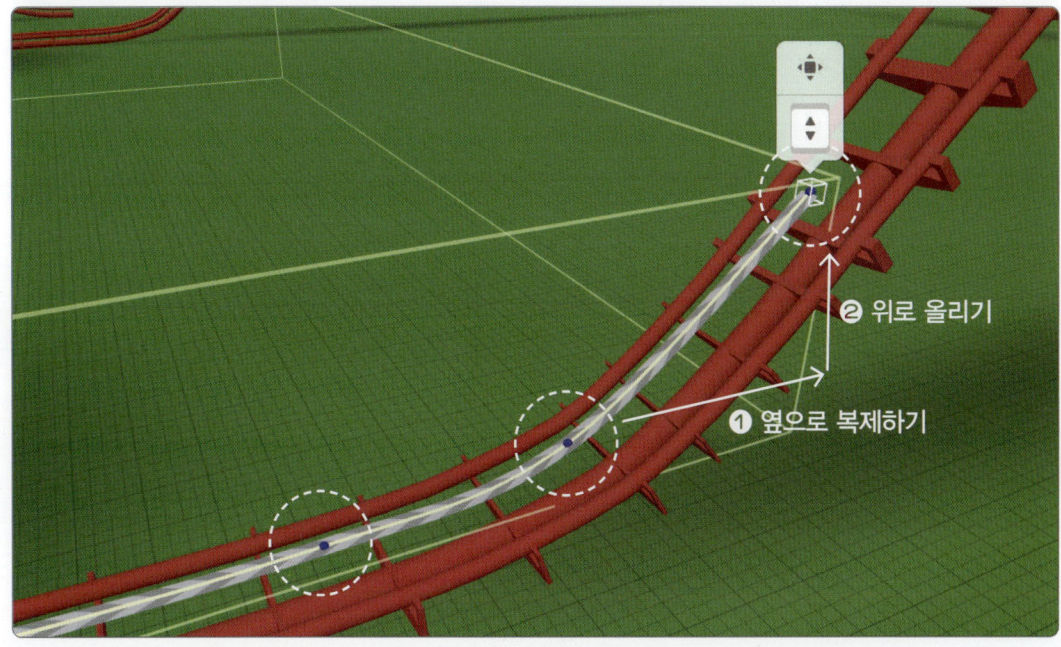

20. 두 번째 방식은 먼저 [드래그해서 올리기] 버튼을 이용해서 파란색 공을 수직으로 올린 후에, 수평으로 드래그해서 이동시키는 방법입니다.

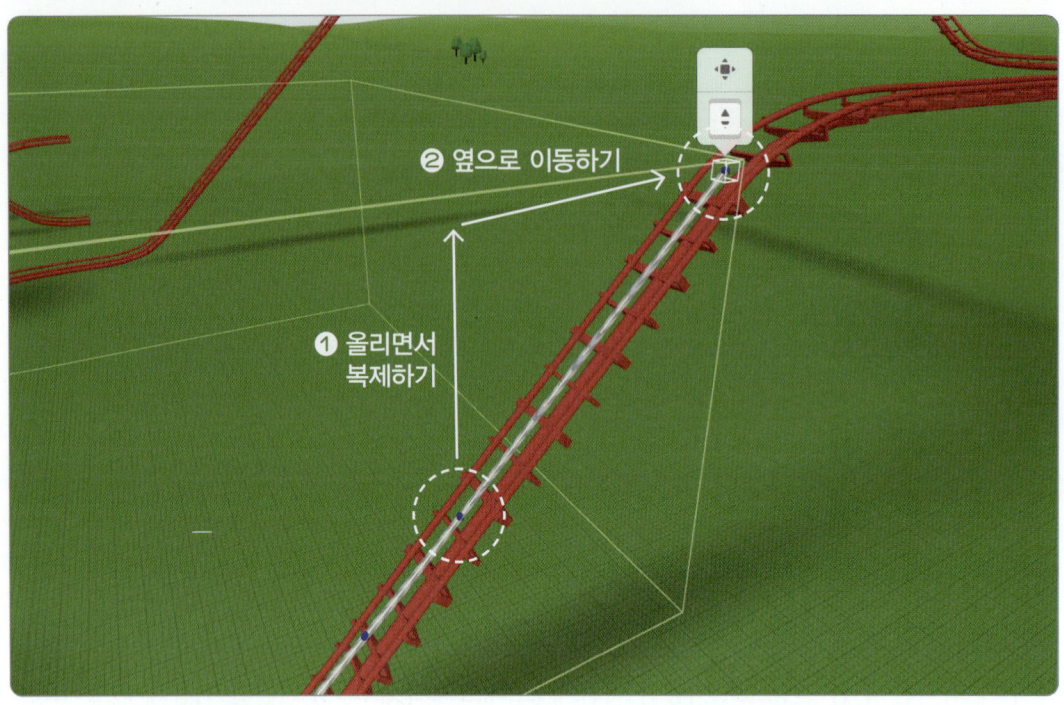

21. 두 방식을 적절히 사용해서 트랙의 꼭대기 지점까지 경로를 연장합니다.

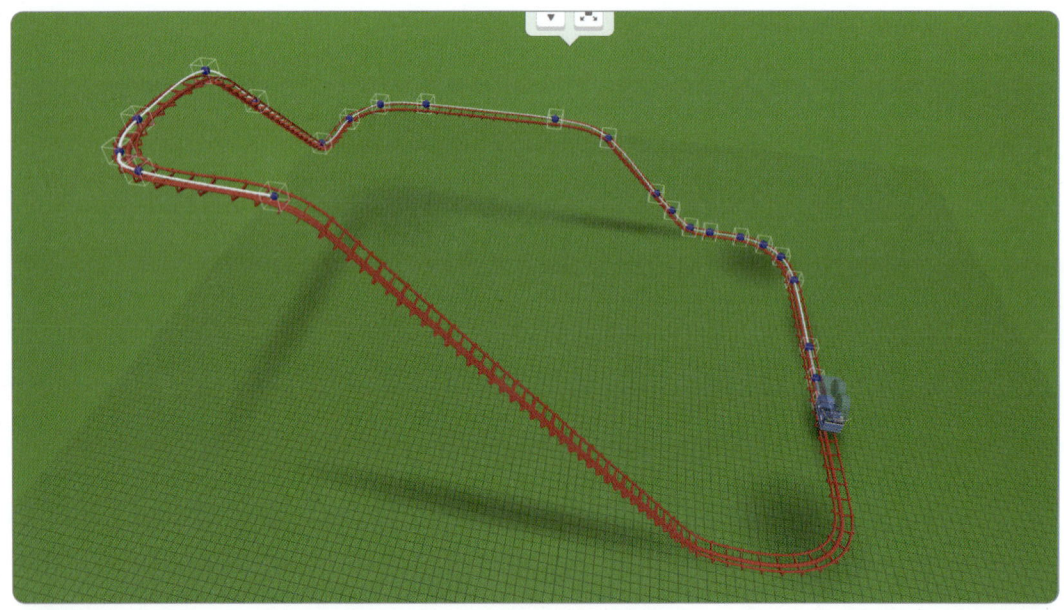

22. 꼭대기에서 떨어지는 경로는 새로운 '직선 경로' 오브젝트를 사용하겠습니다. 장면에 새 오브젝트를 추가합니다.

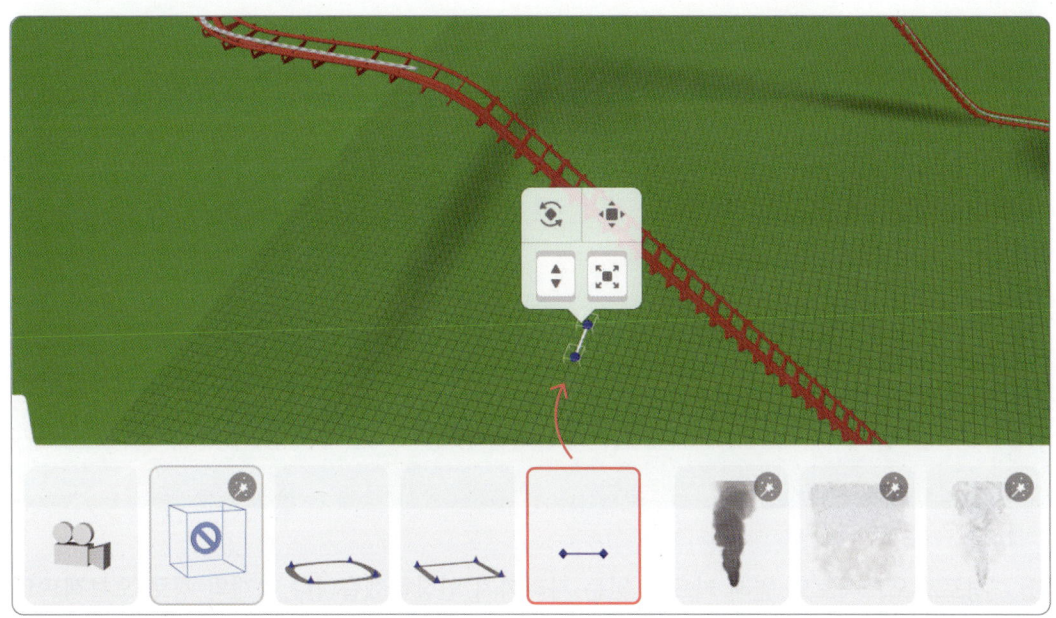

23. 새로운 '직선 경로' 오브젝트를 추가하는 이유는 속도를 다르게 주기 위해서입니다. 올라가는 경로는 속도를 느리게 하고, 내려가는 경로는 속도를 빠르게 하면 '가속도'를 느낄 수 있어서 좀 더 실감 나는 작품이 완성됩니다.

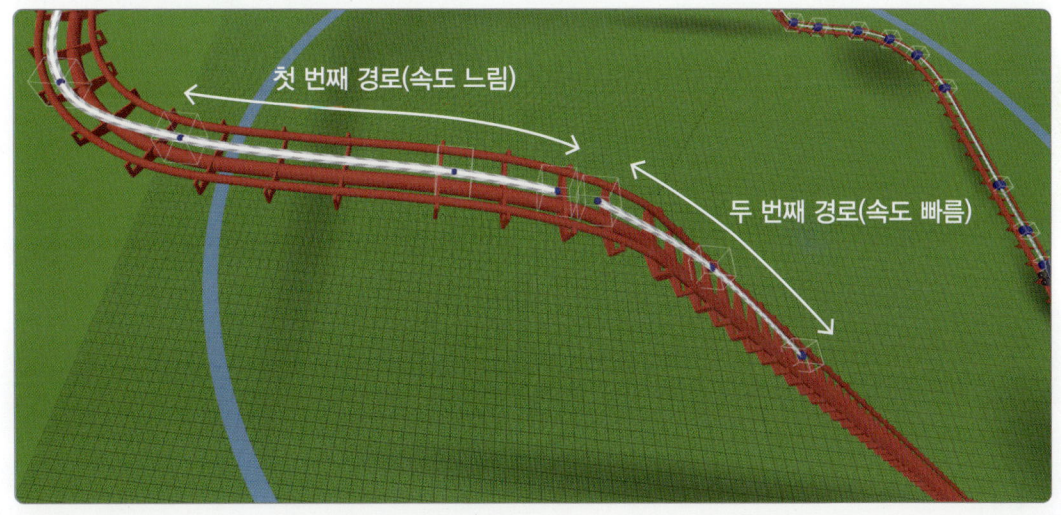

24. 속도가 느린 경로는 이름을 '경로1'로, 속도가 빠른 경로는 이름을 '경로2' 로 수정합니다.

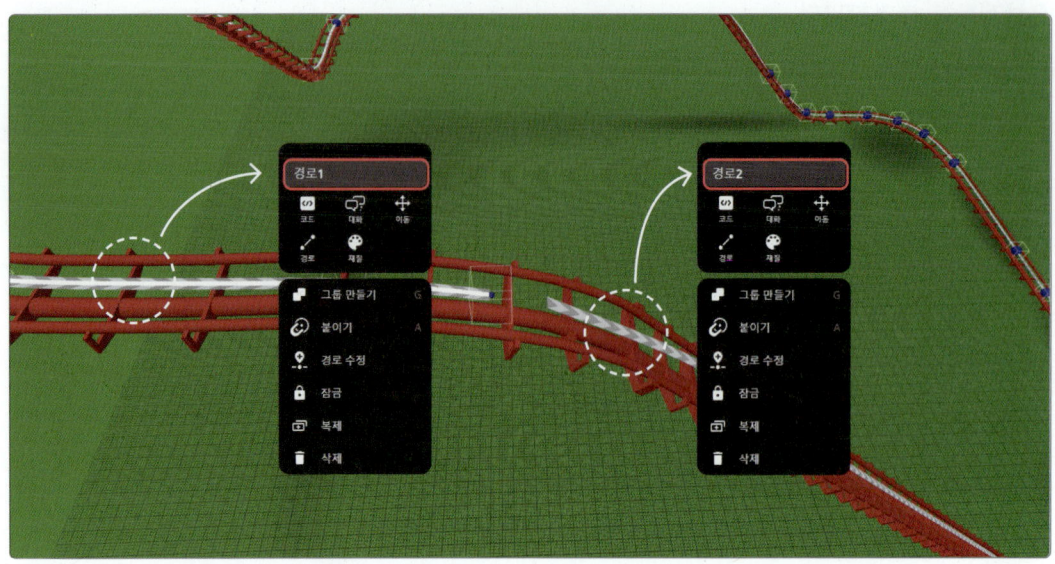

25. '경로2' 오브젝트도 원래 카트가 있는 자리까지 연장하겠습니다. 2개의 경로 오브젝트로 전체 트랙을 모두 지나가게 됩니다.

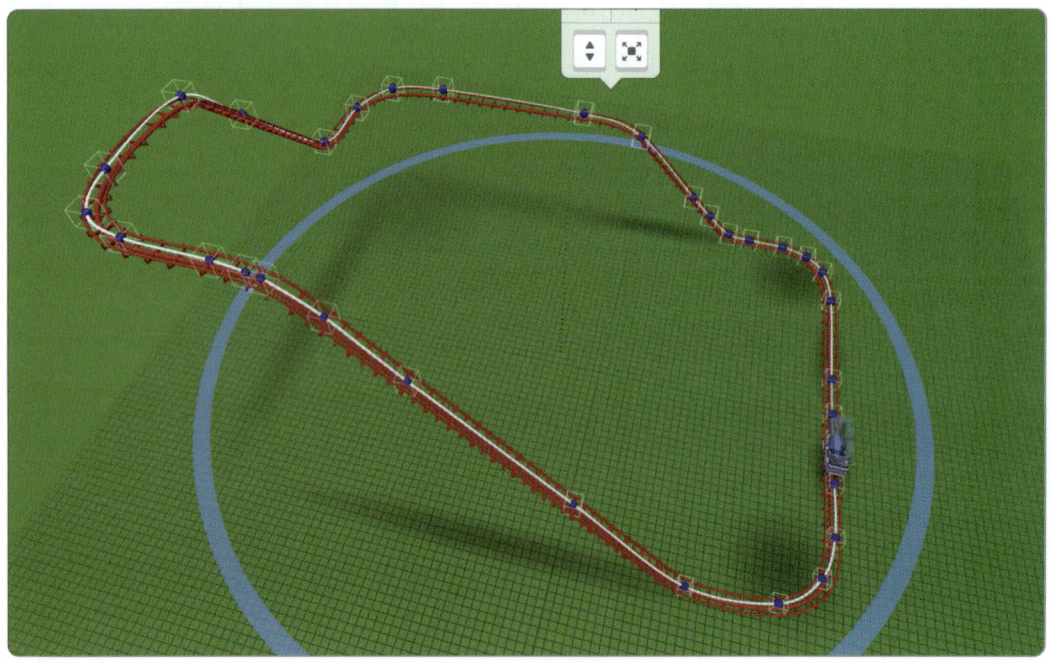

STEP 3. 속도 바꾸며 카트 움직이기

26. 이제 '카트' 오브젝트가 무한 반복으로 '경로1'과 '경로2'를 따라 움직이도록 합니다. 경로를 모두 지나는 시간을 약간 다르게 하여 속도를 조절합니다.

27. [플레이] 버튼을 클릭하면 롤러코스터 트랙을 따라 카트와 카메라가 함께 움직이는 것을 볼 수 있습니다. 마우스를 드래그해서 사방을 둘러볼 수 있습니다.

STEP 4. 주변 환경 꾸미고 VR로 감상하기

28. 현재 초원에는 롤러코스터 트랙만 있고 아무것도 없습니다. 다양한 오브젝트를 이용해서 주변을 재미있게 꾸며 봅시다. 세계적인 건물뿐만 아니라 다양한 동물을 사용해도 좋습니다. '폭포'와 같은 특수 오브젝트를 사용해서 다양한 볼거리를 만들어 보세요!

완성된 작품을 스마트폰의 VR 모드로 감상해 보세요. VR 모드에서는 스마트폰의 움직임으로 카메라를 이곳저곳으로 회전시켜 볼 수 있기 때문에 더욱 재미있게 즐길 수 있습니다.

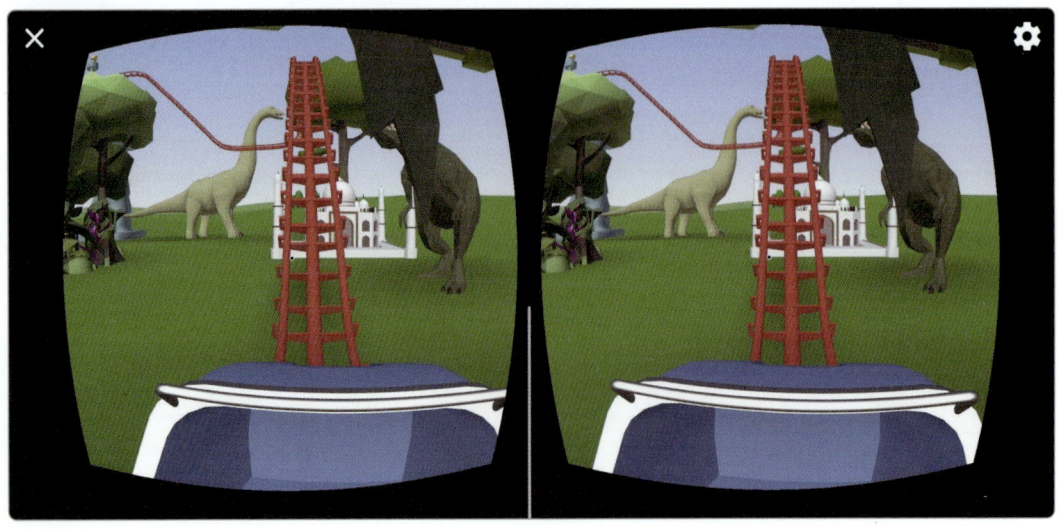

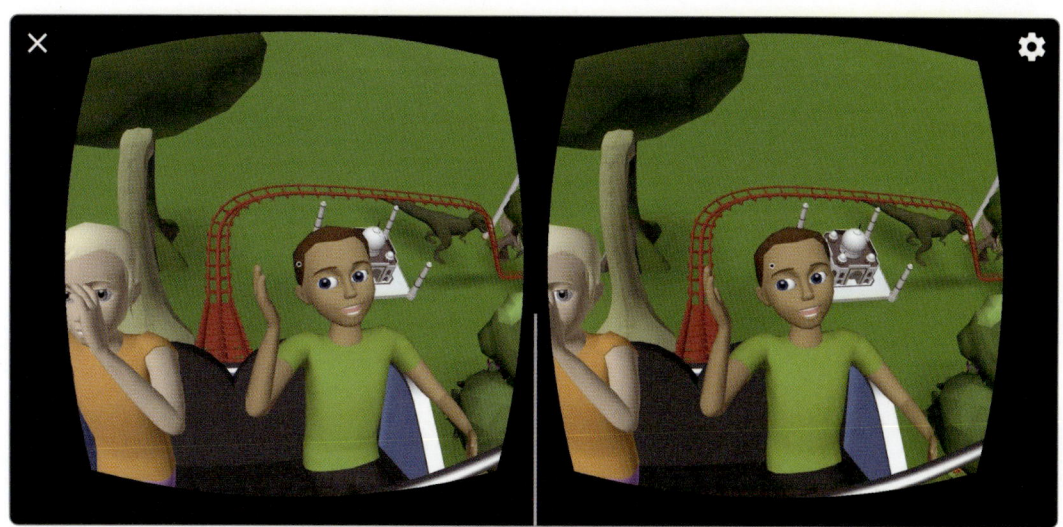

최종 코블록스 스크립트

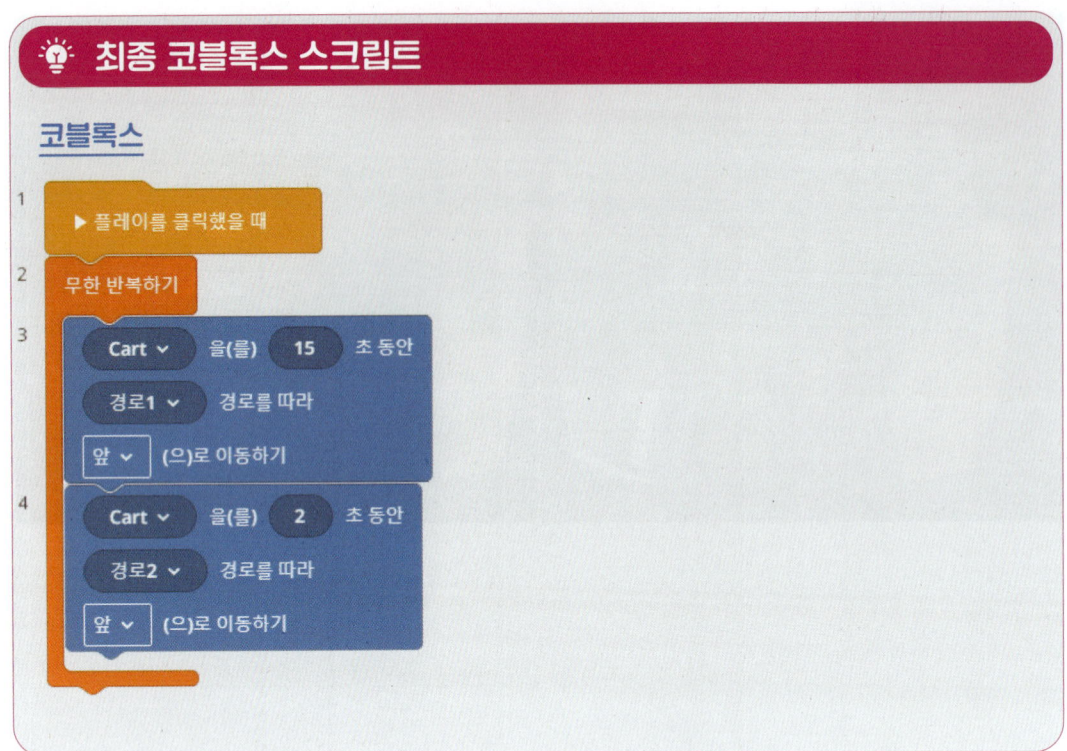

저자의 다른 도서

두근두근 언플러그드 컴퓨팅
정가 18,000원

16개의 주제별로 엮은 22개의 컴퓨터 과학 놀이를 아이들이 재미있게 하면서 문제 해결은 물론이고 컴퓨팅 사고력을 기를 수 있도록 하고 있다.

두근두근 3D 펜
정가 18,000원

이 책은 저자가 자기 아이디어를 활용하여 독창적인 콘텐츠를 만들 수 있도록 하기 위해 창의 융합 교육의 목적으로 기획한 3D 펜 창작집이다. 24가지 다양한 주제의 작품을 아이들의 눈높이에 맞추어 3D 펜으로 단계별로 만들어 볼 수 있다.

앱 인벤터 번역가가 직접 쓴 쉽게 배우는 앱 인벤터
정가 22,000원

프로그래밍 언어를 몰라도 블록 코딩만으로 스마트폰 앱을 만들 수 있는 앱 인벤터 입문/활용서이다.

시간순삭 인공지능 with 스크래치
정가 24,000원

인공지능 교육의 중요성에 따라 비전공자와 학생들도 쉽게 배울 수 있고, 이 내용을 가르치는 선생님과 강사의 역량에 맞추어, 주어진 수업시간과 수업환경에서 진행할 수 있는 다양한 스크래치를 활용한 인공지능 프로젝트들을 담고 있다.

📖 추천할만한 IT 도서

컴퓨팅 사고를 위한 스크래치 3.0
정가 26,000원

코딩 입문자를 위한 블록 코딩 언어인 스크래치를 기초부터 차근차근 학습할 수 있는 스크래치 코딩 도서

한선관, 류미영, 김태령, 서정원, 송해남 지음

처음 떠나는 컴퓨터과학 산책
정가 18,000원

정보 교육의 권위자들이 오랜 교육경험을 통해 누구나 한번 읽어보고 컴퓨터과학의 지식을 이해할 수 있도록 구성한 도서

김현철, 김수환 지음

파이썬으로 무인도 탈출하기
정가 14,000원

2020년 세종도서 교양부문 선정도서

기존의 파이썬 책을 어려워하는 초등학교 고학년이나 중학생들도 학습할 수 있는, 이야기로 풀어나가는 청소년용 코딩 도서

박정호, 안해민, 박찬솔 지음/구덕회 감수

시간순삭 파이썬
정가 25,000원

베스트셀러

프로그래밍을 처음 시작하거나 너무 어려워 기초부터 다시 배우고 싶은 학습자도 따라올 수 있도록 쉽고 친근하게 설명한 파이썬 프로그래밍 도서

천인국, 정영민, 최자영 지음

알고리즘 첫걸음
정가 15,000원

컴퓨터의 전문 지식 없이 그림을 통해 알고리즘을 이해할 수 있도록 쉽게 설명한 알고리즘 입문서

양성봉 지음

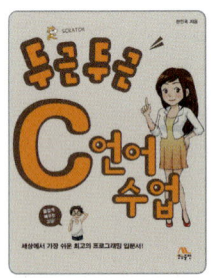

두근두근 C언어 수업
정가 26,000원

프로그래밍에 대한 지식이 전혀 없는 분들도 쉽게 학습할 수 있도록 프로그래밍 기초부터 충실히 내용을 구성하여 프로그래밍에 대한 사전 지식도 필요 없는 C언어 프로그래밍 도서

천인국 지음